JN107178

衡平な大学入試を求めて

カリフォルニア大学とアファーマティブ・アクション

ジョン・A.ダグラス［著］
木村拓也［監訳］

THE CONDITIONS FOR ADMISSION:

ACCESS, EQUITY, AND THE SOCIAL CONTRACT OF PUBLIC UNIVERSITIES

By
John Aubrey Douglass

九州大学出版会

THE CONDITIONS FOR ADMISSION
ACCESS, EQUITY, AND THE SOCIAL CONTRACT OF PUBLIC UNIVERSITIES
by John Aubrey Douglass
Copyright © 2007 by John Aubrey Douglass
This translation is published by arrangement with Stanford University Press, www.sup.org,
through Japan UNI Agency, Inc., Tokyo
Japanese Copyright © 2022 Kyushu University Press

私の愛する娘たち、クレアとオーブリー、
そして最愛のジルへ。

原著まえがき

なぜアメリカの大半の州が一八〇〇年代半ばに公立大学を創設し、そして私立教育機関をアメリカの高等教育に対する需要をただ満たすだけのモデルとすることを実質拒否することを選択したのかは、国家発展の過程における重要な方針転換を特色づけている。この選択について詳しく検討をしたのは比較的少数の歴史家しかいない。しかし、我々の時代において公立大学が持っている性格と、おそらくは国家の経済成長、および高い社会経済的流動性の大部分は、この強力な動きに直接的に関係づけられるものである。

アメリカにおける大衆《マス》化した高等教育への道筋は、鍵となった時期に、連邦政府の資金援助と影響力により補強され促された、公立大学を設立しようとする州政府の進歩主義的目論見を通して現れた。その始まりはゆっくりとしていたが、幅広い人々が利用しうる高等教育というモデルにアメリカほど熱心に取り組んだ国家はなかった。公立大学を設立しようとする黎明期のこうした推進力の顕著な側面として挙げられるのは、高等教育の需要が比較的低調であったことである。つまり、何らかの形態の高等教育に在籍するアメリカ人の実数は、二〇世紀に入っても少数だったのである。政府や公立大学の指導者たちは、あえてこの需要を育て喚起しようとした。これらの機関の設立許可やそれらに伴う入学者受入方針《アドミッションズ・ポリシー》は、アメリカ人の幅広い参加を求めたのである。忌まわしい差止通告も多々あったが、それは、時とともに一段と拡張し複雑化した社会契約を形成したのであった。

この本のための研究を始めたのは、筆者が、カリフォルニアがその先駆的な高等教育システムをいかにして発展させたのかに関するもう一冊の本である *The California Idea and American Higher Education*（スタンフォード大学出版部、二〇〇〇年）を完成させようとしている時だった。その仕事も半ばを過ぎたところで、筆者はカリフォルニア大学の評議会から、「入学判定条件の設定」を行う当局、つまり教授陣や、大学の理事会、あるいは大学当局に対する疑問を中心に、同大学における入学者受入方針《アドミッション・ポリシー》の発展に関する一連の施策の概要を作成するよう求められた。この要求は、一九九五年に理事会がアファーマティブ・アクションと、より具体的には入学者受入れや、雇用、契約における要素としての人種や民族性《エスニシティ》の使用を実質的に廃止することを決定した直後に行われた。これらの報告書は、入学判定に対する新たなアプローチの構想や入学判定基準の設定のみならず、実際の入学審査の監視においても教授陣がより大きな役割を果たすこと、つまり評議会の歴史的な責務の回復を首尾よく擁護することに役立った。

筆者は、入学判定の諸条件を設定してカリフォルニアの高等教育への参加を拡大させようとするカリフォルニア大学が初期に払った努力を探るにつれ、また大学入学者選抜を取り巻く熾烈を極めた政治的環境を仮定するならば、アメリカ人の経験にとって中心的な物語をぜひとも語らなければならないと感じるようになった。筆者はまた、公立大学の歴史的な目的について現代の政策担当者と一般人を啓発したいと望んでいた。

文書館の史料はこの本の最初の数章の多くで基礎となっている。バークレー校のバンクロフト図書館所蔵のカリフォルニア大学の主要記録文書、オークランドのカリフォルニア大学総長室所蔵の同大学理事会の記録、同大学評議会の記録、カリフォルニア州立図書館、サクラメントのカリフォルニア州立文書館を大いに活用した。筆者はまた、ペンシルベニア州立大学やミシガン大学といった多数の主要大学の文書館を訪ね、バージニア大学、ニューヨーク市立大学、マサチューセッツ工科大学、ウィスコンシン大学等に関する設立許可状の原本やその他の文書を含む増加しつつあるデジタル史料を利用した。

また、先達の歴史家たちの業績、特にハロルド・S・ウェクスラーの *The Qualified Student*（一九七七年）とマルシア・グラハム・シノットの *The Half Open Door*（一九七九年）も私の分析に示唆と形を与えてくれた。これらやその他の重要な業績は、アイビーリーグや似たような選抜的な私立の入学者受入方針《アドミッションズ・ポリシー》の魅力をある程度反映していた。しかし、公立大学特有の歴史や使命に関する分析は不足しており、その中で公立大学が運営しなければならない複雑で特異な政治の世界に関する理解も一般的に欠如している。この国の数多の私立カレッジや私立大学の役割の重要性はさておくとしても、筆者がこの本の後半の章で議論するように、アメリカの民主的な実験とグローバルな経済的競争力の将来は公立大学の活力の将来と直結されているのである。

筆者は研究を進めるにあたって、その多くが、いくつもの章または関連文献を読んでくださった高等教育の多数の指導者と、入学者受入方針《アドミッションズ・ポリシー》や公立大学の役割についてインタビューや議論を行った。その中にはクラーク・カー、デイヴィッド・ガードナー、アルバート・ボウカー、ジャック・ペルタソン、マイケル・アイラ・ヘイマン、カール・ピスター、ロバート・バーダル、リチャード・アトキンソン（いずれもかつてカリフォルニア大学の〔各キャンパスの〕学長《チャンセラー》かカリフォルニア大学システムの総長《プレジデント》を務めた）、デイヴィッド・ウォード、キャサリン・C・ライアルが含まれる。同様に、多くの同僚が原稿の各部分を読み、批判や建設的なコメントを与えてくれた。その中には多数の重要な批判や訂正をしてくれたマリアン・ゲイドや、パット・ハヤシ、C・ジャドソン・キング、フィロ・ハチンソン、ブルース・レスリー、トッド・グリーンスパン、パメラ・バードマンが含まれる。特に、ジョン・R・テリンは執筆中原稿に対するおそらく最も有益な全体的レビューを行ってくれた。

筆者はまた多くの同僚との議論やその著作によっても影響を受けた。マーチン・トロウ、トム・ケーン、ウィリアム・G・ターニー、ウォーレン・フォックス、ブルース・ハムレット、ブルース・ジョンストン、ノートン・グラブ、フィリップ・アルトバック、ブライアン・パッサー、ロバート・シリマン、シェルダン・ロスブラット、アーニー・リーマン、ダニエル・シモンズ、キース・ワイダマン、ダンカン・メリチャンプ、スティーブン・ブリント、マーガレット・マイラー、ロジャー・ガイガー、カルヴィン・ムーア、リチャード・フラックス、ルディ・アルバレス、デニス・ガリガニといった人々である。特に競合国の高等教育政策に関する最後の二つの章に対する参考文献では、オックスフォード高等教育研究センターのデイヴィッド・パルフレイマンとテッド・タッパー、サラ・グリ－ローゼンブリット、ガイ・ニーヴ、マイケル・シャトック、ガレス・ペリー、クラーク・ブランディン、ロジャー・ブラウン、セリア・M・ホイットチャーチ、マリック・ファン・デル・ウェンデ、クリスティーン・マスリンといった、アメリカ以外の国の多くの学者から示唆を受けた。原稿の最終校正は筆者がパリ政治学院の客員教授だった時に行うことになり、同校の教員と卒業生やOECDの同僚との欧州連合における改革の道筋についての議論は、これらの終盤の章に考察を加える助けとなった。

スタンフォード大学出版部のケイト・ウォールらは、できあがる本のトピックや内容のために不可欠な指摘を熱心に行ってくれた。最終稿の作成を手伝ってくれたアンディ・シヴァーマンには大変感謝している。

最後にお決まりの文句のようではあるが、大掛かりで時間のかかる事業において家族や友人が大いに貢献してくれることは、否定しようがない事実である。各章を何度も辛抱強くまた批判的に読んでくれた妻ジル・シンクルと、筆者が自宅のオフィスで悪戦苦闘している様子を見ていた二人の娘クレアとオーブリーの笑顔に、心から感謝と恩義を感じている。筆者はまた、難関校の入学者受入れ《アドミッション》の動向について常々談話を交わす、間違いのないカレッジや大学に子どもを入れるための現代の競争に囚われている、子持ちの友人や知人からも教わってきた。

アメリカの、そしていよいよ世界中の多くの生徒が、ポストモダンの世界における高等教育の優位を証明しながら、銘柄カレッジや銘柄大学に入学するために競争している。切に求められる公共財を広めるという事業に本質的に携わる公立大学にとって、これは監視や政治的圧力が増加したことを意味する。これらの必要不可欠な機関がいかにしてこうした選択を行ってきたのか、そして将来においていかに選択し得るのかが、この本の主題である。

二〇〇六年一一月　ジョン・オーブリー・ダグラス

カリフォルニア大学バークレー校　高等教育研究センター

凡例と解説　カリフォルニア大学システムの概要

本書の主たる対象であるカリフォルニア大学（the University of California、略称「ＵＣ」）は、各々が独立した一大学と言ってもよい複数のキャンパスを傘下に収める、複数《マルチ》キャンパス・システムとして運営されている。それはまた、有名な三分割構造〔カリフォルニア大学（ＵＣ）、カリフォルニア州立大学（ＵＳＣ）、カリフォルニア・コミュニティ・カレッジ（ＣＣＣ）〕を持つ同州の公立高等教育セクター内のセグメントの一つでもある。本書には、こうしたカリフォルニア大学や同州高等教育についての背景知識を要求される箇所が散見される。以下ではカリフォルニア大学等の特徴について、特に読者の助けになると思われる点について簡単に解説する。

カリフォルニア大学システム（UC System）とも言われるカリフォルニア大学（群）は、もともとはカリフォルニア州北部のバークレーに設立された単一の州立大学（現在のカリフォルニア大学バークレー校）であった[1]。だが、州の高等教育の拡大とともに各地に分校や研究施設が設立され、現在では州の各地に一〇のキャンパス、五つの医療センター、連邦政府関連の三つの研究所、一三の研究センター等々を有する巨大な公立研究大学（群）を形成している（図０・１）[2]。

カリフォルニア大学全体の最高議決機関は、理事会（the Board of Regents）である。カリフォルニア大学理事会は、同州憲法によって大学運営の全権を委任されているため、立法、司法、行政の介入を相当程度排除できる「第四権的」な自治を有すると言われる[3]。本書でカリフォルニア大学の入学者受入方針《アドミッションズ・ポリシー》の改革が、その時々の政権や教育行政の方針ではなく、カリフォルニア大学の主体的な判断で進められていく所以と言える。州憲法の規定によれ

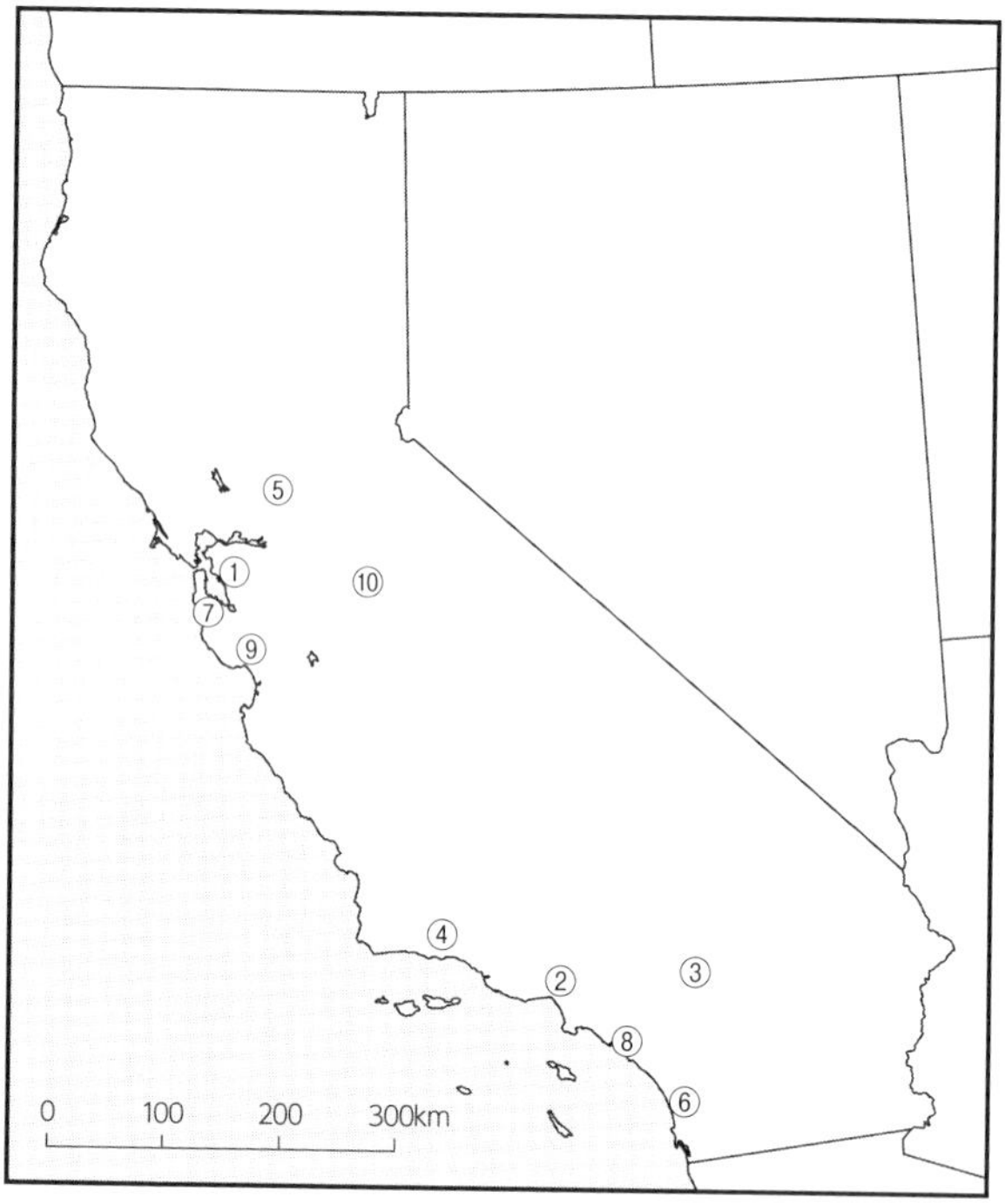

図0.1　カリフォルニア大学のキャンパス（通称的な表記と創設年）
① カリフォルニア大学バークレー校（UC Berkley）（創立：1873年）
② カリフォルニア大学ロサンゼルス校（UCLA）（創立：1919年）
③ カリフォルニア大学リバーサイド校（UC Reverside）（創立：1954年）
④ カリフォルニア大学サンタバーバラ校（UC Santa Barbara）（創立：1958年）
⑤ カリフォルニア大学デイヴィス校（UC Davis）（創立：1960年）
⑥ カリフォルニア大学サンディエゴ校（UC San Diego）（創立：1960年）
⑦ カリフォルニア大学サンフランシスコ校（UC San Fransisco）（創立：1964年）
⑧ カリフォルニア大学アーバイン校（UC Irvine）（創立：1965年）
⑨ カリフォルニア大学サンタクルーズ校（UC Santa Cruz）（創立：1965年）
⑩ カリフォルニア大学マーセド校（UC Merced）（創立：2004年）

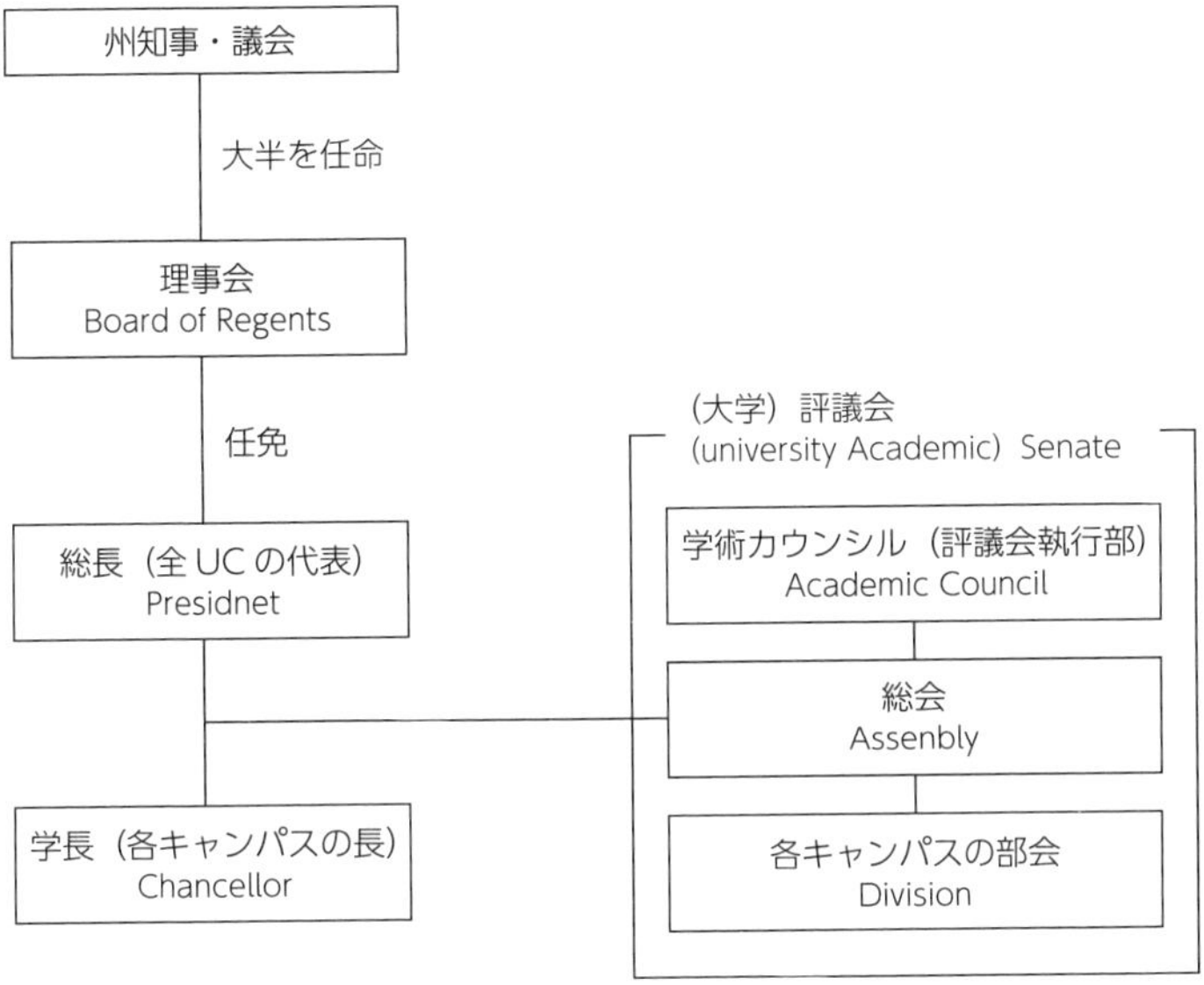

図0.2　カリフォルニア大学の統治機構の略図

ば、構成員は役職指定理事七人（知事、副知事、下院議長、州教育長、卒業生団体代表および副代表、カリフォルニア大学総長）、知事が指名し上院が承認する一八人（任命のタイミングは分散されている）、学生代表一人の総勢二六人である（欠員が生じている場合もある）。理事会の規則（Bylaw）によると、形式的な理事長（理事会のPresident）は州知事であるが、議長（Chair）は別に置かれる。[4]

カリフォルニア大学全体の、特に経営面を統括する総長（President）は、この理事会に任免される。カリフォルニア大学総長は、言わば法人の本部事務局である総長室（UC Office of the President、以下UCOP）の大勢のスタッフを率い、学内外と調整・折衝を行う。また、カリフォルニア大学の組織が拡大して分権化の必要が生じ、各地のキャンパスに権限移譲を行いマルチ・キャンパス・システムに移行してからは、各キャンパスを統べる学長（Chancellor）も置かれている。[5]

カリフォルニア大学運営全体の最終的な決定権は理事会が有しており、その命を受けた総長が経営面の責任・権限を有する。一方で、教学面については、カリフォルニア大学全体の教員が形式的に構成員となる（大学）評議会（Academic Senate）に権限移譲されており、重要な案件については理事会（の命を受けた総長）から評議会（の委員会、たとえば本書でも頻繁に登場したＢＯＡＲＳ）に諮問が行われ、評議会の答申を尊重した意思決定が行われる。厳密に言えば、評議会はあくまで多数の教員が所属する受け皿であり、その議決機関として全学レベルと各キャンパスレベルの総会（Assembly）がある。このように、経営面（主に総長と学長らによる執行部が担当）と教学面（教員組織が担当）を連携しつつ分担する仕組みは、シェアド・ガバナンスと呼ばれる。シェアド・ガバナンスは、カリフォルニア大学のように大規模で階層的な大学システムでは複雑になるが、アメリカの特に州立大学に広く見られるとされる。[6]

　このように、カリフォルニア大学の統治機構はその大規模で複雑な構造を反映したものとなっている。それらをごく概略的に示すと図０・２のようになる。

　なお、創設以来、カリフォルニア大学と言えば基本的にバークレーのキャンパスを意味した時代（President がバークレーの学長であった期間）が長く続いたが、その頃から今に至るまでカリフォルニア大学全体の代表者である総長はPresident と呼称されており、複数《マルチ》キャンパス・システムに移行後もPresident の州憲法上の位置づけ等は変わっていない。本書では、名称や法令上の位置づけの継続性に鑑み、カリフォルニア大学のPresident のみ、時期に関係なく総長《プレジデント》と表記している。他大学のPresident については、学長《プレジデント》と表記を統一した。

　ちなみに、大学群やその傘下のキャンパスの代表者の名称に関して、同州の公立高等教育のセグメント間に不一致が存在する。師範学校やポリテクニック等を前身とする総合大学群であるカリフォルニア州立大学（California State University、略称「ＣＳＵ」、以前の California State Colleges）システムでは、システム全体の総長はChancellor、傘下のキャンパスの学長はPresident と呼ばれる。カリフォルニア大学やカリフォルニア州立大学への編入学準備教育および職業教育を行う短期高等教育機関であるカリフォルニア・コミュニティ・カレッジ（California Community

College、以前のjunior college）システムでは、システム全体の総長はChancellorであるが、傘下の各キャンパスの長の呼称は必ずしも統一されていないようである。

なお、本文中の丸括弧（　）は、原書にある括弧を指し、亀甲括弧〔　〕は、主として、翻訳者による括弧としている。

衡平な大学入試を求めて——カリフォルニア大学とアファーマティブ・アクション／目次

第2部　進学需要をマネジメントする大学と第二次世界大戦後の時代

図目次

表目次

第 *1* 部

公立大学の設立と社会契約の誕生

第1章　公立大学運動とカリフォルニア

アメリカの大学《ユニバーシティ》には、ボローニャ大学やパリ大学やアル＝アズハル大学のように自然発生したものはなく、プラハ大学のように皇帝によって、あるいはグラスゴー大学のように教皇によって設立されたものもない。すべては私的な寄附か宗派の情熱によるものか州の行動によるものであった。アメリカの大学《ユニバーシティ》の歴史はヨーロッパの大学《ユニバーシティ》の歴史と比べれば確かに短い。しかしながら、アメリカの大学《ユニバーシティ》の歴史は、成長を見せ続け、多くの実験を残し、多様なシステムの教育成果を比較するための価値あるデータを与えるもので、実に面白い。

――ジェームス・ブライス卿『アメリカ共和国』一八九一年

この新たな「帝国たる州」の時代が来たのだ。太平洋の女王たるカリフォルニアは、その黄金の玉座から今まさに語りかけ、その大学の未来を運命づけようとしている。

――カリフォルニア大学総長《プレジデント》ダニエル・コイト・ギルマン、第二代総長《プレジデント》就任式にて、一八七二年

大陸横断鉄道開通の三年後の一八七二年、ダニエル・コイト・ギルマンはコネチカット州のニューヘヴン（イェール大学の所在地）から列車に搭乗した。それは、一週間以上もかかった旅の始まりであり、アメリカ西部の幕開けにおける表情豊かな新らしい一章であった。地理学者であり、歴史学者でもあり、またできたばかりの全国的な科学コミュニティの著名な成員であったギルマンは、一八六八年に設置された新たな土地無償払下げ大学《ランドグランド・ユニバーシティ》であるカリフォルニア大学の第二代総長《プレジデント》に就任するため、イェール大学のシェフィールド自然科学部を去るところ

だった。彼がイェール大学での名声をカリフォルニアのために引換えにする理由はいくつかあった。理由の一つは、イェール大学の教員が科学と実践的教育に比較的低い位置づけしか与えていないからであった。それはたいていの私立カレッジに共通する特徴であり、大学《ユニバーシティ》を自称する私立教育機関がまともに扱えていないものであった。イェール大学はこの点ではようやく変化しようとしていたが、その変化は遅く、ギルマンは待ちきれなかった。他の理由はもっと個人的なものだった。彼の妻が、幼い娘を二人、しかも下の娘の方は病気がちだったのだが、彼女らを残して少し前に他界したのだった。

ニューヘヴンでの思い出から遠く離れたカリフォルニアは、ギルマンに、より穏やかな気候と新たな環境を与えたのだった。だが、彼がカリフォルニアへと移ったおそらく最もやむにやまれぬ理由は、全国的に見ても新しい州立大学の一つを形作る機会であった。カリフォルニア大学は、社会の広範な要求に奉仕し、文学と諸科学《リタラチャー・サイエンシズ》を包含する近代的な公立大学になるはずであり、そしてギルマンが見たように「特権的な社会階級のためだけでなく万人に開かれようとしていた」のであった。

一八七二年一一月八日、ギルマンは朝の一〇時にオークランド駅に到着した。彼には地元の宿屋で休憩する暇もなかった。カリフォルニア大学の理事会や教授、カリフォルニア社会の名士、地元の政治家たちを含む大群衆からの出迎えを受けたのである。カリフォルニア大学の学生の一団、つまりカリフォルニアで唯一の土地無償払下げ大学《ランドグランド・ユニバーシティ》の現役男子学生のほとんど全員が、行列が進むのを手助けした。[1]まさにその日に、ギルマンはカリフォルニア大学の新総長《プレジデント》に正式に就任することになっていた。バークレー丘陵にある新しいキャンパスには適当な講堂がなく、行列はカリフォルニア大学ではなくオークランド会衆派教会まで進んだ。カリフォルニアの州立大学は正真正銘、どの宗派にも属さない教育機関だったが、無神論的な教育機関ではなかった。

オークランドに到着して二時間と経たないうちに、ギルマンは就任演説をするために演壇へと進んだ。彼はカリフォルニアには一度も来たことがなかった。実のところ、ミシシッピ以西へ行ったことがなかった。四一歳のギルマンは、サンフランシスコのある地元紙によれば「進歩的で新しい教育施設の、活動的で、活力にあふれた唱道者」であった。[2] ギルマンは自分の聴衆を見渡しながら、イェール大学、ハーバード大学、プリンストン大学といった全米の主要な高等教育機関によって達せられた重要な進歩について述べた。端的に言えば、それらの教育機関はヨーロッパの規範と、発展途上のアメリカの規範の両方を反映した大学《ユニバーシティ》になろうとしていた。

だが、アメリカにおける初期の公立大学運動は独特で、北東部や中西部の大半を席巻していた私立教育機関とはかなり異なるものだった。それは、ギルマンのような新世代の大学執行部たちの関心を捉えた、新しく大胆な実験であった。これらは、単に伝統的なカレッジが啓蒙思想や、その子孫である自然科学や工学、農学を消極的に取り入れただけのものではなかった。公立大学の創設者やその選挙区民は、たいてい私立カレッジやイェール大学のような少数の大学《ユニバーシティ》群の典型的な行動だったのだが、統治委員会に居座り、当該教育機関の学長職を独占する、考え方のよく似た教授陣を雇用したり、往々にして社会的かつ宗教的に許容可能な限られた学生しか歓迎したりしないような、狭量で党派的な層ではなかった。

公立大学の目的は、より壮大かつ民主的で、そしてより複雑だった。公立大学に課されたのは、それらを認可した州の社会的、経済的要求に対応すること、社会の幅広い層に門戸を開くこと、および古典的なカリキュラムを教えるとともに地域経済を発展させ支援するための科学的探求を促進する学科や教育課程を立ち上げることであった。公立大学はまた、ある大きな目的の不可欠な部分であった。公立大学には、田舎の小学校から大学へと拡張させることで、州の公教育システムを打ち立てるのを助けることが期待され、したがって社会的および経済的な機会を根本的に作り替えることが期待されていた。これらの理想を称えつつ、またそれらの実現に際する実践的な課題を検討しつつ、ギルマンは理解の早い聴衆に対して次のように述べた。創設されるべきは「ベルリン大学でもなければ、ニューヘヴンにある大学でもない」し、「オークランド大学でもサンフランシスコ大学でもなく、それを作り出した州の大学《ユニバーシティ》なのである」。そして彼が述べるには、そのために「州の大学《ユニバーシティ》は、その州民に、公立と私立の諸学校に、特有の地理的位置に、そしてまだ整備されていない資源に順応しなければならない。それは教会組織やあるいは個人の基盤ではない。まったくもって低俗または無価値な意味においてではなく、民衆の知的および道徳的福利に対して最高に崇高な意味において、それは民衆のものであり、民衆のためのものである」[3]。

　ギルマンの展望は彼だけのものではなかった。州議会やカリフォルニア州民も同じくらい期待していた。自前の公立大学を構築する際には、他州の議員や学長《プレジデント》たちも、平等主義《イガリタリアン》を念頭に、幅広い社会的付託についての同様の声明を少し前に行っていた。公立大学運動の初期段階では、たとえば一八一六年のインディアナ州立大学の設立許可が「町立学校」卒業者全員に対して開かれ、「万人に対して平等《イークアル》に開かれた」大学《ユニバーシティ》を求めた。ミシガン大学では、ジェームズ・バーリル・エンジェル学長が一八七九年の就任演説で、ミシガンの公立大学は「普通の男性に対して並外れた教育」を授けるために設立されたと述べたことがよく知られている。コーネル大学の初代学長《プレジデント》であるアンドリュー・ホワイトは、州立大学を発展させることに「アメリカ南部と西部を教育する期待をかけた」と表明した。スタンフォード大学初代学長《プレジデント》のデイヴィッド・スター・ジョーダンは、私立教育機関の重要な役割に配慮しつつも、公立大学は「民主主義の来たるべき栄光」であり、「アルフレッド大王（九世紀のイギリス（ウェセックス）の王。大学設立の伝説を持つ）がオックスフォード大学を、カール大帝がパリ大学を設立したこと以来の、教育の発展における最も素晴らしい出来事である」[4]と述べた。ギルマンの演説から数十年後、ウィスコンシン大学の学長《プレジデント》は、公立大学は「州の魂」の一部を形作ったと次のように主張した。「州は大学《ユニバーシティ》を所有している。そして当事者意識という点で全市民は自分自身が株主であるように感じている」[5]と。教育機会の創出を支援すること、人民に対して門戸を開放すること、そして本質的には、高等教育に対する需要を押し上げ、またそれを供給することは、公立大学に課された責務であった。

　また、ギルマンが就任演説で述べたように、大学《ユニバーシティ》とは、単なる高等学校、カレッジ、科学専門学校《アカデミー・オブ・サイエンス》、あるいは工業学校《インダストリアル・スクール》ではなかった。それぞれのある要素は大学《ユニバーシティ》の一部であったかもしれないが、大学《ユニバーシティ》とはもっとずっと多くのものでなければならなかった。ギルマンは大学《ユニバーシティ》を「知識の促進と拡散を」志向した包括的な教育機関と定義した。彼が就任演説を行った当時、カリフォルニア大学はバークレー丘陵にあるストロベリーキャニオンにたった二つの建物しか持たない単一のキャンパスだった。三二人の女子を含む一八二人ほどの学生が在籍していた。カリフォルニア大学には教員が一三人しかいなかった。

今日、カリフォルニア大学は巨大な事業となり、アメリカで最大の人口を擁しており、〔もしも一国であったら〕経済規模で世界八位となる州に仕えている。一〇のキャンパスと二一万人以上の学生を擁するカリフォルニア大学は、アメリカで国内最大の研究大学システムとなり、おそらく間違いなく超一流となった。カリフォルニアの土地無償払下げ大学《ランドグランド・ユニバーシティ》は、全米で最も選抜性の高い入学判定基準を持つ教育機関の一つでもあり、入学定員が限られている教育の高い効用が見込まれる大学進学《アクセス》に誰が値するのかを巡る熱のこもった全国的な論争の中心にたびたびなってきた。

本書は、成立しつつあった公立大学の「社会契約」を、アファーマティブ・アクション、標準テスト、個人業績《メリット》〔成績を指す〕に対する変わりゆく諸定義、営利民営化《プライバタイゼーション》とグローバル化の影響、そしてまさにこうした重要な教育機関の目的や未来をめぐる現代の議論と結びつける。アメリカの公立大学の入学者受入方針《アドミッションズ・ポリシー》とそのやり方についての歴史研究である。公立大学は、その設立時に、主として学術面の諸要件を満たす市民であれば誰でも自分たちの州立大学に入学できるようにするという、極めて進歩主義的な着想を含む社会契約を考案した。それは、多くの私立教育機関がその歴史の大半を通して、諸グループを排除するために教派や人種、そして時として社会的カーストといった基準を積極的に用いてきたのと著しい対照をなしていた。さらに言えば、公立大学は大学進学《アクセス》への障害を積極的に緩和してきた。そうした社会契約はどのように形成されたのか、それはどのように発展し変化してきたのか、その成功と失敗、これらに付随する社会契約の意味をめぐる過去および現在の政治的闘争が、以下の各章の主題である。

　その物語の大半を通じて、カリフォルニア大学の事例研究は、アメリカの公立および私立の大学で展開する入学者受入方針《アドミッションズ・ポリシー》における宗派主義、地理的代表性、経済的背景、社会的地位、ジェンダー、そして人種の歴史的および現代的役割を探索するための窓明かりを与えてくれる。一八六九年の州による設立許可の中で、このカリフォルニアの州立大学は「入学判定条件を設定する」責務を負うこととなった。大学進学《アクセス》を決定するという重要な業務をカリフォルニア大学がいかに処理したのかは、実際の入学者受入方針《アドミッションズ・ポリシー》を形作る困難の中での幅広い大学進学《アクセス》の実現という理想を特徴とする、複雑で社会的かつ政治的な歴史である。この物語では、主要な公立大学の本来の諸目的をより明瞭に可視化することが一つの目標である。その意図とは、現代の論争に文脈を与えることと、大学《ユニバーシティ》の指導者、立法者、そして公衆に、公立大学というアメリカの画期的で偉大な伝統の持つ幅広い社会的諸目的についてのより強固な理解を与えることである。

　このあとで年代順に記述されるように、公共財に誰が進学《アクセス》すべきか、あるいはすべきでないか、という広く認知され、ますます追求されるようになった問題は新しいものではないが、この問題は、影響力の大きさ、個人にとっての利害、より衡平《イクイタブル》で繁栄した社会を創造することにおける役割という点で変化してきた。ポストモダンでグローバル化する経済においては、高等教育は社会経済的流動性とグローバルな競争力の決定要因として大いに成長し続ける。アメリカの公立と私立の高等教育機関の高度に階層化したネットワークにおいては、最も権威のあるカレッジや大学《ユニバーシティ》への進学要求は、今や信じがたいほど競争的となっている。そればかりか、人口が増大して個人にとっての、また地域や国家の経済的競争力にとっての高等教育の価値がより一層重要になるにつれ、進学要求は一層高まろうとしている。

　ただ同時に、アメリカでは、公立大学の歴史的な諸目的を支援するための決意が弱まっているという厄介な兆候が比較的最近見られる。これらの教育機関は代わりとなる資金源を探し求めており、まさに歴史上初めて、自分たちの忠誠先を替えようと脅しをかけている。こうした状況において、社会契約の質は変容しようとしているが、それは社会経済的流動性やグローバル化する経済における国家の長期的な経済的競争力にとって利益にならないかもしれない。アメリカの高等教育の進学《アクセス》や学位取得率を上回ろうとする計画的かつ多大な労力が、アメリカの競争相手たる他国によって払われている。大衆《マス》化した高等教育と進歩主義的で質の高い公立大学のネットワークの両方を最初に創出したアメリカが、自らの歴史的な高等教育の強みを維持するかは不透明である。それでは、社会契約の成功について見ていくとともに、アメリカの公立大学運動の将来と、それから同国の民主的実験について思いを馳せるとしよう。

社会契約の確認

我々の社会のいかなる単体の機関や世界のどの国ともおそらく比較にならないほどに、アメリカの公立大学は、社会経済工学の道具と見なされ、予算措置され、発展させられてきた。これは、市場と強固な個人を国家の発展の品質を保証するものだと見なしている者にとってはおそらく不愉快な見解であろう。これらの教育機関は、個人そのものではなく、より進歩的で生産的な社会を形成する手段としての個人に資することを目的としていた。そのため公立大学は、より富める者だけでなく農民や労働者にも、つまり学業面や市民としての才能を示す者には誰にでも門戸を開いた。それらは学生を選ぶ際に宗派や政治の影響を受けないものとされ、当該州の至る所の地域社会に奉仕するものとされ、古典的なものはもちろん、実用的なカリキュラムを、特に農業、機械、鉱山、軍事、土木、法律、医薬、商業に関する職業を重視して、提供するものとされていた。

これらの原則は、生まれつつあったアメリカの共和制における教育の役割に関する初期の議論の中で、そして第一世代の公立大学の設立許可の中で表現されていった。もしもアメリカが世界で最も教育され、最も民主的で、最も独創的で、そして最も繁栄する国家であるべきなら、アメリカは広範なアクセスが可能な諸学校と一群の公立大学を必要としたであろう。実のところ、二つの教育機関〔学校と公立大学〕は、アメリカの最初期の政治的指導者の多くからは、アメリカを世界各国の中でも開化した指導者にするだろう新興の統合的な教育システムの一部として不可分なものと見なされていた。もちろん、この壮大な展望は、人種闘争と経済的苦境により引き裂かれていたアメリカ社会の厳しい現実と直面した。しかし、コモンスクール運動〔人は生まれながらに教育を受ける権利があるとして、国が保証する公教育制度を創設しようとした運動であり、一九世紀初頭にホーレス・マンが中心となった〕と、往々にして連邦政府の助力を伴いながら、素晴らしい公立大学を創出しようとする諸州の後押しを介して、その理想は生きながらえた。質の高い教育への幅広く公正な大学進学《アクセス》は、そしてそれを実現する政府の役割は、国家の政治文化の欠かせない一部である。

　高等教育システムを構築する際、諸州は各々の早さで前進した。しかしながら、各州の行動と大学の指導者の行動は、時を経て、公立大学における社会契約を定義し意味づけすることを助けた、核となる相互に関連した五つの責任を含むように一まとまりに成長した。それぞれが公立大学の入学者受入れのやり方に影響し、それぞれが大方二〇世紀初め頃までにさまざまな形で立ち現れた。公立大学と社会が時を経て変化するにつれて、それぞれの責任が部分的に再定義されてきた。

　1　公立大学は、その設立や発展を許認可し、予算措置し、規制してきた州の有権者に優先的に奉仕するよう義務づけられてきた。強まってきた連邦資金の影響と、特に最近はグローバル化の力のためにわずかながら擦り切れてきたものの、これは概念上の出発点である。

　2　公立大学は、公立学校や、時とともに出現した公立の第三段階《ターシャリー》教育機関のネットワークを含む、遥かに大きな公教育システムの構成要素兼パートナーとして運営されるべきとされる。実際、歴史的に見て公立大学はこれらの他の教育機関を成長させることを助ける特別な責任を担ってきた。

3　公立大学は、それに適合すればいかなる市民にも、理論的には社会経済的な背景と無関係に大学進学《アクセス》を提供する明確な入学判定基準（または条件）を設定することにより、高等教育への就学を促さなければならない。これに付随して、公立大学は大学進学《アクセス》への障壁を積極的に緩和しなければならず、低所得層や恵まれていない立場《ディスアドバンテージ》のグループを含む、社会の幅広い層を何らかの意味で反映する学生集団を追求しなければならない。

4　公立大学は諸個人と社会にとって意味のある、また地域、州、そして近代ではますます国家や国際経済にとって意味のある学術的および職業的教育課程を提供しなければならない。

5　公立大学は、州の人口が成長し変化するにつれ、他の公立高等教育機関と協力して、何らかの形で在籍者の収容力と教育プログラムを成長させなければならない。

アメリカの公立大学の特徴的な社会契約を理解するために同じく重要な要素は、社会契約を継続的に形作る政治経済的環境であり、私立大学のそれとはかなり異質な現実である。公立大学の入学者受入方針《アドミッションズ・ポリシー》には、影響と権限の源が数多く存在することである。当該教育機関の教授陣と大学当局、非当事者の統治委員会、州の立法者と議会プロセス、連邦の主導権と大統領令、強まる裁判所、特定の利害集団、そしてより一般的には世論の影響である。これらの諸力の相互作用は複雑で、時とともに変化し、常に直線的とは限らず、往々にして経済危機、社会的混乱、競合する要望、政治的な分裂、そして地域の文化的特異性によって影響を受ける。

それでも、連邦の全州で何らかの形で複製されたこの社会契約の発達は、その広がりや内容において比較的に共通であることが証明されたのであり、驚くべき成功を収めた。公立大学の設立と発展は国家の進路を変えたのである。研究者たちは大学《ユニバーシティ》と教育的達成が社会に与えてきた衝撃を十分に評価し始めたばかりである。[6]我々が知っているのは、アメリカの公立大学なくしては国家の経済発展は全く違っていたであろうと言うことだ。また、社会経済的流動性のための経路は著しく限定されていたであろう。公立大学は国家の農業生産性に大いに影響を与え、土木分野を擁護し、中小企業にも大企業にも自らの卒業生を送り込み、結果としてのアメリカの技術的優位の大部分にとっての主要な源泉であることを証明した。私立のカレッジや大学《ユニバーシティ》の意義深い役割を記すことも重要ではあるが、実のところ、アメリカの公立大学の到来と発展は、民主社会としての、そして経済と技術の巨獣としてのアメリカが出現するに際して不可欠な要素であったと証明されていると言ってまず間違いない。

なぜアメリカの諸州が自分たちの高等教育需要を満たすための主要な供給源として公立大学の創設を選択し、私立教育機関のモデルを実質拒否することを選択したのかは、国家の歴史における重要な方針転換を特色づけている。その理由は複雑で、アメリカのどの地域かによっても異なる。しかしながら、簡単に言ってしまえば、私立教育機関の第一波は、価値あるものではあったが、大学進学《アクセス》拡大を望む各州の広範な要求を満たすことができなかったのである。一九世紀中頃のアメリカでは、大抵の私立教育機関の忠誠心やカリキュラムは、それらを支える宗派のコミュニティの望むものに捧げられたままだった。

一八六〇年代までに、多くの州政府が私立教育機関の代替として一つ以上の大学《ユニバーシティ》を設立し援助した。こうした事業において諸州の州政府は、高等教育の需要を正確に理解するよりも前に、その供給を創出しようとしたのである。一八六二年の農業カレッジ土地法〔Agricultural College Land Act〕が連邦議会で可決される二年前の時点において、私立カレッジはアメリカの高等教育を席巻していた。同年までに二四六の小規模なカレッジといわゆる大学《ユニバーシティ》と呼ばれるものが設立されていたが、州立教育機関はそのうちの一七に過ぎなかった。何らかの形態の高等教育機関に在籍していた学生数は全人口と比べれば微々たるものであった。

一〇〇年後の一九六〇年には、アメリカの中等後教育機関の生徒の総数のうち約七〇%が公立の大学《ユニバーシティ》とカレッジの強大なネットワークの中に在籍しており、一八歳から二四歳の全アメリカ人のうち三〇%がカレッジに在籍していた。二〇〇〇年までに、高等教育機関の学生の七五%余りが公立機関に在籍し、しかも来る一〇年でその率は増加すると見られており、また伝統的なカレッジ年齢層の大学在学率は、高卒者の約五八%が進学する中で、ほぼ三八%にまで増加した。今日、公立大学は全学士号のうちほぼ七〇%を授与しており、科学技術分野においては七〇％余りを授与している。公立大学は、全国の技術者、医師、教員、法律家の大半を養成している。[7] さらに、学生の大半は、複数《マルチ》キャンパスからなる公立教育機関に在籍している。一九七一年時点では、全米の高等教育機関の学生のうち約四〇％がそうした複数《マルチ》キャンパスのシステムに在籍していた。二〇〇〇年の時点では、アメリカの学部学生の四分の三は、三八州に点在する五〇余りの公立の複数キャンパス・システムに在籍している。[8]

カリフォルニアの物語

各公立大学はその組織や使命において、当該州の、より大きな政治的文化的環境をある程度反映している。当初、カリフォルニアの土地無償払下げ大学《ランドグランド・ユニバーシティ》は、他の公立大学によく似ていた。その初期には、カリフォルニア大学は遠大な構想とともに出発したが、高等教育が豊かな生活への所定の経路ではなかった時代においては、出発直後に財政、政治的支持、学生の需要の掘起こしの困難さに悪戦苦闘することになった。しかし時を経て、カリフォルニアは州立大学を支援するための相当額の税金を投入したのであり、進学需要は劇的に増大し、地域の社会的経済的需要に見合った教育課程が生まれた。カリフォルニアの州立大学は、ギルマンが望んでいたように、まさしく「この州にふさわしいもの」となったのである。カリフォルニア大学は、比較的小規模なものからむしろ巨大な教育事業へと発展する過程で、アメリカの名だたる公立大学やカレッジから自らを区別する数多くの独自の特徴を獲得した。そのどれもが入学者受入方針《アドミッションズ・ポリシー》にとって重要な示唆を有していた。

その一つとして、カリフォルニアの土地無償払下げ大学《ランドグランド・ユニバーシティ》は、一八七九年に行われた州憲法の大きな修正の下で「公法人《パブリック・トラスト》」となったときに、並外れた自治を得たことである。カリフォルニアでは市民や州政府組織の権利に関するはるかに大規模で騒々しい政治論争があったために、カリフォルニア大学の統治委員会は、法的には州政府からの受託者としての規制以外に服す必要がないという意味で、ほとんど州政府の第四権として当該教育機関を管理する能力を獲得した。カリフォルニア州の他にはわずかに五つの公立大学のみが、それぞれの州憲法において同様の地位を有しているだけである。カリフォルニア大学の場合、この法的地位は立法者や州の政治環境の持つ権力や影響から教育機関を隔絶することはなかったが、重要な緩衝装置となったのは確かなことである。そこには入学判定基準を定める権限も含まれたのである。

　もう一つの重要かつ関連する特異点は、二〇世紀前半までに生じたカリフォルニアの先駆的で高度に分化した公立高等教育システムの発達である。筆者が以前上梓した本でカリフォルニア・アイデアと呼んだものである。カリフォルニアは、二つの大きな革新を通して、全米初の統合的な公立高等教育システムを創出した。第一に、一九〇七年以来、カリフォルニア大学幹部の働きかけもあって、カリフォルニアは公立ジュニア・カレッジ（のちに、カリフォルニア・コミュニティ・カレッジとなる）のネットワークを発展させ、それを財政支援する最初の州となった。最も有名な例であるシカゴ大学などの他の教育機関でも、ジュニア・カレッジという思い付きは試されていたが、カリフォルニアは、ジュニア・カレッジを同州の新興の高等教育システムの中において鍵となる要素とするために、法的枠組みと公的な支出の仕組みを創出した最初の州だった。また、カリフォルニアは、ジュニア・カレッジからカリフォルニア大学の三年次への編入学を一九一〇年までにジュニア・カレッジの学生に保証し、ジュニア・カレッジの準学士号の先駆けとなった。

　ジュニア・カレッジは、カリフォルニア大学自体の拡大要求を取り除いたわけではなかった。競争相手の勢力拡大を回避するために、カリフォルニア大学は、後にUCLAとなったものを一九一九年に設立したことを手始めに、新たなキャンパスを創出した。そうすることにより、カリフォルニア大学はアメリカで初めての真の複数《マルチ》キャンパス大学《ユニバーシティ》システムとなった。成長を続ける多くの州は大学《ユニバーシティ》やカレッジを新たに設立した。しかし当時は、それらは別々の公立教育機関であった。カリフォルニア大学の理事会と指導者らは別の道を探った。彼らは「ひとつの大学《ユニバーシティ》」モデルを作りだし、それを維持した。このような発展は入学者受入方針《アドミッションズ・ポリシー》にとって重要な示唆を持ち続けている。

今日、学士課程を提供するすべてのキャンパスが、学術的な名声や提供する教育課程の幅広さにおいて同じというわけではないが、各キャンパスは、共通の教員人事方針、各々の州予算要求に関する共通の基準、そして先述のように学士課程段階における入学適確性《エリジビリティ》を決定するための共通方針とともに、総合研究大学としての共通の使命を共有している。ひとつの大学《ユニバーシティ》モデルの下で、カリフォルニア大学が公表した入学判定基準を満たす生徒は誰でも入学が保証されたのであり、一九八〇年代までは生徒らは希望したキャンパスにほとんど常にあてがわれた。他の多くの州立大学システムは、第二次世界大戦後に別々の既存大学《ユニバーシティ》を統合して形成されたのであり、往々にして別々の使命や別々の入学判定基準を有していた。

カリフォルニア大学の類い希なレベルの自治や、入学許可協定《マトリキュレーション》を介してカリフォルニア大学と繋げられたコミュニティ・カレッジと地方教育機関群（後のカリフォルニア州立大学）の出現、そして単一の大学《ユニバーシティ》モデルであることは、当該教育機関がカリフォルニアにおいて独特な役割を保持することを可能ならしめた。カリフォルニア大学は州の研究機関の筆頭であり続け、発展する同州の公立高等教育システムの中では（ごく最近まで）専門職学位と博士号を授与する排他的な権限を維持していた。その権限はカリフォルニア大学が比較的高い入学判定基準を保ち、実のところ重要な局面では限界まで入学判定基準を引き上げる論理的根拠を提供した。これは他の二つの公立高等教育セグメント（他の二つは、カリフォルニア州立大学とジュニア・カレッジ）の肩の上に築かれた政策だった。今日、カリフォルニアの州立大学は、全米の公立と私立の四年制高等教育機関の上位一〇％余りに位置し、ハーバード大学やスタンフォード大学ほどではないとしても、ほとんど同じくらい非常に選抜性の高い大学である[9]。

こうした特徴に留意するとしても、カリフォルニア大学はアメリカの他の主要な公立大学が直面した同じ難題の多くに向かい合ってきた。カリフォルニアでも他の州でも公立大学は、大学進学《アクセス》を求め拡大する需要を満たすという自分たちの義務と資源面の課題を一致させることに、長い間粉骨砕身してきた。大学進学《アクセス》の需要が成長するにつれ、公立大学は個人業績《メリット》に基づき、より具体的には十分素質のある生徒の中から選抜するための適切な基準を巡る論争に関わることとなった。おそらくここ数十年に最も顕著なことであるが、公立大学は自分たちが誰を入学させるか、させないかに関する世間の注目や批判にますます従属するようになっている。利害関係者は、そして裁判所は、かつては大半が公立大学の学内事項であった機関の方針《ポリシー》決定の領域に現に介入しており、あるいは介入を試みようとしている。これ自体は必ずしも悪い現象ではないのだが、こうした状況は自らの入学要件、入学者受入れのやり方、そして学生集団の構成を決定するための公立大学の適切な自治に関する疑問を投げかけている。

大学《ユニバーシティ》と民主主義

現代のアメリカの高等教育のネットワークに見られる際立った要素は、公立と私立のカレッジや大学《ユニバーシティ》の混合物といったような、機関類型の多様さである。こうした多様性のあるシステムへの道のりは、一八〇〇年代初頭の準私立並びに私立の宗派立カレッジの支配的地位に見て取れる。これらのカレッジの多くはもともと公的資金を措置されていたが、自分たちを設立許可した州政府に対して明確な責任を何ら持ち合わせていなかった。カリフォルニア大学を含むその後の諸公立大学の出現は、少なからず、こうした宗派立教育機関への初期投資に対する反発であった。特に大西部の新しい州では、私立カレッジは有用かつ重要であったとはいえ、社会の幅広い要求に奉仕するには力不足か、あるいは単に関心がないように思われた。これらは往々にして排他的であり、公衆の幅広い要求に対してではなく、自分たちに命を与えた後援者に対して忠実に振る舞ったからである。

アメリカは、神の恩寵を大いに受けた国家であり、拡大するさまざまな民族的および宗教的コミュニティの故国であった。宗教的寛容さ並びに政教分離の理念はアメリカを独自の国家にした。プロテスタントの文化に非常に影響を受けていたとはいえ、連邦でも、州でも、地方でも、どのようなものであれ、政府や公立教育機関が特定の宗教や宗教団体を採択したり過剰に支援したりすることは決してなかった。これらの理由のため、一八〇〇年代の宗派主義は次第に、諸学校や大学《ユニバーシティ》を含む公立教育機関を設立し発展させる努力に対して、分裂を引き起こす力のように見られたのだった。誕生した若い州が競合する民族《エスニック》コミュニティや宗教コミュニティの間の諍いを和らげようとする際、その答えは、宗派立教育機関に世俗主義を導入するのではなく、人間の能力に対する画期的な理念と密接に結びついた世俗的な公立教育機関を新設することだった。

第一次大陸会議〔Fist Continental Congress、大英帝国の植民地経営に対する各植民地代表による会議〕が開催された一七七四年当時、アメリカには少数のカレッジしかなかった。大いなる理想は自立し始めたばかりの国家の現実に直面した。諸州の政府が教育の推進について広い視野に立って考えることはほとんど不可能だった。アカデミーやカレッジのまばらな集まりは、イギリス国王の勅許状や地域社会の利益を自らの拠り所としていた。イギリス議会から輸入したルールの下で、植民地政府は各々の境界線の内部で一校だけ設立許可を行うのが常だった。

設立許可は一般に商業上の手段として用いられた。植民地カレッジの場合、設立許可は、認可された教育機関が学位や社会的地位の唯一の（あるいはほとんど唯一の）供給者のごとく振る舞うという容認され得る独占を生み出した。設立許可は多くの場合、カレッジの統治委員会にいる植民地の高官に公式かつ有給の地位を与え、地方の税収からわずかな予算が措置された。アメリカにおける民族《エスニック》グループや宗教グループのますます多様化する集合体を反映し、植民地カレッジは、イギリスのカウンターパートとは異なり、宗派系列が多様であった。カレッジは当初、ヨーロッパのカウンターパートでは中心を担っていた学者集団が不在のまま運営されていた。その代わり、植民地カレッジは教員の核を形成するために卒業生という毎年の新たな収穫物にかなりの部分で依存した。全部で八つの植民地カレッジが設立された。これらのカレッジは、カレッジと最終的に大学《ユニバーシティ》の特有のネットワークを打ち立てるアメリカの冒険において最初の企てとなった。それらは公的に認可されたものであったが、公立教育機関としてよりも私立教育機関としての特徴を多く備えた、準私立教育機関であった。[10] 植民地カレッジは宗派の聖職者を養成し、やがて多くの俗人も養成するようになり、地域の階級構造を強化した。植民地カレッジは、ヨーロッパと特に英国で提供されていた標準的な古典的科目群にカリキュラムの範を見いだした。国家の最も魅力的な指導者たちは、こうしたカレッジから輩出された。多くの者は高等教育の理念に肯定的だったが、アメリカ革命の後には旧態依然とした植民地カレッジに不満も抱いていた。指導者たちはこうした教育機関や、一七七六年〔アメリカの独立した年〕以降の数十年間に出現し財政的に生き残るのが難しかった新しい私立教育機関の増設を全面的に拒否したわけではなかった。社会における私立教育機関の役割は評価されていた。しかしながら、これらの教育機関では十分ではなかった。

　西方へと領土が拡大するたび、フロンティアの一帯や新たな州の政治的・地域的指導者は、新たな民主的実験の開始を公言した。またも、耕作に適した広大な土地があるにもかかわらず、既成の社会経済的階層が存在しないことは、社会経済的流動性と平等主義《イガリタリアニズム》にとって不可欠な種子となった。しかし、これらの新しい州は自分たちのコミュニティを束ねて豊かさをもたらすことができる公立教育機関を渇望していた。若者を教育し、文化も含めて州の経済を振興し、そして民主的な指導者を育成する偉大なる公立大学という展望は、諸州が地歩を固めようとするにつれ、その魅力を増していった。農地改革者の社会における要望と結びついた「州立カレッジ」の概念は、他にも諸特性を有していた。ある面では、州立カレッジの概念は、東部のエリート主義と目されたものを断固拒否した。他方で、州立大学の増殖は、体裁上の懸念と、才能ある者がよりよいとされる州へと流出していくことを避けたいという願いを反映していた。新たに州を設立しようとする者たちの間では、公教育、とりわけ州立大学は、フロンティアの粗野さや無法さを和らげるだろうと考えられていた。州立大学は設立するだけでも精一杯で、そのための資源もわずかなもので、しかもアカデミーの性質自体がひどく因習的で保守的であったにもかかわらず、こうした教育機関には大いな期待がかけられていたのである。

新たな教育機関の創出を巡る議論において、大きな、相互に関連する三つの葛藤が明らかになった。一つめは、実用的な教育と古典的な学問との間における適切なカリキュラムのバランスであった。二つめは、宗派や階級間の闘争に頻繁に見舞われる社会に奉仕しようとする教育機関が持つべき適切な自治に焦点化していた。三つめは、これらの公立教育機関が、入学判定においてどの程度選抜性を高くすべきかどうか、どの程度州民を代表すべきかと言うことを中心に据えていた。

フロンティアの境界で

カリフォルニアは、一八六二年に連邦議会を通過しリンカーン大統領が署名したモリル法〔Morrill Act、農業大学を設立するために州の公有地を払い下げる法律。この法律によってできた大学《ユニバーシティ》が土地無償払下げ大学《ランドグランド・ユニバーシティ》〕の下で一五万エーカー〔約六一〇平方キロメートル〕の土地を得た。その土地は売ることも貸すこともできた。州は一八六六年三月に、連邦政府が要求した計画提出の締切りにただ間に合わせるためだけに、二つの基本法のうち一つを通過させた〔第一次基本法〕。この一八六六年の設立許可は、まずもって農業と工業にとっての利益に奉仕するために、公立のポリテクニックの設立を要求していた。しかし、二年後にヘンリー・デュラントはフレデリック・ロー州知事を説き伏せて、カリフォルニアは提案されていた土地無償払下げ《ランドグランド》教育機関の目的を大学《ユニバーシティ》へと拡大するべきだと確信させた。デュラントは、ゴールドラッシュ期にカリフォルニアに来たイェール大学卒業生の一団の一人であり、会衆派教会の援助により、小規模で財政的に厳しいカレッジ・オブ・カリフォルニアを一八五二年にオークランドに設立するのを手助けしていた。彼はカレッジの共同創設者らとともに、自分たちがゆくゆくはイェール大学をモデルにした大学《ユニバーシティ》を作り上げるかもしれないと夢見た。その夢の大学《ユニバーシティ》なら、実用的で新興の科学的な分野のための余地を備えつつ、古典的カリキュラムに注力できるかもしれない。デュラントは、カレッジ・オブ・カリフォルニアとその土地建物を、州が世俗的なカリフォルニア大学を設立するのを助けるために提供した。彼が言うには、私的な資源と公的な資源を併せることで、カリフォルニアは「ポリテクニック以上の何か」となると思われた新たな公立大学を設立することができたのである。[11]

一八六八年三月に、議会は第二次基本法を通過させた。州はオークランドにある土地とカレッジ・オブ・カリフォルニアから湾を見下ろす丘陵の一帯を受領した。これが後にカリフォルニア大学バークレー校となったのである。第二次基本法はカレッジに在籍していた少人数のリベラルアーツ志向の教授陣と学生を正式に編入し、学科のガバナンスと組織を規定し、そして新たな州立大学の目的について言明したのである。大部分がデュラント、サミュエル・ウィリー（カレッジ・オブ・カリフォルニアの学長《プレジデント》代行）と、下院議員のジョン・ドワイネルによって書かれた冗長な文書であったが、この設立許可は大学《ユニバーシティ》建設という新時代の気風を示す例となった。この例は、モリル法の精神ならびに要求事項と、他州における経験によって形作られた。公立の大学およびカレッジに対するモリル法以前の州憲法や州法の条項は、ミシガン州がそうであったように、むしろもっと短いことが多く、ほとんどは教育機関の組織やガバナンスの些末な事項にばかり焦点が当てられていた。カリフォルニアの設立許可は、カリフォルニア大学の責務に関するもっと広い輪郭を描いたのであり、それはカリフォルニア大学の指導者の適切な構成や学生を選抜して入学させるための要素を含んでいた。

アメリカでは、大学関係者以外も含む委員から構成される統治委員会の意義について、設立許可の過程によって、また市民の関心事に対して公式に関与するという理想によって部分的に条件付けられた、特筆すべきレベルの合意が形成されてきた。カリフォルニアの一八六八年基本法は、カリフォルニア大学の財務を管理する責任を有する理事会を創設したが、それは議会の諸要求に従属するものだった。理事会の構成と指名の方法は他の諸州と同様だった。役職指定の構成員は、理事会の議長を兼ねる「州知事閣下」、副知事、カリフォルニア州下院議長、公教育長（憲法に基づき公選される政府高官）、州農業協会会長、州内最大の人口密集地であったサンフランシスコ市および郡《カウンティ》の機械協会会長を含むとされていた。八人が（二院制の州議会で二つ目の議院である）州上院の勧告と承認により、知事によって指名されるとされていた。さらに八人の指名される構成員が、総定員二二人を充足するために新たな理事会によって選任されることとされていた。

カリフォルニア大学の実務の詳細について理事会内部の高度な自治と見識を確保するために、この〔上述の八人と八人を足した人数である〕一六人の指名制の構成員は、任期を互いにずらして一六年間の任に当たることになっていた。この方法なら、いかなる知事やその政党も理事会を支配することはないだろうと考えられたのである。さらにカリフォルニアの設立許可は、「理事の指名、または教授、教師、その他の大学職員の選任に際して、いかなる宗派的、政治的、または党派的な評価基準も認められたり用いられたりしてはならない」と「明示的に」定めた。[12]そのような基準が、構成員の指名のような本質的に政治的な過程においてどのように合意され得たのかは明らかではない。しかし、基本法の起草者らと議員らの心中にこの論点が確かに存在したために、他の条項が設けられた。一八六八年の法制は、決して「理事会の多数派《マジョリティ》がある宗派を代表すること、あるいはどの宗派も代表しないことがあってはなら」ないと定めたのである。[13]世俗主義は、倫理観や市民性からキリスト教的規範を排除するものではなかった。世俗主義の目的は、公立大学の管理運営を独占する地位をどの共同体にも与えることなく、異なる宗派の共同体やさまざまな信仰を出自とする多くの多様な人々に奉仕することであった。衡平《イクイティ》を巡るこれらの懸念は、理事会による大学幹部の選任（彼らは単一の世俗内集団から選任されてはならなかった）に対して、またこの議論にとって最重要なことに、学生の入学者受入れに対して拡張された。

世俗主義と地理的および経済的代表性

カリフォルニア大学創設時の設立許可では、この枠組みの範囲内で学生の選抜《セレクション》を調整する権限と、「大学機関のさまざまな課程への入学を望む志願者の道徳的および教育的資格を定める」権限とが理事会に任されていた。理事会の自治と、それを介した総長と教授陣の自治が、明確に定められていた。学生の選抜《セレクト》においては、多数の重要な条件が加えられ、カリフォルニア大学の入学者受入れを左右した初期の諸原則が作られた。これらの原則のうち三つは、もともとの設立許可の中で形作られていた。

最初の原則は、理事の選任についての規則を当然のごとく拡張したものだった。それはもちろん不当な影響からの自由だった。総長《プレジデント》による学生の選抜《セレクション》と奨学金の授与は、宗派的および政治的影響を受けてはならない。同様の声明は他の州立大学の設立許可にも見られたし、この原則は一九九〇年代における大学の入学者受入れを巡る論争においてたびたび引用されることとなる。設立許可の中で体現された二つ目の原則は、特に州の地理的領域に基づく比率に応じた代表制という理念であった。「必要であれば、州の全地域に平等《イークアル》な恩恵を享受させるために、人口に応じて」学生を選抜《セレクト》することは「理事会の責務」であった。[14] 地理的代表性の考え方は、当時の他の州立大学の設立許可にとって防塁でもあり、カリフォルニア大学が州全体に奉仕することを保証した。またそれは、カリフォルニア大学が単なる地域的な教育機関であってはならないということを言明していた。当時すでに、カリフォルニア大学がサンフランシスコ市の子弟によって独占されているのではないかということは非難されていた。広汎な地理的代表性は、明確に定義されたことはないが住民数と結びつけられていたと考えられ、その精神において民主的であるだけではなかった。地理的代表性は、全カリフォルニア人に対して、所有者としての感覚と、大学進学《アクセス》を提供した。

いくつかの州立大学では、比率に基づく代表性という理想が中心に据えられており、時として入学者受入れのやり方に支配的な影響を与えていた。諸州の議会はこれらの教育機関を誕生させたわけだが、それに見合う便益を求めることも珍しくなかった。それは衡平《イクイティ》の問題であり、発足したばかりの多くの教育機関にとっては政治的に必要な問題であった。ペンシルベニア州立大学はその一例である。一八四六年に農業カレッジとして設立されたそのキャンパスは、農業のあらゆる面の研究に専念する、同州の土地無償払下げ《ランドグランド》教育機関となった。一八五七年には、年間に合計一〇〇人の学生を受け入れるように入学者受入れが設計され、人口を基準に州の各郡から割り当てられた。入学する学生は一六歳の「優れた道徳的人格」を備えた者でなければならず、各地の農業協会からの推薦が必要だった。授業料と下宿料は一〇〇ドルと定められ、「州内の他の多くのカレッジが課す料金の約三分の一」になるように算定された。[15] 後に、同大学の理事会は授業料を廃止しようとした。

カリフォルニア大学は、規則に則り配分を行う同様のモデルを打ち立てることはなかった。しかし、地理的代表性は、（我々が後の章で取り上げる物語であるが）一九六〇年代まで衰えることのなかった、入学判定における首尾一貫した重要な価値であった。また後に、地理的代表性とそれを踏まえた入学判定も、州内にキャンパスを新設する決定をカリフォルニ大学が下すための原則を形成したのだが、これは州を事業エリアに分割するという考え方を中心に据えていた。

第三の原則は公立大学への幅広い大学進学《アクセス》という決意を繰り返し、多くの州立大学間の合意を反映していた。大学進学《アクセス》に対する経済的障壁を減じるために、大学《ユニバーシティ》は全カリフォルニア州民にとって無償でなければならない。当初、学生の教育のために直接の負担を課さないという原則は、たとえば受験料のような、入学審査に対する手数料の禁止にも援用された。「無償の大学《ユニバーシティ》」は、公的補助は学生を教育するためなら常に適切であるだろうと言うことを暗示した。大学《ユニバーシティ》は「完全に無償」であるという宣言は、当時の尊大な自信と興奮にふさわしかった。そうなるように望まれてのことであったが、結局大学《ユニバーシティ》は、州民の誰にとっても無償の、より広義の完成した公教育システムの一部になろうとしていた。それは未完の思想であった。カリフォルニアを含む多くの州は、真に無償の公立学校を設立するために苦しんだ。殊にアメリカの中西部や南部では公的な教育を支援するための公的な課税の適切性に関して、法律論争が根強く続いた。そうした議論は、課税は富の不公平《アンフェア》な再配分するという考え方に反対する人々に際だったものであった。道路や警察権力は地方税として受入可能な形態であったが、農業労働や徒弟制の時代では他人の子どもを学校に通わせることへの税負担には議論の余地があった。

モリル法の後にできた他の州立大学の多くの設立許可では、授業料を廃止するという期待が表明されていた。授業料無償の公立大学を求める進歩主義の理想以上に大きな影響を与えたのは、モリル法の気前の良さだった。カリフォルニアや他州では、議員たちは授業料が将来にわたり不要になるかもしれないと考えた。この連邦法は、農業または機械技術分野の教育課程を持つ新設または既存のカレッジか大学《ユニバーシティ》を援助するためにのみ、土地の購入と運営費に対して、基金からの収益の使用を認めていた。だが、多くの州では土地の売却がうまくいかないことがすぐに明らかになった。土地の特性と市場価格にあまりにもばらつきがあり、しかも通常は大学理事会の権限の下にあった土地売却の過程は、管理不行届きや汚職の疑いがかけられる中で険しいものとなった。

それに加えて、新キャンパスを発展させる費用、あるいは既存の公立教育機関を拡大させる費用は十分に把握されていなかった。そして、進学需要が高まるとともに、また教育機関の複雑性や研究大学にふさわしい図書館などの必要施設が大きくなるにつれて、これらの経費も増大した。大半の州は、まずは毎年の交付金という形式で、そして段々と所得税を原資とした州歳入の若干のパーセンテージと連結させるようにして、自分たちの州立大学のために税金を安定的に注入する手法を徐々に採用していった。州の売上税と所得税が広く導入された一九三〇年代以前はこのような状況だった。こうした初期の州財政の関与はやはり不十分であると証明された。一八八〇年代には、多くの州立大学がわずかな額だが授業料を導入したのである。

カリフォルニアの州立大学は貧弱な資金繰りによる弊害にも苦しまされていたが、一二〇年間にわたり授業料を導入しなかった。これは部分的には、大学《ユニバーシティ》は州民にとって無償であるとする基本法の条項によるものだった。もう一つの理由は、貧富にかかわらず、学生が修学することの困難さであった。単に授業料が無償というだけで、すべてのカリフォルニア州民にとってバークレーへの入学が金銭的に可能になったわけではないが、それにもかかわらず無償の授業料は、経済的障壁のために才能ある学生が教育を継続してカリフォルニア社会に貢献することを思いとどまらせてはならないという、有意義かつ象徴的な原則だった。一八七四年当時、学生は平均で週に一六時間授業に出席していた。この一見軽い負担は、部分的には多くの学生が長時間を通学に費やしていたことと、彼らが働かなければならなかったことの結果だった。この時代、多くの学生はオークランドやサンフランシスコにある自宅から通学するために毎日三〜四時間を要した。初期の大学出版物の一つである『バークレー人』（*The Berkeleyan*）によると、全在籍学生の約五〇％が、学内で多くの場合グラウンドの整備員として、でなければサンフランシスコの企業や家庭で手伝いとして働いていた。[16] 学生新聞の『オキシデント』（*The Occident*）は、一八九一年に設けられた「無料職業斡旋課」が「一年間をやり通すための資金の一部または全額を稼ぐために……タイプライティング、複写、家庭教師、園芸、大工仕事」の職を学生が見つけるのを手助けしたと報じている。[17] 一八八八年には、オークランドかサンフランシスコに住むカリフォルニア大学の学生の四五％余りが実家か自分の職場に近い住宅に住んでいた。

一八七五年、カリフォルニア大学の教授で前総長《プレジデント》のジョン・ルコントは、理事会で次のように述べた。「アメリカのカレッジの最も優れた特徴の一つは、さまざまな金銭的状況にある若者たちを、人工的で伝統的な区別と無縁な、平等《イクオリティ》な条件の下で一緒にさせていることです。富者と貧者の息子たちが隣り合わせで成長し、彼らがお互いと教員から与えられる恩恵は、彼らの出身家庭に何らよることなく授けられるのです[18]」。経済的階級ではなく個人業績《メリット》に基づく高等教育への進学《アクセス》は、進歩的な社会にふさわしい民主主義への貢献として、カリフォルニア人に好まれた。基本法では、理屈の上では全カリフォルニア人が州立大学に通う機会を得られるようにするために、教育機会は経済的条件においてだけでなく、先述のように、地理的代表性によっても定義された。

非宗派的で非政治的な意思決定、授業料無償政策、および地理的代表性の義務付という、設立期のこれらの要素すべてが極めて重要な原則となり、それらはカリフォルニア大学の発展を導くのみならず、各地の州立教員養成カレッジ群の発展にも影響を与え、この後議論されるように、カリフォルニアのジュニア・カレッジの創設のための触媒としても作用した。さまざまな形でカリフォルニアの人口の主要な区分すべてにとっての大学進学《アクセス》、またはそれらを代表させるという理念は、全米で最初に首尾一貫した公立高等教育システムのひとつを創出することに州を駆り立てた。[19]

ジェンダー問題

バークレーの新キャンパスの竣工式で、ホレイショ・ステビンス牧師は、この新大学《ユニバーシティ》が「自由で共和主義的な政府」にとって極めて重要であると宣言し、次のような考えを主張した。「州は、州民に課された義務を果たさせるための手段を、州民に与えなければならない。もしも州が知性を必要とする義務を課すのであれば、知性という手段を備えさせるのは州当局である。……これは共和国の尊厳のためである」。ステビンスは、モリル法によってカリフォルニアは公教育の「完全なる体系」を創出することができたと結論づけた。「カリフォルニア大学は今や一連の公立学校の最終学期なのである」[20]。

この手の平等主義的《イガリタリアン》理念の表明の中には、多くの但書きや目に余る矛盾が存在したのだが、それらは都合よく無視された。アメリカ社会は平等《イークアル》の権利が行き渡った場所ではなかったし、人を傷つけるような偏見や差別と無縁ではなかった。一八六八年も終わる頃にカリフォルニア大学理事会が最初の会合を行ったまさにその年、大量の中国人移民が大陸横断鉄道の建設を手伝うために重労働を行ったが、彼らはカリフォルニアで自分の財産を所有するいかなる権利も認められていなかった。一八七〇年代初めにカリフォルニアおよび全国で不況が始まると、人種暴動が頻発し、人口増加と失業の増加によって深刻化した。また、女性もカリフォルニア大学への最初の入学者には含まれていなかった。女性の入学を禁じる規則はなかったが、女性が自由に入学できるとも明文化されていなかった。だが、バークレーの敷地に新キャンパスが開校する一年以上前にあたる一八七〇年に、理事会は大学の教授陣らの評議会から提出された、女性を入学させる提案を初めて審議した。一年後、理事会は提案に同意し、同校の生成途上にある社会契約に四番目の原則を設けた。大学は男性と対等に女性を入学させなければならない。当時、大学はオークランドの建物、つまり旧カレッジ・オブ・カリフォルニアのキャンパスに、四〇人の男子学生を収容していた。一年後、全員で九三人の学年のうち、八人の女子学生が在籍した。一八七三年にカリフォルニア大学がバークレー丘陵のストロベリークリークにある新校舎に移転したとき、カリフォルニア大学には全部で一九一人の学生が在籍した。二二人は女性だった。カリフォルニア大学の概況に関する一八七二年の報告書の中で、理事会は自らの進歩的な理念を誇った。

> 完璧な計画の下に組織された大学《ユニバーシティ》は、手短に要約するなら、すべてのことが科学的に教授される教育機関であり、学生が学びたくなる教育機関であると言えよう。しかしながら大半の大学《ユニバーシティ》は、それらの射程を制限して、効用を損なわせる条件や規制のために動きを妨げられている。それらは一般的に、中流家庭の若者でさえ手が届かないほど高価である。若い女性はほとんど全面的に排除されている。一般的に言って大半の大学《ユニバーシティ》は宗派主義の性格を持っている。その多くは中世の修道院の伝統を背負わされている。その他は、大規模に学生を受け入れないような入学者受入条件を課している。そしてほぼすべての大学《ユニバーシティ》は履修すべき教育課程を必修としており、学生は、彼が学びたい特定のことを学ぶには、彼が全く学ぶ気がない何か他のことのための学習を強いられる。幸運にもカリフォルニア大学は、これらすべての害悪を回避してきた。授業料は無償で、臨時にかかる費用は、学生がカリフォルニアを離れて東部の大学《ユニバーシティ》で一年間過ごして戻ってくるよりも安上がりに、彼の四年間の課程を全うできるほど低廉である。[21]

また、その報告書は、カリフォルニア大学が「両性に対して開かれている」だけでなく、「女子限定学部」を設けて若い女性たちを「侮辱」もしていないと記していた。女性たちは「異性と同じカリキュラムを履修」できた。宗派主義的な性格は欠片もなかった。「州によって養われた教育機関であるカリフォルニア大学は、実直で、誠実で、教養のある紳士を形成する道徳規範を超えて、宗教を教えてはならない。この大学は優れた人格を持つ大学教育に適した年齢のすべての若者を入学させ、そして彼が何を学びたいと望んでいようと、いずれ当該分野の指導が然るべき課程で提供されるようになればいつでも、この大学は誰にでもどんな学問分野の指導を受けることも認め、そしてこの大学は州民の大多数に対して、科学が一般人に対しても正確に扱われる、大学《ユニバーシティ》の授業を提供する」。極め付けに、理事会、そして教授陣は「若いカリフォルニア大学はこれらの点の大半で世界中のあらゆる大学《ユニバーシティ》にはるかに先んじている」と信じていた。[22]

カリフォルニア大学が自信過剰であったことから、女性の大学進学《アクセス》に対する重要な障壁や、かつてバークレーの教育に影響を与えた社会的習慣は無視された。女性たちが履修した授業や専攻は、個人的な選択に合致していた場合もあった。しかし、女性たちは当該教育機関の文化を支配していた男性教員や男子学生たちの圧力に晒されていた。女性たちは例外もあったが、文学、看護、そして中等教員養成のための大学の教育課程を専攻する傾向があった。

ジョセフィン・リンドレイは一八七一年にこの州立大学に進学した最初の女性たちの一人だった。彼女は当時二〇歳で、サクラメントの出身だった。彼女は学生新聞『ザ・ユニヴァーシティー・エコー』（*The University Echo*）の最初の編集者の一人となった。「若い女性はだれもが人生の中で何かをなすのに適しているはず」と彼女は綴った。「男性たちは女性たちの放縦や悪ふざけだと非難の声を上げるが、彼らは女性へといくつかの道が開けるのを糾弾する先鋒なのだ。女性の教育は、女性が家庭生活において自分の領分を適切にこなすことを必ずしも妨げないだろう。もし女性が、なぜ火は燃えるのか、なぜパンは膨らむのかを理解したとしても、彼女が火を起こしておいしいパンを焼くのに何か支障があるだろうか。女性たちはより広範な教育と、より大きな実用性を求めている。生活の糧を得なくてはならなくなった時に裁縫か教育以外のことをするのは女らしくないと習慣的に考えられているというだけの理由で、時に女性たちほどは能力のない男性たちに与えられているけれど、本当は女性たちに適した仕事が数多くある」。リンドレイと彼女の世代にとっては、カリフォルニアが女性を比較的多く入学させるようになったことに多くの物事が懸かっていた。「アメリカでは新たな教育システムが徹底的に検証されている。その成功が証明されることを望む。高等でより真正の教育を得たいというカリフォルニアの若い女性たちの企ての成否は、この実験に懸かっている」[23]。

　カリフォルニア大学が女性に開かれてから一〇年後、女性の在籍者数は学部学生合計二四四人のうち六二人へと増加した。一八七九年のカリフォルニア州最高裁判所の判決は、同大学の大学院の教育課程に在籍できるように女性の権利を拡張した。裁判所は、ヘイスティングス法学部《ローカレッジ》〔特殊な位置づけを与えられたカリフォルニア大学の法学部《ローカレッジ》〕への入学志願者が「彼女が女性であるという理由だけで不合格にされてはならない」と裁定した[24]。一九〇〇年から一九三〇年にかけて、女性はカリフォルニア大学の総在籍者のおおむね四〇％から四五％を占め、その大半は同大学の提供する教員資格および看護の教育課程と英語や家政学といった分野に在籍していた。一九二〇年には、同大学は全米の公立または私立のカレッジや大学《ユニバーシティ》で最大の女性在籍者数を擁した。大学院レベルの教育の定義や範囲が時とともに変化したとは言え、大学院に在籍する女性たちも大勢いた。

　比較して言えば、カリフォルニア大学は啓蒙のかがり火だった。二〇世紀を迎えるころ、東部の大半のカレッジや大学《ユニバーシティ》は男性専用のままだった。ミシガン大学のような進歩的な大学《ユニバーシティ》でさえ〔性別の〕割当枠を堅持していた。当時はありふれたことだったが、女子学生を全学生のおおむね二〇％という低い割合にとどめておくための恣意的な制限だった。一八九一年にブライス卿は、「よく言われてきたことだが、ある国で女性たちが占める地位は、完璧な検証方法ではないとしても、その国の文明化の進捗を最もよく測るものの一つだ」と記した。ブライスの考えでは、また彼の生まれたヨーロッパとの比較では、アメリカは力強い解放者で、「彼らの文明が到達した高みの証拠」であった。「総合的に考えて、女性が職を得る、つまり小売り業や機械工などでも同じだが、割の良い知的な仕事を得ることが、ヨーロッパのどこよりも容易なのである。……倫理的で人道的な大義を推進することにおいて女性たちがこんなにも目立った位置を占める国は他にない」[25]。

ヨーロッパの多くの国と比較すると、アメリカの女性たちは大半の州で自分の財産を持つことや離婚を申し立てることができた。いくつかの州では女性に選挙権が与えられた。そのすべてが広大な西部の州であり、一八六八年のワイオミングや一八七〇年のユタが最初だったが、カリフォルニアは一九一一年まで女性の選挙権はなかった。「おそらくロシアを例外として、ヨーロッパのどの国の女性たちよりも、アメリカの女性たちはしたいことをして行きたいところに行く、より大きな自由を、慣習的に許されている」[26]。バージニア大学、ジョージア大学、ルイジアナ大学という例外はあるものの、一九〇〇年までにすべての州立大学が女性を入学させていた。それでも北大西洋沿岸の諸州では、女性にとって進学機会は若干数の私立女子カレッジ以外は少なかった。ブライスは教育や社会的期待におけるこうした地域差に気付いていた。たとえばブライスは「もしある女性が、これまではふつう男性が担当していた何かの仕事を始めたら、こうした問題について東部の諸都市の社会は全くもって西部ほどはリベラルではないのだが、それでも彼女が批判に甘んじなければならないことは、ヨーロッパよりもずっと少ない」と述べた[27]。

多くの私立教育機関の制限的な入学者受入方針《アドミッションズ・ポリシー》は、別の教育機関の設立や内部調整をもたらした。ヴァッサー・カレッジ（一八六一年）〔ニューヨーク州〕とスミス・カレッジ（一八七一年）〔マサチューセッツ州〕は、とりわけハーバード大学とイェール大学とよく似たカレッジ教育を提供するために、相当額の基金を元手に設立された。ハーバード大学が実際に女性に門戸を開いた際には、別のカレッジという形態をとった。「ハーバード別館」は一八七九年に設立され、後に女性大学教育協会〔Society for the Collegiate Instruction of Women〕に改称され、一八九四年にマサチューセッツ州によってラドクリフ・カレッジとして設立を許可された。ただ、共学における本当に最初の試みは、オハイオ州にあるオーバリン大学と次にアンティオーク大学という二つの私学が一八三〇年代に女性を入学させた時のことだったと付言しておくことは重要である。しかし、より冒険的な中西部や西部の諸州においてさえ、進捗は遅く、論争の的となった。

南北戦争が始まろうとしている頃にミシガンに続いてウィスコンシンの州立大学が門戸を開いたとき、女性の入学に関する規程は何も存在しなかった。一八五〇年代にミシガン大学理事会によって何回か共学化が提案されたにもかかわらず、ミシガン大学の学長《プレジデント》だったヘンリー・タッパンは自身の断固たる考えを首尾よく主張した。彼は女性の知的能力を疑っていた。おそらく最も重要なことは、ミシガン大学のあるアナーバーのキャンパスに女子学生らがいることで全国的な名声を持つ大学を建設することから気をそらされると、彼が本気で考えていたことだった。宗派の影響を巡る論争以上に、ミシガン大学理事会もまた女性入学問題で苦闘しており、モリル法の通過後になってようやく積極的な意思決定が行われた。

同じような緩慢な変化がウィスコンシンで生じ、同じような驚くべきことも起こった。一八四八年に州に加えられたウィスコンシンは、すぐさま自州の大学《ユニバーシティ》を、ミシガンのものと同じような州憲法の規定の下で法人化して組織したのだが、それが「宗派的教育は当該大学《ユニバーシティ》では許されない」という法令を含んでいた。女性が在籍するための規定は何もなかった。しかし、一八六六年にウィスコンシン議会によって可決された基本法が、モリル法の要求を満たすためにウィスコンシン大学を強制的に改組した。一八六六年基本法は、マディソン・キャンパスの新学部が「産業技術への応用を伴う物理科学および自然科学」を包含する計画の輪郭を描いただけではなかった。ウィスコンシンの州立大学の全学科と全学部は「男子および女子学生に対して等しく開かれる」ことにもなった。[28]

平等《イクオリティ》という輝かしい光は、突如として差し込んだわけではなかった。一八六六年当時、ウィスコンシン大学ができて一五年が経過していたが、同大学はいまだに財政難を抱えており、連邦無償払下げ地からの資金という頼みの綱を待ち望んでいた。そして財政状況が改善する見込みがあったにもかかわらず、大学理事会は一八六六年の基本法通過後の新学長《プレジデント》を確保できなかった。理事会によるとその理由は、女性が大学のすべての教育課程に入学できると明言した、入学者受入れに関する新方針《ポリシー》だった。理事会は年次報告の中で、ウィリアムズ・カレッジのポール・R・チャドボーンなどの多くの候補者が申し出を断ったと記した。「教育機関の長として十分に有能で経験のある教育者を確保することは、不可能ではないが極めて困難」に思われたと理事会は説明した。[29] 理事会の要求で、州議会は、女性の入学者受入れは「理事会が適切と認めうる規制と制限の下で」執り行われるように関連法規を修正した。[30] チャドボーンはようやく大学の最高位職《プレジデンシー》就任を承諾した。

すると次に、彼は一八六七年の夏までに分離された女性専用学部を設けた。女性はウィスコンシン大学のどの学科が提供する講義にも出席できたが、「復習とその他の演習は他の学部と分けて」行われた。チャドボーンが想像していたのは、たいていは女性によって教えられ、音楽、描画、絵画に特化した、別々の卒業式を行い、女子学生と男子学生の両方を守ることになると考えられた諸々の従装具を備えた、女性のための分離された教育課程だった。だが、男女別の学寮を除けば、彼のモデルは、大学《ユニバーシティ》の正規の教育課程への女性の包摂《インクルージョン》へとすぐに道を譲った。

一八七一年、ペンシルベニア州立大学が農業カレッジとして発展して二〇～三〇年たった頃、理事会と教授陣は「資格や特典について差別することなく両性に対して」門戸を開くかどうかを投票にかけた。「応接間の装飾品ではなく、寮母」の教育が、理事会の目標だった。次年度には合計八〇〇人のうち六人の女子学生が在籍した。数年後、レベッカ・ハンナ・ユーイングが最初の女子卒業生となった。

州立大学の多くが、とりわけ農業教育を使命としたものは、教育訓練の一環として一定期間の農作業を必修としていた。これはカリフォルニア大学では議論はされたが否定された選択肢だった。ペンシルベニア州立大学はこの要件から女性を除外した。女性の在籍は最初満ち潮だったが、やがて引き潮になった。一八七九年当時、ペンシルベニア州立大学は四九人の女子学生がいたが、一九〇四年にはたった一九人になった。チャールズ・H・ブラウンは、彼の大学史の中で非常に農業志向だったカリキュラムを批判した。女性を引きつける策の一つとして、ペンシルベニア州立大学は一九〇七年に、当時他の多くの公立大学が行ったように、家政学の教育課程を開設した。この教育課程のおかげでペンシルベニア州立大学の女子学生数は一九一三年に七六人まで増加した[31]。

ペンシルベニア州立大学とウィスコンシンの州立大学が慎重に女性を包接したのと同じ頃、カリフォルニア大学の理事会は女性の入学者受入れに関する独自の議論を始めていた。カリフォルニアにおける一八七一年の最終決定は、明らかにより毅然としていた。一八〇〇年代と二〇世紀の最初の一〇年間に、これほど高い割合の女性を学士課程に在籍させようとした公立大学は他になかった。

選抜性《セレクティビティ》と基準を満たす学生

カリフォルニア大学内部では、一八七〇年代に五つめの原則が最初に登場し、カリフォルニア大学が他の公立教育機関の発展とともに成熟するにつれて、一層明確になっていった。大学は選抜性が高くなければならない。この点で、カリフォルニアは大半の州立大学と異なっていた。多くの土地無償払下げ大学《ランドグランド・ユニバーシティ》は、入学判定基準を低く保ってどんな学生でもほとんど受け入れようとする大衆向けの要求に屈したのだった。しかし同時に、大半の教育機関が大学《ユニバーシティ》の理想像を追い求めた。進学需要が大きくなるにつれ、多くの学生はおそらく大学教育への準備ができていなかったために、単位を落とし、退学していった。大半の州立大学では離学率が著しく高かった。

カリフォルニア大学とごく少数の他の公立大学の選んだ道はこれとは違った。カリフォルニア大学の特異な経路は三つの要素によって説明できる。一つめは、同大学の第二代総長《プレジデント》のダニエル・コイト・ギルマンと関係している。二つめは、カリフォルニア大学の適切な自治を巡る歴史的な政治闘争に関連している。そして三つめは、カリフォルニア大学の代替物がやがて出現したこと、つまりジュニア・カレッジと一群の地方カレッジである。それぞれが、選抜性の高い入学者受入方針《アドミッションズ・ポリシー》を設けようとするカリフォルニア大学の指導者の利益や能力を後押しした。その結果、今日ではカリフォルニア大学は、ミシガン大学、ウィスコンシン大学、バージニア大学と並んで、全国で最も選抜性の高い公立大学の一角を占めている。

ギルマンは一八七二年の就任演説において、カリフォルニア大学を今後どのように成熟させていくかについて要点を述べた。しかし、それはすぐには実現しなかった。彼はすぐさま、学内からのではなく、立法者や、性急で強い政治力を持つ農民からの抵抗に遭った。ギルマンがカリフォルニアに来た二年後に、州の農業共済組合は、農業と機械技術の教育課程の発展が遅すぎると非難の声を上げた。在籍者は少なく、大学が新設した農学部への資源配分は最小限であった。農業共済組合や、主にサンフランシスコを拠点とした労働者党などの他の批判者たちは、カリフォルニア大学の理事会にあてがわれた連邦の無償払下げ地の管理で不正が行われていると糾弾した。

ギルマンとカリフォルニア大学は、大学のカリキュラムを全面的に「実習指導」に注力させるための、あるいは農業共済組合の利益を反映させるために大学理事会の構成を変更するための多数の法案に直面した。ギルマンは、自分のエネルギーの大半がもはやカリフォルニア大学の建設にではなく、議会公聴会や地域の集会で大学自治を擁護するために向けられていることに気づいた。彼は一八七五年に辞任し、ジョンズ・ホプキンス大学の初代学長《プレジデント》になるためにカリフォルニアを後にした。彼は辞表の中で、「大学《ユニバーシティ》の仕事であれば喜んでお引き受けいたしますが、大学《ユニバーシティ》を巡る闘争のための訓練を私は全く受けておりません」と記した。ギルマンは裕福な後援者の支援を得て、私立教育機関の制約の範囲内ではあったが、アメリカで初めての真に研究重視の大学《ユニバーシティ》のうちの一つを、瞬く間に発展させていった。

ギルマンを失ったことや、議会や政治勢力がカリフォルニア大学に襲いかかったことにより、一八七九年のカリフォルニア第二回州憲法会議では、大学に「公法人《パブリック・トラスト》」の地位を与えて昇格させる提案が行われた。新憲法案は公法人化に関する条項を含んでおり、カリフォルニアの有権者らに僅差で承認された。先述の通り、カリフォルニア大学の法的地位がこのように変更されたことの実質的な影響は計り知れなかった。州憲法による法人化は、大学理事会が、そして教授陣と協働するカリフォルニア大学総長《プレジデント》が、入学判定基準の設定を含む大学運営を行うための明確なレベルの自治を与えた。もちろん、カリフォルニア大学が政治的影響を免れることは全くなかった。しかし、憲法に基づく自治は、政治や外部の影響が大学の意思決定を左右することを許す手段を制約した。憲法上の自治は、理事会が、州知事ほか数人の役職指定者を構成員に含んでいるにもかかわらず、政治の世界と学術の世界の間の緩衝装置として作用する能力を強化した。そして、もしも憲法修正がなかったならば、カリフォルニア大学が歴史的に追求してきた選抜性の高い入学者受入方針《アドミッションズ・ポリシー》は実現しえなかっただろうということは、疑う余地もないのである。憲法修正がなければ、理事会が議会の要求に屈することによって、カリフォルニア大学の歴史が大きく変わっていただけでなく、カリフォルニアの公立高等教育システム全体が異なる発展を見せていたであろう。

カリフォルニア大学の理事会と教授陣にとって、大学の自治は、入学判定基準の押下げに関するたび重なる要求に対する防壁となった。理事会は大学運営のあらゆる面にわたって権限を有していたが、彼らはカリフォルニア大学の歴史の早い段階で、入学者受入方針《アドミッションズ・ポリシー》の設定や運用を教授陣に委ねた。この州立大学を設立した一八六八年基本法は、理事会を置いただけでなく、「大学の全般的な管理運営を行うために設けられ」た大学評議会を置くことを要求した。評議会は全教員と全学部長から構成され、大学総長《プレジデント》が議長を務めることとされた。[32] 理事会は、教授陣が入学基準を作り、学生の面接や選抜《セレクト》といった作業を実施することを期待した。

ギルマンは、選抜性の高い大学機関としてのカリフォルニア大学像を打ち立てた。しかし、どのようにこれを実現させるのか。公立高校がほとんどなく、大学教育への需要も限られていると危惧されていた時代に、単に高い入学判定基準を設定するだけでは意味がなかった。一八六八年の設立許可の直後、理事会はオークランドにあったいくつかの建物を購入し、バークレーのキャンパスに進学する学生を募集して適当な準備をさせるための大学予科を設立した。州は八つの公立高校を設けたが、うち四つは設立後四年にも満たず、他には一握りの私立アカデミーしかなかった。一八七〇年に、理事でカリフォルニアの州公教育長だったオスカー・Ｐ・フィッツジェラルドは、「五年制にするか、さもなければ州立グラマースクールと密接に関係する、大学の附属学校を別途設けさせる」決議を理事会に提案し、了承された。[33] 教授陣の間ですぐに議論が始まったが、大学は予備教育に関与すべきではないという意見が多数派だった。むしろ、この新しい州立大学は、自前の諸学科を整備することに専念する必要があった。教授陣の頑なな反対に遭い、理事会は一八七二年の八月に附属学校を閉鎖した。[34]

一八七〇年代、バークレーのキャンパスにおける在籍者数は遅々として増えず、立法者の中にはなぜ州の予算措置を続けなければならないのかと疑問を呈した者もいた。多くの農民や労働者は、自分たちの子どもをコモンスクールの後でも学校にとどめておくことは農場や工場での彼らの訓練をただ遅らせているだけだと強く感じていた。他の者たちは、高校への予算措置は、本当に必要な予算を吸い上げていてコモンスクールの発展を遅らせており、結局のところ、東部の州の寄宿制学校に自分たちの子どもを通わせる費用や不便を避けたい新しい特権階級の教育のための費用を農民や労働者に支払わせるための策略であるとして非難した。その結果、新しい州憲法は高校への州の予算措置を禁じた。こうして、カリフォルニアでは中等教育の発展が非常に遅れて、カリフォルニア大学に在籍するにふさわしい学生がいなくなったのである。

一八七九年から一八八三年にかけて、カリフォルニア大学の在籍者は三三二人から二一五人に減少した。ハーバード大学の卒業生で、サンフランシスコ男子高校の元校長だった、カリフォルニア大学の第四代総長《プレジデント》のウィリアム・T・レイドは次のように述べた。「私の数えられる限り、州内の五二の郡《カウンティ》のうち、公立学校でカリフォルニア大学への予備教育の機会を提供しているのは七つのみで、しかも新憲法が施行されて高校の数はすでに一つ減少している。言い換えれば、我々が誇りとする無償の大学《ユニバーシティ》は、予備教育の費用をまかなえるものにとっては無償だが、準備費用を負えないもの――つまりその教育を州が保証することに特に利益があるまさにその人――からは実質的に隔絶されている。」[35]

レイドは、在籍者を増やすためにカリフォルニア大学の入学判定基準を下げるべきではないと主張する点で教授陣に同調した。その代わり、公立高校の拡大を促す積極的な運動と併せて、二つの大きな改革が大学評議会により提唱され、理事会によって承認された。まずカリフォルニア大学は、入学希望者がバークレーのキャンパスの敷地外でも受験できる筆記試験を始めた[36]。二つめの改革は、大学教授がカリフォルニアの高校のカリキュラムを認証しようとする制度の発展をもたらしたことである。これは一八七一年にミシガン大学で最初に採用された制度を模範としていた。一八八四年、カリフォルニア大学の教授は中等学校を認証し始め、代数学、幾何学、古典語などの領域で入学に必要な準備課程のための基準を設定した。この認証は学生を入学させる新しい手法を提供した。校長の推薦状があれば、認証を受けた学校を卒業した生徒はバークレーのキャンパスに入学できた[37]。校長の推薦は後に不要となった。

カリキュラムの認証が始まったのに続き、大学教授、レイド総長《プレジデント》、そして彼の後継者たちは、高校を創立する活動を始めた。大学教授は増えつつあった地方の学校委員会や、議員、地方の役人と面会した。レイド総長《プレジデント》は多くの地方の会合で講演し、州のすべての郡で最低一つの高校を設立することを力説した[38]。州都サクラメント〔カリフォルニアの州都。州議会を指す〕の立法者たちは、高校のために地方政府が課税するためのより大きな裁量を与える法案を通し、これが主にサンフランシスコ、サクラメント、ロサンゼルスやその周囲の都市部を助けた。しかしながら、州の資金が、つまり州が財産税の大部分を徴収していた時代において学校に予算措置する最大の財源が、公立の中等学校の運営のために使用できるようになるには、一九〇三年まで待たなければならなかった。一八八四年六月、五つの高校がカリフォルニア大学の認証に申し込み、三つが認証された。翌年、さらに三つの学校が申し込み、認証を得た。大学の在籍者は再び増加し、一八八三–八四年度の二一六人から、翌年度の二四一人へと、さらに一八八九–九〇年度の四〇一人へと増加した[39]。

しかしながら、カリフォルニアの学生に対して門戸がどのくらい広く開かれていているべきなのかは、完全には明らかではなかった。カリフォルニア大学は、入学判定基準が生徒の準備状況と大学での成功の両方を指し示す何らかの形式で計測されるべきと言う論理に基づいて進めていった。二〇世紀に入ったときには、カリフォルニア大学は進学需要の激増に初めて直面するなかで、教育プログラムの質を著しく改善させた。私立教育機関にとっては、需要の増大は選抜性をより高める機会となった。公立教育機関にとっては、憲法上の自治を持つ大学にとってさえ、需要の増大は資格のある学生はすべて入学させるという民衆の大きな期待を生み出した。

一九〇〇年、カリフォルニア大学は進学需要の最高潮にあった。一八九〇年から世紀の変わり目の間に、大学は二、九〇六人もの学生を抱えるようになった。平均して毎年二二二人の学生が増えたことになる。我々の現代社会では、これらは比較的小さな数字である。しかし、一九〇〇年代の初頭に、二〇、〇〇〇人やそれ以上の学生を数えるキャンパスという構想は、想像を絶するものだった。カリフォルニア大学は、現代の高等教育政策担当者たちにとって馴染み深い問題に直面した。進学需要と、充てられる財源のミスマッチである。

一八九九年、ベンジャミン・アイド・ウィーラーが比較的財政的に健全だったコーネル大学からカリフォルニア大学の新総長《プレジデント》になるために、三〇年数年前のギルマンのように国土を横断してきたとき、ウィーラーはギルマンが切迫した状況と考えたものに直面した。州からの資金は資産価値に応じて決められており、業務負担とは無関係だった。慈善家の寄附はたまにしかなく、もともとの連邦の無償払下げ地からの収入は急速に減少していた。州知事に宛てた最初の報告書の中で、ウィーラーは在籍者の増加に対して建物や施設が不十分なため、「我々は家に入り切らない」と不満を述べた。ウィーラーは、研究や新しい公的サービスを考える余裕をほとんど残さない、大規模授業と大学教授が教える授業科目数に愕然とした。彼は「現状は、私が時として思うに、痛ましく、そしてあるときは馬鹿げて」おり、「今日のアメリカでこれに比肩するものはない」と記した。滴ほどしかなかった進学需要は、ウィーラーが「雪崩」と表現したものに変わっていた。

第2章　高等教育システムの構築と大学進学《アクセス》の拡大

自称「名門」校は、州立大学というものは州民の中でも才能に恵まれていない集団のための、程度の低い計画に基づいて運営することに甘んじなければならない、と断定しているが、そんなことは我々は受け入れるわけにはいかない。

——ロバート・ゴードン・スプロウル、カリフォルニア大学総長、一九三〇年

一九〇〇年以降の三〇年間にカリフォルニアの州立大学は著しく成長したが、それは在籍者数に限ったことではなかった。カリフォルニアの州立大学は、管理運営構造と、教育プログラムの質と幅広さにおいて成長した。つまり、カリフォルニアの州立大学は財政的な安定を相当程度新たに手に入れ、カリフォルニアという州に対して大学が持つ真の知覚価値を明らかに高めたのである。大学《ユニバーシティ》はカリフォルニアの発展途上にある文化的アイデンティティの中心になったのである。大学《ユニバーシティ》は政治改革の指導者を輩出する衆知の源であり、よりプロフェッショナルで専門的な社会を創造するための王道であり、技術者や才覚あるビジネスマンの供給源であり、社会病理と戦うための資源であり、一言で言えば、経済的な機会と繁栄をもたらす原動力であった。

カリフォルニアと他の多くの重要な州では、公立大学運動がもう一つの成果を生んだ。中等後教育への進学《アクセス》と機会の問題に関する広く一般人を巻き込んだ議論である。公立大学はどの程度選抜性が高くあるべきか。平等主義《イガリタリアン》の理想を掲げた社会において、教育エリート主義という考えはどうすれば生き残ることができるのか。高等教育の学

位への道筋は他にどんなものがあり得るのか。これは、ヨーロッパがそうであったように、高等教育を大学という核となる小集団のエリート機能として定義していた世界では、おおかた皆無ではないとしても、ほとんど見られない議論であった。

アメリカでは、州政府の多くは高等教育への進学《アクセス》を拡大する方法、つまり大衆的かつエリート的に機能するものとしての高等教育を根本的に再定義する方法に苦しんでいた。圧倒的多数の州においては、第二次大戦終結後かなり経ってから複数《マルチ》キャンパスのシステムを形成するまで、自分たちの公立高等教育システムを構造化する方法に真剣に取り組まれなかった。カリフォルニアはそうはせず、アメリカで初めて大衆《マス》化した高等教育に対する統合的なアプローチ、つまり選抜性は高いが、成長する新たな中等後教育機関のネットワークと入学許可《マトリキュレーション》協定を通して繋がった州立大学、という理念を維持するアプローチをとった。

このカリフォルニアの草分け的な方針は、二〇世紀初頭の二〇年間、つまり進歩主義時代における、アメリカのより広汎な政治改革運動の本質的な部分だった。カリフォルニアの進歩主義者たちを構成する階級は、カリフォルニア社会にさらなる秩序と善をもたらすことに熱心な、往々にして女性の篤志家や活動家が加勢した、専門職や零細の同業者たちであった。州知事のハイラム・ジョンソンやジャーナリストのフランク・ノリスといった進歩主義運動の政治的指導者の多くはバークレーに通っていた。彼らの大半はカレッジを卒業していた。多くのものは事業を行うためによりよい環境を望んでいた。他のものは政府の腐敗や道徳的問題を懸念し、また多くのものはカリフォルニアの成長する都市部に流れ込む外国人移民と結びついたますます悪化する貧困に悩まされていた。

我々の社会にとって最も重要なことは、カリフォルニアの進歩主義者たちが、社会の抱える社会的、道徳的、政治的、および経済的な諸悪、つまり、それ以前にも語られてきたが、今やアメリカ史において比類ないほどの熱意をもって標榜されている主題を改良する主体として、教育が中心的役割を持つと確信していたということである。改革運動に身を投じたものの多くは国の行く末を案じており、利己的かつ過激論者的な方法で社会を作り直すというほとんど清教徒的な衝動を抱いていた。教育への進学《アクセス》を拡大させ、教育の組織と質を向上させることは、広く受け入れられる政治的目標となった。教育機会を拡大することで社会経済的流動性を促進し、移民のアメリカ化を容易にし、コミュニティや実業界の指導者の「自然な」成長を促そうとした。進歩主義者たちは政治力を強め、幼稚園を含むように教育を拡張するための立法を通した。そしてカリフォルニアにおいて、進歩主義者たちはカリフォルニア大学を研究と教育の強力で中心的な源泉に仕立てようと計画した。

この大学《ユニバーシティ》は州の新しい政治指導者の多くを教育し、政治や制度の改革に影響を与えた新しい発想を生み出してきた。今度はこうしたことが、大学《ユニバーシティ》の変わらぬ使命に対する強力な政治的支援と、大学《ユニバーシティ》の将来の影響に関して高まる期待の両方を生み出した。カリフォルニア社会の混乱、そして、カリフォルニアは、より民主的かつ業績主義的《メリトクラティック》な社会の前衛である、という現実離れした感覚は、歴史的瞬間にいるような感覚を引き起こした。偉大な公立大学は、改革運動の核心的な要素だった。そのため、この大学《ユニバーシティ》のある支持者は次のように語った。全国の「産業と行政の深刻な問題は解決されなければならない。そしてこれらの問題は、しっかりと訓練された有能な知性によってのみ解決されうる」[1]。この大学《ユニバーシティ》は、研究と、高度に教育された幹部集団、つまり、ジェファーソンのいう「自然の貴族制社会《アリストクラシー》」〔現実の不平等〕の拡張版の主要な源泉になろうとしていた。しかし、近代的大学《モダン・ユニバーシティ》の下に中等後教育の機会を拡張しようとする、つまり、今や幼稚園から大学まで拡張された教育の梯子の段を完成させようとする明白な、競合するような要求が存在した。

教育という万能薬は、カリフォルニアで、そして全国で大衆の叫び声となった。諸々の新たな発議が専門的に訓練され資格を得た教員や学校の管理者といった新たな排他的階級を生み出し、幼稚園は完全な学校制度を作り上げるための一部分となり、地方の学校は公選制の委員会を持つ「統合」学区に再編された。新たに導入された怠学取締法は教育の優先度を反映していた。就学は児童・生徒の権利であるだけでなく、義務であった。カリフォルニアなどの多くの州では、就学は、少なくとも法律上は一六歳まで義務であった。教育事業の予算を賄うために、大半の州が課税制度を改めた。公教育の成長を促すため、ニューヨークとカリフォルニアでは、教員の業務負担に応じた適切な予算措置を確実に行うように児童および生徒の出席を計算式で評価する（一日当たり平均出席数、ＡＤＡとも言う）などの新たな予算措置方法が試みられた。この新法によって、施設建設のために州が保証する債券を発行できるようになった。

一九〇二年に、そしてカリフォルニアにおけるこうした改革の初期段階に、一八七九年の州憲法に設けられた公立高等学校への州の予算措置を禁じた古い法令が廃止された。一九〇二年以前は、財政手段があり高等学校を持つ構想のあった地域社会だけが、高等学校に予算を充てることができた。この当時、州政府は財産税の大部分を徴収し、学校に充てさせるために地方に再配分した。一九〇二年の州の政策変更ため、新たな次元の政府予算が学校建設と在籍者の大波を勢いづけた。一〇年ごとに人口がほぼ倍増していたカリフォルニアでは、高等学校の在籍者数は一九〇〇年の一二、六二〇人から、一九一〇年の三九、六五〇人、一九二〇年の一四〇、三五二人へと拡大した。カリフォルニアに流入する新しい州民は世界中からやってきたが、中西部からが最も多かった。これらの州からの移住者は公教育に高い価値を置いた。結果としてカリフォルニアは、しばしば自分たちの子どもに何らかの中等後教育を望む熱意《アスピレーション》を持つ、比較的新しい中流の専門職階級が人口の多くを占めるようになった。

大学《ユニバーシティ》とジュニア・カレッジ

カリフォルニアの進歩主義者からの政治的、財政的な支援と、総長《プレジデント》ベンジャミン・アイド・ウィーラー（任期：一八九九〜一九一九年）の指導力の下で、カリフォルニア大学は全国でも先進的な研究大学の一つとして台頭した。ウィーラーの積極的な指導力の下、カリフォルニア大学は在籍者を拡大し、学術組織を大幅に再編し、カリフォルニアの生活や経済における大学の役割を劇的に拡大させた。その多くが卒業生だった進歩主義者の支援により、カリフォルニア大学は初めて、もはや資産の公示価格に基づかない、実際の在籍者数に応じた業務負担に基づく州財源という安定的な財源を得たのであり、それは公立高等教育に対して財政措置する新しい考え方であった。

その大きな要因としては、在籍者数に基づく計算式が用いられるようになったことが、農業研究拠点創設のための連邦資金が流入したことと相まって、州からの予算を劇的に増加させたことがある。このため、ウィーラーとカリフォルニア大学の教授陣は全米最大の農学分野の公開講座《エクステンション・プログラム》を設立し、運営することができた。教授陣と大学職員は、州全域の農民や一般大衆に向けた授業と、よりよい灌漑技術や土壌改良から新種の交配植物の売込みまで、ありとあらゆることに関する膨大な研究成果を提供した。一例を引けば、カリフォルニアの柑橘産業は、農業研究拠点の一つであったリバーサイド校で育てたオレンジの交配種の成長とともに出現したということがある。同州の好調なワイン産業の誕生は、デイヴィス校に所在した大学農学部の附属施設によって展開された研究と教育の賜物であった。

カリフォルニア大学の公共奉仕の役割が大きくなるにつれ、教授陣たちはウィーラーとともに、入学者受入方針《アドミッションズ・ポリシー》への重要な示唆を伴う、大学のカリキュラムの再編に取りかかった。大学評議会の勧告と授業の単位を標準化しようとする全国的な取組みを反映して、大学は前期課程と後期課程という、現代に繋がる原型を打ち立てた。また評議会はアメリカの大学の先駆者としての規範を反映して、各授業で統一した単位（たとえば、三時間の授業と一時間の実験室か自習の時間は四単位に相当する）を採用し、特筆すべきことに、それは合衆国では今日でも標準となっている。教員は学位のための新たな要件を設定し、ウィーラーは大学院教育を管理するため大学院部門を立ち上げ、大学の学部とプロフェッショナル・スクールを再編した。一九一六年までに七、〇〇〇人近い学生を数えたバークレーは全米でも最大規模の高等教育機関となり、ハーバード大学、イェール大学、コーネル大学、ミシガン大学、ウィスコンシン大学などの教育機関の新たなライバルとして、一流大学の一つに位置づけられた。ジェームズ・マッキーン・カテルによる「アメリカの科学者」に関する一九〇六年の調査は自然科学の教員の陣容でバークレーを全国六位とした。一九一〇年に出版されたエドウィン・Ｅ・スロッソンの有名な『アメリカの偉大な諸大学』〔*The Great American Universities*〕は、バークレーは全米で一三位の高等教育機関だとした。[2]

　しかしながら、カリフォルニア大学が有名になり進学需要が著しく高まると、大学幹部にとって厄介な問題が生じた。州内に中等後教育を提供する大規模な公立教育機関が他になかったため、多くのカリフォルニア州民が、カリフォルニア大学は入学基準を下げて在籍者数をさらに早急に増やすべきだと主張したのである。初等学校レベルの教員養成を行っていた拡大中の州立師範学校もそうだったように、スタンフォード大学やその他の少数の私立大学はこの需要の一部を満たすしか貢献しなかった。サンルイスオビスポには教員養成と農学の大学からの開放《エクステンション》を使命とした新設のポリテクニックもあった。しかし、これらのいずれも、特に人口が急増しているにもかかわらず少数の小規模私立カレッジと公立師範学校を擁するのみであったロサンゼルスのような地域では、勃興する中産階級の飽くことのない中等後教育への進学要求を満たすことはなかった。

　大学内部の者の中でも、とりわけウィーラー総長とバークレーの教育学部の教授で新学部長のアレクシス・ラングが、カリフォルニア大学が選抜性の高い教育機関としての、また先進的な教育研究の中心としての使命に集中すること、つまり、進歩主義改革運動の指導者たちによって支持された理想を欲した。同時に彼らは変化する州の経済や労働力需要に見合うようにカリフォルニアの公教育システムを拡張する必要性を認め、かつ信奉した。ウィーラーとラングは二人とも幼稚園や、中学校、そして最も重要なジュニア・カレッジなどの比較的新しい教育機関を発展させるよう訴えた。

　特にラングはジュニア・カレッジの鍵となる推進者だった。ジュニア・カレッジは進学需要を満たし、高等学校を卒業してくる生徒の大部分のための教育を施すことができるかもしれなかった。カレッジ教育や専門職業教育から利益を受けると思われたものにとって、地方のジュニア・カレッジは大学へと続く新しい極めて重要な経路となることができた。ジュニア・カレッジの公的なネットワークは、そのようなシステムとしてアメリカで初めてであり、いずれそれぞれが地域の統治委員会を持つ別々の学区の下に組織されると想定され、州の公立高等学校の延長になろうとしていた。[3] とりわけラングは、ジュニア・カレッジは州立大学を救済するだけのものではないだろうと説明した。ジュニア・カレッジはカレッジ教育を「広く普及」させて、「州の学校システムが正常に発達していること」を象徴するだろう。「この州の学校システムは同時に、その領域における、全国的、さらには世界的な要因や力学によって形成されている」。[4] 彼が主張するには、これらの新しいカレッジはいずれ「国家のために最大多数の最大効率を約束する」ことができた。[5]

ウィーラーの熱心な支援とラングの指導力を得て、大学評議会はジュニア・カレッジを振興するための、またカリフォルニア州民にとって州立師範学校をより魅力的にするための新しい入学者受入方針《アドミッションズ・ポリシー》を作成した。一九〇五年にカリフォルニア大学は、多数の私立カレッジのみならず、六つの州立師範学校との間で、学生をより積極的にバークレーの三年次に受け入れるための入学許可《マトリキュレーション》協定を締結した。[6] 二年後、カリフォルニア大学は、後に準学士号となった、「ジュニア・カレッジ修了証明書」が取得できる「前期課程」カリキュラムを、全国で初めて教育課程として定めた。カリフォルニアのいずれかの州立師範学校かジュニア・カレッジで、カリフォルニア大学によって定められた要件を満たした学生は誰でも、バークレーに入学を許可されることとなった。

同年、カリフォルニア州議会は、アンソニー・キャミネッティ上院議員によって提出されラングや他の大学幹部により後援された、地元の高等学校の延長《エクステンション》としてジュニア・カレッジの教育課程を設置することを地方学区に認める法案を可決した。州内の高等学校と同様に、ジュニア・カレッジもカリフォルニア大学の教授陣によって認証されることとなっていた。カリフォルニアで最初のジュニア・カレッジは一九一〇年にフレズノで運営を開始した。フレズノの地方学区当局はジュニア・カレッジの使命を進んで拡大解釈し、大学予備教育と同等の目標として職業教育課程を掲げた。[7] 一九一〇年の『カリフォルニア・ウィークリー』（*The California Weekly*）は、その教育機関は大学と同等の授業を「実際に大学に通う時間と費用を持ち得ない若者のために」提供するのみならず、「農業、手工芸および家政学、その他の技術職における実践的な授業を提供する」と報じた。フレズノの新しいジュニア・カレッジの職業的、技術的な特徴は、一九一一年にサンタバーバラとハリウッドに、一九一二年にロサンゼルスに設立された後続教育機関に組み込まれた。[8]

一九二〇年までに、カリフォルニアは他のどの州よりも遙かに多い一六のジュニア・カレッジを擁するようになった。また地方議会の発議によってジュニア・カレッジ学区を独自に形成することが立法化されたので、したがってそれらは地方教育委員会の管轄外となった。一九六〇年代まで、カリフォルニアは毎年平均二校のジュニア・カレッジ、あるいは同時期に改称されたコミュニティ・カレッジを新設した。二〇〇六年には、カリフォルニアは七二の学区で運営され、二五〇万人以上の学生が在籍する一〇九のコミュニティ・カレッジを有した。また一九二〇年にカリフォルニアは発展中の州立師範学校のすべてを州教育委員会の下に置き、それらを州立教員養成カレッジと改称した。それまでは、カリフォルニアの各師範学校は、全体的な発展を導く中央当局が不在のまま、独自の統治委員会を有していた。州全体の中等後教育に対する需要を反映して、これらの四年制カレッジは数を増やし、初等教育レベルの教員資格提供を超えて自分たちの使命を拡大していった。法令により四年制カレッジは一九三五年までにリベラル・アーツの学位授与が認められ、一九四七年までに修士号を授与できるようになった。[9]

今日の高等教育の三分割システム（カリフォルニア大学（UC）、カリフォルニア州立大学（CSU）、カリフォルニア・コミュニティ・カレッジ（CCC））の全般的な枠組みが発展したことで、カリフォルニアの教育機会は著しく拡大した。フンボルト郡とサンルイスオビスポにジュニア・カレッジや州立教員養成カレッジが新設されただけでなく、カリフォルニア大学が一九一九年にロサンゼルスに南分校を設置し、全米で初めての複数《マルチ》キャンパス大学となった。[10]

カリフォルニア大学を複数《マルチ》キャンパスシステムとして再定義することについては、理事会と教授陣によって渋々合意され、バークレーの卒業生の多くによって強く反対されたものだった。しかし、ロサンゼルスの市民団体の指導者たちは、今や人口が州北部を凌駕する南部カリフォルニアにおいて州立大学が教育機会を適切に提供するには南分校を開設するしかないと主張した。ロサンゼルスに完全に独立した州立大学を新しく設立する法案に脅威を感じた理事会は屈服した。ロサンゼルスの後援者らが主張するままに、大学はヴァーモント通りに所在する州立師範学校を吸収した。これが後のＵＣＬＡになるのである。この併合は将来の大学拡大にとって重要な先例となった。カリフォルニア大学は州全体に奉仕するのだが、カリフォルニア州民のどの部分に奉仕するためにも大学は複数《マルチ》のキャンパスと研究拠点を必要とした。

カリフォルニア大学は総在籍者数の飛躍的増加を経験することになった。一九〇〇年にバークレーのキャンパスとサンフランシスコの医学部に総勢二、六六〇人の学生が通っていた。一九二〇年までに、ロサンゼルスに南分校を追加したことで在籍者数は一四、〇〇〇人近くに跳ね上がり、四二五％もの驚くべき増加を見た。一九二三年までにカリフォルニアの州立大学はすでに全国最大規模の大学になっており、北部と南部のキャンパスに一九、〇〇〇人以上が在籍していた。[11]この時期のカリフォルニア大学への進学《アクセス》を拡大させるために、一九一九年に大学は特定の課程への入学要件（英語や化学といった教科の要件）を一時的に引き下げた。[12]

一九二〇年までにおおむね形成されたカリフォルニアの諸教育機関の新しい三分割構造は包括的で整然とした公立高等教育システムを創出したことは先述した。[13]各教育機関は新しいシステムの中で異なる役割（「機能の相違」と呼ばれるもの）を担った。諸教育機関は入学許可《マトリキュレーション》協定と高等学校の認証《アクレディテーション》協定を通して公式に結びつけられた。この新システムは、拡大する進学機会の拡大という重荷の大部分をすぐに担うようになったジュニア・カレッジにより、中等後教育機会を著しく拡大させた。一九二〇年当時、カリフォルニアは州の総人口において全米一一位に過ぎなかったが、公立高等教育の学生総数——公立のカレッジや大学に著しく、ますます依存していることを示す指標の一つ——では一位であった。何らかの形態の中等後教育への進学率において、一八歳から二一歳の年齢層が、カリフォルニア州はすでに全国で五位以内に入っていた。一九二〇年、大学進学率の全国平均は

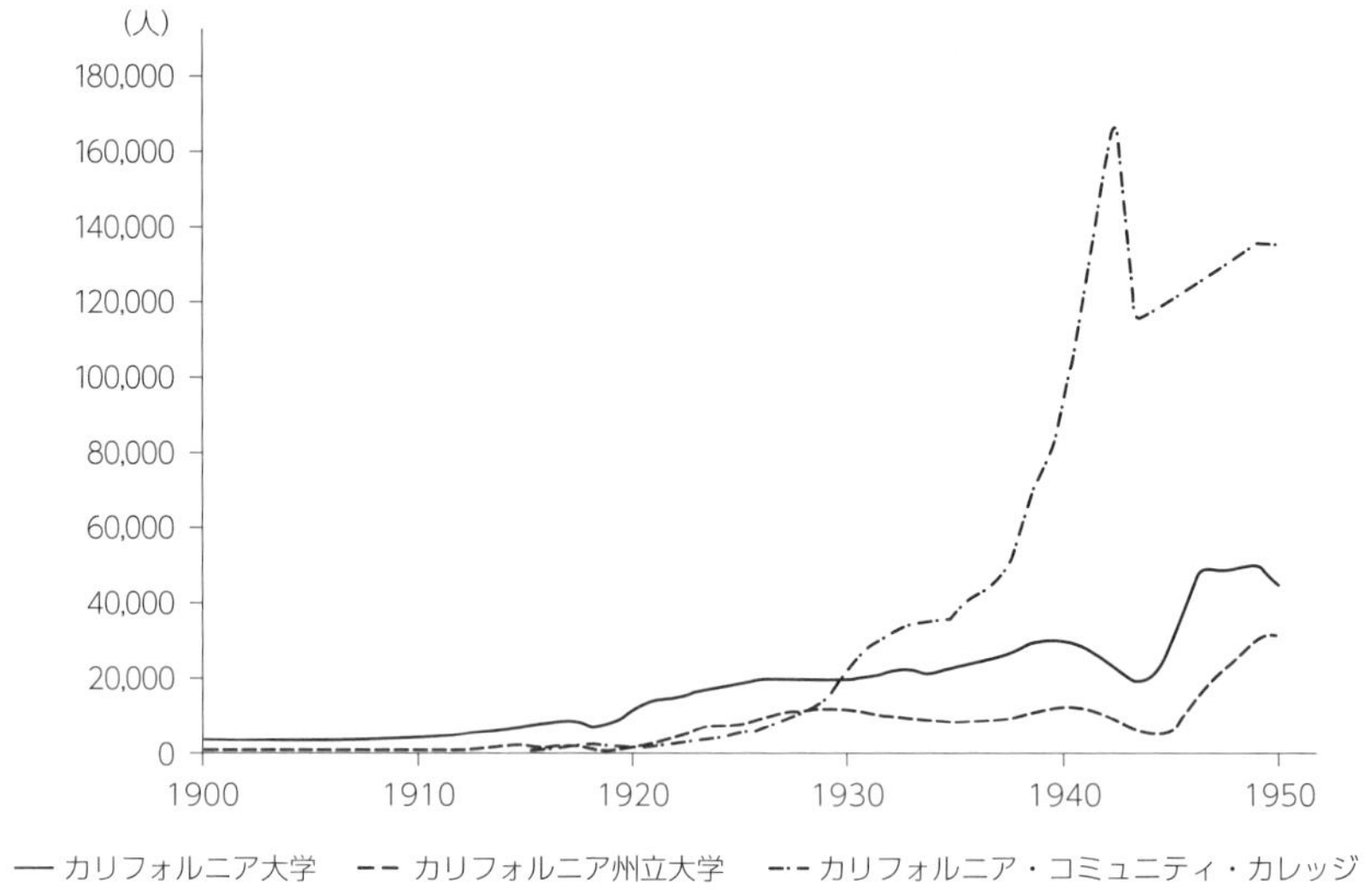

図 2.1　カリフォルニアの公立高等教育の在籍者の増加（1900 年－1950 年）
出典：John Aubrey Douglass, *The California Idea and American Higher Education*

八％だったが、カリフォルニアの若者の一〇％余りがカレッジを含む大学に進んだ。一九三〇年、カリフォルニアではこの一八歳から二一歳の年齢層グループの大学進学率は一六％で、全国平均は一三％近くになっていた。一九五〇年までに、全国平均が約一九・二七％だったにもかかわらず、カリフォルニアの大学進学率は三五％になっていた。

カリフォルニアの土地無償払下げ大学《ランドグランド・ユニバーシティ》にとって、三分割システムの利点は計り知れないものがあった。大学は大学院教育と研究における中心的で高レベルの役割を維持し、そして大学は比較的高い入学者受入方針《アドミッションズ・ポリシー》を保ち続ける自由を与えられたのであるが、実際には入学者受入方針《アドミッションズ・ポリシー》を引き上げる自由を与えられたのである。大半の州は別々のかなり独立した高等教育機関を水平的に組織する方向に向かったが、カリフォルニアのシステムは、非常に自治的な州立大学を取り巻くように大部分が築かれており、際立って垂直的だった。一九五五年までにカリフォルニア大学の在籍者数を追い抜いた後のカリフォルニア州立大学システムを含む、カリフォルニアのシステムのその他の二つの「セグメント」〔カリフォルニア州立大学とジュニア・カレッジ〕はカリフォルニアの中等後教育機関の学生の大多数を吸収していった（図２・１参照）。カリフォルニア大学は州の人口に比例した中等後教育の在籍者数のマーケットシェアを維持しようとしたが、ジュニア・カレッジは中等後教育にとっての第一の供給源となった。高等教育への主要な入口として二年制のコミュニティ・カレッジにこれほどまでに強く依存する州は他になかった。この点については後の章も議論することになる。

例外措置による入学者受入れと新たな入学委員会

カリフォルニア大学の歴史を通して「例外措置による入学者受入れ」という考え方は大学への重要な代替経路となってきた。しかし、それはしっかりと定義されてはいなかったものである。むしろそれは本質的に非公式の方針だった。第一次世界大戦直後に、大学評議会は多様な人々に対する例外措置による入学者受入れを公式化し、その適用を拡大した。これには陸軍学生訓練隊（Student Army Training Corps）によって推薦された学生、第一次世界大戦の復員兵、音楽や芸術に並はずれた才能を持つ学生、僻地出身や恵まれない《ディスアドバンテージ》家庭出身の出願者、および包括的で質の高い大学進学課程を備えた高等学校教育にあずかれなかった学生が含まれた。

また、一九二三年にカリフォルニア大学は、「満足のいく高等学校の課程を全うする機会を持たなかったものの、特別な実績を有しているがために、学位取得には繋がらないが特定の課程を履修することに耐えうる熟年の」カリフォルニア州民に大学進学《アクセス》を提供する方法として「特別措置学生」のカテゴリーを設定した。しかしそのうちにこうした学生は、その後に正式な学位課程に入学する一般的な要件を満たすことができるようになった。[14] こうした変化に伴って用語が次第に変化した。学生は、「正規に」入学が認められるか、でなければ「特別措置」学生として特別入試の規則によって入学することができた。

アメリカの公立教育機関の大半と私立教育機関の多くは、程度の差こそあれ、自校の通常の入学判定基準に対する例外を設けた。多くの教育機関が、指定された授業科目を履修するなどして履修の不足分を補うことを学生に求める「条件付き」入学許可を出した。条件付き入学の学生は同時に別の学校に在籍するか、当該教育機関によって提供される特定の授業科目を履修することによって条件を満たすことができた。コロンビア大学では、学生は不足分を補うために最長一年間を費やすことができ、その間は仮入学の状態に置かれた。例外措置の活用は二〇世紀の初頭に全国に広まった。理由の一つは、より選抜性の高い教育機関によって求められた要件が増加したことである。[15]一九一〇年にコロンビア大学の学長《プレジデント》である、ニコラス・マーレイ・バトラーは、裕福な学生を不合格にさせないために例外措置や条件付き入学の活用を正当化した。コロンビア大学は「技術的要件を完全には満たさなかった学生、あるいは課すべき条件がまったく取るに足りないほど軽微であった学生」を全員不合格にする余裕がなかった。こうしたことは「深刻な教育上の不公正《インジャスティス》と多くの学生にとって看過できぬ不正」になろうとしていた。ただしそうしなければ、コロンビア大学の入学審査は「性質上、機械的」になっていただろう。[16]

カリフォルニア州の人口が増加し、特別措置に関する公式の方針や高等学校の認証の見直しなどといった入学判定がより複雑になったため、カリフォルニア大学では新たな管理構造が必要となり、このことは、入学者受入れを巡る権限の在り処を理解するための重要な逸話となった。一九二〇年、理事会が教授陣にかなりの権限を新たに委譲したことを受けて大学評議会が大幅に再編された一環で、評議会が設置する入学判定に関係する四つの常設委員会が一つにまとめられた。同年四月、入学資格審査《クレデンシャル》に関する委員会、入学判定に関する委員会、特別措置学生に関する委員会、および入学試験《エントランス・イグザミネーション》に関する委員会が、入学委員会〔Boards of admission〕に置き換わった。[17]中等教育の学校と後にジュニア・カレッジを認証するために一八八〇年に設けられた評議会が設置する別の委員会、つまり学校に関する委員会の業務も、一九三九年までにこの単一の委員会に吸収され、入学者受入れと学校関係委員会〔Board of admission and relations with schools: BOARS〕がつくられたのであるが、これが今日存在する大学評議会の一組織であった。[18]

次にＢＯＡＲＳは、認証された高等学校からの学生の入学者受入れや筆記試験の実施などの入学審査の諸々の業務を処理するための一定の権限を大学の管理者たちに委譲した。これらの一般的な区分に入る学生に関しては、大学の試験官や、教授陣が担当する記録係、および学部部門の長が、誰を入学させるかについて一時的に合否を決定していた。しかし、例外措置や特別措置学生のようなその他の区分では、ＢＯＡＲＳが厳重に監督し続け、すべての決定を下した。ロサンゼルスのキャンパスが追加されたことも、新たな管理上の困難を増加させた。同じような権限が南分校の事務局長補佐とロサンゼルスのキャンパスの教務課に委ねられた。[19]

一九一九年から一九六〇年にかけて、カリフォルニア大学は学部学生を受け入れるための四つの主要な区分を堅持した。大学に認証されたカリフォルニアの高等学校の卒業生で校長の推薦状を得た者、試　験《イグザミネーション》により入学した者、例外措置によって入学した者、準学士号を得て進学するためにジュニア・カレッジから編入学してきた者の四つである。唯一の大きな変化は、一九二八年に教科領域の必修要件が再度設けられたことである。[20]同時期に、高等学校において、そのカリキュラムが職業的な授業をもっと提供するように変更された際、カリフォルニア大学の入学委員会は入学者受入要件を徐々に引き上げた。多くの高等学校の校長は認証におけるカリフォルニア大学の役割を声高に批判するようになった。一例を挙げれば、カリフォルニア大学が高等学校の卒業生が大学で得た学業成績に基づいて高等学校を格付けし、それを公表したことで、高等学校側は大変驚いたことがある。カリフォルニア高等学校長協会〔California High School Principals Association〕は「高等学校の卒業生を恣意的に判定している」として大学を厳しく批判した。その後、ロングビーチで開催された一九二八年の同協会の年次総会でカリフォルニア大学による認証を廃止する提案がなされた。代わりに、高等学校の校長により組織される新しい教育機関が認証を与えるというものである。別の提案では、一年次への入学希望者を評価する新たな手法として標準テストを大学が採用することを要求した。スタンフォード大学などの同州の私立教育機関の多くは入学方法の一つとして、そのテストの受験を認めていた。

しかしながら、カリフォルニア大学の教授陣は自分たちの認証権限を放棄しなかった。一九〇三年以降しばらくの間、高等学校を認証するカリフォルニア大学の権限は、ある学生が入学を認められるかどうかを決定する以上の意味を持った。カリフォルニア大学による高等学校の認証は、地方学区が州の資金を全額交付できるかどうかを決定したのである。それは、高等学校が大学入学要件に対応するカリキュラムを揃えることを保証しようとした進歩主義者たちの望みであった。高等学校の認証と予算の関連付けは一九二〇年代には廃止された。高等学校の運営がますます専門化してカリフォルニアの高等学校の規模も複雑さも増してくると、高等学校の管理者たちと多くの地方教育委員会はより多くの自治を求めるようになった。次の段階は単に大学による高等学校の認証を置き換えることであったのか。カリフォルニア大学の評議会は、高等学校の幹部たちが自分たちで高等学校を認証するということに脅威を感じた。教授陣はこの提案を、カリフォルニア大学に門戸を広げさせるための高等学校の幹部たちいく人かの総力を挙げた取組みと同じものだと見做した。バークレーの教授であったオリヴァー・M・ウォッシュバーンは、「カリフォルニア大学は選抜性の高い方針《ポリシー》を放棄することなどできない」と宣言した。「さもなければ我々の在籍者数は倍増し、少なくとも一年生の教育のための施設を倍にすることを州は求められる（だろう）」[21]。

評議会の入学判定に関する委員会は標準テストを通常の入学審査に採用するという提案も拒絶した。これは一九五〇年代後半になるまで蒸し返されることのなかった重要な決定であった。カリフォルニア大学側の学校監査官であったクラレンス・パスチェルは「私は数百、いや数千の個人の事例を高等学校の校長たちと調査したことがあり、私の判断では知能テストの得点が高くても、カレッジでの成功に関して何の保証にもならない」と述べた[22]。しかしながら、評議会はテストの受験を認め、テスト得点の提出が小規模な学生層のための、特に州外からの学生の入学のための代替手段となることが初めて証明された。

先述の通り、一九二八年にカリフォルニア大学は、認証を受けた高等学校からカリフォルニア大学に通常の手段

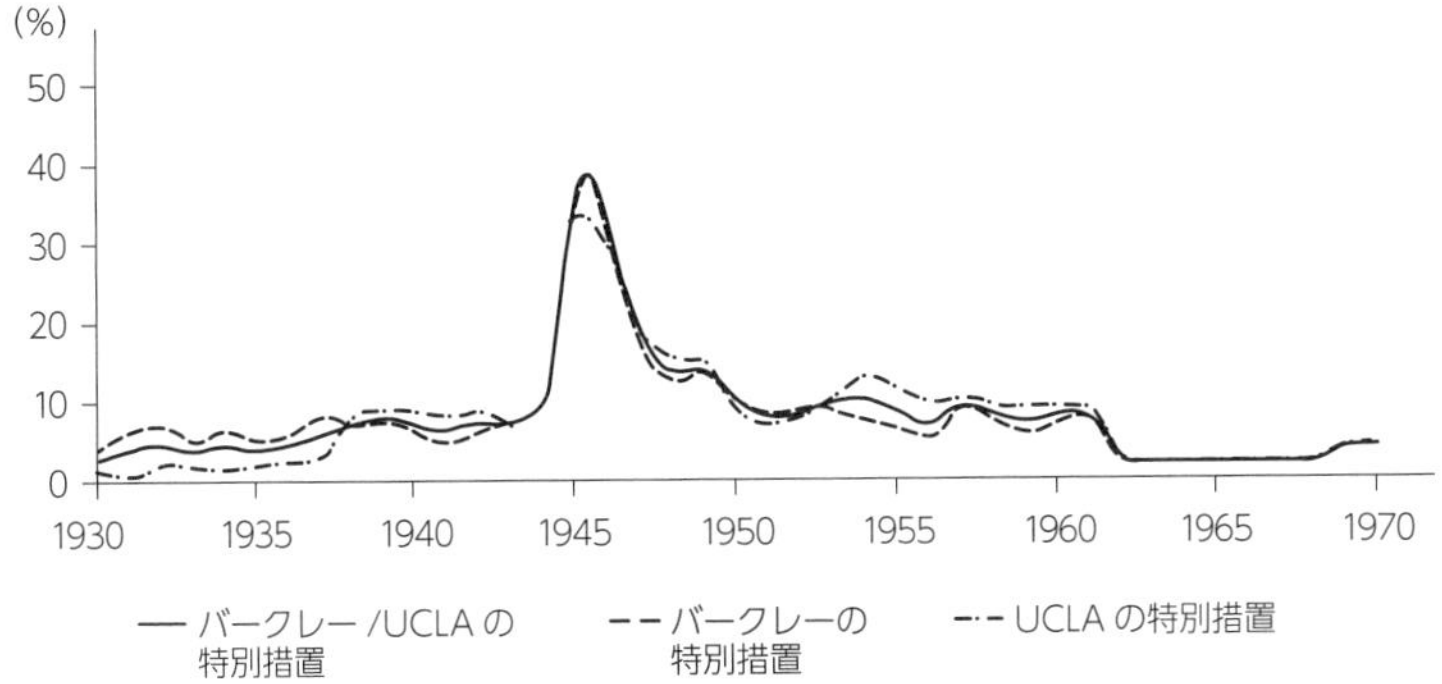

図 2.2　バークレーとUCLAの特別措置による１年次入学者の割合（1930年－1970年）
出典：BOARS代議員総会議事録（1960年10月25日）『カリフォルニア大学総長室エンロールマネジメント報告書』

で入学したい全生徒に要求されようとしていた、教科領域の必修要件の考え方を再構築した。[23] 一九五〇年代後半までには、認証を受けた高等学校からの一年次への志願者に対する教科領域の必修要件は、「高等学校の一〇科目の組合せで、成績評定で表すと過去三年で平均B。アメリカ史と公民一年間、英語三年間、代数学一年間、幾何学一年間、実験科学一年間、外国語二年間、数学・外国語・実験科学のいずれかをさらに一年間」などであった。[24] カリフォルニア大学に入学する一年次生の約九〇%がこの計画の下で入学要件を満たした。残り一〇%は、例外措置による入学者受入れだけでなく、生徒が彼または彼女の高等学校で学年上位一〇%にいれば入学を許可するという代替的な計画の下で要件を満たした。

一九三〇年代から、特別措置による入学者受入れはカリフォルニア大学が社会契約を達成するための一つの手段として重要になっていった。図２・２は代替的な入試慣行の相対的な役割を示している。第二次世界大戦直後に復員兵援護法〔GI Bill〕による入学者が最高潮に達したときには、特別措置による入学者受入れはバークレーとＵＣＬＡの全新入生の三五%から四五%を占めた。一九四七年、復員兵援護法の学生の洪水が頂点に達したとき、カリフォルニア大学の総在籍者四〇、八〇〇人のうち五〇％余りが復員兵だった。一九五〇年代後半まで特別措置はバークレーとＵＣＬＡの入学者受入れにとって重要な代替経路であり続けた。一九六〇年代になると後述の諸事情のため、特別措置は、入学者受入れの代替的な経路としては急速に縮小した。

門戸はどれくらい広くあるべきか？

カリフォルニア州と同様に、ミネソタ州においても同州の州立大学の入学者受入れに関して二〇世紀初頭の数十年の間に議論がなされた。ミネソタ大学も州憲法の規定のために相当程度の自治を享受していた。東海岸以外の大半の州がそうしているように、ミネソタは州全体での大学予備教育プログラムの確保と入学判定基準の設定の両方を行うために高等学校の認証に依存していた。一九二〇年代にミネソタの大学指導者たちは入学審査の適切な機能と、扉はどれくらい広くあるべきかについて議論した。

カリフォルニア大学と同様に、ミネソタの州立大学も例外措置による入学者受入れを幅広く用いた。ロータス・Ｄ・コフマン学長《プレジデント》は、高等学校の課程に関して大学によって定められた教科書中心の諸要件では潜在的に才能に恵まれた学生の十分に大きな層を捉えていないと考えた。比較的門戸を広くしておくことは時として潜伏していたものが見いだされる学生の多様な才能を認識するために必要で、何より大事なことに市民社会や産業界の指導者の育成のために不可欠だった。ただし、彼が論じるに、門戸は広すぎてはいけなかった。さもなければ大学《ユニバーシティ》は圧倒されてしまう。その目的上効果的でありたいのなら、大学《ユニバーシティ》は準エリート的でなければならない。適度なバランスを見つけてそれを公立大学に適用するのは難しかった。全国的な会議の場や個人的な接触やコミュニケーションの中で、公立大学の学長《プレジデント》たちや幹部たちは自分たちのよく似た問題や機会について話し合った。コフマンは、当該大学の入学者受入方針《アドミッションズ・ポリシー》のパラメーターの範囲内で最低限の素質を満たす学生は全員入学を認められるべきである、という結論に辿り着いた。そこで入学者受入方針《アドミッションズ・ポリシー》は、理論上、学生の適切な準備、つまり彼らが大学で成功する見込みと、大学の学問環境に対する彼らの貢献の両方によって、その口径を測定されなければならなかった。[25] 才能ある学生に幅広く門戸を開き続けるための鍵となる決定要因は、入学者の拡大に対応する州からの安定的な予算であった。それがなければ、門戸はある程度閉じられなければならなかっただろう。

コフマンはこの議論を州都〔州議会を指す〕に持ち込み、おおむねうまくいったのだった。それでも、大半の州立大学は可能な限り多くの学生を入学させることを好んだ。ミネソタ州は、あまりにも開放的な方に道を取ったが、ほぼ間違いなく誤りであった。ミネソタ大学では、たとえば一九二〇年代には、とりわけ一年次終了時の退学率が特に高かったのである。また、一年生が大学の総在籍者数の六〇％を占めるという偏りようだった。[26] ワシントン大学はよく似た現象を経験した。入学した一年生のうち三年生に進級できたのは五〇％未満だった。ただし、そこでまた公立教育機関の擁護者たちは、現在と同じように、自分たちの顧客である学生は往々にして恵まれない経済的背景を持っているのだと主張した。退学率は、大学で学ぶ準備や熱意《アスピレーション》のみに関係していたのではない。それらは学生の経済的状況や無数の社会的要因と相互に関連していた。

大学《ユニバーシティ》のエリート的考え方と、理にかなった範囲内においては大学進学《アクセス》が広く可能であるべきであるという公立教育機関の義務とにかかわる必然的な緊張、つまり州の立法者、公立学校の幹部、大学の卒業生、そして一般市民が相互作用する中で繰り返し顕在化した緊張が残存していた。アメリカの公立大学がバランスを取るためにもがき苦しんでいることは、ますます選抜性が高くなった私立教育機関の中核集団と鮮やかな対比をなした。本格的には一九二〇年代に始まったのだったのだが、私立のカレッジや大学《ユニバーシティ》のある群は増大する進学需要の渦に直面した。需要に合わせることは私立教育機関の義務だと認識されてはいなかった。むしろ、進学需要の増大は威信を高める絶好の機会となった。一九二八年にスワスモア・カレッジ〔ペンシルベニア州〕のフランク・エイデロッテ学長《プレジデント》は、数を追う競争は終わったと述べた。「質を追求する競争が始まったのだ。数年前、我々のカレッジや大学《ユニバーシティ》は学生〔の数〕を求めて競い合っており、『健全な拡大』が大いに強調された。今や我々は、最良の学生〔の数〕だけを競って求めるために、我々が追い払った大衆に誇りを持って向き合うために、人数を抑えることを始めている」[27]。需要が増加する時期に、イェール大学や、プリンストン大学、ハーバード大学などの教育機関は一、〇〇〇人以下にまで在籍者数を絞ったのだった。

ジュニア・カレッジが生み出され、またカリフォルニアの州立教員養成カレッジがゆっくりとではあるが着実に地域の四年制教育機関に発展しようとしていたため、カリフォルニア大学の新総長《プレジデント》であるロバート・ゴードン・スプロウルは、カリフォルニアの高等教育システムは民主的かつ業績主義的《メリトクラティック》な諸価値の勝利のしるしであると考えた。それは、カリフォルニアの頑健なシステムに迫るものがほとんどないあまりに多くの他州の高等教育システムのように「全員に同じ道を行くことを強要する」ことはなかった。カリフォルニアは発明者であり、「多くの有用な職業へと続き、それらの一つ一つが自分たちは幸福で成功した人生を手に入れられるかもしれないということを実現可能に思わせる能力と願望を持つ者全員に対して開かれた、勾配の異なる多数の高速道路」を用意した[28]。

一九三〇年にサンフランシスコのコモンウェルス・クラブにおいて、スプロウルは、三分割システムという革新を通してのみ、カリフォルニア大学は自らの使命に集中し続けることができると説明した。「カリフォルニア大学は入りにくい。あなた方はそれを保証するだろうし、今日どこにでもいる花形選手の多くがあなた方の言ったことを裏付けるでしょう」[29]。しかし、スプロウルはこの素晴らしいシステムに内在する緊張によく気づいていた。同年の総長《プレジデント》就任演説の際、スプロウルは、カリフォルニア大学は誇るべき、「しかし全く居心地のよくない立場」にいると断言した。カリフォルニア大学の後援者のフィービー・アパーソン・ハースト〔女性慈善家であり、カリフォルニア大学の最初の女性理事でもある〕からの資金により古代建築にあやかって一九〇三年に建造されたカリフォルニア大学のギリシャ劇場には、大勢の群衆が集まった。その特徴であるよく響く声で、スプロウルは謎かけをした。一方では、カリフォルニア大学は「あまりに貴族的だとして批判される」。力を強める公立学校幹部の代表たちなどには、カリフォルニア大学は「不合理な水準で」基準を設けている、あるいは、「カリフォルニア大学は高等学校卒業生全員を入学させるべきだ」と主張するものたちがいた。だが、彼が言うに、こうした意見は「州によって提供される教育の質にとって、また大多数の若い男女の職業や幸福にとって、致命的な打撃となっただろう。当然ながら、我々のところに来る学生は、カリフォルニア大学での自分たちの成功を確かにするであろう訓練を事前に受けておくべきだと主張するのは、貴族的ではない」。他方では、「我々はあまりに民主的だとして、つまりカリフォルニア大学の効率性と価値は選抜《セレクト》し、ふるい落とす過程によって決定されるという理論に基づけば、あまりに多くを入学させ在籍させているとして批判される。入学者が少ないほど、またより多くを間引くほど、良い大学《ユニバーシティ》だとされるのである」[30]。

ジュニア・カレッジという発明は、カリフォルニア大学に対して入学判定基準を引き下げさせる圧力を一時的に弱め、実質的に大学《ユニバーシティ》をもっと入りやすくさせたのである。しかし、安心できたのも束の間であった。高等教育の価値が増大し続け、それとともにカリフォルニア大学の選抜性を弱めるように大衆が要求するようになったのである。アメリカ社会の不衡平《インイクイティ》は、大恐慌の始まりとともにさらに明白となり、カリフォルニア大学は入学者受入れのやり方を見直さなければならないという考えを助長した。伝統的に大学という学術共同体の専権事項と思われていた入学判定は、外部の有権者がますます関心を寄せるものとなったのである。一九三〇年代には、カリフォルニア州民の誰が同州の公立大学への進学《アクセス》を得ようとしているのか、そして誰が排除されようとしているのかに関して、比較的新しい議論が熱を帯びて始まった。地理的および経済的な代表性、そしてジェンダーが政策論争においてより関連性のあるものとなった。比較的新しい問題がこれに加わった。それは、人種と民族性《エスニシティ》の代表性を巡る議論の火種である。

第3章 包摂《インクルージョン》、排除《エクスクルージョン》、そして人種の問題

今日、カリフォルニア大学で卒業式が行われるが、最高の学業平均値を持つ四年生にメダルを授与する際に、その受賞者は出席していないだろう。彼は、アメリカ生まれの日本人であり、強制退去させられたのだ。化学を専攻する学部学生であり、今期の医学系進学課程《プレメディカル・コース》に登録していた。彼は（アキオ・）イタノ、二一歳。バークレーで四年間、オールAを維持した。彼は、ファイ・カッパの学術友愛会の会員の一人である。そして、シグマ・サイ〔一八八六年にコーネル大学で若手教員と大学院生が設立した優秀学生の協会〕、化学友愛会、大学YMCA執行部、学生保健委員会の一員でもある。彼は、四月二二日に強制退去させられた。大学本部は、イタノの所在が判明次第、彼に学位記、そしてメダルを郵送する。

——『オークランド・ポスト・インクワイヤラー』〔*The Oakland Post-Enquire*〕、一九四二年五月一三日

一九八八年五月、カリフォルニア大学の理事会は、大学が掲げる次のような方針《ポリシー》を承認した。「公立大学としての使命を念頭に置き、カリフォルニア大学は、カリフォルニアの住民である入学適格性《エリジビリティ》のある全応募者に対して、本大学に受け入れるという歴史的公約を掲げる」。それに加えて、理事会は次のように明言した。「カリフォルニア大学は、それぞれのキャンパスにおいて、カリフォルニア大学の入学適格性《エリジビリティ》の要件に加えて、高い学業達成度や並外れた個人の才能を持ち、カリフォルニアの文化的、人種的、地理的および社会経済的背景の特徴の幅広い多様性《ダイバーシティ》を包含する学生を入学させるよう努める」。大学が掲げるこの方針《ポリシー》の宣言は、カリフォルニア大学の社会契約の多くの歴史的要素を強調した。文化的、人種的多様性《ダイバーシティ》について明示的な包摂《インクルージョン》が行われたことは新しかっ

た。

本章は、カリフォルニア大学がこの公約を賞賛するまでの困難な道程についての分析を行い、アメリカの大学《ユニバーシティ》やカレッジが時間をかけて取り組んだ、入学者受入れにおける人種の問題に対してのアプローチの変化について論じる。この歴史を辿る上で、大学という学術共同体が抱く偏った見方以外のことも考慮しなければならない。公立教育機関は、より広い世界の文化的価値観や政策を反映し、影響されている。アキオ・イタノの運命は、カリフォルニア大学内における彼の学問的な成功と政治的事象が重なった特異な例である。歴史的に相対化すれば、カリフォルニア大学は、マイノリティの人々と留学生をキャンパスに参入させるという目的を掲げて以来、彼らに入学の機会を提供する、進歩的な教育機関であった。しかしながら、イタノは学歴資格があり、キャンパス組織へ受け入れられていたにもかかわらず、より広範な政治的世界からは保護されなかったのである。彼は、学部生に与えられる学業の最優秀賞を受賞したが、賞と学位記を受け取る前に収容所に強制退去させられた。西海岸における日本の侵攻の脅威が高まったことによる悲劇的結果であった。

アメリカのいたる所でそうであったように、人種に関する社会的および政治的問題は、カリフォルニアの歴史において極めて重要な役割を果たしていた。一八四〇年代後半、全米の諸州では北部と南部の間の政治的言説は緊張しており、砂漠と山脈によって〔アメリカの他の地域から〕物理的に切り離されていたものの、カリフォルニアは、国家の将来にまでわたる分断を占う重要な役割を充てがわれていた。奴隷制は、カリフォルニア内の最初の憲法制定会議における討論の主要な論点であった。多くは奴隷制廃止論を支持するアメリカの北東部出身者であり、会議の代議員の多数派である「自由土地主義」〔Free-soil、奴隷制から自由になるという意味〕の共和党員は、アメリカ南部に共感する民主党と論争していた。カリフォルニアは道徳的に破綻した奴隷制を廃止し、自由州〔Free state、奴隷制を使用しないという意味〕になるべきであると共和党員は主張した。最終的に、提案された憲法では、次のように述べられた。「あらゆる人間は生来的に自由であり、独立しており、確かな不可侵の権利を持っており」、そして

「この州においては犯罪の刑罰でない限り、奴隷制も、意に反する労役も、決して許されない」。

黄金と新しい人生を求めた金鉱採掘者の殺到によって、カリフォルニアの人口の多様化は加速し、実現したとまでは言えないが、寛容さと包摂《インクルージョン》への理想に対する広い感性が育まれたのである。すべてのカリフォルニア州民に向けた公開書簡の中で憲法制定会議の代議員は、次のように述べている。「カリフォルニアが一つの州となった特異な状況の下で、世界のあらゆる場所から来て、さまざまな言語を話し、政府という形態がなかったり、法制度がなかったりして、異なる感情や偏見に染まった人々の例のない増加に伴い、迅速に満場一致の同意に至ることが期待される」[1]。奴隷制の問題についての激しい論争の最中にあって、会議では調和が説かれ、市民権を拡大することが主張された。とりわけ、「アメリカ市民としての権利を享受するためにメキシコ人としての権利を自発的に放棄した、旧スペイン領のネイティブであるカリフォルニア住民に対して市民権を拡大するべきである」[2]。カリフォルニアの新憲法は、女性による土地の所有権についての比較的リベラルな視点も取り入れ、スペイン系とメキシコ系の家系であるカリフォルニアの家族に対して権利と特権の重要な保障を与えた。

それでもなお、とりわけ大陸横断鉄道の建設のための中国人労働者が大量に流入してきたことに対する反応として、土地所有権や、労働、税金、人種隔離学校、参政権に関わる差別的で過酷な政策が続いた。一八七九年の州憲法では、市と町が、アジア人とその他のマイノリティを隔離したり、域内の生活から排除したりすることさえ認められたのである。カリフォルニアは差別的な土地区画法を制定した最初の州であった。多くの地方コミュニティは公立学校から中国人児童を排斥した。カリフォルニア州裁判所が一八八五年に非合法であると裁定したにもかかわらず、その排斥は続いたのである。多数の都市は、人種隔離学校の設置を進めていた。一九〇六年の地震を受けてサンフランシスコは、中国人児童のための公立学校を再建し、日本人児童もその学校に強制的に入れることを議決した。中国人の移住は、一八八二年の連邦排斥法〔Federal Exclusion Act〕の通過後に、実質上停止した。日本人の移住は、低賃金の労働力としての中国人に代わって一九〇〇年頃に急増した。しかし、日本人移民者は徐々に新たな怒りの焦点となったのである。

サンフランシスコの学校で起きた事件〔一九〇六年のサンフランシスコ市の学校で起きた日本人児童の人種隔離および排斥問題。大地震を理由に公立学校から日本人を隔離し東洋人学校へ転校を命じ、全米で政治も巻き込む騒動となった。本章でも八二―八三頁で後述される〕は、日本政府からの正式な抗議を受けて、全米に混乱を引き起こした。日本人移民者が土地の法的所有権を持つことを禁止し、不動産を賃借する権利を制限した法案に特徴的なように、カリフォルニアは、市民の自由を制限することを企図して多数の法律を制定しようとした。カリフォルニアの進歩主義者の多くは、アメリカの他の改革運動で見られた、人種や民族性《エスニシティ》に対する偏見に基づく非難に同調していた。参加型民主主義が称揚され、市民の自由権が拡大する一方で、彼らは同時に、マイノリティ住民を社会の主流派《メインストリーム》から排除することを正当化したのである。たとえば、進歩主義の主導者であり、カリフォルニア州知事のハイラム・ジョンソンは、フレズノの『モーニング・リパブリカン』〔*Morning Republican*〕の編集者でありカリフォルニア大学の理事であるチェスター・ローウェルとともに、排外的な連邦法の立法を主張した。

人種と民族性《エスニシティ》に対するこれらのあからさまで酷い差別政策は、大学《ユニバーシティ》の入学者受入れにいかに影響を与えたのだろうか。さらに一般的には、いかにして進歩主義者が想像した教育への進学《アクセス》についての構想に影響を与えたのだろうか。この問いに正確に答えることは難しい。入学者受入れに関する動向の変化は、教育機関によって設定された基準と入学審査だけでなく、公立学校の勢力や、より広い社会の社会経済的条件との偏見をも含んでいる。次に、カリフォルニア大学を含む、私立と公立のカレッジと大学《ユニバーシティ》によって実践された、特定の人種と民族性《エスニシティ》の排除《エクスクルージョン》と包摂《インクルージョン》の一般的な様式についての議論を提示する。これらが語るのは、教育機関の類型や地域的要因、社会規範の変化、最終的に連邦の立法や法的判断の両方の影響と関係する、本質的に独特な物語である。

しかしながら、アメリカにおける公立および私立のカレッジや大学《ユニバーシティ》の歴史的目的と使命の重要な相違を説明するのに役立つ全体的な論点がある。民主的な社会を拡張するという独自の宣言に基づき、公立教育機関は、その基準を満たせば、人種や国籍とはしばしば無関係に入学を保証する一般的な学業基準を定める傾向にあった。南部諸州《ディープサウス》での例外はあったが、志願者の人種や国籍を知るためや、ましてや人種割当てを定める、あからさまな大学の方針《ポリシー》は、学生の属する高等学校や地方コミュニティの人口統計的特徴からそれとなく窺い知れることを除いて、ほとんど存在しなかった。大部分の公立教育機関は、多くの私立の教育機関より、信念を持って早くに門戸開放を始めたけれども、ジェンダーは別問題であった。社会経済的、地理的代表性を重視して、前章で論じた特別措置の入学審査のように、公立大学は、学生が大学進学《アクセス》を獲得するために代替ルートもさまざまに提供していた。

私立の教育機関の入学者受入れのやり方は極めて多様であったが、多くは望ましくない集団を排除し、認められている構成員と偏見（たいていはプロテスタントであり、圧倒的に男性である）に確実に従うような公式の方針《ポリシー》を作成した。それは、女性を迎えることに消極的であり、広く迎えるようになったのは、第二次世界大戦後になってからであった。とりわけ、全米レベルで、より名の知れている私立機関の間で、入学者受入れの需要の増大によって望ましくない諸集団を排除する方法が用意された。だが、これは、公立の大学のすべてが、平等主義《イガリタリアン》の理想に啓蒙されたたいまつであったように描写しようというのではない。警告はしばしば、たちの悪いものであった。そして、二〇世紀転換期まで公立教育機関と私立教育機関の対立によって取り巻かれた構造的アプローチは、一致しなかった。けれども、入学の需要が増加し、教育機関は学生の人種的および社会経済的背景を拡張することを試みるに従い、時間の経過とともに、一つの普遍的なアプローチに収束していった。二〇世紀初頭において、私立の教育機関では高等学校の評定成績や標準テストが採用されるよりも、人種的および社会経済的背景の基準が用いられたことは、概して、民族性《エスニシティ》グループや女性を排除するための手段であった。アメリカにおけるその後の高等教育史において、志願生徒の願書と試験実施《テスティング》という全人的《ホリスティック》あるいは「包括的」審査《コンプリヘンシブ・レビュー》によって、私立教育機関の意図的な目的にシフトしようとしていた。入学者受入れの条件を設定するにあたってのこれら二つのアプローチ、すなわち公立対私立モデルの起源と進展は、同時代の入学者受入れの目的とやり方についての我々の後半の議論において重要である。

人種割当枠、試験実施《テスティング》、そして排除《エクスクルージョン》

一九六四年に公民権法が施行されるまでの間、いくつかの州立大学や多くの私立教育機関〔の入学判定〕においてはあからさまな差別方針《ポリシー》が普及しており、人種割当枠が適用されることもいっそうありふれたことだった。アラバマの人々に資するという責任があるにもかかわらず、アラバマ大学はその歴史の大部分において、人種隔離に専心し続けたのである。アラバマの知事であるジョージ・ウォレスは、アーカンソー州のリトルロックにおける人種隔離や地方の学校についての同様な闘争〔リトルロック高校事件を指す。一九五七年に起こった人種差別騒動で、一九五四年のブラウン判決によって人種融合教育が始まった際に、州知事が州兵をリトルロック・セントラル高等学校に派遣して黒人生徒の登校を阻止するなどして騒動となった事件〕が生じた六年後の一九六三年に、州立大学において素質があるアフリカ系アメリカ人を入学させるようにという連邦命令を拒んだことで有名になった。多くの南部の州のように、アラバマは、白人限定の教育機関としてアラバマ大学を維持するために、分離すれども平等《イークアル》の精神の下、アフリカ系アメリカ人のための高等教育機関を意図的に創設した。機会が限定されることは次のことを意味した。一九四〇年にカレッジを卒業した者は、ヨーロッパ系アメリカ人では、その総人口の五・四％であったのに比較して、黒人《ブラック》ではその総人口の一・三％しかなかったのである。[3]

明らかな人種隔離と、一つかあるいはそれ以上の人種グループ、典型的にはアフリカ系アメリカ人、ユダヤ人、その他の移民グループのことであるが、その締出しという方法で、人種排斥は行われた。しかしながら、より一般的な様式は、特定のグループの人数を制限する理論的根拠に基づいて作られた人種割当枠の適用であった。先の章で指摘したように、女性の排除は一八〇〇年代の多くの教育機関で一般的であった。批判と政治的圧力を受け、多くのカレッジと大学は、露骨な制限をやめ、代わりに人種割当枠を適用することが促された。ユダヤ人と中欧出身者がニューヨークのような東部の都市に殺到し、学業的成功を求めたことは、とりわけ私立の大学《ユニバーシティ》やカレッジにおける大学執行部と影響力のある卒業生の両方にとって、重大な懸念を生じさせた。一九二〇年代にブラウン大学は、「ユダヤ人と黒色人種《ニグロ》の入学に制限」を課した。移民の都市の中にあったニューヨーク大学とコロンビア大学もまた、ユダヤ人の学生に人種割当枠を設定した。

一八〇〇年代を通して、コロンビア大学の入学者には、ニューヨーク市出身の多くの学生が含まれていた。公立大学と同様に、キャンパスは、地元の高等学校と緊密な結びつきを強め、学生の安定した流入を確実なものにする〔高等学校に対する大学からの〕認証に近い合意を形成していた。だが、増大する入学の要求と潤沢な寄付金によってもたらされた入学機会は、結果的に、より広範な地域から学生を呼び寄せ、選抜《セレクティビティ》はより高いレベルで行われるようになった。一九一〇年、ユダヤ人と他の移民の学生が、教育機関の入学者の四〇％ほどに相当するようになり、大学教授や支援者はそのことを憂慮するようになった。歴史家のマルシア・グラハム・シノットによって説明されるように、コロンビアは、「ダウンタウンのビジネスマンや専門職の男性といった生粋のアメリカ人の子弟たちのエリート教育機関としての過去の地位を取り戻すために、学部生のユダヤ人の入学を早急に削減する」方法を決定する方向に進んだ。[4]

その試みの一つとして、コロンビア大学は、学生の社会的、人種的特徴についての情報を記した公式の願書を要求した。当初、入学担当者《アドミッションズ・オフィサー》は、写真と個人面接を求めた。包摂《インクルージョン》と排除《エクスクルージョン》の両方のために追加された方法の一つは、標準テストであった。コロンビア大学の教授であり、心理学者であるエドワード・L・ソーンダイクは、「精神的敏捷性《テスティング》」を決定するための知能テストを開発、提唱し、学生の一般適性と能力を測定する方法を作成した。試験実施《テスティング》は、社会階級や民族性《エスニシティ》、エリート中等教育を受けたか、普通中等教育を受けたかに関わりなく、学生の能力や知識を測定するという理論的な可能性を秘めていた。しかし、これは一般的な試験実施《テスティング》の活用方法とは異なっていた。一九一九年に従来の筆記試験の代替として初めて導入された新しい入学審査で、学生は大学入学前の学科目要件を満たし、コロンビア大学への適性を示し、そしてソーンダイクのテストを受けることが求められた。同窓生の子弟など、一部の学生には任意であったものの、これらは明示された要件であった。

もう一つのレベルにおいても、テストは、民族性《エスニシティ》をふるい分けするためのよく考えられた方策であることを証明した。イェール大学の代表者は、コロンビア大学の努力が実ったことを見通して、短期間にユダヤ人の入学が四〇％から二〇％に減少したことを記した。同様のアプローチはイェール大学でも行われてもよいだろうと彼は示唆した。「これらのテストは、入学判定委員会が全志願者の履歴の審査を可能にすることで、いくつかのケースを任意に、望ましい結果に添わせられるかもしれない」と彼は説明した。[5] テストは、主としてアメリカの口語表現と慣習に慣れ親しんでいるかを測定した。ユダヤ人を含め、第一世代の移民の多くは、高得点に達することが比較的困難であった。このテストの文化的偏向は極端であったのである。

個々の教育機関で作成する伝統的な試験《イグザミネーション》とは反対に、標準テストの魅力は、アメリカの北東部の州に集中する多くの私立カレッジや大学《ユニバーシティ》が、世紀転換期に団結する要因となった。その関心は、一九〇六年の大学入試委員会〔College Entrance Examination Board：CEEB〕の設立を導いた。ＣＥＥＢは当初、統一筆記試験を作成することに注力した。その筆記試験は、ＣＥＥＢの下で運営され、加盟機関が入学願書を審査する際に使用された。ＣＥＥＢテストの使用は、多くの私立機関の入学者受入れのやり方において厳密さが欠如しているという研究成果をもとに、相当な勢いを得たのである。[6] 一九一六年までに、イェール大学、プリンストン大学、ハーバード大学はすべて、その試験《イグザム》を用いることに賛同した。これらの教育機関はますます、より多くの州から学生志願者を集め、積極的に国内市場を開拓した。従来、公立大学によって運用されていた、高等学校に対して与えていた不均質な認証の枠組みにテストが取って代わるか、あるいは、いくつかの例では補完しようとしていた。一九二六年までに、ＣＥＥＢは、筆記試験をソーンダイクのＩＱテスト版に転換し、大学進学適性試験〔Scholastic Aptitude Test：SAT〕

を考案した。

コロンビア大学の例は、選抜性の高い私立機関に対して、今日にも通ずる入学者受入れの三つの基盤となる考え方を示した。すなわち、高等学校での学業成績、学生の特長と達成度についての主観的審査、および標準テストである。〔大学進学という〕比較的新しい贅沢に対する需要は増加する一方、供給は限定されていたため、学生をより洗練された集団に形成することができた。ハーバード大学の学長《プレジデント》ローレンス・ローウェルが「どんなカレッジも、同化できない者たちを全く問題にすることなく入学を許可することなどできない」と述べたように、これらのやり方は、一部では特定の集団を制限することを促すために発展した。[7] 多様性《ダイバーシティ》についての限定された考え方の構造の中ではあったけれども、それらのやり方は入学してくる学生の質の多様化と向上を促すために構築されたものでもあった。多くの私立カレッジの学長《プレジデント》は、異なる背景を持つ、より多くの学生を引き入れ、有望な学生を見分ける手法を取り入れたいという期待を述べた。ダートマス・カレッジの学長《プレジデント》は次のように述べた。「生まれや、富の保有という偶然の機会によって決まる階級によって、高等教育の特権が制限されるべきだと決めてかかることは、民主主義のあらゆる概念と矛盾するであろう」。だが、彼は「知力に基づく貴族制社会《アリストクラシー》」を創造する目的のために「高等教育の機会は制限されるべきである」とも述べた。[8]

ダートマス・カレッジは、「知力に基づく貴族制社会《アリストクラシー》」を創造する過程を補助する計画を初めて公式に進展させた。その計画は、七つの基準を含んでいた。そのうちの二つは、学力に関連していた。すなわち、それだけで選抜《セレクション》に十分と思われる類稀なる学識と、重要だが、それだけでは十分と言えない高い学識である。他の五つの基準は、個人の性格や機会に関連する要因を含んでいた。これらの基準の一つは個人評定であった。個人評定は、志願者から提出された選抜資料によって、学生の中等教育段階での活動をもとに、学生に代わって面接や推薦状を通して入学担当者《アドミッションズ・オフィサー》が決定した。これに加えて、公立大学によって長く信奉されてきた価値があった。すなわち、学生の親の職業的貴賤にかかわらず、地理的な偏りがないように考慮することである。もう一つの要因は、早期出願を優遇するという出願の順序であった。最後に、「適切な素質のある」ダートマス同窓生とカレッジの教授陣と幹部の子弟は、すべて入学を保障されることになっていた。これは、公立機関では公式には存在しない方針《ポリシー》である。ただし、大抵は〔大学教職員を含まない〕大学理事会で正規の方針《ポリシー》として承認されたわけではないが、少数の大学で限定的な規模で後に採用された。[9]

ダートマス・カレッジは、これらの素質に基づいて新入生「全員」を選抜《セレクト》するという意図を示した。他の私立機関は同様の理想を公言した。だが、そこには重大な意味合いが含まれていた。学生集団の特長を意図的に形成することは、学力面の適性に関係なく、集団の包摂《インクルージョン》と排除《エクスクルージョン》を積極的に行うことをさらに正当化した。ダートマス・カレッジは、カレッジに入学するユダヤ人学生に三％という制限を最終的に設けた。それ以前に、イェール大学は、一〇％から一二％という人種割当枠を設けていた。プリンストン大学も、アメリカにおけるユダヤ人の割合の概算を合理化して、わずか三％という数字を設けた。一九三〇年と一九四〇年の間に、プリンストン大学は、平均してほんの一〇〜二〇人しかユダヤ人の背景を持つ新入生を入学させていなかった。ユダヤ人よりもずっと望ましいものとして考えられてはいたが、カトリックもまた制限の対象であった。シカゴ大学は、社会を代表し、それと同じ構成割合に比例するモデルに基づいて、一九三二年頃に同様の人種割当枠を設け始めた。大学が「出願したすべての学生を受け入れることはない」とシカゴ大学の入学担当部署《アドミッションズ・オフィス》は述べた。「我々は、社会を代表する同じ構成割合の学生集団にすることを試み」、「都市のユダヤ人の割合と同じように、シカゴ大学でのユダヤ人の割合を保持する」こととした。[10]

ハーバード大学は、異なる社会的・経済的背景を持つ学生の入学者受入れに関して、概してそれほど限定的ではなく、よりリベラルであった。これは大部分が、学長《プレジデント》チャールズ・エリオットによるものであった。奴隷制廃止論者とハーバード大学の文化的関連を反映して、この由緒ある教育機関は、アフリカ系アメリカ人を受け入れた、最も早かった教育機関の一つである。しかしながら、エリオットの後継者であるローレンス・ローウェルは、非常に保守的であった。彼は、移民の殺到と彼らがアメリカ社会やハーバード大学のような私立大学とカレッジに与える有害な影響に対しての雄弁で傑出した反対者になった。新たな厳しい移民制限を支持する者たちと同様に、ローウェルは初期の移民と当時の移民を区別した。アメリカは移民の地であった。しかしながら、一部の者は他の者よりも平等《イークアル》に扱われたのである。プロテスタントの大部分とカトリックの第一波を含めた初期の移民は、同化への傾向を示した。第二波は内輪で固まり、抵抗的な傾向を持っていると彼は考えていた。

ローウェルは、オクスブリッジをモデルとした理想を信奉していた。すなわち、大多数の学部学生に対してカレッジの寮に住むことを強制することによって、学寮コミュニティを創造することだった。エリオットがさらなる包摂《インクルージョン》の利点を見いだした一方で、ローウェルは白人学生の社会経済的背景の多様性《ダイバーシティ》を重視したが、白人学生以外に対してはそれほどでもなかった。一九一四年、彼は少数の黒人《ブラック》学生にキャンパス外の隔離された住居に住むことを強制し、新入生寮に住むことを禁止した。[11] 後に、ユダヤ人学生からの出願の数が一九二〇年までに本格的に増加し始めると、ハーバード大学はこれらの学生に一〇%という制限を設定した。[12]

入学審査における人種割当枠や排除《エクスクルージョン》は、これらの主要なアメリカの大学《ユニバーシティ》に限定されてはいなかった。一九四六年に州議会から委任と裁可をされて、ニューヨークにおける私立の大学機関は、州内の高等教育における差別について調査した。その調査結果報告書は重大な傾向を示していた。すなわち、カトリック、プロテスタント、「無宗派」の系列カレッジの混在した一六の大学機関が、黒人《ブラック》、ユダヤ人、その他のグループを排除するための人種割当枠を適用していることを自己申告した。一六のうちの六つの大学機関は、黒人《ブラック》の数を制限していた。一二の大学機関が、ユダヤ人の出願に対して同様のことを行っていた。一一の大学機関がプロテスタントの人数を制限しており、ここには、研究で報告されている九つのカトリックの大学機関が含まれていると推測される。[13] このことは、私立教育機関は、しばしば特定の顧客に資するために存在するという重要な点を思い起こさせる。女子専用カレッジの存在はその一例である。明白な人種割当てと特定のグループの排除は、いくつかの事例において、教育機関の種類の多様化を促進するものであり、差別の合法的な形式を取っている。

しかし、多くの教育機関の事例において、そのような方針《ポリシー》は露骨な偏見の現れであった。一九四〇年代を通して、イェール大学、プリンストン大学、ハーバード大学の多くの学生は、裕福な私立学校の出身であった。それはハーバード大学でおよそ五〇%から六〇%、プリンストン大学では九〇%に上った。これらの大学《ユニバーシティ》や、他の私立カレッジや大学《ユニバーシティ》の入学者受入方針《アドミッションズ・ポリシー》は、同窓生の子弟や潜在的寄付者に対して一貫して寛容であり、全入学者数の二〇%以上を占めていた。かつて、キャンパスにおいて、マイノリティの学生は、イタリア人、カトリック、ユダヤ人、アフリカ系アメリカ人のいずれも、多くの場合、相当に困難な状況に直面していた。第二次世界大戦以前、私立でも公立教育機関でも同様に、大部分のカレッジや大学《ユニバーシティ》の社会生活は構造的偏見にさらされていた。この偏見は、食事の社交クラブ、男子学寮組織《フラタニティ》や女子学寮組織《ソロリティ》の住居、私的な同好会などの中心的役割を含むものだった。これらは、プリンストン大学のような私立で最もよく知られていた。大部分の私立教育機関は学生の宗教にかかわらず、チャペルへの出席を未だに強制していた。概してリベラルであったハーバード大学でも、住居の優先権は、学生の出身の私立寄宿学校の評判に応じて与えられた。学生は、社会の序列と誰が底辺であるかを常に思い知らされた。

とはいえ、そこには、この私立カレッジのパラダイムを転換しようとする内部の努力があった。アマースト・カレッジの学長《プレジデント》であるアレクサンダー・ミクルジョンは、一九二一年のスピーチで「人種に基づく貴族制社会《アリストクラシー》を保持すべきでないとすれば、我々のカレッジの中で、民主主義を定着させなければならない」と述べた。彼は「我々は、同朋市民であるマイノリティにも、彼らの影響にも、門戸をあえて閉ざさない」と論じた。「そして、もし彼らが来ないのであれば、我々は出向いて彼らを引き入れなければならない」[14]。しかしながら、ミクルジョンの意見は、一般常識ではなく、彼の忠告はほとんど無視された。一九四〇年のプリンストン大学に関係する同窓生の一部は、「人種的な不寛容はヒトラーにも匹敵するものであり、民主主義における大学《ユニバーシティ》やカレッジの理想に対して全く相容れないものである」と論じ、社会的序列の存在を強く非難した。[15]

より進歩的な州政府のいくつかは、公立と私立教育機関、そしてビジネスにおける人種的差別に取り組むために自力で乗り出した。一九三八年、ニューヨークの改正州憲法は、人種や、肌の色、宗教に基づいた差別を禁止した。[16] ニューヨークの市の役人は、人種割当枠を止めるようコロンビア大学に圧力を与えるため、憲法におけるこの変更を用いようとした。しかし、これらの教育機関における差別的なやり方は概して根強く、変更には、公民権運動が始まり、大学《ユニバーシティ》の改革者たちが出現するのを待たなければならなかった。最初の重要な変化が起きたのは、第二次世界大戦後であった。

原型を崩す――連邦と法の影響

アメリカ合衆国憲法修正第一四条の平等保護条項は、マイノリティの人々に対して教育の機会を拡張することの法的枠組みを与えた。憲法修正第一四条では、「いかなる州も、……その管轄下において、あらゆる人に対して、法の平等《イークアル》な保護を拒否してはならない」と明記された。だが、この公約の適用は、アメリカの捻れた道筋を示すこととなった。一八九〇年代、プレッシー対ファーガソン訴訟〔「分離すれども平等《イークアル》」主義や公共施設での白人と非白人の分離を、人種差別に当たらず合憲としたアメリカ合衆国最高裁判所の判決を指す〕は、州に対して、プロテスタントのヨーロッパ系アメリカ人のマジョリティのみではなく、すべての市民に対して教育を提供することを要求するものとその条項を解釈した。だがそれはまた、この権利を拡張するための法的手段として、人種隔離を容認した。一九五四年のブラウン対トピカ教育委員会訴訟まで、この裁定は覆されなかった。

アメリカの高等教育の入学者受入れのやり方における重大な影響は、経済的発展を促進し、市民の自由権を拡張するという戦後の連邦政府が掲げたアジェンダの結果として現れた。一九四四年の復員兵援護法〔GI Bill〕は、高等教育への進学《アクセス》を拡大することへの国家的干渉を進めた。アメリカ史におけるこの分水嶺は二年後、アメリカの高等教育の未来において、積極的で究極的に影響力を持った報告書によって、再度生じた。一九四六年、トルーマン大統領は高等教育コミッション〔Commission on Higher Education〕を設立した。議長ジョージ・F・ズークの名前にちなんだ「ズーク・レポート」は、米国教育協議会〔American Council for Education〕や、全米研究協議会〔National Research Council〕、土地無償払下げカレッジ・大学協会〔Association of Land-Grant Colleges and Universities〕の支援と、それらによって実施された研究から恩恵を受けた。

復員兵援護法は、そもそも高等教育に対する需要を支えるための仕組みであった。復員兵が選択したカレッジや大学《ユニバーシティ》、あるいは訓練プログラムに入学するための資金として使えるように、個人に対してバウチャーを提供した。高等教育コミッションは、供給の問題にまず焦点を当てた。いかにして国家は教育機会を拡大できるのか。その答えは、州と連邦の高等教育のための財源を拡大し、新しい教育機関、とりわけコミュニティ・カレッジの展開を促進し、既存の教育機関の偏見を暴き、抗することにあった。

戦争を上手く処理し、勝利できたという成功に活気づけられたという面もあって、第二次世界大戦直後は、政府の行動主義にとって新しく重要な時代の始まりだった。トルーマンは軍隊を統合したし、議会は完全雇用の目標を設定する法令を通過させた。そして復員兵援護法は、予測された経済的下降と高い失業率を一部でも軽減するため、高等教育への進学《アクセス》を拡大させたのである。こうした環境の中、高等教育コミッションは、報告書『アメリカ民主主義のための高等教育』〔*Higher Education for American Democracy*〕（『アメリカにおける高等教育』〔*Higher Education in America*〕というタイトルの全二巻の論文の第一巻）を完成させた。広範なアジェンダは、社会的、経済的権利の問題と、国家の労働力の需要を関連づけた。このアジェンダには、高等教育への経済的、人種的障害を取り除き、ジュニア・カレッジの数を増やし、専門職教育や大学院教育の機会をさらに設けることが含まれていた。その報告書の記載によると、一七の州とコロンビア特別区において、人種隔離が蔓延して教育のあらゆる面で根強く残っており、それらは多くの場合、州や地方の法令によって裁可されていた。これは、終わらせる必要があった。「人種隔離は、施設の質に関して、差別を法的に意味するものではないかもしれないが、実際のところ、ほぼそうなのである」[17]。報告書が目指したのは、私立教育機関でもともと使用されていた、人種割当枠の使用である。

『アメリカにおける高等教育』が発行された一九四七年には、高等教育コミュニティにおいては、私立のセクターが全国の学生のおよそ五〇%を入学させていた。公立教育機関は急速に成長し、一九六〇年代の終わりまでに全学生の七〇%ほどが入学した。「カレッジ段階では、さまざまな異なるやり方で差別が一般的に行われている」と、報告書は記した。「多くのカレッジと大学《ユニバーシティ》、とりわけそれらのプロフェッショナル・スクールでは、入学者受入れの差別的な人種割当枠を継続している。その下では、一部のマイノリティ、とりわけ黒色人種《ニグロ》やユダヤ人は、学ぶ機会、そしてより有用な市民になることを拒まれているのだ」。人種割当枠の適用と同様の差別的やり方は、「明らかに非アメリカ的である」と、報告書は主張した。ズークとT・R・マコンネル（この名前は後ほど再び述べることになる）を含む彼の同胞は、第二次世界大戦時の国家の約束（兵役に就いた国民に対する国家からの恩賞を指す）と自由という大義を政治的道具として用いた。人種割当枠は、「ヨーロッパ大陸で登場し、利用された。人種割当枠が論理的に拡張されたことで行き着いた惨事を我々は目の当たりにした。人種割当枠の制度は、いかなる理由があろうとも、それは民主主義の原理と両立しうるものとして、正当化できるものではない」と彼らは述べた[18]。人種割当枠の起源がヨーロッパの発明であるというのは、厳密な歴史的解釈ではないとしても、このように言明する精神は健全である。

批判が強まる中、時代の民主的衝動に影響された大学執行部が増えるに従い、イエール大学、プリンストン大学、ハーバード大学を含む多くの教育機関は、第二次世界大戦中の入学者受入方針《アドミッションズ・ポリシー》をすでに変更し始めていた。それらは極端な人種割当枠を外し始め、入学願書における人種、民族性《エスニシティ》、宗教に関する質問項目を削除した。私立教育機関に復員兵援護法による学生が膨大に流入すると、社会における彼らの役割についての考え方は広がり、入学者受入れの目的の見直しが促された。ズーク報告書は、あらゆるカレッジと大学《ユニバーシティ》による露骨な差別は不名誉であること、そして個人と国家にとってのコストとなることを明確にした。アメリカは、少なくとも同盟国ではない国に対して、市民の自由権という西洋的考えを否定した共産主義とその体制について争ったことで、道徳的優位を主張した。冷戦は、高等教育機関と州政府にそれぞれの不平等《インイクオリティ》に多少なりとも対峙することを強いた。多くの私立カレッジや大学《ユニバーシティ》の露骨な差別と、南部の隔離的な高等教育システムは、より明るい白日の下に晒され、非難を浴びたのである。

大学院生としてバークレーに通い、ハーバード大学の経済学者として名高いジョン・ケネス・ガルブレイスは、一九七五年、重大な変化を記した。ガルブレイスは、ハーバード大学が「若干滑稽な貴族制社会《アリストクラシー》からいくぶん深刻な業績主義社会《メリトクラシー》」へと変化したと気づいた。[19] それほどではないけれども、特権と偏向は残った。この変化が起きるなか、ハーバード大学と他の選抜性の高い私立教育機関は入学者受入れの学力水準を引き上げた。それらの大学は、これらの高い水準を、補完的な基準を拡張して使用すること関連づけた。双方〔人種割当枠と学力水準〕とも、エリートのアメリカ人家庭出身の学生を従来通り入学させるためと、中流および低所得集団からより多様な学生を入学させるためであった。この調和をとった枠組みはますます柔軟になり、最終的には、人種、民族《エスニック》、およびジェンダーの大いなる多様性《ダイバーシティ》が含まれるよう拡大された。

私立教育機関の中で、最初にダートマス・カレッジで組織的な方法で用いられた補完的な基準は、当初、不当な差別のための主要な道具であった。その基準は、根深い人種、民族性《エスニシティ》、および社会経済的偏見を深めるためにしばしば用いられた。しかしながら、入学者受入れにおいて補完的な要因の使用が、より包摂を促すような入学者受入方針《アドミッションズ・ポリシー》に力を与えることとなった、復員兵援護法のような発議を受けて、最終的に、これらの教育機関は性質を変えたのである。根源的な三つの価値は、チャールズ・エリオットのような指導者たちによって、早くに強調され、その後、ハーバード大学の学長《プレジデント》であるジェームズ・ブライアント・コナントによって遂に実行された。

それは、第一に、多数の私立教育機関は、さまざまな社会的背景を持つ、潜在的に能力のある学生に対して、より広く機会を拡張する義務があることを認識した。第二に、より多様な学生が、より刺激的な教育環境を創造すると考えた。そして、第三に、これらの価値は、より精力的な市民的、経済的指導者を生み出すことを確約するものだった。これらの価値は、階級の特権のオーラを徐々に減少させる（だが、抹消はしない）ことにつながり、国家の歴史において、これらの教育機関の位置付けを確定させた。

公立大学――東海岸とニューヨーク市立大学〔CUNY〕の例

「一九二〇年代と一九三〇年代に、アメリカの高等教育機関は、平等主義的《イガリタリアン》な言い回しに取り組んできたが、その結果は、アメリカの理想をあざ笑うようなものだった」と歴史家デイヴィッド・O・レヴィンは述べる。新しいタイプの学生がカレッジや大学《ユニバーシティ》の門戸を叩けば、多くの教育機関は学業能力についての狭義の考えを取り入れる。そして、「同質的で業績主義的《メリトクラティック》なエリートを選抜《セレクト》する機会が提示されれば、アメリカの最高のカレッジは、たとえ素質が十分でなかったとしても、自分たちの家系の息子たちを公に選んだ」とレヴィンは続ける。[20] だが、アメリカの高等教育の大いなる多様性《ダイバーシティ》を強調することは、改めて重要である。広い社会的習慣や社会の偏見とはかけ離れているけれども、人種や民族性《エスニシティ》の問題に対して、より進歩的に取り組む顕著な事例がある。

多くの公立教育機関は、選抜性の高い私立教育機関とは全く異なる方法で、入学者受入れの問題に取り組んだ。それらの公立教育機関は、生徒の入学適格性《エリジビリティ》を決定することに対して、幅広く、だが排他的ではない、機械的なアプローチに尽力して、発展、維持させた。何らかの形で、地理的、社会的多様性《ダイバーシティ》が確保された高等学校の認証と、補足的資料なしの成績証明書の提出が、多くの州立大学への切符であった。それは東海岸で始まり、徐々に西部へ伝わって、多くは標準テストの得点も要求されるようになった。しかしながら、一九六〇年代、テスト得点は多くの場合、個々の学生ではなく、入学してくる学年の学業の質を測定する方法として用いられた。生徒の入学適格性《エリジビリティ》を決定するために、公立大学で使われることは稀であった。

私立大学が支配的であり、公立教育機関の成長はゆっくりであった東海岸で、マイノリティの生徒は、公立大学にますます道を見いだした。たとえば、コロンビア大学の入学者受入れに制限を加える方針《ポリシー》は、ニューヨーク市立カレッジ〔City College of New York〕のものと明確に対比された。コロンビア大学の差別的な方針《ポリシー》と学費ゆえに、多くの最良で聡明な者たちは市の公立大学に追いやられた。

一八四七年に設立されたニューヨーク市立カレッジは、全米で最初の市立カレッジの一つであった。すべての地元住民への無償提供を維持し、ますます市の労働者や中流階級の学生に開かれた機会を提供した。その歴史ゆえに、学生人口は相当な程度、大いに市の人口統計的構成を反映していた。だが、ニューヨーク市立カレッジでさえも、入学者受入れを限定していた時期があった。その非宗教的責任と完全な公立学校制度を作るという趣旨のため、ニューヨーク市立カレッジは私立と教区学校〔宗教立〕出身の学生の入学を当初禁止していた。一八八〇年代にこのやり方を終わらせ、とりわけ一八九〇年以後に市の人口統計的変化を反映して、相当な数のユダヤ系とカトリックの学生がニューヨーク市立カレッジに入学した。一九〇三年までに、学生の七五％は、欧州東部とロシアからのユダヤ人となっていた[21]。

ニューヨーク市という広大な小宇宙《ミクロコスモス》の中で、ニューヨーク市立カレッジは、部局とキャンパスの数や、学問的な名声を高めた。一九三〇年代までに、ビジネスや、教育、行政、理工学に関する学部レベルの専門教育課程があった。それは、ハンター・カレッジを含む、ブルックリン、クイーンズ、ブロンクスの新しいキャンパスに加わった。ニューヨーク市立カレッジのすべての教育課程は女性にも開かれていたのであるが、ハンター・カレッジは、女子専用カレッジとして一九二八年に開かれた。カリフォルニアの州全体で三つに分かれた教育機関群と教育課程の制度と大変類似しており、ニューヨーク市立カレッジは、包括的制度を持つ教育機関へと発展した。ただし、この場合に限っては、制度は、単一の市とそこを取り囲む隣接の周辺地域でしか適用されなかった。それは、入学者受入れを決定するのに、高等学校の認証と生徒の高等学校での評定成績に大きく依存していたが、結局「総合得点」を割り出すための標準テストも採用した。[22]一九五〇年代に、市の高等学校卒業生の上位およそ二〇％が、一つかそれ以上のキャンパスに入学を許可された。それぞれのキャンパスは一部、自治権をもって運営された。ニューヨーク市が第二次世界大戦直後にニューヨーク州立大学〔State University of New York〕を設立するために、多くの公立および私立教育機関を統合し合併した際、市立カレッジは、ニューヨーク市立大学〔City University of New York（ＣＵＮＹ）〕と改称し、別の事業体として維持された。それは、市の高等教育のほぼ唯一の公的提供者として運営を続けた。[23]

ニューヨーク市立大学は、その厳密な学問で広く知られ、才能ある人材の素晴らしい作り手であることを示した。ニューヨーク市立大学は、その選抜性の高い方針《ポリシー》とニューヨークの移民集団の学生の熱意《アスピレーション》ゆえに、学問と専門において才能ある人材の主要な作り手となった。しかし、高等教育への需要の高まりとともに、ニューヨーク市立大学はあまりに選抜性が高くなり過ぎたのだろうか。他の公立大学と比較して、その入学判定基準はとりわけ高いものではなかった。だが、それはニューヨーク市の構成員へ十分な機会を与えるという責任を果たさず、特別な使命を正当化できる他の中等後教育機関のような活気に満ちた制度もないまま運営された。ニューヨーク市には、コミュニティ・カレッジの教育課程もなく、一連の職業的志向を持った高等学校があるだけだった。しかしながら、一九五〇年代の中盤から終わりまでに、この認知された要求に呼応して、三つのコミュニティ・カレッジが市立カレッジ制度に追加され、大学進学《アクセス》を広げた。だが、それらの成長は緩慢で、つのる不満を満足させることはできなかった。当初、これらの三つのカレッジは、少数の学生しか入学させなかった。多数のキャンパスを持つニューヨーク市立大学における総入学者数のほんの三％であった。

一九六〇年代、入学判定基準の引下げと入学者の増員に対する相当な政治的圧力がかけられた。最初、批判する者と市の役人らの動機は、地元の労働者の要求により広く応えるよう、ニューヨーク市立大学を利用することだった。市の教育委員会への報告書は、二五、〇〇〇人のカレッジ卒業生の増員が緊急に必要であり、何らかの中等後教育を受けた者がさらに必要だと見積もった。政治的運動は、ニューヨーク市立大学を、より衡平《イクイタブル》で利用しやすい高等教育の提供者にしようとした。公立と私立の高等学校の卒業生の人数が増加する只中で、ニューヨーク市立大学は、入学者を比較的わずかしか増員させなかった。実際のところ、大衆の需要や、市政府、大学内の事情が分断された状態を反映して、ニューヨーク市立大学は入学判定基準を引き上げた。市立大学の指導者たちの目的は、公的資金が不足しているので、入学者数を安定させておくことにあった。その間、ニューヨークは人口構成の重要な変化を経験していた。市の総人口は比較的一定であったが、黒人《ブラック》とプエルトリコ出身者が、より圧倒的な構成者となっていた。およそ一〇〇万人の黒人《ブラック》とプエルトリコ出身者が市に移住し、それに相当する人口のヨーロッパ系アメリカ人が郊外や他の場所へ移動した。だが、一九五〇年代から一九六〇年代初頭の市立大学の入学者は、圧倒的に白人であり続けていた。[24]

　一九六三年にニューヨーク市立大学の新しい学長《チャンセラー》として任命された、アルバート・ボウカーは、すぐに二つのことを決定した。まず、ニューヨーク市立大学は、市の人口をより広く反映するため、その入学者受入れのやり方を変えなければならないこと。二つ目に、ニューヨーク市立大学は、入学者を増やすために、追加の資金が必要であること。彼が着任する一年前に、ニューヨーク市立大学のマスタープランは、選抜性を高めるという方向性は、「公的に支援された大学《ユニバーシティ》の機能を順守して」いないと議論していた。当初、ボウカーは、ニューヨーク市立大学のターゲットを市の全中等教育卒業者の約二五％に増やすと主張した。見返りに、彼はニューヨーク州と市に運営費と資本費の両方のための資金を増額することを求めた。ニューヨーク市立大学は、入学者受入方針《アドミッションズ・ポリシー》を改訂し、適切な存在であり続け、また逆に、政治的惨事を避けるために成長する必要があった。ボウカーは、十分な資金を公的財源から投機できなければ、授業料から賄う可能性を掲げた。これは二〇世紀において、公立大学の他の指導者たちから、議員に向けて意図的に繰り返し提示された、政治的に受け入れがたい選択肢である。[25]

　ニューヨーク市における人種的に非難された政治、破綻に近づきつつある市の財政的問題、そしてニューヨーク市立大学で授業料を課す提案は、強力な政治的危機を生み出した。一九六八年、マイノリティの学生一五〇人が新しいキャンパスの一つを「襲った」〔殺到して入学した〕ことで、それはついに爆発した。学長《チャンセラー》であるボウカーは、「ニューヨーク市立大学が人種問題が衝突する場であり続けることはできなかったと結論づけた」と歴史家のハロルド・ウェクスラーは書いている。大学が存続するために、ボウカーは、相当なマイノリティの包摂《インクルージョン》を一気に進めるための方法として、「一〇〇%入学者受け入れ計画《アドミッション・プラン》」を推し進めた。市の中等教育学校の卒業生は、ニューヨーク市立大学へ全員入学することができたが、必ずしも彼らの選択したキャンパスや教育課程ではなかった。目論見としては、ニューヨーク市立大学の一連の教育機関内で、もともとコミュニティ・カレッジであったものも含めて差異化されることで、大学《ユニバーシティ》としてある部分の卓越性を維持したかったのである。その入学審査を通して、ニューヨーク市立大学当局は、特定の教育プログラムに学生を配置することを進めた。それは、失敗する運命にある計画であった。有権者と政府の圧力と、大学の混乱したアプローチは、結局、すべてのキャンパスとほとんどの教育課程で誰でも入学できる入学者受入方針《オープン・アドミッションズ・ポリシー》に向けて、ニューヨーク市立大学を動かすという結果となった。[26]

　一九七〇年、ニューヨーク市立大学の理事会は、コミュニティ・カレッジの部局への安易な学生の受入れはしなかったが、学部レベルの四年制教育課程の一つかそれ以上への入学者受入れを保証した。「我々は、ニューヨーク市立大学が、実行可能な範囲でできるだけ早く、誰でも入学できる入学者受入方針《オープン・アドミッションズ・ポリシー》を始めるべきだと結論づけた」と理事会は述べた。「それに応じて、我々は、一九七〇年九月に、ニューヨーク市立大学でこの方針を開始することの実現可能性をすぐに決定するようニューヨーク市立大学の学長《チャンセラー》に指示している」[27]。

入学者受入方針《アドミッションズ・ポリシー》が移行している最中の一九六九年に出された、ニューヨーク市立大学の大学評議会による声明は、ニューヨーク市のシステムだけでなく、公立大学システムが直面する一般的な問題をおおむね説明していた。「黒人《ブラック》とプエルトリコ出身学生が劣っているのは、かなりの部分、小学校や高等学校での準備不足の結果である」と彼らは述べた。同時に、「私立大学は、アメリカの高等学校の人口すべてから学生を選抜することに関して大いに自由であり、大部分の名高いカレッジもそうしている。しかしながら、ニューヨーク市立大学は、一群の高等学校に紐づいている。つまり、中等教育学校を選ぶ自由はないのだ」。そして、もしニューヨーク市立大学のような教育機関が大学進学準備《カレッジエイト・プレパレーション》の従来の規範に頼れないならば、「これまでの前提に基づいた教育プロセスでは、効果がないに決まっている」[28]。

その騒動は、単にできるだけ広く門戸を開くという以上に、入学者受入方針《アドミッションズ・ポリシー》の抜本的な変更を導いた[29]。財政的、政治的危機に晒され、一貫性のなさ（とりわけ、十分強固なコミュニティ・カレッジのネットワークがなかったこと）に苦しめられ、入学者受入方針《アドミッションズ・ポリシー》の変化は、大学機関の学問文化を再定義した。それは、大学が持っている（すべてではないが）たいていのエリート機能を急速に大学から取り去り、市の中等教育学校へと幅広く拡張していった。この新しいパラダイムへ急進したことには、マイノリティの学生を急速に包摂《インクルージョン》したことだけではなく、多くの恩恵があった。だが、労力もかかった。

公立大学――西海岸とカリフォルニア大学の例

カリフォルニア大学は、ニューヨーク市立大学のように人種や民族性《エスニシティ》を排除したり、他の公的な割当方針を採用したりしたことは一度もなかった。その歴史の初期に、ミシガン大学やウィスコンシン大学のような多くの公立大学は、女性の割当枠を取り入れていたが、カリフォルニアの州立大学は、そうした制限をとりわけ回避した。そして、ニューヨーク市立大学がニューヨーク市のユダヤ人へ大学進学《アクセス》を提供したように、カリフォルニア大学は、ユダヤ人や他のマイノリティ・グループ同様、アジア系アメリカ人のための重要なルートを示した。

だが、時を経て三つの要因が、バークレーへの、そして後に複数《マルチ》キャンパス制度によって発展した他のキャンパスへのマイノリティ学生の流れに影響を与えた。一つ目は、州の公立学校制度の中の人種隔離と文化的偏見という現実だった。二つ目は、大学が文化的多様性《ダイバーシティ》に置く価値と、マイノリティの学生に与えられる金銭的、社会的支援のレベルを含む教育環境であった。そして、三番目は、入学審査における潜在的な偏見に関連している。次に、これらの要因のそれぞれを論じる。

人口動態の変化と人種隔離

多くの州でそうであったように、裁判の結果と政府の方針が露骨な入学者受入方針《アドミッションズ・ポリシー》を覆すにつれ、カリフォルニアにおいても人種隔離を強いる要素は、地方コミュニティの法的裁量から、地方の法律や偏見という間接的な結果へと、時間とともに変化した。移民グループにおける差異、すなわち教育的背景と文化的規範、多数派《マジョリティ》であるヨーロッパ系アメリカ人の人々の反応と偏見が、この現象の複雑さに追加された。異なる移民グループが連続して押し寄せる波のような動きは、異なる差別的政策をしばしば引き起こした。カリフォルニアでは非道な人種隔離や差別が行われる一方、統合に向けて頻繁に進歩的努力がなされるという、複雑で矛盾した混乱が起きた。この混乱は、一八八〇年代の州議会の法案の通過において注目を浴びた。特定の人種グループ、すなわちアフリカ系アメリカ人が地元の学校に通学することを法的に排除することを終わらせた一方、他のグループ、とりわけ中国人と日本人に対してはそのような差別的政策が許されていた。

弁護士のジョン・W・ドワイネルは、カリフォルニア大学の理事で、一八六八年のカリフォルニア大学に関する根拠法の共同執筆者であり、ヨーロッパ系アメリカ人のみに確保された学校に子どもを入学させようと試みて失敗した数人の黒人《ブラック》の親の事例を扱った。一八七四年に、彼はカリフォルニア州最高裁判所に議論を提示した。およそ七〇年後のブラウン対教育委員会訴訟のように、ドワイネルは、サンフランシスコの学校が自宅から最も近い公立学校への子どもたちの入学受入れを拒否したことによって、アメリカ合衆国憲法修正第一三条と第一四条に違反したと言明した。二五年後のプレッシー対ファーガソン訴訟と同様、裁判所は、分離すれども平等《イークアル》であると決定した。裁判長のウィリアム・T・ウォレスは、次のように書いている。「公立学校で人種が分離される」という事例において、「ある人種が他の者より憲法上の権利を侵害されるということは、全く見られないだろうし、また、どちらも見当たらない。というのも、他の者から分離されているとしても、それぞれが、他の者と平等《イークアル》な条件で、共通の公的費用をかけて教育されるべきであるからだ」と。だが、コミュニティによって人種隔離学校が提供されないところでは、「白人でも有色人種でも」すべての生徒は、「州の法律の下で組織されたどのコモン・スクールでも児童となる平等《イークアル》な権利」を有していた。[30]

その裁定の六年後、仮にコミュニティに人種隔離学校が設立されていたとしても、カリフォルニア州議会はアフリカ系アメリカ人（州内の比較的少ない人口を占めた）を隔離することを禁止したが、中国人と日本人の生徒には同様の規定を作らなかったのである。中国人、韓国人、そして増加する日本人生徒を含めた子どもたちの公立の人種隔離学校を維持することをサンフランシスコの教育委員会は試みたが、それは国際的な衝突を引き起こした。州内の中国人人口は減少していたが、日本人の人口は増加していた。日本人農家によってもたらされた現実（農民の移民が増加した）と、想像上の人種的偏見と経済競争の脅威は、彼らを露骨な差別の新しい標的にしたのである。

国際的影響力の弱い中国と異なり、日本は一九〇四年から一九〇五年の日露戦争の結果によって示されたように、産業的軍事的大国として台頭しつつあった。九三人の日本人生徒が中国人の学校に入学するよう言われたとき、その中には、二二人の現地生まれの第二世代の日系アメリカ人、すなわちアメリカ市民を含まれていたのだが、日本政府は抗議し、連邦政府が対応した。セオドア・ルーズベルト大統領は、教育委員会の策略を「不条理な悪意」と呼んだ。彼は、委員会を説得してワシントンに呼んだ。ホワイトハウスの役人との一週間の議論の後、カリフォルニアの有名な政治家の後援の下で教育委員会と市は、人種隔離命令を無効にすることに同意した。その見返りに、連邦政府は日本人移民を厳格に制限することを提案した。

この騒動の最中に、カリフォルニアの教育団体と指導者の大多数は、広く連携しないままだった。カリフォルニア教師協会〔California Teachers Association〕は専門職協会で、明らかに後のような組合ではなく、定まった立場を表明しなかった。カリフォルニアの教育長らも、一九〇六年の大会で人種隔離を支援する決議を却下したものの、それに対しては何の言明も行わなかった。しかしながら名誉なことに、カリフォルニア大学の総長《プレジデント》ベンジャミン・アイド・ウィーラー、スタンフォード大学の学長《プレジデント》デイヴィッド・スター・ジョーダン、そしてロサンゼルスの教育長アーネスト・キャロル・ムーアは、包摂《インクルージョン》というアメリカの理想を掲げて反対の意見を示した。ウィーラーは、国際性と寛容の必要性と、バークレーに外国人学生がいることの重要性を語った。ムーアは、バークレーの元教員であり、後のＵＣＬＡ設立の牽引者であった。彼は、日本人の家系の生徒は「他の児童にとって最も有益な影響力」があると主張し、サンフランシスコの教育委員会の行動を批判した。「カリフォルニアの学校人として、私はサンフランシスコの学校当局の行動をひどく残念に思う。私の意見としては、全くもって不要なことだと思うし、それがカリフォルニアの公的意見の代表ではないと言えるのは喜ばしいことだ」。だが、ムーアの主張は、州の歴史と完全に合致してはいなかった。[31]

一九世紀後半に、カリフォルニア州政府と地方自治体は、就学の拡大を強硬に試み始めたが、すべてのグループに対してではなかった。カリフォルニアは、一八七四年に義務教育法を制定した最初の州の一つであった。一九〇〇年までに、カリフォルニアは小学校と中等教育学校の数を拡大しようと多大な努力を始め、中学校《ジュニア・ハイスクール》の構想を実験し、高等学校《ハイスクール》の拡大のための分離課税を作り出した。七年後、一〇歳から一四歳までのカリフォルニアの子どもたちの九三％は学校に通い、その割合は全米の平均を優に超えていた。現地生まれのヨーロッパ系アメリカ人の出席は九五％近く、黒人《ブラック》は九四％であった。だが、中国人、日本人、ネイティブ・アメリカ人の集団では、その割合は相当低かった。六歳から九歳という重要な年齢において、これらの集団は、それぞれ、ほんの五九・八%、五一・二%、四九・一%しか出席率を達成していなかった。[32] メキシコ系アメリカ人の出席率は、カリフォルニアの全体の人口のうちで少ないとはいえ、かなりの高い割合であった。ただし、アメリカの国勢調査は、当時ヨーロッパ系アメリカ人とヒスパニックを区別していなかったので、彼らの出席率は推定することが難しいのである。

　カリフォルニアにおける人種隔離の問題と教育機会を議論する際に、この州の経時的な人口構成の一般的な意味を理解しておくことは重要である。ゴールド・ラッシュの猛襲と鉄道工事のための中国人労働者の採用は、一八七〇年代までのマイノリティ人口の始まりだった。だが、続いて起こった大多数の移住民は、アメリカの東海岸やヨーロッパからであり、そして一九〇〇年代までは中西部の州からであった。一八八二年の中国人移民、そして一九二四年の日本人移民に対する連邦規制は、州の人口統計的傾向を作り変えた。第二次世界大戦までに、ロサンゼルスとサンフランシスコで盛んだった軍需産業職へのアフリカ系アメリカ人の流入、そしてメキシコ系の農業労働者の大規模な流入に伴って、カリフォルニアは現在の方向へ向かい始め、今日、国内で最も民族性《エスニシティ》の多様性《ダイバーシティ》を持つ州となった。国勢調査の数値によれば、一八八〇年代半ばから、カリフォルニアではヨーロッパ系アメリカ人が人口のおよそ八五%から九〇%を占め、この割合は一九六〇年代まで顕著に減少することはなかった。だが、マイノリティ集団は、とりわけ都市部に相当集中していた。多くの都市で採用された地域区画法は、黒人《ブラック》、アジア系、ラテン系、ユダヤ人の居住を制限した。第二次世界大戦の直後、一九四八年のアメリカ合衆国最高裁判所の裁定の下で、都市でそうした規定や人種隔離が法的に禁止された後でさえ、これらの法律は強力な遺産を残した。[33] 相当な程度、多くのコミュニティにおいて、法令上の人種隔離（故意の人種隔離）から、事実上の人種隔離（確立された居住様式の結果として学校が分離するという、意図的でない隔離）へと移行した。

　一九五〇年代とそれ以前に、就業可能性に相関した移住と定住の様式は、ロサンゼルスとセントラル・バレーの小さな農業コミュニティにおけるメキシコ系アメリカ人の莫大な人口を生み出した。日本人の農家や小規模の商店がカリフォルニア全体に散在した一方、アジア系アメリカ人は、湾岸《ベイ》エリアに主に集中した。とりわけ、第二次世界大戦後に顕著になったのは、アフリカ系アメリカ人のコミュニティは、リッチモンドやオークランドのような地域のイーストベイや、ロサンゼルスの地区に広く密集した。カイザー造船所のような軍需産業の仕事にまず人気があったので、一九六〇年のオークランドの人口のおよそ二六％はマイノリティであり、その大部分はアフリカ系アメリカ人であった。ロサンゼルスにおいて、アフリカ系アメリカ人とメキシコ系アメリカ人の両方のコミュニティは、物理的にお互いはっきりと分離していたが、それらを含めてマイノリティの総数は、およそ一七％と見積もられた。

人種隔離は、マイノリティの人口が増えるに従って、より重大な要因となった。一九六〇年代と一九七〇年代まで、ロサンゼルスのような都市における人種隔離廃止の努力にもかかわらず、人種隔離コミュニティはさらなる人種隔離学校の増加を招いた。一九七〇年、ヒスパニックの八〇％ほどは都市部、大部分はロサンゼルスに住んだ。それは、アフリカ系アメリカ人にとっても同様であった。ロサンゼルスの学区において、子どもの二三％はヒスパニックで、他の二五％は黒人《ブラック》と見積もられた。アフリカ系アメリカ人の児童の九〇％ほどは、黒人《ブラック》が大多数を占める一一七校の学校に通った。ラテン系とメキシコ系アメリカ人の児童のおよそ七五％は、自身と同じ民族性《エスニシティ》の子どもたちが大多数を占める一〇〇校の学校にそれぞれ通ったが、それは、一九五〇年よりも高い割合であった。その地区のヨーロッパ系アメリカ人の子どもたちの八〇％ほどは、ほぼすべて白人の学校に通っていた。[34]

地元の学校に対する資金提供の困難さが増大すると、公立学校からカリフォルニア大学までのマイノリティ・グループの教育機会に影響が及んだ。一九三〇年代半ばまでのカリフォルニアの法律は、地元の学校に対して比較的平等《イークアル》に州の資金を提供していた。だが、世界恐慌中の税法改正は、学校に資金提供をするための地元の固定資産税に、重く負担を課した。学区の間での資金提供の格差は、一九四五年の憲法修正を導いた。公正平準化法〔Fair Equalization Law〕は、州の出資による三つの助成を作った。第一に、平均出席数〔ＡＤＡ〕に基づいて配分されるすべての学校に対する基礎助成、第二に、所定額より資金価値、すなわち固定資産税が低い地区において平均出席数ごとに付加する「平準化助成」、そして最後、第三に、最も貧困な地区のための「補充的助成」である。当時、州は、地元の学校において総経費のおよそ半分を資金提供していた。だが時間の経過とともに、とりわけ高所得コミュニティでの資産価値の高騰や、生徒一人当たりに基づく州から学校への出資の下落は、後に納税者からの相次ぐ反対によって悪化し、資金提供と地元の学校の質における格差の拡大をもたらした。

カリフォルニアは、一九一〇年ごろから一九六〇年ごろにかけては、生徒一人当たりの支出で、最上位五位の州の中に位置していた。しかしながら一九六〇年代後半、このランキングが平等《イークアル》な資金提供へと引き継がれることはなかった。ビバリーヒルズのような裕福なコミュニティは保護者からの寄付が得られるので、生徒一人当たりの支出は一、一九二ドルだった。北カリフォルニアにある、もう一つの極めて裕福なコミュニティであるパロアルトは、生徒一人当たり九八四ドルの支出であった。だが、ロサンゼルスの貧しい地区であるボールドウィン・パークでは、五七七ドルしか費やさなかった。この事実は、一九七一年のカリフォルニア州最高裁の重要な決定、すなわちセラーノ対プリースト判決を導くことになる。ボールドウィン・パークという大多数の住民がヒスパニックであるコミュニティで、原告のジョン・セラーノは、地元の学校に対する資金提供には大きな格差があり、彼の息子の教育は本質的に劣っていると主張した。裁判所はこれに同意した。しかしながら、カリフォルニア州政府の行った裁定への対応は周縁的な事柄にとどまり、あまり重要ではない法律を通過させただけであった。より重要なことに、固定資産税の絶え間ない上昇に対して納税者が反対したことにより、公立学校の資金調達について改革し、さらなる衡平《イクイティ》を求めるという構想は、ますますその可能性が低くなった。

有権者は、固定資産税からの歳入に上限を課し、地方財政からすべての学校に費やされる資金を直ちに減額するという、一九七六年の住民提案一三号を承認した。これを受けて、州はより多くの資金を〔州財政の中から〕提供し、州全体に広がる一連の権限に加えて、州の監督権限をさらに増大することに踏み出した。その結果として、裕福な地区と貧困な地区の両方において、学校に支出される公的な財源は減少した。とりわけ一九七〇年代初頭において連邦法が緩和された後、カリフォルニアの移民人口が激増したことで学生の人口構成が変化し、入学者が殺到するようになった。これらの新しい学生の多くにとって、英語は第二言語だった。貧困率が増大し、学習障害についての考え方が拡大したことを反映して、特殊教育プログラムは、量と資源に対する要求を増大させた。今日、その格差は、裕福な地区と貧困な地区の間でますます広がっている。より一般的に言うと、カリフォルニアにおける学生一人当たりの全体の資金提供は、悲惨ながら全米でほぼ底辺に位置しているのである。

時間が経つにつれ、法律上と事実上の人種隔離、資金提供と公立学校の質の格差、およびカリフォルニアにおける社会的および文化的分断は、カリフォルニア大学への学生の流入に影響を与えた。同時に、文化と民族性《エスニシティ》の多様性《ダイバーシティ》が公立大学において重要な位置を占めるという新しい考え方に加えて、マイノリティの人たちに大学の門戸を開くことを助けた社会的勢力と政策があったのである。

教育環境と文化的多様性《ダイバーシティ》の考え方

文化的多様性《ダイバーシティ》は、二つの主要な理由で、我々の現代世界においてアメリカの高等教育の重要な焦点となった。一つ目は、大学《ユニバーシティ》、とりわけ公立大学は、社会を幅広く代表する者を入学させる責任がある。二つ目は、大学《ユニバーシティ》の教育の目標に関係する。アファーマティブ・アクションの主唱者は、学部生が大学《ユニバーシティ》での学問的、社会的経験を積むなかで、異なる人種や、エスニシティ、経済的背景に触れるべきであるという概念を議論してきた。つまり、そうすれば、とりわけグローバル化が進む世界において、学生グループの間で文化的多様性《ダイバーシティ》に価値が加えられるからである。この両方の概念は、社会における公立大学の役割についての初期の議論に根ざしている。最初期において、文化的多様性《ダイバーシティ》に位置付けられる価値は、現地のマイノリティの人たちよりも留学生を入学させることとの関係が深かった。

一八七〇年代頃にはすでに、カリフォルニア大学の指導者らは、世界のさまざまな地域から留学生を入学させることの重要性についての議論を始めていた。カリフォルニア大学第二代総長《プレジデント》である、ダニエル・コイト・ギルマンは、なぜこのことがカリフォルニア大学とカリフォルニアの利益であるのかを強調した最初の人物であった。偉大な大学《ユニバーシティ》は、世界に開かれた《コスモポリタン》ものである必要がある。ヨーロッパに向けてではなく、アジアの巨大な市場に目を向け、留学生の在籍と主要な国際勢力についての学問的研究の向上が多くの利益をもたらすと彼は考えていた。そうすることで、大学という学術共同体は啓蒙され、他の国や文化にサービスが提供され、商業は促進されるだろう。カリフォルニアは、「太平洋沿岸の新しい文明」であり、「アジアの国々の啓蒙」を助け、それを足掛かりに発展する必要に迫られている。「……というのも、この細長い沿岸で成長するカリフォルニアは、アメリカの諸州にとっての穀物倉であり、宝庫であり、市場であるというだけでなく、西洋と東洋が生産物と思想を交換する玄関口でもある」。中国、日本、オーストラリア、そして「大海の島々は、黄金州《ゴールデン・ステート》〔カリフォルニアのこと〕の隣人であり、顧客である。彼らもまた、学芸《アーツ》と諸科学《サイエンシズ》の教育、そしてよく組織され、教育されたコミュニティの事例をここで求めないだろうか。中国人と日本人に関する研究によって捧げられる学者たちの才能は、この緊密な関係を早くも理解していることを示している。我々は、我々に開かれるであろう可能な未来に対して準備するのに早すぎるということはない」と、ギルマンは記している[35]。

二〇世紀の初め頃、大学幹部たちは、カリフォルニアの州立大学があらゆる公立大学の中で最も多くの留学生を入学させたと主張した（妥当であることを示すのが難しい主張であるが）。総長《プレジデント》のベンジャミン・アイド・ウィーラーは、ギルマンのように、これらの学生の存在と国際的要素を伴う教育プログラムの進展を、キャンパスの成長のために極めて重要なものと見なした。大陸横断鉄道があるとはいえ、カリフォルニアの相対的孤立は、そのような計画的努力をより重要なことに思わせた。バークレーの多くの教授陣の教育的背景も、影響力の一つであった。たとえば、ウィーラーは、多くの大学指導者のように、ドイツの大学で大学院の学位を取得した。コーネルでの職位から、バークレーに移る以前、彼は言語学と古物学の学者として大成し、有名な国際主義者であることは知られていた。彼は、一年間、在アテネ・アメリカ古典学研究所〔American School for Classical Studies in Athens〕の教授職《チェア》を務めながら、オリンピック復興を手伝った。オリンピックの目的は運動競技だけでなく、国際理解を促進することであった。

一八九九年にカリフォルニア大学総長《プレジデント》の職を得て、ウィーラーは海外での人類学の探検旅行に一部の資金を提供をするために、州と慈善事業《フィランソロピー》に援助を求めた。サンフランシスコの教育委員会が、人種隔離的「オリエンタル・スクール」を再建しようと試みる直前に、ウィーラーは、「偏見が固定的になると発展が抑制されるという事例である。村同士のささいな嫌悪のように、人種的、社会的偏見は、手に届くもの、見えるけれども分からないものに次第に影響する。ユダヤ人や中国人、あるいは何か他の血筋を嫌いだと心に決めた者は、徹底した偏狭さ、無知、および乏しさの源泉を彼の人生に受け入れてしまったのだ。彼は、彼自身と人間の紐帯という素晴らしい豊かさの間に障壁を築いてしまった」と論じた[36]。

サンフランシスコでの事件〔本章の八二―八三頁〕の一年後、ウィーラーはキャンパスで開かれた日本人学生の集会で話すとき、謝罪的な態度を意図的に示した。コーネル総長の時代からのルーズベルト大統領の個人的な友達として、ウィーラーはカリフォルニアの人種的偏向の辛辣さについて、ずっと憂慮していた。ウィーラーは、「日本人と太平洋沿岸の人々は、良き友人でなければならない」と主張した。太平洋沿岸の土地の共有は、要求されるだけではなく、それは運命なのだ。彼は、カリフォルニアと日本はともに交流すべきであると続けた。

彼らは、お互いに知り、率直に親しく交わらなければならず、一方は、他方が不足しているところで、他方を助けなければならない。二つの国民の感性は、多くの点で異なる。彼らの受け継いだものは、全く異なる。だが、一方は、他方が欠けているものに代わる助けをもたらすことで、彼らは、ともに働き、お互いに助け合うことができる。我々アメリ

> カ人、特に我々カリフォルニア人は、新しい条件と未知の仕事に対する日本人男性の迅速な適応性を大いに讃える。近年のロシアとの戦争中に、陸軍の医療部が示したような日本人男性が見せた組織力を我々は大いに賞賛する。我々は、彼の国と天皇に対する計り知れないほどの献身と、偉大な理由のために自身の犠牲をいとわないことを讃える。我々は、日本人が示す雰囲気と行動に現れる上品な風貌を賞賛する。日本という名と庇護のもとに現れるものより、上品な雰囲気と礼儀正しい振舞いはない。二つの国民が常にお互いを公平《フェアリー》に理解できますように。[37]

国際主義《インターナショナリズム》は、明白なる天命《マニフェスト・ディスティニー》〔アメリカにおいて西部開拓を天命だとして正当化する考えのこと〕の思考と、新しい市場について学び、影響を与え、開拓する必要性に深く根付いていた。現実的に、カリフォルニアの経済は農業と国内市場に長く焦点を置き続けてきたけれども、商業は明らかに重要な目標であった。だが、単にそれ以上のことがあった。利他主義の要素と、包摂《インクルージョン》がカリフォルニア大学と社会を強化するという感覚があった。カリフォルニア大学の大学幹部たちの国際的傾向は、州の議員や大学理事会の感情を必ずしも反映していなかった。実際、カリフォルニア大学への留学生の入学者数が比較的多かったことで、深刻な対立が引き起こされた。カリフォルニア人の辛辣でしばしば暴力的な反移民、とりわけ反アジア人の感情は、外国人つまりは非ヨーロッパ系アメリカ人を入学させる利点について内部評価をする時をもたらした。ヨーロッパでの戦争〔第一次世界大戦〕の直後に、カリフォルニアは、アメリカの他の地域と同様に、きっぱりと孤立主義者に変わったのである。第一次世界大戦後の不況中における州の大幅な予算削減と入学者需要の劇的な上昇という文脈の中で、理事会の面々は、大学に在籍する外国人と州外学生の人数に深刻な懸念を表明した。彼らの教育の補助金を支給していたのは、カリフォルニア大学と、本質的にはカリフォルニアの納税者である。だが、何のためにそうした懸念を表明し、どのように解決することが必要なのか。一つの選択肢は、彼らの数を制限することだった。もう一つは、授業料を請求することだった。

ウィーラーの後継者であるデイヴィッド・P・バロウズは大学評議会による支援を受け、追加授業料を課すことに対して反論した。第一次世界大戦後のカリフォルニアの社会的道徳観と政治的文脈の中で、バロウズは、カリフォルニア大学の学生の中の文化的多様性《ダイバーシティ》に対する公式の請願を行った。カリフォルニア大学の理事に対する報告書の中で、バロウズは、バークレーには総数九、九六七人の学生が在籍していたことを述べた。これらの少なくとも一、二五一人は、非居住民〔州外出身者〕であり、バークレーの学生の一二%近くを占めている。多くは、他の西部の州やハワイ、フィリピン、中国、日本から来ていた。理事に報告する目的で、バロウズは一九二一年の学生の民族性《エスニシティ》と人種の構成を、カリフォルニア大学の学籍を取り扱う部署に集計させた。それは、カリフォルニア大学の歴史の中で最初の試みであったのである。六六人の中国系、六二人の日系、三三人のフィリピン系、一一人のヒンドゥー系を含むおよそ一七二人のアジア人学生は、カリフォルニアの住民であった。[38] 非居住民〔州外出身者〕と住民を合わせて、バークレーのキャンパスには、少なくとも三一二人のマイノリティの学生が在籍していた。すなわち、全大学院生と学部生の在籍者のおよそ三%である。これは、統計的に小さな割合のように思えるかもしれないけれども、一九二〇年に州のマイノリティ総人口がおよそ八%であったことと比較すると重要である。

バロウズ総長《プレジデント》は、アフリカ系アメリカ人やネイティブ・アメリカンの数値については、引用しなかったが、それは、おそらく、留学生人口に焦点を当てた報告書であるためである。バークレーは、一九二〇年にアフリカ系アメリカ人がわずかながらいた。しかしながら、州内の黒人《ブラック》の総数は極めて少なく、一八八〇年から一九二〇年代後半までの間にカリフォルニアの人口の二%未満しかいなかった。

アジア人とアジア系アメリカ人の学生、そして非居住民〔州外出身者〕の学生の実数よりもさらに重要であるのは、これらの学生の存在はカリフォルニア大学の文化に肯定的な影響を与えるというバロウズと他の大学幹部たちの信念である。入学者数について狼狽することは筋違いだとバロウズは主張した。だが、バロウズは大学経営の多くの場面で適性がなく、結果としてその任期は短かった。カリフォルニア大学は州の予算削減によって壊滅的打撃を受けたが、学事関係業務に関しては、より強い力を持つ教授陣のおかげでなんとか耐え忍ぶことができた。多くの領域で、バロウズは極めて保守的であった。彼は、バークレーで政治学の教授職を得て総長《プレジデント》になる以前、マニラで教育長として従事していた。バロウズは、アメリカ最初の主要な征服地となるアジアの市場で、世界の強国としてのアメリカの運命を悟っていた。皮肉なことに、帝国主義的傾向があったがゆえに、実際のところ、バロウズはカリフォルニア大学の留学生の断固とした擁護者となった。バロウズは、カリフォルニアは、「州内の人々の優れた性質と教育を通して、また共通精神の統一を通して、全国レベルの諸会議でしかるべき重要性を与えられるべきである」と理事の前で述べた。彼はこう続けた。

> 潜在的市民に与えられる無償教育という特権による富と新しい納税者が増えることによって、州は、経済的に恩恵を受けることが示されうると私は思う。外国生まれの学生は、大変な問題となっているわけではない。彼らは、何も特別な負担を強いるわけではないのである。いくつかの事例で、ラテン・アメリカの国々から入学し始めている特定の学生と同様、中国人とシベリア出身のロシア人の学生に特に私が感じるのは、我々の国際関係と同じくらい、カリフォルニアの商業に約束された利益は相当なものであるということである。

バロウズの助言は、留学生の入学者受入れを継続することについて、理事を納得させるのに成功した。一〇年も経たない内に、バークレーは、四四の国々から三四〇人ほどの留学生を入学させた。だが、バークレーとＵＣＬＡが流れ込むすべての学生を受け入れることは、重大な住居問題を引き起こした。一九二九年までに、カリフォルニア大学は、一つとして寮を運営していなかった。その代わり、学生は、キャンパスの近くに住む場所があることは大きな魅力だったので、地元のコミュニティから借りるか、増加する男子学寮組織《フラタニティ》や女子学寮組織《ソロリティ》に参加していた。一八七四年、理事は学生が使用するための八つのコテージをカリフォルニア大学の敷地内に建設することを承認した。それぞれのコテージは一〇人が住むことができた。一九〇〇年までに、四五の学生友愛会組織《ソーシャル・フラタニティ》があった。[39]それらは大学幹部たちによる最低限の監督の下、すべて比較的独立して運営された。これらはすべてではないにしても、ほとんどはマイノリティ・グループを排除した。バークレー市は、不動産権利書と同様、賃借に関する除外条項を許可していた。この条項は、一九四七年に州の判決で違法とされるまで人種と民族性《エスニシティ》の差別の一般的な形として普及していたのである。バークレー・キャンパスの周辺地域で、家主と市は、多くの留学生を含め、アフリカ系アメリカ人や他の多くのマイノリティ・グループに部屋を貸さなかったのである。

　キャンパス近くに住居を見つけることが困難であったことと費用が理由で、バークレーの男子学生の半分近くは、一九二六年頃まではサンフランシスコに住み、授業に出席するために湾を渡って通学した〔約二二キロメートル〕。理由の一つは、街での仕事の都合だった。カリフォルニア大学の推定によれば、男子学生の七〇％は何らかのパートタイム雇用の形式で働いていた――一八八〇年代のものと類似した数である。[40] しかしながら、女性の傾向は異なっていた。一九二三年に実施された実地調査では、バークレーに所属する三、二一七人の女子学部生の内、四三％ほどという高い割合が、家庭か、友達や親戚と一緒にイーストベイに住んでいると報告された。他の一六％は、ほぼ「大学公認の」賄い付き下宿に住み、他の一五％は社交クラブに住んでおり、アパートに住む者はたった五％しかいなかった。全女子学生の一〇％ほどはサンフランシスコの湾の対岸に住んでいた。[41]

　アメリカの主要なカレッジや大学《ユニバーシティ》の多くと、すべての公立高等教育機関は当初、学生への住居の提供に際して、地元のコミュニティに大いに依存していた。それは、大学をはじめとする学術共同体を作るための鍵要素《キー・コンポーネント》として、大学《ユニバーシティ》運営の住居に固執した英国モデルとは異なっていた。公立教育機関の決定は、部分的には経済的な理由であった。すなわち、財源は資本形成のために限定され、教育機関はほとんどの資金を、入学者に合わせて増大する校舎と運営に捧げた。大学幹部らと学生の双方が、教育機関の福祉にも学生の福祉にも不可欠なものとして住居の必要性を認識したため、一九二〇年代後半に転換が訪れた。最初のものは、ボウルズホールの建設のためのマリー・マクニアー・ボウルズ夫人からの寄贈だった。それは、バークレーの最初の大学《ユニバーシティ》運営の寮で、二〇四人の男子学生を受け入れた。二つ目は、バークレー・キャンパスに全米で二番目の国際寮《インターナショナル・ハウス》を創設するための構想だった。

最初の国際寮《インターナショナル・ハウス》は、ニューヨーク市のＹＭＣＡの責任者であったハリー・エドモンズの指導力の下で実を結んだ。彼はコロンビア大学に通学する留学生が経験している人種差別と孤立を認識していた。それで、エドモンズは、留学生とアメリカ人学生の双方を住まわせる施設の建設と運営に資金提供することをジョン・Ｄ・ロックフェラーJr.に依頼し、成功した。学生同士の交流により、親密さと、最終的には協調性が生み出すことが期待された。最初の国際寮《インターナショナル・ハウス》は一九二五年に開館した。エドモンズは、すぐに西海岸にもう一つ設立するよう模索した。カリフォルニア大学の総長《プレジデント》ウィリアム・Ｗ・キャンベルと副総長ロバート・ゴードン・スプロウルとともに取り組み、エドモンズは、留学生の人口が比較的多いということを理由の一つとして、可能な限り最高の場所である、バークレーに建設することに賛同した。主に留学生を住まわせるための方法として提案され、（後に知られる）Ｉハウスは、現地のアフリカ系やアジア系アメリカ人の学生にも住居を提供した。それが一九二七年に最初に提案され、公に議論されたとき、バークレーの住民と市は、強く反対を示した。バークレーのキャンパスの近隣は、白人の住民がほとんどであり、異人種間でともに暮らすという発想は、約一、〇〇〇人の住民の抗議を駆り立てた。しかしながら、Ｉハウスはキャンパスの敷地に設置するものであったため、プロジェクトは市の地域地区法と契約の管轄外であることを意味していた。

Ｉハウスは、一九三〇年に開館し、すぐに五三〇人の学部学生と大学院生を収容した。それはアフリカ系アメリカ人の学生に唯一、地元で利用可能な住居を提供した。ほとんどの地元のレストランはマイノリティに食事を提供することを拒否したため、Ｉハウスは食堂も提供した。大学幹部らによって奨励され、ＹＭＣＡに所属するバークレーの学生からも促されて、民族《エスニック》マイノリティを受け入れる住居はそれ以外にも続いた。一九三三年、学生が低価格の住居の利用可能性を不安に思い、国家の深刻な経済不況という社会的状況の中で、すべての人種に開かれた最初の住宅協同組合が作られた。それは、ほんの六年の間に、女性専用の寮一つを含む、五つの建物に五〇〇人以上の学生を住まわせるほどに成長していた。同様の協同組合は、ロサンゼルスのキャンパスにおいても一九三五年に設立されており、バークレーのもののように、寮生の存在が施設維持のために不可欠だった。

　留学生と国内のマイノリティ・グループの存在、大恐慌という背景、そして成長する公立大学の学問文化の変化は、少なくとも一部の学生集団と教授陣の社会的意識を高めた。だが地元コミュニティの差別的政策は、カリフォルニア大学の入学者が増大し続けるにつれて重大な問題を残した。バークレーの内部と周辺で、アフリカ系アメリカ人のコミュニティの成員は、大学が家主による差別を鎮静し、抗するための、より協同的な努力をすることを要求した。当初、黒人《ブラック》学生は、Ｉハウスに居住する機会を歓迎した。だが、そこには住居の選択肢がほとんど他になく、彼らはすぐにそれが単にもう一つの人種隔離の形態であると見なした。この環境の中で、ＹＷＣＡと提携し、人種関係を懸念していた集団は、地元の賄付き下宿における偏見に対する請願書を回覧した。バークレーの学生自治組織である学生連合会《アソシエイティッド・スチューデンツ》は、人種を理由に差別をしないと賛同した賄付き下宿のリストを作成することによって、これに続いた。彼らは、そのリストに掲載されていない下宿をボイコットすることを学生に呼びかける請願書を回覧した。住居は限られた資源であるということと、すでに地元のコミュニティとの敵対的な関係を減少させたいという願いもあって、少なくとも当初、大学幹部らはこれらの構想を支援することを渋っていた。

　第二次世界大戦とその余波の時期になって初めて、大学当局は入居者を差別しないと賛同した宿泊施設の学生自治組織によるリストを承認し、学生住居を発展させる、より積極的な役割を担うようになった。州の出資による最初の寮は戦後に建設された。学生運動が主なきっかけとなって、一九五九年七月一七日に初めて、男子学寮組織《フラタニティ》や女子学寮組織《ソロリティ》は、人種、宗教、あるいは出身国を理由に学生の参加資格を拒むことはできないと、理事は言明した。カリフォルニア大学の総長《プレジデント》クラーク・カー（任期：一九五八－一九六七）の要請で、この方針《ポリシー》はすべての学生団体に拡張された。

文化的多様性《ダイバーシティ》に価値を置き、留学生とマイノリティ学生を入居させ、何らかの方法で支援するための実際的要求における改善を図ることは、ゆっくりとした覚醒を導いた。だが、カリフォルニア大学は、学生の民族性《エスニシティ》や人種的背景に関するデータを保持していないため、マイノリティ学生の入学と支援の進展を評価することは難しい。

入学審査とデータの探索

創設されてから最初の数十年において、カリフォルニア大学では大部分がプロテスタントであるヨーロッパ系アメリカ人はマジョリティであり続けた。だがそこには、メキシコ系スペイン語話者の家系や、二〇世紀転換期までには、外国籍あるいはアメリカ国籍のアジア系学生もいた。高等学校に対する認証の改革によって、入学審査そのものにおいて、実質的に、学生の人種、民族性《エスニシティ》、および経済的背景は明確にされず、学生が大学機関に入学するまでは、通常そのことは知られていないこととなった。だがそこには、入学審査において、学校の質の格差や、たとえば高等学校の校長の好みという潜在的な偏見があった。一九六〇年まで、高等学校の校長は、大学入学に際して学生を推薦する権限があった。カリフォルニア大学の入学者受入方針《アドミッションズ・ポリシー》は、人種的マイノリティに対して露骨な偏見はなかったし、地理的、経済的特徴が入学者受入れの特別措置に積極的に使われたりするものでもなかった。

学生の背景のデータが不足していたことは、間違いなく、かなり意図的なものであった。実際、カリフォルニア大学は、一九二〇年代、留学生や望ましくないマイノリティの学生を数多く入学させているという世論の批判に敏感になっていたので、一九三〇年代初頭までに理事会は、学生だけでなく教授陣や職員についても同様に、人種に関する統計データを集計しないと定めた。カリフォルニア大学はこのようなルールがある点で、多くの私立やいくつかの公立大学とは異なっていた。多くの私立や公立の大学では、一九二〇年代、学生は入学願書にそうした情報を提供することをしばしば要求されていた。

しかしながら、非科学的ではあるが、バークレーの過去の学生の卒業アルバムを眺めると、時代を経るにつれて学生集団の多様性《ダイバーシティ》の片鱗が見えてくる。この観察からは、アフリカ系アメリカ人とメキシコ系やラテン系の家系の学生は珍しいものの、アジア系アメリカ人がいくつもの社会的障壁を克服して、バークレーとＵＣＬＡにおいて、存在感を増していたことが分かる。一九二〇年のカリフォルニア大学の調べによれば、バークレーの学部学生の約三％が、アジア系アメリカ人家系の者であったが、一九三六年までに、四％ほど在籍するようになっていた。一九五一年、そして復員兵援護法のピークの後、その数は八・五％ほどにまで達した。当時、アジア系アメリカ人はカリフォルニアの総人口のおよそ三％を構成していた。つまり、アジア系アメリカ人は一九五〇年までに、あるいは、おそらくそれよりさらに早く、大学におけるマイノリティの「大きすぎる」比率を占めるようになっていた。[42]

社会における人種差別の認識が高まり、一九五〇年代後半から一九六〇年代に、政治に変化が生じた。そのため、大学《ユニバーシティ》や州立学校制度による人種や民族性《エスニシティ》に関するデータの組織的な収集が一般的に不足していたことは問題となった。カリフォルニア大学における人種集団の包摂《インクルージョン》あるいは排除《エクスクルージョン》の程度を測定することは困難であり、変化を監視することは不可能であった。しかしながら、連邦政府と州政府からのデータの要求で、カリフォルニア大学と他の公立教育機関は（私立はそれほどでもなかったが）、最終的に人種と民族性《エスニシティ》に関する学生と被雇用者の情報を収集することを強いられた。全米黒人地位向上協会〔ＮＡＡＣＰ〕からの圧力の下、公民権運動の支援者として一九六三年、知事エドモンド・〝パット〟・ブラウンはすべてのカリフォルニア大学の被雇用者と学生の民族《エスニック》アイデンティティに関する情報を要求した。

「プラグマティック・リベラル」と民主党支持を自称したブラウンは、マイノリティの雇用と教育機会を拡張するため、州議会と協働した。彼は、データ収集をその目的を果たす唯一の道と見なした。一九五九年と一九六三年に通過した、ウンルー公民権法〔Unruh Civil Rights Act〕とラムフォード法〔Rumford Act〕は、それぞれビジネスにおける差別や、不公平《アンフェア》な住宅の方針《ポリシー》やその履行を禁じた。ますます議員は、公立の高等教育に注意を向けた。だが、カリフォルニア大学は、人種についての情報を収集することを渋っていた。ブラウン知事の要求を考慮して、カリフォルニア大学の大学評議会は、「マイノリティ・グループの成員の氏名を一覧にすることは、あらゆる決定において、個人の民族性《エスニシティ》の背景を完全に無視するというカリフォルニア大学の方針と相容れない」と記した。組織的な実地調査は、「カリフォルニア大学の利益に対して有害であり、マイノリティ・グループに対するカリフォルニア大学の方針《ポリシー》と一貫性がなくなるだろう」と考えられた[43]。ブラウンは、彼の求めていた情報を得られず、法的に依拠するものが全くなかった。カリフォルニア大学の方針《ポリシー》は、連邦政府が一九六五年高等教育法〔Higher Education Act〕を通過させるまで変わらなかった。他の法案の中で、同法は、高等教育の入学者や、設備、財務に関するデータ収集のための連邦制度の発展を促した。応じなければ、研究や学費援助のための連邦資金を失うことを意味した。だが、これはまだ、データを毎年要求するものではなかった。重大な人口動態の変化の最中、一九七〇年代初頭になって、カリフォルニアは、初めて年間ベースで人種と民族性《エスニシティ》に関するデータを収集し始めた。カリフォルニアにおける人種と民族性《エスニシティ》のデータの組織的な収集の遅れは、全米の状況を映し出していた。

「偉大な社会」計画〔Great Society Program、ジョンソン大統領が提唱した社会改革に関する政策構想〕の一部であった、一九六〇年代の連邦の公民権と高等教育立法は、カリフォルニア大学の入学者受入れに強力な影響力を示した。ここまで見てきたように、カリフォルニアの州立大学は、経済的、地理的、そして「特別な状況」のような要因を考慮することが、恵まれていない《ディスアドバンテージ》グループを包摂するための適切な手法と考えられた、入学者受入方針《アドミッションズ・ポリシー》の枠組みを作った。それらは、本質的に、人種中立的なアプローチであった。しかしそこには、これらの学生の成長に手を差し伸べ、育てようという大学の努力はほとんどなかった。それは、すぐに変わることとなった。不利な人種マイノリティの課題についての最初の会合で、カリフォルニア大学総長《プレジデント》であったクラーク・カーは、大学教授陣からなる評議会の執行委員会である、大学評議会の学術カウンシルと会見した。一九六三年の公民権法実施の数ヵ月後、カーは、カリフォルニア大学が「その影響の中で機会の均等を提供してはいたが、おそらく均等のための機会を拡大する方法を積極的に探し求めてはいない」ことに気づいた。[44]

ニューヨーク市立大学の例に見られた圧力のように、新しい国家的意識や劇的な人口動態の変化とカリフォルニア社会の不平等《インイクオリティ》は結びついており、方針は変化していった。他の公立教育機関のように、カリフォルニア大学はマイノリティの大学参入を増加させるために、より積極的な方針《ポリシー》を求めようとしていた。

第2部

進学需要をマネジメントする大学と第二次世界大戦後の時代

第4章　マスタープラン、SAT、および進学需要のマネジメント

過去二〇〇年間にわたり、知性と人格における変化は、物理科学の分野で用いられてきたような一般的な手法（願わくばそれと同じ正確さ、精度への熱意）で測定されるようになってきている。

――エドワード・L・ソーンダイク（コロンビア大学ティーチャーズ・カレッジ）、一九一二年[1]

一般的に、公立教育機関は所定の基本的な入学要件を満たした最低ライン以上にある学生をすべて受け入れている。私立教育機関の多くでは、足切りラインに加えて、最低限の条件を満たした入学希望者の中から選定を行う選考《チュージング》過程が存在している。特に州立カレッジとカリフォルニア大学は、近い将来に殺到すると予想される入学希望者からベストな学生を選考するために、いくつかの複合的なプランを導入することになるかもしれない。

――カリフォルニア州高等教育マスタープラン、一九六〇年

一九五〇年からの二〇年間で、アメリカの高等教育の在籍者数は四倍近くに増加した。ほとんどの州立大学は依然として各州内の高等学校を卒業した生徒を主に選抜《セレクト》しており、人口増加に合わせて何らかのかたちで在籍者数を増やしていた。一九七〇年代半ばまでに進学需要が四倍に増加するという予測のもと、一九五〇年代後半にはカリフォルニア大学が州内の高等教育機関およびサクラメント〔カリフォルニアの州都。州議会を指す〕の議員に働きかけ、カリフォルニア州の高等教育制度をどのように拡大するかについて協議を行った。その結果生まれたのが有名

な一九六〇年カリフォルニア州高等教育マスタープランである。同プランの検討は、オクシデンタル大学学長《プレジデント》のアーサー・クーンズが議長を務め、公立および私立の高等教育機関の代表者で構成された「マスタープラン調査チーム」によって行われた。このマスタープランは、カリフォルニア大学総長《プレジデント》クラーク・カーの熱心な取組みによって生まれたものとして描かれることが多いが、それは全体の一面を示しているに過ぎない。

一九五〇年代後半、カリフォルニア州を代表する研究大学であり、博士課程を要する公立大学としての立ち位置を維持することを目指し、カーは協議プロセスの開始にこぎつけた。設置された調査チームは、共有されるビジョンの策定が実質的な任務であり、クーンズは主要な当事者であったカリフォルニア大学と州立カレッジの間の調整役を担った。州立カレッジは自らの使命を博士課程まで拡大し、州の研究補助金を受けることを目指していたが、カリフォルニア大学はこうした拡張に反対し、三分割システムの維持を求めていた。この対立の終結に向けたパット・ブラウン州知事および有力議員の圧力によって、高等教育コミュニティは、三分割システムの使命、在籍者数計画、新キャンパスの設置、入学者受入れの対象群の変更可能性といった問題についての合意を余儀なくされた。そこでは、将来的な費用削減が重要目標の一つとして浮上した。カリフォルニア大学および州立カレッジの両者とも既存の入学者受入方針《アドミッション・ポリシー》のままでは、今後二〇年間に予想される進学需要増大に対してカリフォルニア州政府から十分な資金が提供されないことが示されたのである[2]。

調査チームの構成員だったグレン・ダムケ（サンフランシスコ州立カレッジ学長《プレジデント》）の提案では、入学判定基準を上げる（つまり学生の選抜をより厳しくする）ことにより、カリフォルニア大学、州立カレッジ、カリフォルニア州にとって有益な結果が得られるとされた。この主な根拠は財務的な事情である。コスト削減のため、カリフォルニア大学と州立カレッジ（後のカリフォルニア州立大学〔ＣＳＵ〕）は高等学校卒業者の進学条件を限定することに同意した。カリフォルニア大学は、入学適格性《エリジビリティ》のある新入生候補者を減らすことを目的に入学判定基準を引き上げることによって、従来は公立高等学校卒業者からの入学適格性《エリジビリティ》保持者を、成績上位約一五％であったものを一二・

五％にした。また、カリフォルニア州立大学も入学判定基準を引き上げることで、カリフォルニアの中等教育卒業者からの入学適格性《エリジビリティ》保持者を、成績上位約五〇％から三三・三％へ数を減らした。こうした措置により運営経費が低く抑えられ、主に地方固定資産税から資金提供を受けているジュニア・カレッジ（その後カリフォルニア・コミュニティ・カレッジに改称）へ新年度には約五〇、〇〇〇人の生徒がシフトするだろうと予想された。

これらの入学適格性《エリジビリティ》保持者数に関する目標は、カリフォルニア大学および州立カレッジの社会契約を大きく変化させた。同計画は、二つの教育機関に対して大学進学《アクセス》を狭めるよう提言している。どのようにこれを実施するかは両教育機関当局の裁量であった。アーサー・クーンズが指摘している通り、カリフォルニア大学と州立カレッジは「予想される入学希望者の殺到」を考慮し、長期的に入学判定基準を調整する必要があるとされた。[3] また、変更された入学者受入れの対象群については固定的なものにすべきではなく、州の財源と労働状況からの需要に応じて増減させるべきとされた。

マスタープランの協議では、州でいち早く導入された編入学制度が、同州の社会経済的流動性の中核を維持するものと理解されていた。ＧＰＡが二・四以上のジュニア・カレッジからの編入学を確保するために、カリフォルニア大学は三・四年次と一・二年次の学生比率を約六〇対四〇に維持することを約束した。また州立カレッジ（後のカリフォルニア州立大学）も編入学生にＧＰＡ二・〇以上の要件を課すことで、六〇対四〇の比率を導入した。この入学許可方針《マトリキュレーション・ポリシー》に基づき、議会はコミュニティ・カレッジ設置のための州政府基金に同意した。従来は、運営資金はすべて地元の財源であった。さらにマスタープラン協定は、より多くの生徒たちをコミュニティ・カレッジにシフトする施策の一環として、一年次の例外措置による入学許可枠をわずか二％に制限した。[4]

高等学校卒業者のうちカリフォルニア大学への入学適格性《エリジビリティ》を持つ生徒の数を減らしても、在籍者増加は相当なものになるとされた。一九六〇年から一九七五年の間に、カリフォルニア大学における入学者数はおよそ四三、一〇〇人から一一八、七五〇人へと二七五％増加すると予想されたのである。[5] 在籍者増加への対策調査を行ったカリフォルニア大学の大学評議会のある委員会は次のように記している。「高等教育においてここまで困難な仕事はかつて存在しなかった。今、カリフォルニア大学がどのようにこの課題を乗り切るのかと世界中から注目が集まっている」。そして、同委員会はこのような増加に対応するためにカリフォルニア大学が持つ「貴重な学術的遺産」を再評価し「確立された伝統」を問い直す必要があると結論付けた。このように急速な成長（新キャンパスの設置を含む）は教育機関の質にどのような影響を及ぼすのか。大学教授陣にとって深い関心事であった。[6]

カリフォルニア大学は、第二次世界大戦終結後数年の間に、バークレー、ＵＣＬＡ、医学分野を専門にした大学院大学であるサンフランシスコ校に加え、在籍者増加に対応するために新たな「総合」キャンパスを三つ設置した。サンタバーバラは州立カレッジであったが、一九四四年に吸収され、リベラルアーツ・プログラムを提供する三つ目のキャンパスとなった。デイヴィス校とリバーサイド校は、一九五二年と一九五四年に新たな総合キャンパスとして設置された。これらのキャンパスはかつて農業関連の研究機関として運営されており、公開講座《エクステンション・プログラム》を提供していた。そして一九五〇年代後半までに、さらに三つのキャンパスを作る予備計画があった。この計画に従い、一九六〇年にカリフォルニア大学サンディエゴ校が、一九六五年にサンタクルーズ校とアーバイン校が設置された。八つある総合学部キャンパスすべてにおいて博士課程が設置され、それぞれが研究機関として指定を受けた。カリフォルニア大学は「ひとつの大学《ユニバーシティ》」として運営され、それぞれの学部キャンパスが同じ教育ミッションを共有し、共同で「入学適格性《エリジビリティ》のある」学生の受入れを行った。

新キャンパスの計画立案において、カリフォルニアは重要な前提を設けていた。それはキャンパスの在籍者数に制限を設けるべきというものである。一九四八年に行われていた計画立案調査では、学生数の比較的多いキャンパスを作ることで、運営面でも金銭的な費用の面でも大きな利益は得られないとされた。二五、〇〇〇人以上の学生を抱えるキャンパスでは、学部の教育レベルの著しい低下に加え、学生と教授陣との間にコミュニティの分断が起こることが想定されていた。[7] 元来、この議論は私立の教育機関ではあり得ない四〇、〇〇〇人以上の規模へと拡大した他の州の多くの公立大学の方針に異を唱えるものであった。在籍者数制限は、予測される進学需要に対応するために必要となる新しいキャンパス数を検討するうえでの論理的根拠となった。〔カリフォルニア州高等教育〕マスタープランはこれらの考え方を受け入れ、教育が十分に行き届いていない〔大学のない〕地域にキャンパスを分散させるという目標を設定した。これはつまり、サクラメントと競合するコミュニティとその代表者たちに、州が資金を提供する新キャンパス設置という贈り物をもたらすことを意味した。州財源によるキャンパス設置は、学生個人の社会経済的流動性を確保するとともに、地域経済の成長を刺激する重要な手法として広く認識されるようになった[8]。

一九六〇年のマスタープランに伴い、カリフォルニア大学は選抜をより厳格化するために入学判定基準を引き上げなければならなかった。カリフォルニア大学には、進学準備課程《プレパラトリー・コース》で必要とされる高等学校のＧＰＡの引上げ、必須科目の増加、最低ＳＡＴ得点の初導入といった選択肢があり、これらを組み合わせて導入することも可能であった。

カリフォルニア大学における標準テストの検討

一九五〇年代後半から一九六〇年代にかけて、カリフォルニア大学は標準テストの活用可能性について長期にわたる議論を行った。今日におけるテスト賛成派・反対派が論じている問題の多くは、この時期にすでに吟味されていた。すなわち、テストの社会経済的バイアス、カレッジにおける学業成果の予測精度、そして最も大切な入学審査における適切な運用である。なぜ公立大学は標準テストを導入したのか。そして標準テストの導入は大学《ユニバーシティ》の社会契約にどのように影響を及ぼしたのだろうか。

より良い社会の構成や維持に向けて「科学的」方法が持つ可能性に傾倒していたアメリカにおいて、人生や性向を分類するツールである知能テストは生まれた。工業化や、移民の流入、専門技能を持つ有能な労働者の需要増大を背景に、科学主義《サイエンティズム》は、技術革新のみならず、社会を管理し、本当の社会的害悪を攻撃するための源泉として勢いを増したのである。第一に注目を集めたのは、産業労働者の生産性を向上させる手法を生み出した時間動作研究であった。ほどなくしてこれに続いたのが、人間の知能を科学的に測定できるという考え方である。知能テストは、最高に潜在能力の高い労働者、最高に優秀な公務員、最高の軍人、そして最高の学生を識別するのに有効と考えられた。

　前述の通り、一九〇六年に大学入試委員会（ＣＥＥＢまたはカレッジボード）が設置されたことで、単一の筆記入学試験《エグザミネーション》という運営上の枠組みが生まれた。発起人であるコロンビア大学、ハーバード大学にイエール大学とプリンストン大学が加わったＣＥＥＢの試験《エグザミネーション》は、中流階級、そしてときに労働者階級の学生にとっての大学進学《アクセス》の機会を広げる基盤的な役割を果たすようになった。なお、これは「同化され得ない」集団（とりわけユダヤ人）の排除に繋がる決定的なツールでもあった。さらに、ＣＥＥＢはカレッジや大学《ユニバーシティ》の入学者受入れに有効な知能テストの開発を推し進める原動力となった。最初のテストはＳＡＴという名称で一九二六年に試験的に実施された。そして、私立の教育機関を中心に、少しずつ入学者受入れプロセスにおける重要な要素となっていった。その後、テスト産業の発展は、一九四八年に複数の競合試験機関を統合したニュージャージー州プリンストンにある教育試験サービス〔Educational Testing Service：ETS〕の設立をもたらし、最終的にすべての高等学校卒業者を対象としたテストを実施するために統一した取組みが開始された。ＥＴＳが公共サービスなのか、それとも企業なのか。この問いは今でも残っている。

　ＥＴＳとその支持者にとっては残念なことに、アメリカの高等教育システムのなかでも急成長していた公立大学はＳＡＴの導入に消極的であった。公立大学の運営は別世界である。すでに述べた通り、公立大学の入学志願者層はしっかりと定義されており、何よりもまず、州の公立高等学校ネットワークの卒業者を対象としていた。公立大学での実績のある入学判定基準は、中等学校《セカンダリー・スクール》における評定成績と能力や素質の評価と、それを向上させる仕組みを重視したものであった。公立大学は私立教育機関の入試業務では重要なつながりであるのに対して、卒業生をわずかにしか優遇しない傾向にあり、過去に大規模な資金調達や寄付者向けのパーティを行うことはなかった。つまり、公立大学は在籍者需要の増加に合わせて州予算の増額を得ることができたのである。私立教育機関は在籍者数の微増、あるいは安定化を望んでいた一方で、公立教育機関はより高い選抜性と名声への道筋として在籍者数増加を歓迎していた。これは公立教育機関の義務であると同時に、教育プログラムのための資金調達と社会的、経済的および政治的な影響力を強めるための手段でもあった。

一九五〇年代後半まで、ＳＡＴなどのテストを要件としていた公立大学はほとんどなかった。一九三〇年代から一九六〇年代に至るまで、公立教育機関のＳＡＴに対する関心は、影響度の少ない次の二つの活用方法だけであった。一つは州外学生および大学が認証していない高等学校の卒業生に対する代替の入学者受入基準であり、もう一つは大学入学後のサンプル学生群を対象としたテストであり、これらは入学者受入基準を検証するための臨時的な分析ツールとして一九五〇年代まで活用されていた。

一九四九年まで、ＥＴＳの顧客の大部分は東海岸に集中しており、アイビーリーグとその他一部の私立カレッジおよび大学《ユニバーシティ》群において最も活用されていた。一九四七年、ＥＴＳはカリフォルニア大学をはじめとする西海岸の公立や私立のカレッジおよび大学《ユニバーシティ》のテスト導入を目指してバークレーに西海岸オフィスをオープンした。そしてＥＴＳ代表のヘンリー・チョーンシーは、カリフォルニア大学を口説き落として初の公立大学加盟校としてＥＴＳ委員会に参加させることに成功した。通常、教育機関がＳＡＴを利用することがＥＴＳ委員会加盟の前提条件だったが、カリフォルニア大学の場合は同校を取り込むためにチョーンシーが例外を設けた。[9] チョーンシーは積極的に公立大学にテストを売り込んでおり、ミシガン州、テキサス州、コロラド州の公立大学に食い込みつつあった。

しかし少なくとも当初は、カリフォルニア州およびその他の州におけるチョーンシーの戦略は功を奏してはいなかった。たとえば、一九五一年にはアメリカ国内でおよそ八一、一〇〇人の生徒がＳＡＴを受験していたが、その大半が私立教育機関の優勢なニューイングランド地方の生徒であった。一〇年後、この数字は全国で八〇五、〇〇〇人に躍進したものの、受験者の大多数はやはり北東部の生徒であり、南部である程度、中西部ではそれを下回るものの多少の増加があったにすぎない。一〇年にわたるキャンペーンを行っても西部各州でＳＡＴを受験する生徒はほとんどいなかったのである。[10] 一九五九年までにＳＡＴにはライバルも出現した。より科目ベースのテストを謳うＡＣＴ〔American College Test〕である。

あるＥＴＳの職員は、カリフォルニアがそこまでＳＡＴ導入に消極的だった理由を次のように述べている。「大きな問題だったのは、カリフォルニア大学はすでに選抜性が高く標準テストを導入する切実な必要性がなかったということだ」。[11] 少なくとも一九五〇年代後半になるまで、教授陣や大学執行部のほとんどは、同大学の入学審査がとても効果的に機能していると考えていた。では、大学幹部はどのようにこうした評価に至ったのか。その大きな要因は、一年次から在籍する生え抜きの学生と編入学生の両方を含むカリフォルニア大学で学生が学業的に成功を収める割合の高さであった。一九五五年には、一年次生としてバークレー校に入学した学生の六二％が八学期目で修了し、その多くが卒業した。九学期目を受講した学生を含めるとその率は八〇％まで上昇する。パートタイムで学んでいた学生も多く、四年以上かけて卒業する者が多かった。こうした実績を考慮し、「これはよい成績記録だ」とカリフォルニア大学の報告書に記されている。実際、公立や私立を問わず、当時の選抜性が高い教育機関において、これに並ぶ数字を残していたところはほとんど存在しなかった。当時、ＵＣＬＡやバークレーのようなキャンパス在籍者数の四五％近くを占めていた編入学生でも同様の卒業率であった。[12] カリフォルニア大学の編入学生と一時的に退学した学生を含めた後の調査では、カリフォルニア大学入学者の約七三％が四年間の実質在学期間で学士号を取得していることが示された。[13]

とはいえ、一九五〇年代後半にはカリフォルニア大学の多くの教授陣や大学当局は、とりわけ一年次学生受入れとしてのＳＡＴ、および、達成度《アチーブメント》テストに関心を示していた。というのも、州内の中等学校《セカンダリー・スクール》が提出する評定成績のインフレが大きな問題となりつつあったのだ。大学入学に必要な素質を持った学生、特に一年次入学生が、あまりにも多すぎるのではないかと感じられていたのである。特に、今後数十年で学生数が急増することが予想されていたこともあり、この問題は拡大すると思われていた。そのため、カリフォルニア大学は新たな仕組みによって入学判定要件を再調整する必要があった。おそらく、標準テストが入学判定基準の変更をもたらし、将来的な在籍者数増加に対処するための助けになると思われた。そして、ＳＡＴはアメリカ人学生の分かりやすい進学適性《アカデミック・アプチチュード》を測ることで新しいスタンダードとなり、テスト機関としての名声を得ることになった。

一九五五年に州が行ったカリフォルニア州の高等教育の未来に関する調査では、カリフォルニア大学は「新入生の受入れについては、高等学校での学業記録と組み合わせて適性《アプチチュード》および達成度《アチーブメント》を測る試験《エグザミネーション》を広範囲で試行すべき」と提案されている。[14] この調査を受けて、カリフォルニア大学の評議会のもとに設置された入学判定に関するタスクフォースは、全学生の入学要件としてＳＡＴを導入することを勧告した。バークレーのボールトホール〔法科大学院《ロースクール》〕の法律学教授であったリチャード・Ｗ・ジェニングスが議長を務めた同タスクフォースでは、在籍者増加にどのように対処するかについてさまざまな課題を検討した。そして、テストを導入することで膨大な入学志願者に対応することができるとともに、さらに「高等学校間で大きくばらつく成績評価基準を均等化して、在籍者数に制限を設ける場合には順位表を示すことが可能となる」と主張した。カリフォルニア大学は、どのように導入するかについて詳細を精査する必要があった。[15]

しかしながら、評議会のなかでもとりわけ入学者受入方針《アドミッションズ・ポリシー》に責任を負っていた入学者受入れと学校関係委員会（ＢＯＡＲＳ）はジェニングスの提言を却下した。毎年行う入学生の学業的な成功に関する検証によって同大学の入学者受入れのやり方が優れていることが示されていたのもあったが、ＢＯＡＲＳの構成員は大学生としての学業成績を予測するうえで、標準テストの有効性について深刻な懸念を抱いていたのである。[16]

しかし、それで終りではなかった。一九五七年五月の会議において、ＢＯＡＲＳは改めて「在籍者の制限を課す」ための手段としてＳＡＴ導入の可能性を協議したのである。議長であったＵＣＬＡ教授チャールズ・ニクソンは、ＳＡＴは「必要なときが来たときに」役立つであろうと指摘した。またニクソンは、高等学校の校長らと協議したところＳＡＴ導入のアイデアに対して大きな反対はなかったと述べている。そして、大学当局にとって政策的に悩ましい面を持っていたＧＰＡ要件の引上げを回避したのだ。[17]

ニクソン主導により、ＢＯＡＲＳは教授陣だけでなく、とりわけその承認が必要であった全学の評議会の規則制定権限のある会議に対して標準テスト活用の可能性を説明した。ニクソンは、直ちに標準テストを入学者受入れに活用することを主張したわけではなく、むしろニクソンとその他のＢＯＡＲＳ委員は、「必要になった場合」にカリフォルニア大学への入学適格性《エリジビリティ》を判定するための「補完的《サプリメンタリー》選抜手段」と考えていた。このときＢＯＡＲＳは、テストの得点は少なくとも「適切な（学業面の）指導に必要となる学生情報」を提供できると述べている。[18]

六ヵ月後の一九五八年始め、ＢＯＡＲＳは標準テストの試行に着手することを求めた。ニクソンの跡を継いでＢＯＡＲＳの議長となっていたバークレーの英語教授であるチャールズ・Ｗ・ジョーンズとその他委員は、ＥＴＳ代表者との面談を行い、ＥＴＳが入学志願者向けのテスト運用を無料で行うことを提案した。カリフォルニア大学の新総長《プレジデント》であったクラーク・カーもＳＡＴを詳細に検討するよう求めた。バークレーの学長《チャンセラー》であったカーは、一九五三年より同校の代表としてカレッジボードに参加していたが、カーは自らの主張について慎重だった。前述の通り、評議会には一八八〇年代から入学者受入れに関する権限が与えられていた。しかし、ＥＴＳからの提案により、カーは、少なくとも標準テストを課すことで得られる利点（すなわち、少なくとも大学の入学者受入制度を検証するための分析ツールとなる）に賛同するようになった。

ジョーンズと委員会は、評議会の規則制定権限のある会議に働きかけ、実際の入学者受受入れにおける選考資料

表4.1　高等学校とカリフォルニア大学初年次前期の GPA 比較
（1958年 BOARS 調査より）

	人数	高等学校 GPA	カリフォルニア大学 GPA	カリフォルニア大学初年次成績 GPA 平均が 2.0 超の割合(%)
バークレイ校				
1936−1937年	1,672	3.31	2.37	71%
1946−1947年	1,927	3.32	2.32	73%
1956−1957年	2,189	3.38	2.39	75%
ロサンゼルス校				
1936−1937年	1,305	3.21	2.15	63%
1946−1947年	1,227	3.36	2.27	72%
1956−1957年	1,550	3.49	2.48	73%

注：1946年−1947年のデータには，復員者は含まれていない。
出典：カリフォルニア大学評議会規則委員会（1958年10月28日）

としてではなく、今後の活用を見据えた検証のために、二年間の試行期間を設けて入学希望者に標準テストを課すことを首尾よく提案した。そしてＢＯＡＲＳは、学業的成功を予測する因子として、標準テストが妥当性《バリディティ》を持っているかを明らかにするために大規模な調査を開始することになる。この調査結果が明らかになった後に、評議会は入学判定要件として標準テストを活用するかについて議論することになった。そして、一九五八年の春の総会において評議会規則第二五六が採択されることになる。これによってはじめて、一九六〇年秋のカリフォルニア大学入学志願者からＳＡＴまたはその他ＢＯＡＲＳが指定した試験《イグザム》を受けることが義務づけられたのである。

一九五八年五月、ＢＯＡＲＳはＥＴＳ代表者と面談して初の大規模なＳＡＴ活用について協議した。カリフォルニア大学との契約締結について不安のあったＥＴＳは、ここでも学生向けに無料でテストを実施することに同意した。また、一九五八年の後半には、ＢＯＡＲＳは現行の入学判定基準の妥当性《バリディティ》に関する大規模な調査も終えていた。これは、第二次世界大戦前にまで遡ってデータを検討するかつてない規模の調査であった。ＵＣＬＡとバークレーに入学した学生の学業

表 4.2　カリフォルニア大学新規入学者の入試区分別に見た高等学校とカリフォルニア大学バークレー校の GPA 比較　（1958 年 BOARS 調査より）

1952−56 年	カリフォルニア大学 1 年次入学者 全体に対する割(%)	高等学校 GPA	カリフォルニア大学 バークレー校 GPA
一般の入学者（平均で「B」，あるいはそれを超える）			
州内居住者	83.8%	3.41	2.42
カリフォルニア州外の居住者	3.1%	3.42	2.51
特別措置による入学者			
州外の非居住者	1.2%	3.63	2.57
クラスで上位 10%	1.6%	3.28	2.38
過去 3 年間の評定成績《グレード》が「A」または「B」	2.5%	3.51	2.34
過去 2 年間で 6 つの「A」または「B」	1.0%	2.93	2.11
「例外規則」の適用	6.8%	2.95	2.08

出典：カリフォルニア大学評議会規則委員会（1958 年 10 月 28 日）

成績に関する調査結果は、従来の結果をなぞるものであり、高等学校時代のＧＰＡとカリフォルニア大学における一年次の成績《パフォーマンス》には極めて高い相関性があるというものだった（表４・１参照）。概して、カリフォルニア大学が求める高等学校の科目において平均がＢ＋の学生は、カリフォルニア大学の一年次において平均Ｃ＋の評定成績となっていた。[19] 一年次の評定成績は、在学全期間の評定成績とは対照的に、次の二つの理由から妥当性《バリディティ》の有効な検証となる。一つ目は、一年次は高等学校から大学の教育プログラムへと直接的に移行する年次であること。二つ目は、学年が進行するごとに履修内容は一般教養課程から離れて彼らの専門分野へ移っていくことである。

また、ＢＯＡＲＳは学生の入学経路ごとに、つまり、一般的な入学者受入れの入学経路、あるいは特別措置によって提供されたさまざまな入学経路ごとに学生の成績予測値を分析した。これまでの章で述べた通り、特別措置はその形式は違えども一八八〇年代にまでさかのぼる。この一般的な入学者受入れでない経路は、州内高等学校間のレベルの違い、生徒の才能や社会的、経済的と

表4.3　カリフォルニア大学バークレー校とUCLAの在籍者における一般の入学者特別措置による入学者と編入学生の比較　（1958年BOARS調査より）

1952−1956年	カリフォルニア大学でのGPA	2年間の在籍率
一般の入学者特別措置による入学者	2.63	85.8%
ジュニア・カレッジからの編入学生		
高校卒業の資格あり	2.45	80.4%
高校卒業の資格なし	2.07	65.2%

出典：カリフォルニア大学評議会規則委員会（1958年10月28日）

いった多様な背景を考慮する必要性から生まれたものである。より形式的な通常の入学審査では必ずしもこうした要素がすべて考慮されていたわけではないのだ。たとえば、一九五二年から一九五六年の間にバークレーに入学した全学生の一三％は、特別な入学判定による入学者であった（表４・２参照）。BOARSは特別な入学判定で入学した学生の評定成績が一般的な入学経路の学生よりも若干低い傾向にあることを確認しているが、それでもバークレーが定めていた入学判定基準は総じてうまく機能しているとした。[20]

また一九五八年の分析では、ジュニア・カレッジからの編入学に関わる入学判定基準について、全体としては成功であることも示された。一九五二年から一九五六年の間に三三、八〇四人の学生がカリフォルニア大学に入学しており、そのうち一八、四三九人（五四％）は、既得単位認定で主に三年次の編入学で入学している（表４・３を参照）。しっかりとした編入学制度はカリフォルニア州高等教育システムの重要な要素であった。カリフォルニア州ではコミュニティ・カレッジのセクターを先進的に形成していたことから、アメリカ国内でこのように高い編入学生の割合を示す大学は公立、私立問わず他に存在しなかった。カリフォルニア大学の編入学生に対して実施された同様の分析でも、優れた学業成績と在籍継続率の高さが示された。[21]

カリフォルニア大学では、戦後になって初めて三年次編入学の学生数が一年次入学者数を上回った。当初、この変化は復員兵によって生じたものであり、一九六〇年のマスタープラン直後まで続いた（規模の大きいバーク

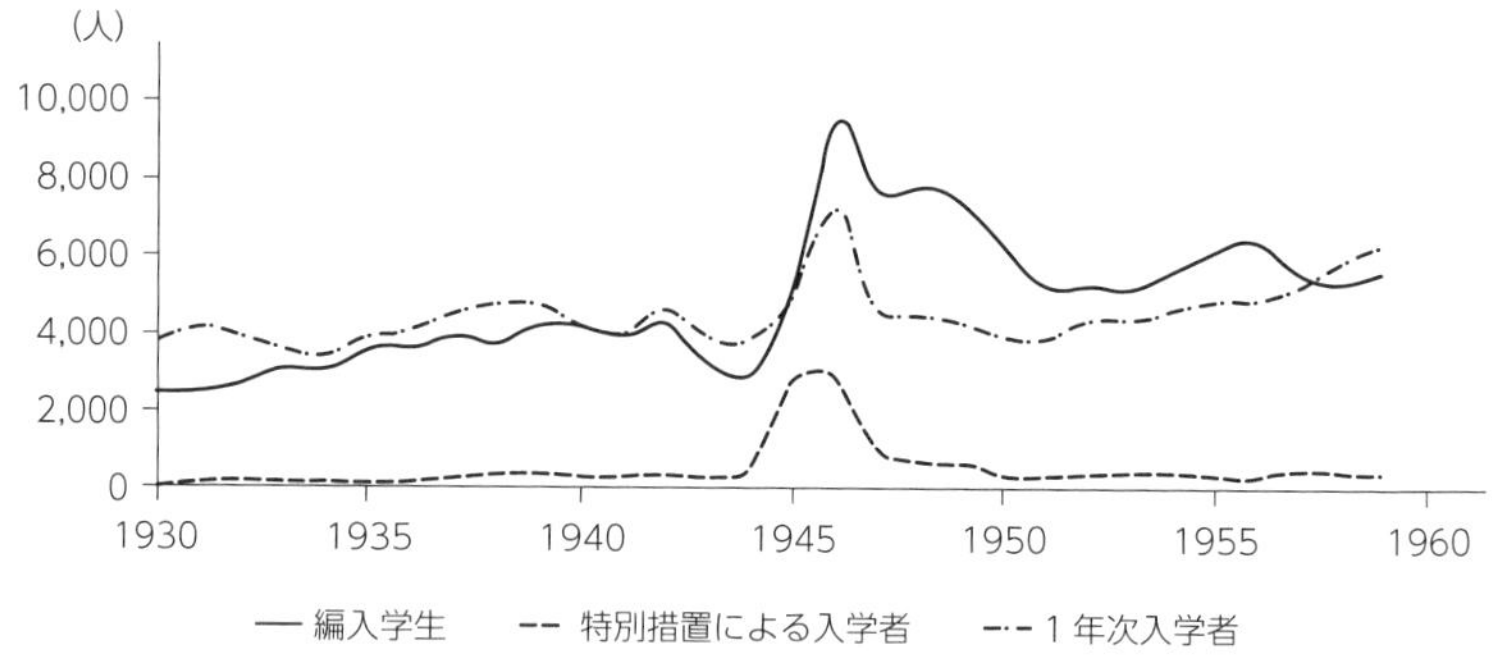

図4.1　バークレー校とUCLAの入学許可数：1年次入学者，編入学生，特別措置による入学者の変化（1930年−1960年）
出典：BOARS代議員総会議議事録（1960年10月25日）

レーとＵＣＬＡの二つのキャンパスのデータについては図４・１を参照）。当初カリフォルニア大学の教授陣によって構想された編入学制度は、ジュニア・カレッジからの編入学の容易さと、公立四年生大学への編入学を許可された学生数という二つの点でカリフォルニアの高等教育システムを独自のものとした。

ＢＯＡＲＳによる一九五八年分析は、「カリフォルニア大学における既存の入学審査への信頼」と「カレッジ入学後の学業での成功を予測する指標として、それまでの高等学校での評定成績に対する高い信頼」を強く確証するものであった。しかしながら、ＢＯＡＲＳとチャールズ・ジョーンズ議長は、標準テスト活用の可能性についてオープンな姿勢を維持した。というのも、一九六〇年春にテストを受けた最初の集団が一九六一年に一年次を終了すれば検証データが得られるため、ＢＯＡＲＳと大学はそれまで待つ必要があったのである。このことにより、大学入学の新たなルートとして（あるいは分析ツールとして）、標準テストを導入するか否かの最終決定は約二年後に行われることになった。

当初拒否されたＳＡＴと達成度《アチーブメント》テスト

カリフォルニア高等教育マスタープランの採択直後の一九六一

年のはじめ、ＢＯＡＲＳは高卒者のうちカリフォルニア大学への入学者受入れ人数を減じるための方法を決定するために一連の会議を開催した。マスタープランでは、特別措置の廃止、大学入学基準の引上げ、およびそのための標準テストの導入が提言されていた。特別措置による入学者受入れの廃止は、生徒をコミュニティ・カレッジに流入させるために管理上目的にかなった対策ではあった。しかし、ＢＯＡＲＳや関係委員会からは、社会的に恵まれていない条件《ディスアドバンテージ》に置かれた学生に与えうる影響に関して大きな懸念が提起された。

一九六一年一二月に開催された二日間の理事会では、特別措置による入学者受入れの縮小または廃止によって生じる労力と効果について議論された。デイヴィス校の化学教授であったハロルド・ライバーは、「入学判定方法の多様な選択肢を取りやめるという見識」に疑義を呈した。このような措置は、「スタート時点の状況に恵まれなかった」だけのことで「高等学校でしっかりとした成績記録を修めた優秀な学生に対してカリフォルニア大学への道を閉ざしてしまう恐れがある」と述べている。[22] しかしながら、マスタープラン合意の影響による入学者数削減に向けたカリフォルニア大学への圧力もあり、ＢＯＡＲＳと評議会は、特別措置による入学者受入枠をカリフォルニア大学の全入学者の約一〇％からわずか二％にまで削減することになった。しかしこれでも、カリフォルニア大学への入学に相応しい学生約五〇、〇〇〇人をカリフォルニア大学と州立カレッジからジュニア・カレッジに数年以内に移行させるという目標を達成するには不十分だった。いまだ多くの学生がカリフォルニア大学の入学に相応しい者だったのである。

そこで一九六二年はじめに開催された別のＢＯＡＲＳの会議では、高等学校のＧＰＡ要件の引上げやＳＡＴを利用した足切りについて長時間におよぶ議論が行われた。このときには、ＳＡＴの妥当性《バリディティ》の精度について、おそらくそれまでで最も広範に実施された国内調査結果をもとに議論することができた。カリフォルニア大学によるテスト得点の分析によって、委員会の重要な結論へ至ったのだ。ＢＯＡＲＳ議長のチャールズ・ジェームズは次のように述べている。「本委員会は、広範にわたるデータ分析と委員会による長時間におよぶ慎重な検討の結果、従来の入学要件が大学での成功を予測する精度よりも大学進学適性試験〔Scholastic Aptitude Test：SAT〕の得点が上回ることはほとんど、あるいはまったくないという確信にいたった」。委員会は全会一致で一九六二年秋入学コースからＳＡＴを課すことの廃止を勧告し、代わりに高等学校のＧＡＰ要件の引き上げを求めた。当分の間、カリフォルニア大学はＳＡＴを導入する計画を持たず、委員会の結論を支持することをもって、評議会の代表者総会は評議会規則第二五六の廃止を採択した。[23]

ＢＯＡＲＳの結論はＥＴＳにとって大打撃だった。しかし、カリフォルニア大学の教授陣は、標準テストの活用について完全に扉を閉めたわけではなかった。委員会は、特定の科目における学生の知識水準を評価するためのＣＥＥＢの達成度《アチーブメント》テストの利用可能性について精査に着手することを約束したのである。これらのテストは、大学が認証していない高等学校や州外の高等学校出身者からなる小規模集団を評価するために何らかの形で活用されていた。

一年少し経った一九六三年、バークレーにおける会議において、ＢＯＡＲＳは大学の新入生たちにテストを受けさせ、達成度《アチーブメント》テストの検証実施を承認した。そして、バークレーの政治学教授で教務部長に就任したばかりだったフランク・Ｌ・キッドナーがこの取組みを主導することとなった。しかしながら、先のＳＡＴ調査の結果によって、多くの委員は依然として懐疑的であった。バークレーの心理学教授であったブリュースター・スミスは、高校生が達成度《アチーブメント》テストを受験することは一般的でなく、「社会経済的に低階層にある生徒やへき地の小規模高校の生徒にとっては大きな障壁となる可能性がある」と指摘している。[24]

達成度《アチーブメント》テストへの関心が失われなかった重要な背景には、カリフォルニア州高等教育調整カウンシル〔California Coordinating Council for Higher Education〕が行っていた入学適格性《エリジビリティ》調査があった。同カウンシルは、マスタープランの提言に基づき法令によって定められた機関であり、計画立案の支援、カリフォルニア州高等教育システムに関する議会や知事への報告、マスタープラン提言事項の進捗評価を担っていた。調整カウンシルの調査に先行して、ＢＯＡＲＳと大学幹部は独自の入学適格性《エリジビリティ》調査を終えており、追加でのコース要件を導入した後でも依然として高等学校卒業者の上位一二・五％を大きく上回ることが分かっていた。また、調整カウンシルの報告も同じ結論になるだろうと考えていた（実際にそうであった）。つまり、カリフォルニア大学はいくつかの方法において入学判定基準を引き上げる措置をさらに講じなければならないということであった。[25]

一九六四年二月、キッドナーのスタッフが達成度《アチーブメント》テスト活用の可能性について報告書を発表した。ＢＯＡＲＳは次の二つの疑問を持っていた。一つは、「達成度《アチーブメント》テストの得点は一年次課程における学生配置に活用できるか」、もう一つは「達成度《アチーブメント》テストの得点を活用することが、各キャンパスにおける一年次ＧＰＡの予測精度を大幅に向上できるか」であった。キッドナーへ報告した入学者受入れ部長のエドワード・Ｗ・ボウエンは報告書の主たる著者であるが、彼の結論は先行して実施したＳＡＴの妥当性《バリディティ》分析の結果に同調するものだった。「繰り返される問いは、達成度《アチーブメント》テストの得点から得られる付加的な情報によって発展的な活用ができるのか」ということだった。しかし、彼の準備する答えは「おそらく不可能」であった。ボウエンは達成度《アチーブメント》テストそれ自体が、学業的成功の予測についてＳＡＴよりも若干優れてはいるものの、わずかに優れた値でしかないことを指摘し、やはり高等学校のＧＰＡが最も優れた指標であったと述べている。[26] 高等学校でのＧＰＡはカリフォルニア大学における成績分散の二二％を説明しており、達成度《アチーブメント》テストはわずか八％だったのである。しかしながら、ボウエンは「優位性はわずかと言わざるを得ないものの」、テスト得点と高等学校のＧＰＡを組み合わせることで一年次成績の予測精度はわずかに向上するようだとも述べている。ただし、この結論には注意が必要であった。サンプル群のなかには、達成度《アチーブメント》テストの得点が一年次成績と逆相関を示しているケースが多くあった。たとえば、九つの科目領域のうち七領域において、一年次成績でＦと評価された学生の方がＤと評価された学生よりもアセスメントテストの平均得点が高く、さらに四領域においてはＣと評価された学生よりも高かった。ボウエンは、「Ｆを取るには知識が必要であるかのように見える」と辛辣に述べている。[27]

しかし、ボウエンはひとつの予言的な所見を述べている。現実的な学生の進学適性《アカデミック・アプチチュード》予測を超えて考慮すべき〔達成度《アチーブメント》テスト導入の〕潜在的な根拠が存在するというものである。一つは入学適格性《エリジビリティ》を持つ生徒数を減らすために、ある意味で恣意的に利用でき、高等学校のＧＰＡ要件を引き上げるよりも反発を招きにくい手段であるという点だ。この「追加された実用的な利点」によって、あと少しで入学適格性《エリジビリティ》の要件に届くのに不合格になってしまう生徒からの苦情を減らすことができる。[28] ボウエンは達成度《アチーブメント》テストの活用方法について次の五つの可能性を示している。①入学判定、②学資援助、③アカデミック・プレースメント、つまり、学期の第一週に実施されるクラス分けや受講資格試験《エグザミネーション》に代わるもの、④指導カウンセリング、⑤学業計画の立案。

ボウエンは報告結果の解釈には注意が必要であることを促していたが、ＢＯＡＲＳはボウエンの言葉をそのままに受け取った。通常の入学者受入れにおけるＳＡＴと達成度《アチーブメント》テストの活用には政策的な利点があったものの委員会はまだ十分ではないと結論付けた。標準テストの予測精度という価値を示す、より具体的な研究が登場しない限り、この問題の検討は先送りするしかなかったし、実は、ＥＴＳもカリフォルニア大学における結論を否定するほどの調査を行っていなかった。

ＢＯＡＲＳが到達した結論はカレッジボードとＥＴＳのプロモーションの努力を否定するものだった。しかし、カリフォルニア大学の動きは大きな潮流に逆らってもいた。アメリカの公立大学では、標準テストが広く導入されるようになっていたのである。入学者受入れのやり方に標準テストを導入しないと結論付けたカリフォルニア大学のより初期に見られた結論には大きな皮肉が存在している。次章で述べる通り、カリフォルニア大学は徐々に標準テストを導入するようになっていく。まず一九六八年に一般の大学入学適格性《エリジビリティ》の判定のため、その後はバークレーなどのキャンパスにおける選抜《セレクション》審査のために導入されたのだ。二〇〇一年からカリフォルニア大学では、一九六〇年代初期に実施したものと同様の一連の調査を開始した。これはＳＡＴの予測的価値に焦点を当てたものだ。その結果はどうか。結論はほぼ同じであった。この話題については本書で後述する。

第5章　対抗する二つの勢力——標準テストとアファーマティブ・アクション

私のカリフォルニア大学に対する今の気持ちを表す形容詞は、「苛立ち」「嫌悪感」「失望」です。他の人が同じ気持ちを持つとは言えないし、事実を知ったとしても興味を持つということも言えません。だが、人は個人的に影響を受けてしまうと、より発言したくなるという傾向があるのでしょう。私の義理の息子は、一九七五年六月にカリフォルニア大学サンディエゴ校をＧＰＡ平均三・七の成績で卒業しました。彼はロサンゼルス校とサンフランシスコ校の医学部に出願していました。サンフランシスコ校では面接を受けられず、ロサンゼルス校では補欠人名簿に掲載されたとの通知を受けとったのです。

——一九七五年五月一二日、メルビン・ラッシュからエドモンド（ジェリー）・ブラウン知事へ

カリフォルニア大学は、歴史的に見て、収入、地理的要因、および大学進学準備の不衡平《インイクイティ》さなどの変数をある程度考慮した上で、学生を幅広く受け入れることを目的とした入学者受入方針《アドミッションズ・ポリシー》を保持してきた。しかし、一九六〇年代までは、「歴史的に見て人口比率以下に処遇されている《アンダー・リプリゼンティッド》マイノリティ・グループ」の入学という特殊な問題は、カリフォルニア州の政策立案者の辞書には載っていなかった。たとえば、一九六〇年に発表された「カリフォルニア州高等教育マスタープラン」では、人種や民族《エスニック》を代表することについては一切触れられていない。もっとも懸念されていたのは、地域の学校の質の格差や、貧困や経済階層に関連した大学への進学《アクセス》や進学準備への障害であり、これらはアメリカの政治的伝統の一部であり続けてきたのである。

大衆《マス》化する高等教育に対する世間からの支持は、より平等主義的《イガリタリアン》な世界を実現するという約束に少なからず基づ

いていた。マスタープランを策定した人々の見解では、高等教育への進学《アクセス》を妨げる最大の要因は、環境的および地理的な要因であった。人種に関連した社会的不衡平《インイクイティ》は十分に認識されておらず、大学入学に関する分野では、低費用で戦略的に配置された公立の高等教育機関が活用できるようになれば克服されるものと考えられていた。

一九六〇年代後半に起こった公民権運動や、反貧困プログラム、都市部での暴動、学生運動などは、国民の意識を大きく変えることとなった。人種と貧困の問題が、より全面的に露呈したのである。また、共産主義との冷戦の中で、教育や長引く人種差別問題に関する国や地域の政策も変化していった。ジョン・ディヴィッド・スクレントニーは、アファーマティブ・アクション運動に関する調査の中で、「アメリカは当時、可能な限りもっとも公正《ジャスト》で先進的な社会を実現するという、近代化のための究極の闘いにおいて、ソ連と覇権を争っていた」と述べている。[1]一九六一年、ディーン・ラスク国務長官は、アーカンソー州リトルロックをはじめとする南部各州の人種差別撤廃に向けた連邦政府の動きを受けて、「一九六〇年代の外交関係において我々が背負っている最大かつ唯一の重荷は、国内の人種差別問題である」と断言した。[2]

一九六四年の公民権法の成立は重要な転換点となった。連邦政府や州の政策や取組みは、肌の色で人種差別をしない救済策や、恵まれていない《ディスアドバンテージ》立場にあるグループを広く支援するためのプログラムを求めて、より積極的なものとなった。これらの政策は、雇用や住宅における機会均等と、教育における隔離に焦点を当てていた。貧困に苦しむ社会のすべての層を対象とした公民権に関する全国的な議論の中で、アフリカ系アメリカ人のジレンマが政治的な論議の中心となった。そもそもアメリカ社会の多元的な性質から、差別の事例は数え切れないほど存在した。しかし、アフリカ系アメリカ人に背負い込まされた基本的人権の侵害という構造的問題は、奴隷制度の遺産とは切り離せないものであり、それ以上に悲劇的で必然的なものではないように思われていた。一九七〇年代に人口動態が大きく変動する前の一九六〇年代に、連邦政府は人種差別を減らすために、主に黒人《ブラック・アメリカン》の隔離された経験を改善することに力を注ぐことになった。

人種と教育機会をめぐる全米の議論は、カリフォルニア州にも関連する二つの変化によって作られていった。まず、一九六〇年代後半の社会的混乱と、リンドン・ジョンソン大統領が遂行した反貧困プログラムが崩壊したことにより、人種差別の問題が政策立案の主要な焦点となった。逆に、経済的な階層問題については、事実上、政治的な重要度が低下してしまったのである。第二に、リベラルな移民政策によって人口動態が劇的に変動したことで、人種差別や貧困などの社会問題が複雑化した。またそのことによって、人種的および民族《エスニック》グループが救済を求めるようになっていったのである。

時代のポリティクス

アファーマティブ・アクションが最初に政治的な正当性を獲得したのは、アメリカ社会でアフリカ系アメリカ人に対する制度的・社会的差別が長期にわたって横行していたからである。公民権運動のレトリックと政治力は、一七〇〇年代から一八〇〇年代初頭の奴隷貿易でアメリカにやってきた大多数の黒人《ブラック》たちの特殊な歴史から生まれたものである。一九七〇年代に入ると、新しい人種や移民のグループが、自分たちの要求に合わせるために、アファーマティブ・アクションの言葉や戦略を受け入れ、利用するようになった。ヒュー・グラハムは、アファーマティブ・アクションと移民政策の融合に関する調査の中で、一九七〇年代までには、リベラル派の間で連合が形成され、恵まれていない《ディスアドバンテージ》立場にある人種グループの範囲が拡大したと述べている。グラハムは、ラテンアメリカやアジアからの二五〇〇万人の移民の到着に後押しされ、「これらの動向が収束することの政治的意味合いは非常に大きい」と述べているが、「一九六〇年代には、どちらの動向も政策立案者には予測されていなかったし、求められてもいなかった」と述べている。[3]

すべてのマイノリティ・グループに大学進学《アクセス》を拡大すべきだという政治的圧力が高まる中、一九六〇年代初頭までに、カリフォルニア大学は、まず肌の色にとらわれない方針《ポリシー》とプログラムを策定し、その後、より衡平《イクイタブル》な大学進学《アクセス》を促進するためのより積極的な取組みを模索するという長期的な施策に着手した。しかし、大学内には入学者受入方針《アドミッションズ・ポリシー》に関して異なる見解を持つ二つの権力中枢が出現していた。一方、教授陣の代表機関である評議会の関心と行動は、学業面の個人業績《メリット》の標準的理解をますます受け入れるようになり、学生の素質を個別に評価することはほとんど放棄された。入学要件を定める責任者である評議会委員は、増え続ける学生の願書を管理するために、入学審査の効率化と機械化を求めていた。一方、大学当局は、歴代の総長《プレジデント》や各キャンパスの学長《チャンセラー》を中心に、主に人口比率以下に処遇されている《アンダー・リプリゼンティッド》マイノリティへのアクセスを拡大するための新しい方法やプログラムをますます模索していったのである。

おそらく、評議会と多くの教授陣は、大学組織に対する議員や世間からの政治的圧力の増加から、力をつけつつあった大学当局の幹部たちから提供された緩衝材に避難しようとしていたのである。間もなくカリフォルニア大学を取り囲むことになった政治的な大炎上は、左派からも右派からも攻撃を受けるという特徴があった。フリースピーチ運動〔フリースピーチ運動とは、一九六〇年代後半にアメリカにおける学生運動の発端となったものであり、学内での政治活動の禁止を大学側から言い渡された際に、反対してゆるやかな連合を組んだ活動を指す〕が生まれ、それが大規模な学生運動へと変化していったことで、カリフォルニア州の有権者による保守派へのシフトが大きく加速した。そしてそれは、一九六六年一一月に行われたカリフォルニア州知事選挙で、共和党の新進気鋭のロナルド・レーガン〔のちのアメリカ合衆国第四〇代大統領〕が、リベラルな民主党のプラグマティストであるパット・ブラウンを破って勝利したことに象徴されていた。

カリフォルニア大学が共産主義者や過激派の巣窟であるとの長い間の批判が政治的な重要性を増していた。レーガンは、ブラウンに対する選挙戦で、「バークレーの混乱を一掃する」という計画を立てていた。当選後、レーガンはすぐさま、カリフォルニア大学の理事会委員にその影響力を行使し、一九六七年に総長《プレジデント》であるクラーク・

カーを解任した。レーガンや多くの理事にとって、カーは優柔不断で学生の抗議に寛容すぎると思われていた。彼はまた、学生の抗議行動に共感している発言力のある教授陣を過度に守っているようにも見えた。マリオ・サヴィオ〔アメリカの政治活動家であり、カリフォルニア大学バークレー校のフリースピーチ運動の主導者で、学内での政治活動を禁止された際、逮捕された〕ら左派の人々にとってカーは、不正な社会を贔屓することに手に負えないくらい結びついたエリート組織である、堕落した「機械」の世話人であり擁護者であるとみなされていた。政治に情熱があった時代には、象徴主義が現実を凌駕していたのである。

パット・ブラウンは知事在任中、カリフォルニア大学をはじめとするカリフォルニア州の公立の高等教育全体を、育成すべき、保護すべき大きな財産とみなしていた。一方、レーガンは、特に知事任期の一期目には、カリフォルニア大学を敵視し、政治的ターゲットと見ていた。彼は、学生運動家たちと直接対峙しようとし、バークレーやアイラビスタ（大学のサンタバーバラ・キャンパスに隣接する学生街）でのデモを鎮圧するために州兵を投入するという前代未聞の行動に出たのである。彼が知事に就任して最初に行ったことは、カリフォルニア大学の予算を一〇％削減することと、学生の学費の実質的な値上げ提案を理事会が行うよう要求したことである。カーは、この予算削減と授業料の設定の両方に公然と反対し続けた。

カーが解任されてから一年も経たない一九六八年、カーの後任として総長《プレジデント》に就任した経済学者のチャールズ・ヒッチが、評議会の総会の前で演説した。ヒッチは、「カリフォルニア大学は、対内的には、優秀な教授陣の採用や研究の質の向上など、比較的うまくいっている」と述べた。だが、対外的には、「我々は苦境に立たされ、嫌がらせを受けている。……学界の外側での我々の立場は、いまだかつてこれほどまでに弱くなったことはなかった。カリフォルニア大学と議員や世間との間には「亀裂」があり、ヒッチは、その原因は主に三つあると考えていた。まず、ヒッチは「学生運動家のやり方に困惑と憤りを感じ、彼らが多くの教授陣に助けられると同時にそそのかされ、弱腰で考えがふらついている大学当局に容認されていると考えている」と見ていた。キャンパスが過激化しているように見えることから、「新しい世代が意図的に過激で暴力的で革命的な教義を教え込まれている」という認識が世間一般に広まっていた。第二に、「教授陣が研究だけに没頭することへの幻滅感が高まり、批判を広く引き起こしていた」。第三に、「高等教育費の高騰と納税者の反発の高まりが、カリフォルニア大学の苦境を招いている」とヒッチは見ていた。「納税者や議員の多くは、増税しないための都合のいい言い訳や合理的な理由を探している」とヒッチは結論づけていた。レーガン知事が授業料の値上げを推進していただけでなく、有権者は以前、カリフォルニア大学の設備投資と学生数の増加を目的とした大規模な債券発行を否決していたのである。「皮肉なことに、急増する入学者数の問題や、都市部特有の難局があり、カリフォルニア大学への公的支援がこれほどまでに必要とされたことはなかった。そして最低限のサポートさえもない」とヒッチは嘆いたのである。[4]

介入という最初の取組み——ＥＯＰと特別措置

一九六〇年代の政治環境は、学生母集団の人種的・民族的《エスニック》多様性《ダイバーシティ》を拡大しようとする公立大学の発展的な取組みを大きく変えた。これらの大学《ユニバーシティ》は、恵まれていない《ディスアドバンテージ》立場にある生徒を準備し、リクルートし、支援するための新しいプログラムを立ち上げた。当初、このような取組みは、正規の入学審査以外で行われる生徒支援プログラムが中心を占めていた。一九六四年、多くの大学《ユニバーシティ》が教育機会プログラム（Educational Opportunity Programs：EOPs）を設立した。ダートマス・カレッジとプリンストン大学は、ロックフェラー財団から資金を得て、地元の高等学校へのアウトリーチ活動を行った。クラーク・カーはロックフェラー財団の審議に参加し、カリフォルニア大学でも同様のプログラムを考えた。一九六四年初頭に、カーは、同大学の理事会に向けてある提案書を提出したのである。

だが、その一年も経たないうちに、カリフォルニア大学の評議会は、州の高等学校に対する認証《アクレディテーション》を打ち切ると決議した。恵まれていない立場《ディスアドバンテージ》にある学生に手を差し伸べたいというカーの願いとは裏腹に、州の公立学校とカリフォルニア大学の間には、政治的にも運営の上でも距離ができつつあった。カリフォルニア大学が高等学校の認証《アクレディテーション》を取り消したのは、この流れを象徴していた。カリフォルニア大学が運営する教育機会プログラムという考えは、新しい政治環境の中で、カリフォルニアの学校との関係を再構築する一つの方法であった。そのコンセプトは、低所得者やマイノリティの学生を個々に大学に迎え入れるための準備とリクルートを支援するというもので、あまり介入的なものではなかった。一九六四年、カーは、バークレーにカリフォルニア大学初の教育機会プログラムを実施するための資金として、一〇万ドルの配分を理事会に要請した。高大連携部署が、管理機能を果たしてEOPを運営調整し、低所得者層の学校から選抜《セレクト》された生徒に、バークレーなどのキャンパスで行われる夏季プログラムに参加するための奨学金を提供したり、カリフォルニア大学を紹介したり、準備課程や大学ガイダンスを提供したりするものであった。これらの新しい「アウトリーチ」活動は、「遅くとも第八学年〔中学二年生を指す〕までの、つまり、大学進学以外の課程を高等学校で履修し始めるまでの、そして、切迫した文化的および経済的な障壁に恐れおののく前の、若者から始める」ことを目的としていた。[5]

EOPは、大学《ユニバーシティ》の潜在的な志願者層に「恵まれていない立場《ディスアドバンテージ》にある」と思われる人々をより多く加えるための数多くの取組みの最初のものだった。バークレーは、カリフォルニア大学で初めてEOPに取り組んだキャンパスであった。その後、カリフォルニア大学の各キャンパスでも、マイノリティの背景を持つものが主ではあるが、すべてではない、低所得家庭の学生をリクルートし、入学させ、定着させることを目的とした同様のプログラムが導入されたのである。[6]

しかし、一九六七年になると、大学関係者だけでなく、議員にとっても、また、より大きな包摂《インクルージョン》を要求する社会からしても、EOPと大学の特別措置入学枠の二％では、マイノリティや恵まれていない立場《ディスアドバンテージ》にあるグループの入学者数を増やすには不十分であることが明らかとなった。この年、カリフォルニア州高等教育調整カウンシル

〔California's Higher Education Coordinating Council〕が行った調査では、民族性《エスニシティ》による入学者の格差について、カリフォルニア州で初めて体系的なデータが得られた。カリフォルニア州内の高校生を対象としたサンプルによると、アフリカ系アメリカ人は公立の高等学校最終学年の生徒の三・六%を占めているが、アフリカ系アメリカ人はカリフォルニア大学への入学適格性《エリジビリティ》のある生徒のうちのたった一・二%にしか過ぎないことが分かった。カリフォルニア大学への入学適格性《エリジビリティ》のあるアフリカ系アメリカ人学生全体のうち、カリフォルニア大学への入学を予定しているのは一七・六%に過ぎなかった。チカーノ・ラティーノのアメリカ人〔ヒスパニックとラティーノはマジョリティである白人からの呼称であるのに対して、チカーノはアメリカに移住したメキシコ系の移民による自称〕も同様の比率であった。高等学校最終学年の生徒全体の八・七%がチカーノ・ラティーノのアメリカ人であったが、カリフォルニア大学への入学適格性《エリジビリティ》がある生徒は三・三%に過ぎず、その中でカリフォルニア大学に入学を予定していたのは二六%に過ぎなかった。[7] この結果を受けて、大学側の対応が不十分であるという世論の批判が高まった。カリフォルニア大学の大学当局では、新たに政策による解決策を模索しようとする考えがあったのである。

　ベトナム戦争や人種平等《イクオリティ》の問題で学生が抗議活動を行っていたこの激動の時代に、分裂しながらも力強い学生運動が起こり、民族研究《エスニック・スタディーズ》の学部設置や、マイノリティの入学者数を増やすためのより積極的な取組みが求められていた。対外的には、州内の都市部に住むマイノリティの人々、特にロサンゼルス湾岸《ベイ》エリアのアフリカ系アメリカ人コミュニティが政治的影響力を強めており、州都の代表者たちは大学の指導者たちに行動を起こすよう求めていた。オークランドでは過激派のブラックパンサーが台頭しており、彼らは人種分離主義者であり、数の点で言えば少人数であったが、人種的ポリティクスという政治的な大釜の中では、目に見える脅威となる力を提供していた。

　大学関係者は別の問題に直面していた。州が委託した調査でもまた、カリフォルニア大学では、マスタープランで目標としていた、州内の上位高等学校卒業者の一二・五%を大幅に上回る新入生を受け入れていたことが明らかとなった。カリフォルニア州高等教育調整カウンシルは、一九六七年には上位一四・六％の学生を受け入れていたと推定している。マスタープランの後に、入学者受入方針《アドミッションズ・ポリシー》が変更されたにもかかわらず、カリフォルニア大学は一九五〇年代とほぼ同じ高等学校出身者を集めていたのである。[8] 入学者数の急増は、すでにカリフォルニア大学にとって大きな課題となっていた。大学関係者の間では、「効果のある形で収容できる人数を超えた入学者を入学させている」との認識が広まっていたと、ある評議会報告書に記されていた。[9] 評議会の入学委員会であるＢＯＡＲＳは、生徒のＧＰＡ要件を引き上げるか、あるいは、可能な限りＳＡＴを課して入学適格性《エリジビリティ》の評価に組み込むことを検討した。ＳＡＴは、将来の学業達成度を予測するのには適していないかもしれないが、学生を排除して入学需要を減らすためのツールであったのである。

一九六八年、ＢＯＡＲＳは正規入学のためのＧＰＡ要件を三・〇から三・一に若干引き上げることを選択し、ＳＡＴまたはＡＣＴのような類似のテストを義務付けることを提案した。テストの得点は通常の入学判定に使用されるが、その目的は限られており、高等学校での評定平均値が三・〇〇から三・〇九の間の生徒、つまり入学に必要な三・一の基準にわずかに届かない生徒の入学適格性《エリジビリティ》を判断するためだった。しかし、すべての入学志願者にＳＡＴの受験を義務付けるだけでは、入学に値する学生の母集団を狭めてしまうであろう。多くの学生は、無知ゆえに、あるいは選択して、必要なテストを受けていないのであろうし、そのことは、低所得者層やマイノリティ・グループに最も悪影響を及ぼすことにもなる。ＢＯＡＲＳはこの問題を懸念していたが、入学者数の増加を抑えるために入学基準を引き上げることに賛成したようだった。[10]

教授陣と大学当局の錯綜した想いが、入学者受入方針《アドミッションズ・ポリシー》の立案を複雑かつ矛盾したものにしていた。ＢＯＡＲＳは評議会の決議を経て、ＳＡＴを課すために理事会の承認を求めた。チャールズ・ヒッチ総長をはじめとする大学当局は、マイノリティの入学者数への悪影響を想定し、議員の反応を心配していた。同時にヒッチは、新入生や編入生の代替ルートとなる特別措置による入学者受入枠を二％から四％に引き上げることを理事会に提案した。特別措置による入学者数を増やすことは、GPA要件の引上げやSATの導入に対抗する力となる可能性があった。ヒッチは、理事会への提案の中で、四%という新たな目標は、「民族的《エスニック》、経済的に恵まれてこなかった学生」をより多く入学させるために極めて重要であると主張した。[11]

一九六八年、理事会は、SATの義務化と特別措置によって入学する人数枠の引上げの両方を承認した。おかしなことに、BOARSは特別措置によって入学する人数枠の引上げについては正式な判断を下さなかった。それはヒッチの提案だった。その義務を怠ったことで、評議会の首脳陣は、正規の入学審査の要件を決定する以外の努力にはほとんど関心を示さなかった。このことは、わずか五年前の評議会の行動とは明確に異なる対照的な変化であった。

恵まれていない《ディスアドバンテージ》立場の人々に大学進学《アクセス》を拡大するキャンペーンの中で、ヒッチ総長は、八つの学部キャンパスが特別措置を、より歩調を合わせて活用することを模索していた。一九六八年以前は、多くのキャンパスの学長《チャンセラー》や入学担当者《アドミッションズ・オフィサー》は、このもう一つの入学審査を控えめに活用していた。カリフォルニア大学の入試制度全体で平均しても、一九六七年に特別措置プログラムで入学した新入生は全体の一・八六%に過ぎなかった。また、三年次の編入学についても、各キャンパス間で不均衡が生じていたのである。カリフォルニア大学全体の平均はわずか一・五六%で、大学内でも大きなばらつきがあった。たとえば、バークレーでは、二%の目標を上回る二・四四%の学生が三年生の時点で特別措置で入学していたが、ロサンゼルス校では〇・八四%しか入学できなかった（合計で五四人しか入学させていない）。[12]

EOPと特別措置の枠を四%へ拡大することは、人口動態が大きく変動しつつあるカリフォルニア州の社会において、カリフォルニア大学への進学《アクセス》を向上させるための最初の取組みであった。次に大きな改革が行われたのは一九七一年である。ヒッチをはじめとする大学の首脳陣たちは、〔一九五〇〜六〇年代にカリフォルニア大学の新キャンパスが次々と開学したことに伴い〕比較的新しい経営構造が立ち上がってきたことを踏まえて、キャンパスの学長《チャンセラー》の裁量権を拡大させることで、マイノリティや恵まれていない立場《ディスアドバンテージ》にある生徒の入学をより強力に推進する道が開けると考えたのである。それは大学運営側の指導力にかかっており、ますます問題化する学生デモに立ち向かい、また、カリフォルニア大学に対して声高に叫ばれる、右派と左派の双方からの批判に対処しなければならないものでもあった。

一九七〇年になると、ヒッチをはじめとする大学当局は、正規の入試審査に柔軟性を持たせ、カリフォルニア大学の入学適格性《エリジビリティ》についての設定を評議会に任せ、（かつては教員権限であった）入学者決定の権限を各キャンパスの運営側に与えようとした。その結果、一九七一年以降、総長室は、多くの私立大学の基準をそのまま反映させた新しい学部の入学者受入方針《アドミッションズ・ポリシー》を策定し、各キャンパスの学長《チャンセラー》が実施することとなった。[13]その結果、いくつかのキャンパスでは、カリフォルニア大学の入学適格性《エリジビリティ》をクリアした学生からの志願が定員を超えてしまうという事態が発生した。バークレー、ＵＣＬＡ、そして比較的新しく人気のあるサンタクルーズ校などである。入学希望者の増加に伴い、最終的にはより多くのキャンパスが、カリフォルニア大学の入学適格性《エリジビリティ》をクリアした学生の中から選考《チューズ》する必要があることを理解した。新たに任命された教育担当副総長のフランク・キッドナーは、「入学枠を満たすのに必要な数を超えた願書を受け取ったキャンパス」では、「受け取って審査される願書の五〇％は、学力基準に基づいて最も相応しい入学資格を持つものとするだろう」と述べた。残りの五〇％のカリフォルニア大学の入学適格性《エリジビリティ》をクリアした志願者を各キャンパスが選考《チューズ》することになる」とキッドナーは述べた。

> これには個々の願書に対する判断が必要であろうし、学業面での興味関心や、各キャンパスでのプログラム、志願者が他のキャンパスに入学できなかったり、そうすることを制限したりするような困難の種類、精選して行う学生リクルート活動の労力、特別な達成度《アチーブメント》や受賞経験など、それらと同等の基準に基づいて行われるべきである。[14]

このカテゴリーでは、各キャンパス間での転入学、コミュニティ・カレッジからの転入学の学生で転入可能な科目を十分に持っている者、「ベトナム危機の退役軍人」、「カリフォルニア大学の他のキャンパスに再配属された結果、通常では考えられない困難を経験することになるであろう」学生、およびカリフォルニア州の住民が優先された[15]。おかしなことに、この指示は、人種や民族性《エスニシティ》を基準にはしていない。民族研究《エスニック・スタディーズ》教育課程の設立をめぐる争い、学生の暴動などに代表される凄まじい政治環境、そして間違いなくますます保守的になっていく理事会の権限を考慮して、ヒッチとキッドナーは「困難の種類」といった、なんでも含み込んでしまう目的を述べたのである。しかし、主な関心は明らかにマイノリティの入学者を増やすことであった。

施策の即効性は微々たるものであった。キッドナーの指示は、カリフォルニア大学の入学可能人数と志願者数との間に将来的に不均衡が生じることを予期していた。カリフォルニア大学の指導者たちは、マイノリティの入学者数を増やすための最も重要な方法が、カリフォルニア大学の扉の外側にあることに気づき、嘆いた。アフリカ系アメリカ人とチカーノ・ラティーノのアメリカ人の学生は、高等学校の卒業率が比較的低かったのである。高等学校を卒業しても、カリフォルニア大学に入学できる生徒はごくわずかしかいなかったのである。ここに長期的な問題の核心が存在するのである。カリフォルニア大学は入学基準の変更を試みたのであるが、カリフォルニア大学への幅広くからの進学《アクセス》は、より根本的には、ますます広がる学校での力量格差《インアディクエンシー》や、異なる民族《エスニック》グループの文化的嗜好、社会における格差の拡大に関係していたのである。カリフォルニア大学は、自身や他の公立大学が培い、より多くのことを実施してきた初期のアファーマティブ・アクションという手立てをどのように引き受けることができるのであろうか。

大学進学《アクセス》対選抜性《セレクティビティ》

　恵まれていない立場《ディスアドバンテージ》にある生徒への大学進学《アクセス》を拡大するという複雑な課題は、比較的新しい学術研究を生み出し、その数を増やしている。一般的に広く理解されている結論としては、高等教育への進学《アクセス》を拡大することは、単に入学者受入れのやり方だけでなく、より大きな社会の複雑さにも関係している、ということである。一九六〇年代後半、アメリカ合衆国連邦政府教育省〔U.S. Department of Education〕は、高等教育に関するデータを収集するための大規模な取組みを開始し、教育機会に関連する問題の学術研究に資金を投入するようになった。一九六七年にクラーク・カーの主導で設立されたカーネギー高等教育委員会〔Carnegie Commission on Higher Education〕のような新しい組織は、調査結果を発表し、高等教育問題に関心を持つ研究者や分析担当者のコミュニティの発展に貢献した。

　多くの全国規模の調査研究では、社会経済的地位がカレッジ在籍の主要な決定要因であることが示されていた。たとえば、一九六八年に行われた、能力分布が下位四〇％の高等学校卒業生一万人を対象とした調査解析では、父親が高度な職業に就いている学生がカレッジに在籍する可能性は五七％であった。学生の父親が低レベルの職業に就いていた場合、その可能性は二〇％にまで低下した。特に女性にとっては、社会経済的地位こそが重要であった。

　また、そのほかの重要な変数としては、学生の平均年齢やパートタイム学生の増加などもあげられた。一九六〇年代後半まで、学資援助の必要性や学生支援サービスの予測を含めた教育計画のほとんどは、一八歳から二〇代半ばまでの伝統的な「カレッジ世代」を対象としていた。アメリカ合衆国連邦政府労働省は、さまざまな年齢段階で継続的に技能の再教育を行う必要性を担保しながらではあるが、平均的な人で、生涯で三回は仕事を変えるだろうと推計していた。一方で、入学した学生の在籍や退学の割合は、社会経済的背景や人種と明確な相関関係があるという学術研究が出続けていた。一九七一年、高等教育に関する国のタスクフォースは、「大学進学《アクセス》するだけでは教育の成功にはつながらない」と指摘した。それは、特定の年齢層がどのような教育機関にも大学進学《アクセス》できることを意味するだけで、そこで得られるであろう経験の平等性《イクオリティ》を意味するものではないのである。アメリカの高等教育が驚異的な成長を遂げている背景には、「カレッジを自主的に退学する学生が驚くほど多く、かつ増加している」という大きな現象が起きていた。[16] ＵＣＬＡの教授である、アレクサンダー・Ｗ・アスティンが行った大学中退者の全国調査では、高等教育に在籍させ続ける主要な予測因子が示されていた。それらは、高等学校での評定成績や学力テストの得点、大学入学時の高い熱意《アスピレーション》、主に親からの援助や奨学金、個人的な貯蓄によってカレッジ教育のための資金が賄われていること、在学中に仕事をしていないこと、そして男性であることが挙げられていた。[17]

地方ではカレッジ進学率が低いという問題は、国や地域を問わず多くの調査がなされてきた。カリフォルニア州では、地元の教育機関と大学進学《アクセス》率に高い相関関係があることが以前から認識されていた。コミュニティ・カレッジが普及し、州立大学やカリフォルニア大学のキャンパスが地理的に広く分布しているのは、こうした認識があったからである。カリフォルニア州北東部の一三の郡を対象とした調査では、中等後教育に対する需要が大きく満たされていないことが明らかとなった。[18] しかし、都市部に貧困層が集中して居住していることや大学進学《アクセス》率の低さについては、比較的新しい懸念であり、これもまた、所得や人種の人口動態と相関していた。

カーネギー高等教育委員会は、「郊外に住む若者は、都心部や非都市部に住む若者よりもカレッジに通う可能性が高く、大都市圏の貧困地域に住む若者は特にカレッジに通う可能性が低い」と指摘した。[19] 一九六〇年代初頭、カーをはじめとする人々は、アメリカの公立大学の大規模なネットワークは、かつては国土開拓に専念していたが、問題を抱えた都市の必要性に応えることに目を向けるべきだという考えを公言していた。ジョンソン政権の「偉大な社会」計画〔Great Society Program、ジョンソン大統領が提唱した社会改革に関する政策構想〕にヒントを得て、公立大学の社会契約を再構築するための概念モデルを提案したのである。大学《ユニバーシティ》の研究者は、貧困の社会的原因を解明するのに役立つかもしれない。そうすれば、都市部の教師の教育や貧困地域の学校への支援サービスの構築や、社会福祉士の養成、医療の改善などが可能になるだろう。

連邦政府からの資金援助や、都市コミュニティにおける公共サービスのネットワークの拡大に支えられ、大学《ユニバーシティ》は都市問題にプログラムを集中させることに成功した。しかし、それは大学《ユニバーシティ》の中核的な研究活動に付け加えられたものに過ぎなかった。教授陣の関心は、科学や工学に関する研究の方がはるかに高かった。実際、特に公立大学では、その学風や学術活動が急速に変化していた。

クラーク・カーは、一九六三年にハーバード大学での「大学《ユニバーシティ》の効用」〔*The Uses of the University*〕と題したゴッドキン講義で、アメリカの大学《ユニバーシティ》では、目的意識やコミュニティ意識が低下していると指摘した。その代わりに、比較的新しい「マルチバーシティ」〔uni に対する multi〕では、関心事が異なる複数の学術的連帯のコミュニティが収容され、学術的な研究生産性にますます焦点が当てられるようになった。[20] 社会のより大きな要求に教員の関心を向けるにはどうしたらいいのか。このことは、大学《ユニバーシティ》の指導者にとって、悩ましい問題であった。

カリフォルニア大学の学術的成果と評判は、その研究生産性と大学院教育課程の質の高さを中心に、成長し続けていた。バークレーやＵＣＬＡをはじめとするカリフォルニア大学の各キャンパスには、国内はもちろん、世界中から最も優秀で有望な研究者が集まり、多くの場合、選抜性の高い他の私立大学で博士号を取得したばかりの研究者が集まっていた。カリフォルニア大学の歴史やその社会契約をほんの一端しか理解していない教授陣が、より選抜性を高くしようとするのは当然のことであった。このような偏見やマイノリティ・グループの入学が遅々として進まなかったことが、多様性《ダイバーシティ》や社会経済的流動性の問題に関心のある議員や関係者の怒りを増大させたのである。

マスタープランの見直しとカリフォルニア大学への攻撃

一九七三年、ジョン・ヴァスコンセロス下院議員が委員長を務める州議会のマスタープラン検討委員会は、カリフォルニア州の高等教育システムを厳しく批判した。ヴァスコンセロスの委員会は、アスティンらの高等教育への障壁に関する学術研究を引用して、次のように述べた。この委員会の報告書では、「平等《イークアル》な大学進学《アクセス》の拡大における我々の到達は、約束を果たしていない」と述べた。「一九六〇年代、一九七〇年代にかなりの進歩を遂げたものの、中等後教育における機会均等は、いまだ現実ではなく目標に過ぎないのである」[21]。

委員会は、カリフォルニア州の公立高等教育システムでは、低所得者層の学生が著しく少ないと結論づけた。世帯収入と学生が通うカリフォルニア州の高等教育機関との間には明確な相関関係があった。一九七三年にカリフォルニア州高等教育調整カウンシルが収集したデータをもとに、ヴァスコンセロスは「カリフォルニア大学の学生の平均家庭収入は一五、一六〇ドル（私立大学に通う学生の平均家庭収入とほぼ同じ）、カリフォルニア州立大学の学生は一二、三三〇ドル、カリフォルニア・コミュニティ・カレッジの学生は一一、四二〇ドルである」と報告した。「また、州内のマイノリティ・グループが高等教育を受けられないことも由々しき問題であった。報告書では、「州の人口の二二・九％を占めているのは、黒人《ブラック》、メキシコ系アメリカ人、アメリカ先住民である」と述べられているが、「カリフォルニア州のコミュニティ・カレッジでは一七・五％、カリフォルニア州立大学では一一・九％、カリフォルニア大学では一〇・六％しか占めていなかった」のである[22]。

厳格なリベラル派であるヴァスコンセロスは、当時、上院と下院の両院で優勢だった民主党の活動的な重要な指導者であった。ヴァスコンセロスの委員会によると、学生から頻繁に寄せられる、ほぼ共通している不満は、都市部の貧しい地区にある学校では、中等後教育に関する情報やカウンセリングが著しく不足しているだけでなく、ほとんど存在していないということであった。高等教育における退学率は、特にコミュニティ・カレッジにおいて、これまで理解されていたよりもはるかに高いものであった。また、カリフォルニア大学への編入率は、一九六〇年から大幅に低下していた。カリフォルニア大学は、マスタープランの目標である、在籍学生の六〇％以上を大学の専門課程で受け入れる〔コスト抑制のため、一～二年生を少なくして、その分上級学年に編入学者を多く受け入れる〕という目標を達成できていなかった。また、カリフォルニア大学の入学者受入方針《アドミッションズ・ポリシー》は、伝統的な学力基準に過度に偏っており、その結果、特権階級の人々を中心に利用されているようであった。「我々は、公立高等教育機関における人種的不均衡《インバランス》を懸念しており、特にコミュニティ・カレッジからカリフォルニア州立大学を経てカリフォルニア大学に至るまでの間に増加していることを懸念している」と報告書を締めくくった。

　ヴァスコンセロスは、同委員会のチーフ・コンサルタントであるパトリック・キャランとともに、カリフォルニア州の三分割システム〔カリフォルニア大学（UC）、カリフォルニア州立大学（CSV）、カリフォルニア・コミュニティ・カレッジ（CCC）〕の目的そのものに疑問を投げかけた。「マイノリティの幼少期における社会経済的、文化的条件では四年制大学の入学基準を満たすことができないことから、厳格な入学枠を設けた三層《ティアー》システムは本質的に人種差別的であると多くの人は考えている」[23]。ヴァスコンセロスとキャランは、この報告書を、カリフォルニア大学を、さらにはそれには及ばないにしても、カリフォルニア州立大学を攻撃するものと捉えていた。喧嘩腰の筆致は、多くの議員が大学やその選抜性の高い入学者受入方針《アドミッションズ・ポリシー》、および憲法上の高度な自治権に不満を抱いていることを如実に表していた。カリフォルニア州の三者からなる高等教育システムにおけるミッションの差別化は、「個人の要求や明確な教育理念よりも、むしろ組織の願望によって決定されている」と報告書は苦言を呈した。報告書では、「最も選抜性の高い大学が学生に与える影響は最小であることを示している」という学術研究を引用し、カリフォルニア大学のような教育機関は、「学生のカレッジでの成果（学業および課外活動）、学問への適応力《アカデミック・アビリティ》、カレッジを修了する可能性、達成した教育レベル、およびキャリアの選択にわずかな違いしかもたらさない」と述べている。「高等学校の達成度《アチーブメント》で測定されるような能力別に生徒を隔離することが、他のアプローチよりも教育的に効果的であるという主張には、ほとんど経験的な根拠がなかった[24]」。

　報告書が提案した選択肢の中には、「三つのセグメントのすべての公立教育機関」を「高等学校卒業者または一八歳の入学希望者」に開放するという「オープンシステム」があった[25]。この案では、カリフォルニア大学は基本的に入学基準を設定しないことになる。ヴァスコンセロスは、国際的にモデルとして評価されている、カリフォルニア州の三分割システムは、今後、平等主義《イガリタリアニズム》の重みで面白いように崩壊することになるであろう、と考えていた。前の章で述べたように、公立高等教育をめぐる民族《エスニック》間の争いをきっかけに、ニューヨーク市立大学〔ＣＵＮＹ〕でも同じような大衆迎合的な提案が生まれ、結果的に混乱を招き、かつて隆盛を誇ったニューヨーク市立大学の全体的な質を長期的に低下させることになった。しかし、ヴァスコンセロスの提案は、よく練られた計画というよりも、むしろ脅迫でしかなかった。憲法上の自治権により、カリフォルニア大学は急進的な改革から守られており、カリフォルニア大学や三分割システムを解体しようとする議員はほとんどいなかったようである。ヴァスコンセロスの委員会の提言は、広く実現には至らないであろう、大まかな政策目標やプログラムの着想がほとんどであった。この非難は戦略的なものであり、ヴァスコンセロスとキャランが提唱する、州政府の資金と大学への入学者数の増加を減らして、州のコミュニティ・カレッジを優先するという着想に対して世間の関心を高めるためのものであった「四年制大学が、コミュニティ・カレッジよりも、これらの学生の学習要求に応えているという証拠はほとんどない」と、報告書は締めくくられていた。奨学金や研究生産性、そしてそれが学生の学習や社会全体、経済に与える影響といった問題は、ヴァスコンセロスの委員会の大多数にとっては関心事ではなかった。

　しかし、ヴァスコンセロスの議会による審議は、特に重要な政策的な指示をもたらした。それは、カリフォルニア州の公立高等教育の各セグメントは、「一九八〇年までに、最近のカリフォルニア州の高等学校卒業生の一般的な民族《エスニック》、セクシュアリティ、および経済的な構成割合に近づけるように努力すべき」ということであり、そう報告書に記載された。その後、一九七四年に、そのままの表現で法案が可決された。[26] またこの法案では、代替となる入学者受入方針《アドミッションズ・ポリシー》を拡大適用することも求めており、各公的セグメントは、一九八〇年の目標に対する進捗状況を毎年議員に報告することを義務付けていた。カリフォルニア大学がこの目標を無視するのは政治的に好ましくないであろう。民主党議員の中には、進展がなければカリフォルニア大学の州予算を削減する意向を示す者もいた。その意図は、カリフォルニア大学や、それには及ばないにしても、カリフォルニア州立大学に対しても、マイノリティの入学者数を増やすよう政治的圧力をかけることにあった。それが功を奏したのである。

カリフォルニア大学は、一九七五年初頭までにその進捗状況と計画を報告する必要があった。このような計画を立てるのに一年弱を要しながら、カリフォルニア大学の首脳陣は、一九七四年一一月、既存のアウトリーチ活動と入学者受入方針《アドミッションズ・ポリシー》の効果を検証するための重要な取組みを開始した。しかし、その際の評議会の態度にはよそよそしいものがあり、マイノリティの入学問題は、主にカリフォルニア大学のチャールズ・ヒッチ総長とキャンパスの学長《チャンセラー》や大学当局の管轄であると高を括っているようであった。

多様性《ダイバーシティ》を求めて

一九七四年初頭、ヒッチ総長は、キッドナーの後任である教育担当副総長のロバート・L・ジョンソンに、「女性、マイノリティ・グループの成員、経済的またはその他の面で恵まれていない《ディスアドバンテージ》立場にある学生の大学進学《アクセス》や大学での成功を妨げる障害を特定し、それらの障害を取り除く方法を総長《プレジデント》に提案する」ためのグループを招集するよう指示した。[27] 一九七五年七月、ジョンソン副総長はその報告書を提出した。そのグループは、「民族的《エスニック》マイノリティや低所得者層の学生は、カリフォルニア大学のあらゆるレベルの教育課程で人数が少ないためにかなり存在感が薄く、大学院の教育課程における女性の入学率は不均衡なまでに低い」と結論づけた（表5・1参照）。

表 5.1　人種および民族性《エスニシティ》ごとのカリフォルニアの公立高等学校最終学年の生徒とカリフォルニア大学１年生の人数割合の集計

	公立高等学校最終学年の生徒数	%	カリフォルニア大学の１年生の学生数	%
アフリカ系アメリカ人	22,000	7.9	950	4.5
アジア系アメリカ人	8,800	3.1	2,200	10.5
チカーノ・ラティーノ，スペイン系名字	35,800	13.0	920	4.4
ネィティブ・アメリカン	1,200	.4	120	.6
ヨーロッパ系アメリカ人，他	213,700	75.9	16,800	80.0

出典：『学生アファーマティブ・アクション特命グループ報告書』，カリフォルニア大学，1975年６月

ジョンソン副総長のグループは、もう一つの重要な発見をした。一九六七年に行われた入学適格性《エリジビリティ》に関する調査のデータによると、既存の入学適格性《エリジビリティ》を持つ生徒の中には、何らかの理由でカリフォルニア大学への入学を予定していない者がかなりいることが分かった。一九七一年に大学が行ったロサンゼルスの公立高等学校一六校を対象とした調査では、この結果が裏付けられ、都市部の学校と協力する必要性が指摘された。高等学校のカウンセラーが提供した情報によると、これらの学校では約一〇％のマイノリティが高等学校最終学年の時点でカリフォルニア大学への入学適格性《エリジビリティ》を持っていたが、入学したのは一・六％に過ぎなかった。加えて一・二％が特別措置として入学していたのである。特命グループは、特別措置は多様性《ダイバーシティ》を拡大するための重要な要素であることに変わりなく、拡大すべきであると指摘した。しかしそれ以上に説得力があったのは、すでに入学適格性《エリジビリティ》のある高等学校卒業者の母集団を活用するために重要な努力をするという考えであった。

ヒッチ総長とカリフォルニア大学本部、そして各キャンパスの学長《チャンセラー》たちは、マイノリティの入学者数を増やすためには、「カリフォルニア大学に入学するための、現実的にも、あるいは想像の上でも、手続き上の障壁」をなくすことが鍵であるだろう、と考えた。これは、人口比率以下《アンダー・リプリゼンティッド》に処遇されているグループの若い高校生に、

カリフォルニア大学の入学条件を知ってもらい、カリフォルニア大学への出願を促し、彼らの筆記能力や数量的なスキルを向上させるためのプログラムの範囲を拡大するという戦略であった。カリフォルニア大学に入学した後は、彼らが「学生全体と同程度の成功を収める」ことを可能にするような「最低限の支援サービス」が必要とされたのである。[28] これは、一九六四年にカーが始めたＥＯＰの動機とあまり変わらない考えであった。違いは、より大きな決意と資源の投入だった。ジョンソンの報告書では、「積極的なアウトリーチ活動の方針《ポリシー》」と「マイノリティの学生に対する支援サービスの強化」が求められていた。また、大学側は学生の民族性《エスニシティ》や背景に関するデータを求めた。願書には、今後、自身の民族性《エスニシティ》、経済的背景、親の教育、身体的および潜在的な言語的障害などを任意で記入できるようになった。[29]

バークレーなどのキャンパスでの入学判定や選考の場面では、ジョンソンのグループは、慎重な姿勢で臨んでいた。カリフォルニア大学は、「民族的《エスニック》な偏りが見られる（標準）テストの使用を廃止する」ことや、「民族的《エスニック》サブグループ内のテスト得点データを正規化する」方法を模索したり、「マイノリティ・グループの志願者の学力を明らかにするテストやテスト項目を開発する」ことを検討するかもしれない。[30] また、「芸術や音楽に特化した才能を持つ潜在的な生徒や、伝統的な背景を持たない生徒は、限られた数の伝統的な学業科目にだけに頼っているため、カリフォルニア大学から排除されることが多い」と報告書は解説した。[31]

たとえば、総長室のキース・セクストンがリバーサイド校の学生を対象に行った調査によると、体育などの非学業科目《ノンアカデミック・コース》を除いた高等学校時代の全体的な評定平均値は、カリフォルニア大学が必須としているＡ–Ｆ科目の履修〔カリフォルニア大学が要求する履修必須科目のリストであり、Ａ歴史、Ｂ英語、Ｃ数学、Ｄ科学、Ｅ第二外国語、Ｆ芸術を指す〕と同様、大学のＧＰＡを予測するのに適していることが示された。[32] ジョンソン副総長のグループが引用したデータによると、テストの妥当性《バリディティ》は高所得のヨーロッパ系アメリカ人が最も高く、生徒の性別、民族性《エスニシティ》、社会経済的地位、高等学校の質と相関があることを示していた。特に低所得者層では、高等学校のＧＰＡ

が、より良い予測因子であった。このようなデータを確認したとして、カリフォルニア大学、そしてＢＯＡＲＳは、どのように創造的かつ柔軟にこれらの学生に門戸を開くことができるのであろうか。

一九七五年にカリフォルニア州議会に提出された調査委託報告書の中で、ヒッチ総長は、カリフォルニア大学はマイノリティの入学が進んでいると主張した。一九六五年以来、カリフォルニア大学は恵まれていない立場《ディスアドバンテージ》にある学生への経済的および学術的支援に総額四、〇〇〇万ドルを費やしてきた。ＥＯＰの学生数は、一九六五年から一九六六年の間に六つのキャンパスで一〇〇人だったのが、一九七五年には八つのキャンパスで七、九八〇人にまで増えていた。このＥＯＰを受けた学生は、一九七一年秋に入学した学生の八五％が一九七二年秋にも在籍するなど、順調な在籍率を示していた。しかし、総長《プレジデント》は、マイノリティの学生数は全体的に伸び悩んでおり、「マイノリティの学生の学業達成度は非マイノリティの学業達成度と同じレベルではない」とも述べていた[33]。カリフォルニア大学の新たな取組みにより、人口比率以下《アンダー・リプリゼンティッド》に処遇されているグループの入学者数が大幅に増加することが期待されていた。

議会への報告の後、カリフォルニア大学は多くの新しいプログラムを立ち上げ、アウトリーチ活動への経費を増額した。また、優先順位にも大きな変化があった。ＥＯＰは、「恵まれていない立場《ディスアドバンテージ》にある」生徒、つまり、どのような人種や民族《エスニック》に出自のある生徒であろうと、その背景（たとえば、家庭の収入や親の教育レベルなど）が、大学への入学や在籍に支障をきたすと思われる生徒を対象として広く支援することを目的としていた。一九七五年以降の取組みは、学生アファーマティブ・アクション〔Student Affirmative Action：SAA〕プログラムという形で、主にマイノリティの生徒へのサービスに重点を置いたものであった。人種や民族性《エスニシティ》が、経済的なハンディキャップに徐々に取って変わっていったのである。カリフォルニア州立大学とカリフォルニア州のコミュニティ・カレッジでも、同様にＳＡＡを拡大する取組みが行われた。一九八一年までに、カリフォルニア州の公立高等教育機関では、一三七の特定のＥＯＰ–ＳＡＡプログラムに年間四七〇〇万ドルが費やされており、その約九〇％は州の財源で賄

表5.2　カリフォルニア大学の主な EOP と SSA プログラム，及びその財源（1965 年–1979 年）

年	プログラム	目的	財源
1964	教育機会プログラム（EOP）	低所得層と民族《エスニック》的マイノリティ学生の大学入学者数と歩留りする学生の増加	理事会経費
1970	数学，工学，科学の達成（MESA）プログラム	数学を基礎とする単位を取得するマイノリティ高校生の人数増加	州財源と寄付
1976	学生アファーマティブ・アクション（SSA）支援プログラム	学位を取得する民族《エスニック》的，低所得層の学生数の増加	州財源とカリフォルニア大学の授業料
	カリフォルニア大学早期アウトリーチ／パートナーシップ プログラム	中学校 191 校，高等学校 140 校の 8 年生から 11 年生を対象に実施することによる，民族《エスニック》的マイノリティの大学入学者数の増加	州財源とカリフォルニア大学の授業料
1978	大学直結アウトリーチ	カリフォルニア大学を志願する，社会的に認められていないマイノリティ・グループの学生数の増加	州財源とカリフォルニア大学の授業料
1979	学業強化プログラム	マイノリティ学生を対象としたアウトリーチ活動や学業強化への教授陣の参加	州財源

われていた（主な大学全体のＥＯＰプログラムと財源の一覧は表５・２を参照）[34]。

優先順位を巡り深まる溝

カリフォルニア大学の理事会、総長《プレジデント》、各キャンパスの学長《チャンセラー》、および大学当局の職員は、学部生の入学者数を多様化するという目標を掲げた。プログラムの膨大なネットワークは、キャンパスの学務担当部署によって別れて運営され、マイノリティに特化したプログラムや支援サービスを求める声もあって、その数はさらに増えていった。民族《エスニック》グループは独自の支援プログラムを求める傾向があり、そのことは、各々の地位の高さを示すと同時に、資源や政治的影響力を互いに要求するマイノリティ・グループの間で、頻繁に対立する関係性をも表していた。

こうして関係者が再び尽力したにもかかわらず、しかし、一九七八年までには、カリフォルニア大学が、一九七四年の法令で定められた目標を達成することは、ほぼ不可能に近いという課題に直面した。新総長《プレジデント》のデイヴィッド・サクソンをはじめとする大学関係者の多くにとって、ＥＯＰ‐ＳＡＡプログラムを継続すると同時にＥＯＰ‐ＳＡＡプログラムの継続と入学判定の見直しの両方が必要だった。サクソンは、ＵＣＬＡの物理学科で長く教鞭をとっていたが、一九五〇年に保守的な理事会から要求された忠誠誓約書への署名を拒否したことで有名な三一人の教員のうちの一人であった。彼は、ヒッチの下で一年間、カリフォルニア大学の副総長を務めていた。

彼は、マイノリティの入学者数を増やすことの難しさや、サクラメント〔カリフォルニア州の州都。州議会を指す〕の議員からの政治的圧力をよく知っていた。だが、またしても州全体を対象とした入学適格性《エリジビリティ》に関する調査が行われることになり、サクソンとその同僚たちは難問に直面することになった。一九七六年、三回目の入学適格性《エリジビリティ》に関する調査が、それまでの調整カウンシルに代わって、新たに設立されたカリフォルニア中等後教育コミッション〔California Postsecondary Education Commission: CPEC〕によって行われた。この調査では、カリフォルニア大学が再びマスタープランを遵守できていないことが明らかになった。カリフォルニア大学は、高等学校卒業者の上位一四・九％を集めており、これは一九六七年の調査で発表された一四・六％とほぼ同じ数字であった。ＣＰＥＣが収集したデータをもとに、カリフォルニア大学が行った第二次標本調査では、この該当する集団は約一七％になる可能性があることが示された。また、カリフォルニア大学は、コミュニティ・カレッジからの編入を促進するためにマスタープランで設定されていた下級生と上級生の比率四〇：六〇も達成できていなかった。対照的に、カリフォルニア州立大学はマスタープランの入学目標のすべての面で遵守しており、一九六一年の最初の入学適格性《エリジビリティ》に関する調査以来、ずっと遵守していた。[35]

一九七六年の入学適格性《エリジビリティ》に関する調査の発表を前に、サクソン総長は、教務担当副総長のドナルド・Ｃ・スウェインが議長を務め、副学長のユージン・コタ＝ロブレス、二人の在学生、ＢＯＡＲＳ議長のアレン・パルドゥッチを含む二人の教員で構成する、学部段階の入学判定に関するタスクフォースを設置した。タスクフォースの使命は、アファーマティブ・アクションを継続すると同時に、入学適格性《エリジビリティ》のある生徒の人数を減らしていく、というマスタープランの目標を達成するために、カリフォルニア大学が取り得る選択肢を検討することであった。タスクフォースの最終報告書は、大学当局と教授陣の指導者の価値観の違いを如実に表していた。

それからほぼ一年後、タスクフォースの報告書は完成した。一九七七年三月、スウェインはサクソンに宛てた送付状の中で、次のように述べている。「我々は全会一致を目指したが、最終的にはグループ内で根本的な意見の違いがあり、それを調整することができなかった」と。反対意見を述べたのはパルドゥッチだけだった。多くの委員は、三つの政策の選択肢を主張した。まず、新入生の志願者全員に高等学校最終学年で英語の履修を課すことを含んだ、入学基準のわずかな引上げを提案した。これにより、マイノリティの学生を含むすべての学生の学業面での準備が整うことに役立つだろう。第二に、タスクフォースは、通常の入学判定で標準テストの得点を使わないことを主張した。「志願者には英語と数学の学力テストの得点の提示を求めるべきである」としながらも、「これらの得点は診断目的や、カウンセリング、コース分けのために使用すべきであり、入学判定を下す際に使用すべきではない」とした。[36]スウェインが出した大多数の委員の意見は、標準テストを通常の入学審査にもっと完全に統合しようという、評議会やBOARS内、そしてパルドゥッチの関心の高まりを阻止しようとする明らかな試みであった。

最後に、スウェインは三つ目の提案をした。それは、カリフォルニア大学が、入学者受入れの別のやり方を検討する必要がある、ということである。ひとつの選択肢は、各高等学校の上位一〇％の生徒を対象に、優先枠を導入することである。もうひとつの着想は、入学適格性《エリジビリティ》を得るための別の方法として、「インセンティブ・モデル」を作ることであった。これは、最低限の数以上の学業科目を履修した生徒には、A–F科目の評定成績と合わせて、入学審査の際に特別な単位を与えるというものである。これは、マイノリティの生徒にとっては、カリフォルニア大学での成功に向けて学力を向上させながら追加の単位を取得できるというインセンティブが加わることであり、

「特にマイノリティの生徒にとって魅力的な点がある」と考えられていた。

もう一つの代替案は、通常の入学審査に個人の応募書類に対する「主観的な判定」を再び導入することであった。「学業、あるいは学業以外の分野で特別な成果や業績があれば、強い意欲と能力を持った生徒であると特定できる」と、報告書で大多数の委員は述べていた。際立った推薦状があれば、特別な事情なども、十分に考慮されるかもしれない。これらの要素はすべて、私立大学では当たり前のことで、かつてはカリフォルニア大学でも行われていたことであった。タスクフォースは、正規の入学者数の九〇%をその当時の入学者受入方針《アドミッションズ・ポリシー》に基づいた従来の入学判定で、残りの一〇%を主観的な基準で受け入れるという正式な提案を検討した。このように柔軟性を持たせることで、「多様性《ダイバーシティ》を拡大するための装置」が提供されるのと同時に、「学業成就に有効な代替予測因子を特定するためのさまざまな入学判定を試しに実施する機会も得られる」のかもしれなかった。さらに、この新しい過程は、当時各キャンパスの運営側が行っていた選抜《セレクション》審査である特別措置に加えて行われるものであった。[37]デイヴィス校の学生自治会長でタスクフォースの構成員でもあるパーカー・リーは、このいわゆる九〇－一〇モデルを支持すると表明した。

しかし、タスクフォースが示した提言や選択肢のほとんどは、パルドゥッチ教授が強く反対を表明した。ＢＯＡＲＳの唯一の代表者であるパルドゥッチは、通常の入学判定における標準テストの使用を廃止したり、さらに制限したりする考えを否定したのである。対照的に、タスクフォースの大多数の委員は、「カリフォルニア大学の入学基準は、生徒が個人の努力によって達成できる基準を具現化すべきである」とし、「長年の努力は、一見恣意的なテストの要求の前では無意味なものと受け取られる可能性がある……」と結論づけた。[38]

パルドゥッチは、大多数の委員が述べたテストに反対する趣意は、大学で増えつつあるＥＯＰ－ＳＡＡコミュニティの偏見を反映したものだと考えていた。そうした意見は、高等学校の教育水準の低下という最も重要な問題を無視していた。パルドゥッチは、少数意見として、「総長《プレジデント》タスクフォースの圧倒的多数を占めるのは、学生と大学当局である」と述べ、マスタープランで定められた入学適格性《エリジビリティ》のある生徒数を増やすという懸案課題ではなく、目の前の課題である、アファーマティブ・アクションに注意を向けようとしていた。パルドゥッチは、スウェインをはじめとするタスクフォースの提言は、「マスタープランの違反を助長する」と主張した。

パルドゥッチは、カリフォルニア大学に入学する学生の準備能力が「驚くほど低下している」ことを示すいくつかの指標を挙げた。ＳＡＴの言語能力《バーバル》部分のテスト得点の平均が六年間で五〇点も低下し、これは全米の他の地域で報告されている点数の低下の二倍以上でもあった。また、この間、カリフォルニア大学は新入生の総入学者数を三〇％増加させたが、ＳＡＴ得点の高い新入生の絶対数は四〇％にまで減少したと、パルドゥッチは報告した。同様の低下傾向は、より勉強熱心でない高等学校でも見られた。これらの学校では、カリフォルニア大学への入学適格性《エリジビリティ》のある生徒は一〇％以下で、「成績評定がおおむねＢであっても、新入生用のテキストを読んだり、初歩的な計算を問題なくこなしたりする能力を保証するものではないことが多い」学校であった。[39]

パルドゥッチの主張は、アファーマティブ・アクションの是非を問う声がかなり多くのカリフォルニア大学の教授陣の間で高まっていたことを反映したものだった。マイノリティを優遇することは、業績主義社会《メリトクラシー》の考え方に反していると直感したからであった。また、ＥＯＰのようなプログラムは、生徒がカリフォルニア大学に入学するための真の競争力を身につけるのにどれほど役立っていたのか。教授陣らの学問の目が行き届かないところで大学のプログラムが何重にも運営されているのは、無駄なことであり、効果がないのではないかと思われたのである。バークレーの心理学科の教員である、アーサー・ジェンセンは、ＳＡＴのようなテストはマイノリティに偏ったものではないと主張していた。さらにジェンセンは、知能や学問への適性は幼少期に遺伝によって決定されるため、ＥＯＰや同様のプログラムが失敗することが多いと考えていた。ハーバード大学のリチャード・ハーンスタインも同様の見解を示していた。遺伝する知能に代わるものはないと考えていた。

パルドゥッチは、ジェンセンやハーンスタインのような論争の的になる視点を持っていたわけではなかった。だが、パルドゥッチのような教授陣の指導者の間では、アファーマティブ・アクションの文化が業績主義的《メリトクラティック》な理想の純粋さを損なっているという感覚があった。パルドゥッチはタスクフォースに出席する一方で、ＢＯＡＲＳの委員と一緒に、新たな「入学適格性《エリジビリティ》指数」を設定し、入学要件を引き上げる計画を目下立てることにした。この指標は、志願者のＳＡＴ得点と志願に要求する科目の高等学校での評定平均値をスライド式に組み合わせたものになっている。この指標では、当面、ＧＰＡがＳＡＴの六倍以上の重みを持つことになっていた。このモデルでは、高等学校での評定成績が入学適格性《エリジビリティ》を判定するための主要な要素であることに変わりはなかった。しかし、この指標は、生徒がカリフォルニア大学に合格するための入学適格性《エリジビリティ》に関する新たな基準値を作っただけではなかった。時間が経てば、高等学校での評定成績のインフレを考慮して調整することができたのである。ＢＯＡＲＳと評議会の全学教育施策委員会は、三年前からこのような入学者受入方針《アドミッションズ・ポリシー》の改訂を検討していた。同様の指標は、カリフォルニア州立大学の制度にすでに存在しており、一〇年ほど前に採用されていたものであった。

入学判定業務を事務職員に委譲し、特別措置による入学判定からはほとんど手を引いていたのだが、それにもかかわらずＢＯＡＲＳと評議会は、学業上の必須要件に関する入学者受入方針《アドミッションズ・ポリシー》の権限だけは保持したままであった。サクソン総長とスウェイン副総長は、入学適格性《エリジビリティ》指標がマイノリティの入学判定に与える潜在的な影響について、評議会での幅広い議論を試みたが、その提案の成果は限定的なものでしかなかった。タスクフォースとＢＯＡＲＳの世界観の違いは相容れないものだった。パルドゥッチと学術カウンシル議長のウィリアム・Ｂ・フレッターは、先に、総長室周辺に、入学者受入方針《アドミッションズ・ポリシー》における評議会の権限について念を押していた。パルドゥッチはタスクフォースに対し、「理事会は、入学基準の設定を大学当局や学生に委ねているのではなく、ＢＯＡＲＳと評議会に委ねている」と説明した。[40] 理事会の前で、フレッターは「理事会は入学者受入方針《アドミッションズ・ポリシー》を評議会に委ね、評議会はそれをＢＯＡＲＳに委ねている」と繰り返した。[41] しかし、このような主張は御都合主義であるように見える。一九七〇年代半ばの評議会は、入学判定の全体的な運営には関心がなくなっていたからである。

スウェインのタスクフォース報告書が発表され、カリフォルニア大学理事会に提出されてからわずか四ヵ月後の一九七七年七月、フレッターはＢＯＡＲＳの新しい入学適格性《エリジビリティ》指標の推奨案を理事会に提出した。フレッターは、新しい指標への一般的な動機を二つ挙げた。「一つ目は、入学してくる新入生の質と準備状況についての一部の教授陣の懸念。二つ目は、マスタープランで定められた一二・五％の目標を達成することが急務だったことである」と。ＢＯＡＲＳは、これらの目標を達成するために入学基準を引き上げるためのいくつかの選択肢を分析した、と彼は説明した。一つの選択肢は、「単純に評定平均値を三・一から三・二に上げて、マスタープランのガイドラインである一二・五％まで入学適格性《エリジビリティ》のある学生を減らすというものであった。……この課題についての良いデータを持ち得ていないけれども」、フレッターは続けて、「この変更を行えば、マイノリティの入学者数は不均衡に減少するだろうと、我々は予想している。また、入学してくる学生の質を高める効果はあるが、おそらく高等学校での評定成績のインフレをさらに促すことにもなるだろう」と説明した[42]。そうなる代わりに、ＢＯＡＲＳは入学適格性《エリジビリティ》指標を提案し、理事会の決定を仰いだのであった。

バッキー判決の到来

あらゆる大学においての、入学適格性《エリジビリティ》指標を含む入学判定の審議に大きな影を落としていたのが、アラン・バッキーの係争中の訴訟事案であった。学部レベルの入学判定と大学院レベルの入学判定は、全く別ものとして実施されていた。高等学校での評定成績という一般的な指標は、学生やその家族が、カリフォルニア大学のシステムだけでなく、通常は希望するキャンパスに入学できるかどうかを判断するための、比較的透明性の高いカリフォルニア大学全体の指針となっていた。しかし、大学院レベルの入学判定は、常に個々の各組織や部局とその教授陣の特権であった。アファーマティブ・アクションの理念を最もよく取り入れているのは、法律や医学などの専門部局であり、ますます多様化する人口に対応するためには、これらの分野で多様な人材を確保することが不可欠であるとの認識が高まったことと関連している。一九七〇年代初頭までに、ほとんどの医系大学院《メディカルスクール》では、マイノリティの入学者を増やすための仕組みを構築しており、これには、主観的な基準や、志願者の人種や民族性《エスニシティ》を特に重視するポイント制などが含まれていた。場合によっては、マイノリティや女性の志願者のために単純に枠を確保する、いわゆる割当枠制度も存在したのである。

一九七〇年代初頭、アラン・バッキーはカリフォルニア大学デイヴィス校の医系大学院《メディカルスクール》に二度出願し、入学を拒否されていた。バークレー校のような大学に入学できないと、学生やその親の場合も多いが、カリフォルニア州知事や、理事、カリフォルニア大学総長《プレジデント》、議員に抗議の手紙を出すことは当時も今も、珍しくなかった。この章の冒頭で引用した、メルビン・ラッシュがエドマンド・（ジェリー）・ブラウン知事に宛てた一九七五年の手紙もその一例であった。このような抗議行動は、希少性の高い公共財を配分する過程では避けられないことである。だが、バッキーはさらに一歩踏み込んだのであった。一九七六年、バッキーはカリフォルニア大学の理事会を差別で訴え、テストの得点を含めた学業記録では、一〇〇人中一六人をマイノリティの学生に割り当てる入学制度で合格したマイノリティの学生よりも自分は優秀で、入学するに値する十分な資格がある、と主張したのである。

一九七三年には、ワシントン大学法科大学院《ロースクール》に対する同様の訴訟が、ワシントン州のアメリカ合衆国連邦最高裁判所に持ち込まれた。デフニス対オデガード訴訟（DeFunis v. Odegaard）では、下級裁判所は、法科大学院《ロースクール》が有色人種の学生に対して個別の入学判定を行っていたことを違憲と判断した。この法科大学院《ロースクール》では、入学審査でマイノリティ・グループの学生を大幅に優遇する重み付け評価方式を採用していた。しかし、ワシントン州最高裁は、人種的にバランスの取れた学生集団を育成し、特に法曹界に入るアフリカ系アメリカ人やヒスパニック系アメリカ人が不足している周知の問題に対処することが、州の利益に適っていると判断し、この決定を覆した。[43]

一九七八年になると、バッキー訴訟は連邦最高裁判所に持ち込まれた。その年の暮れ、最高裁はバッキーに有利な判決を下し、カリフォルニア大学デイヴィス校の「人種割当枠」制度は違憲であると判決を下した。だが、裁判所は、人種は他の社会経済的要因とともに入学審査の際に考慮されるべきであるとも述べた。パウエル判事が下した五対四の僅差の多数決により、今後二十数年にわたってアファーマティブ・アクションの法的根拠となるであろう、不安定なバランスが打ち立てられたのであった。一九九〇年代後半の一連の下級裁判所の判決では、一九七八年の最高裁判決に異議を唱える判決が相次いだが、二〇〇三年夏、連邦最高裁は再びバッキー判決を基本的に承認したのである。この問題については、後の章で再び取り上げる。[44]

一方、バッキー判決は、教育や企業におけるアファーマティブ・アクション・プログラムの利点や法的根拠をめぐる、長期にわたる分裂的な政治的戦いの始まりを高々と宣言したのであった。他方、この判決は、人種に基づく優遇措置は、人種割当枠を避ける形で作られていれば、合法であり、公的にも擁護できるという新しい理解を形成したのである。この影響力のある法廷闘争の中で、カリフォルニア大学の指導者、理事会の大多数、そして少なくとも一部の教授陣は、アファーマティブ・アクションの推進を決意した。カリフォルニア大学が最高裁に提出したプレゼンテーションでは、学生を選抜《セレクト》するプロセスにおける大学の自治、カリフォルニア大学の入学者における人種や民族性《エスニシティ》の多様性《ダイバーシティ》の重要性など、デイヴィス校の医系大学院《メディカルスクール》の入学審査の合法性を主張した。しかし、BOARSと、実際には、評議会の指導者たちであるが、彼らは、そのような努力を無にする方向で進んでいたのであった。

SATと入学適格性《エリジビリティ》指標

一九七七年初め、パルドゥッチとBOARSは、評議会総会で新しい入学適格性《エリジビリティ》指標と高等学校最終学年での英語必修化の提案を採用し、理事会での最終承認に先立って提案した。バッキー判決が確定していないことに加え、サクラメントの議員たちがマイノリティの入学者を増やすよう圧力をかけ続けていたため、この提案は大きな議論を引き起こした。評議会サンタバーバラ部会の議長であるロバート・マイケルセンをはじめとする少数の教授陣は、BOARSの提案に反対した。彼は、「一部の志願者グループに不均衡な悪影響を及ぼす可能性」を懸念し、「SATの結果は、準備を促す装置としても、大学での学業達成を予測する指標としても有効ではないのではないか」と、繰り返し疑問を呈していた。またマイケルセンは、「ある種の能力《コンピテンシー》テストは、SATよりも学校での準備に直接的に関与できるのではないか、また大学での学業達成、そして他にも人生に必要な言語スキルをより具体的かつ十分に身につけるよう学生に促すのではないかと、私には思える」というSATの悩ましい問題点も述べていた[45]。

パルドゥッチは、総会に提出した提案書の中で、これらの懸念を払拭しようとした。

> 提案されている方式を批判する者は、SATの使用が増えると、マイノリティに悪影響を及ぼすのではないかという懸念を言い続けている。この方式に賛成している者は、この計算式は高等学校のGPAだけによるよりもカレッジの評定成績を予測するのに適しているという証拠を挙げている。また、彼らは、標準テストが、異なる高等学校での成績評価の差を丸め込んだり、評定成績のインフレの補正をしたりすることができると主張している。……これらのわずかな変更の方向性についていては、実際にマイノリティの生徒の数がわずかに増える（あるいはわずかに減る）のかどうか、意見が一致していない。しかし、慎重に、注意深く見守っていくアプローチが不可欠であるという点では一致している。評議会は、さらなる入学判定の変更を提案する前に、この方式によるすべての志願者のデータを収集し、慎重に分析することを勧告す（べきであ）る[46]。

総会はこの提案を承認する方向で進んだが、理事会がどのような行動を取るのか、サクソン総長がどのような反応を示すのかは不明だった。州議会議員たちは、理事会の決定に影響を与えるタイミングを計って、理事会の会議の前にサクラメントで公聴会を開いた。ジョン・ヴァスコンセロス下院議員とテレサ・ヒューズ下院議員は、この新しい入学適格性指標《エリジビリティ》に強く異議を唱えた。ヒューズは、マスタープランのガイドラインを高等学校卒業者の上位一二・五％から上位一五％に引き上げることと、出願の際のテスト得点の要求をやめることを求める両院共同決議を共同で作成した。この決議は、「入学条件の厳格化は、カリフォルニア州立大学やカレッジ、カリフォルニア大学ですでに人口比率以下に処遇されている《アンダー・リプリゼンティッド》学生に最も大きな影響を与える」とし、一九七四年に議会が決議した「マイノリティの学生の人口比率以下に処遇されている《アンダー・リプリゼンティッド》を克服するという一九八〇年の目標」に「反する」としていた。[47]

この両院共同決議の可決はならず、カリフォルニア大学を法的に拘束するものではなかったが、一九七七年七月に開催された理事会で、新しい入学適格性指標《エリジビリティ》について投票を行う際の重要な文脈を提供することとなった。理事会の会議では、サクソン総長がＢＯＡＲＳの提案を全面的に支持することを表明した。これは、入学適格性指標《エリジビリティ》の利点を強く信じているというよりも、評議会の権限を支持しているという意味合いが強いように見られた。何人かの理事は、新しい指標の潜在的な影響について深い懸念を示した。州の教育長であるウィルソン・ライルズは強い懸念を表明し、州教育委員会が先に可決した決定の延期を求める決議を提示した。また、理事の一人は、「バッキー訴訟が解決していないのに、なぜカリフォルニア大学が入学者受入方針《アドミッションズ・ポリシー》に『手を加える』のか」と疑問を呈した。[48] 理事たちは、パルドゥッチの提案に対する投票を一〇月の会議まで延期し、その結果、少なくとも一年は実施が遅れることになった。

フレッターは、ＢＯＡＲＳの提案を再び理事会に提出した。サクソン総長は、理事会に宛てたメモの中で再び支持を表明した。サクソン総長は一〇月に開催された理事会の会議でのメモの中で、「入学要件の変更が検討されていることが一般に知られるようになったほぼその瞬間から、特にこの二ヵ月間、この問題はカリフォルニア大学内外で強く活発な議論を引き起こしました。……私は、州内すべての素質のある生徒に大学進学《アクセス》の平等《イクオリティ》を約束することを私が確固たるものとさせ、カリフォルニア大学にこの目標を積極的に追求する姿勢を決して崩させないという私の決意を明確に述べさせていただく」と書いた。サクソンは、「大学進学《アクセス》の平等《イクオリティ》と教育の質の高さの間に究極の矛盾は存在せず、一部の人々が反対の認識を持ったにもかかわらず、そのようなメッセージは決して意図されていなかったと確信している」と、締めくくっていた[49]。

一〇月会議で、理事会は、一五対一二の僅差で、新しい入学適格性《エリジビリティ》指標を承認した。理事会は、この指標を一九七九年に大学の方針とすることを勧告した[50]。サクラメントで行われた予算公聴会では、バスコンセロス下院議員が、カリフォルニア大学の州予算に影響が出るかもしれないとほのめかした。後に開かれた学術カウンシルでフレッターはこう述べた。「この経験から私が何を学んだか。入学判定の問題は、州の政治勢力と深く関わっているということである。……評議会はこのような問題に対処する準備ができていないし、理事会には〔知事と議会が選任した〕七人の新しい理事が入っているので、もはや彼らに守ってもらうことを期待することはできないのである」[51]。

入学適格性《エリジビリティ》指標と特別措置

ＢＯＡＲＳによって進められた変更に合わせて、サクソン総長と彼付きの大学当局の人たちは、一九六八年のヒッチと同様に、ＳＡＴ得点と高等学校での評定成績の新しいスライド換算方式を利用することで予想されるマイノリティの入学者数の減少を補うことができる運営の仕組みだけを主に検討することにした。サクソン総長は、その影響を部分的に緩和し、民族《エスニック》マイノリティの学生への大学進学《アクセス》を拡大するというカリフォルニア大学の取組みを示すために、特別措置の上限を四％から六％に引き上げると提案した。

一九六八年と同様に、カリフォルニア大学の総長《プレジデント》は特別措置目標の引上げについて評議会の承認を求めず、そ

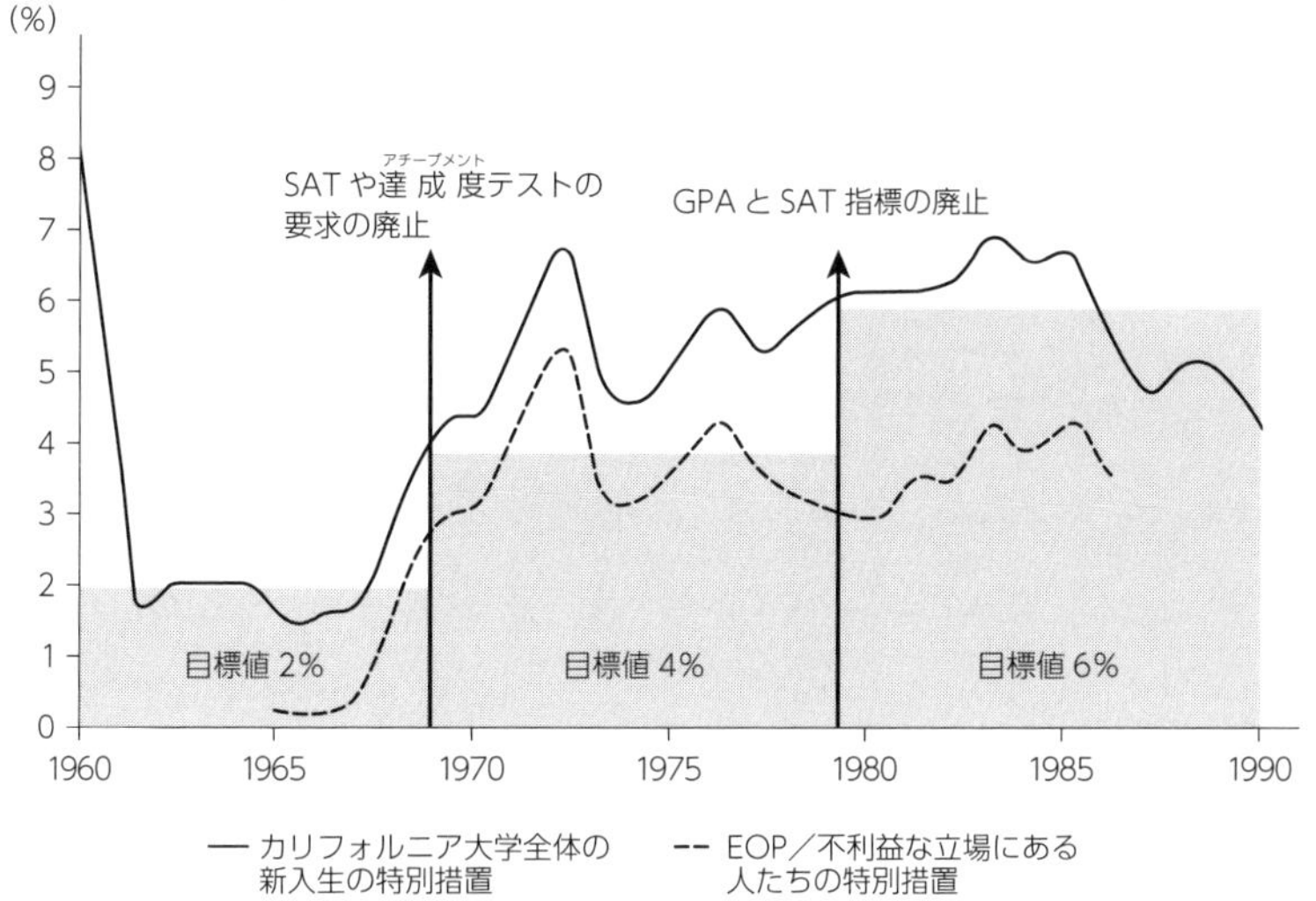

図 5.1　カリフォルニア大学における特別措置による新入生の入学（1960年–1990年）
出典：カリフォルニア中等後教育委員会（CPEC）「カリフォルニア大学総長室エンロールメント報告書」

の代わりに、理事会が入学適格性《エリジビリティ》指標を承認した数ヵ月後に理事会に直接働きかけたのである。カリフォルニア大学への進学《アクセス》を制限しようとする動きに対抗する力の必要性を感じた理事会は、サクソンの要請を承認し、入学適格性《エリジビリティ》指標と同様に新しい目標を一九七九年に発効させることとした。サクソンの下で学務担当副学長代理を務めていたジェームズ・アルバートソンの説明によると、特別措置の拡大は「学生の多様性《ダイバーシティ》を促進するため」に、実験的に五年間の期間で行われることになった。[52] 図5・1は、一九六〇年から一九九〇年までの特別措置入学のデータと、アファーマティブ・アクションの手段としての重要かつ多様な役割を示している。

　理事会が評議会の提案を承認したことで、カリフォルニア大学の評議会が正規の入学判定を実質的に自由化する可能性は制限されたものになっただけでなく、当面は閉ざされたものになった。カリフォルニア大学がマイノリティの入学者数を増加させるための主な手段は、アウトリーチ活動と特別措置であることに変わりはなかったが、評議会の指導者たちはどちらの分野でもより積極的な施策立案者になろうとは口にしなかった。しかし、サクソンは、カリフォルニア大学の多様性《ダイバーシティ》への取組みを長期的に進めるためには、評議会の関与が必要だと考えていた。一九八一年の理事会の前に、サクソンは、現在カリフォルニア大学が直面している重要な課題の一つは、「特別措置の入学判定において、入学者受入れのさまざまな代替方法を検証するために、どのような体系的な実証研究をするべきかを決めることである」と意見を述べた。「目標は、高等学校での評定平均値やテストの点数以外の要素を含めて、学生が学業的成功を収める可能性を評価する代替手段を開発することである。当然のことながら、評議会はこの実証研究の設計に深く関与しなければならない」。そしてサクソンは、各キャンパスでアファーマティブ・アクション計画を策定し、各キャンパスの進捗状況をカリフォルニア大学の学術カウンシルと総長室に報告するための評議会と入学当局との合同委員会を設置することを要求した[53]。

カリフォルニア大学関係者にとっては、楽観視する余裕があった。支援サービスの比較的新しい設備が大学より下位の高等学校などにまで行き渡り、カリフォルニア大学のガイダンスや学生リクルート活動も活発化し、特別措置も拡大したことにより、カリフォルニア大学に入学するための代替ルートを提供する取組みが復活していたのである。しかし、多くの問題が残っており、そのほとんどがカリフォルニア大学の領域外に及ぶものであった。全米経済の大幅な落ち込みと人口動態の著しい変動により、カリフォルニア州の公立学校の資金調達と運営はますます困難になってきていた。「カリフォルニア大学が初等・中等教育を向上させるために何もできないのであれば、世界中のあらゆるアファーマティブ・アクション・プログラムは何の役にも立たない」と、ある理事は指摘した[54]。

当時、評議会バークレー部会の議長を務めていたカール・ピスターは、アウトリーチ活動に携わる大学当局と職員の年次総会で、教授陣、特に、評議会がアファーマティブ・アクションの必要性を十分に認識していないことを懸念していた。「我々は巨大な社会問題の相続人であり、解決策を求めて奮闘しているが、しばしば複雑な問題に対して単純な解決策を求めがちである」とピスターは説明した。評議会は大学当局と協力して入学者受入方針《アドミッションズ・ポリシー》を決定する権限を持っていたが、ピスターは教授陣がこの問題に十分に関与していないと不満を漏らしていた。彼は、「個々の教員は学生アファーマティブ・アクションに関心を持ち、積極的に取り組んできたが、評議会は「ごく一部の例外を除いて、今になってようやく問題に気付いたに過ぎない」と指摘した。[55]

入学適格性指標《エリジビリティ》は、英語や数学のような分野の履修要求に加えて、カリフォルニア大学の現在の入学者受入方針《アドミッションズ・ポリシー》の礎を築いたのである。しかし、この新しい指標の設定をすることで、もう一度、カリフォルニア大学が、社会的に受け入れられていない少数派の学生を増やすために新しい運営方法を考案しよう、という声が相次ぐようになった。こうした関心は、教授陣や評議会よりも、大学当局の首脳陣に広く行き渡ったものであったが、状況が変わろうとしていたのであった。

第6章　あらゆる行為に対する反応——民族、バッキー判決、および社会契約再論

バークレーでは毎年、優に二〇、〇〇〇人を超える人数の志願者が新一年生のクラスへの入学に志願してくる。この人数は、慎重かつ熟慮を伴う意思決定過程を構築するのに手強い障害となっており、それは大学に対しても選抜《セレクション》のやり方を説明し、正当化する圧力を非常に高めている。旧来の入学審査の持つゼロ・サム〔ゲーム理論の専門用語で、の用語で利害のプラスマイナスの総和を合計することを表す〕という特質がこれほどまでに目に見える形になったことはなく、カリフォルニア大学とそれを支えるコミュニティの関係性をこれほどまでに脅かしたことはない。

——入学判定・エンロールメント委員会報告書
カリフォルニア大学評議会バークレー支部、一九八九年五月一九日より

一九五七年、アメリカ合衆国連邦最高裁判所判事フェリックス・フランクフルターは、「大学《ユニバーシティ》にとって必要不可欠な四つの自由」を挙げ、大学《ユニバーシティ》にとっての高度な自律性の価値を見いだした。それらは、すなわち「誰が教授するのか、何が教授できるのか、どのように教授されるべきなのか、そして、学ぶことを許可されるのは誰なのか」である。[1] その後、一九七〇年代まで、裁判所は特にアメリカ南部において増加傾向にあった公立大学への進学《アクセス》拒否やあからさまな差別に関わる事例を含むいくつかの例外を除き、このフランクフルターの考えを基本的には支持していた。たとえば、一九五〇年にアメリカ合衆国連邦最高裁判所〔U. S. Supreme Court〕は、テキサス大学の法科大学院《ロースクール》に対し、初めてのアフリカ系アメリカ人の入学を許可するよう命令を下した。その際、裁判所はテキサ

ス大学に対して、このアフリカ系アメリカ人、ヘルマン・マリオン・スウェットの入学を拒否した上で、彼が法律の学位を取得することを可能にする全く分離された別の機会を州が提供することができないのであれば、アメリカ合衆国憲法修正第一四条に基づき憲法違反となるであろうという判断を認めるとの判決を下した。テキサス州はこの選択肢を提供することができなかったため、スウェットの公立の法科大学院《ロースクール》への入学を許可することとなったのである。

　このスウェット訴訟やオクラホマ大学に対して起こされた類似の訴訟は、いずれもＮＡＡＣＰ〔全米黒人地位向上協会〕の指導者によって採られた戦略的な訴訟である。このように、裁判所の判決を積み重ねていくことで、いずれはアメリカ合衆国連邦最高裁判所による、公の人種隔離に内在する不衡平《インイクイティ》に対する判決を引き出すことを期待していたのである。その二年後、ブラウン対トピカ教育委員会訴訟〔トピカはカンザス州の州都〕において、裁判所は「分離すれども平等《イークアル》」の概念に対して明白に反対する判決を出している。そして一九五六年には、フロリダ州を含むアメリカ合衆国連邦裁判所管轄の訴訟において、「分離すれども平等《イークアル》」の違憲性は、高等教育段階にまで拡大していったのである。[2]

　これらすべての訴訟において、裁判所は生徒があからさまな人種差別により公的な資金を受けた高等教育への進学《アクセス》を拒否され、生徒から賠償を要求されている場合には、人種と民族《エスニック》グループの入学を制限するあらゆる方針《ポリシー》を止める判決を下している。しかし、これらの裁判所による判決は、すべてが限定的であり、特に大学進学《アクセス》の問題に焦点が当てられていたが、各大学の意思決定の方法には注目していなかったのである。

　しかし一九七〇年代には、新たな政治的・法的環境が出現し、一九七八年のバッキー判決へと帰結することとなった。バッキー判決は、人種割当枠を撤廃し、人種、民族性《エスニシティ》、およびジェンダーを入学要件することを合法化したのである。これは、裁判所が入学審査自体に初めて判決を下したものであり、それとともに適切なアプローチをも推奨したのである。このバッキー判決は、大学《ユニバーシティ》指導者や大学当局に対して新たな法的環境と、公的な監視がより一層厳しい環境の下で入学者受入れのやり方をどう構築すべきかを熟考させることとなった。アレクサンダー・アスティン、ブルース・フラーとケニス・グリーンは、一九七八年の判決直後に、バッキー判決が「教育機関がその入学者受入れのプログラムと手続きの合法性を評価するための新たな基準となった」と記している。[3] しかし、その基準とは一体どのような基準だったのだろうか。すでに何らかの形でアファーマティブ・アクションに取り組んできた公立大学にとってその答えは直ちに明確なものではなかった。バッキー判決は、果たしてアファーマティブ・アクションに対する敗北だったのだろうか、それとも勝利だったのだろうか。それは学生の多様性《ダイバーシティ》を確保するためのカリフォルニア大学の取組みを抑制するものだったのだろうか、それとも認めるものだったのだろうか。

いずれにせよアメリカは、他のどの国よりも矛盾を解決するための公共の場として、司法制度に頼る傾向にあることを示したと言える。入学者受入方針《アドミッションズ・ポリシー》を形成するための中心的な役割を行使する際も、教育機関の目的のより幅広い課題がもたらす不利益に対して、個人の持つ権利の特性への判決にアメリカの裁判所が介入することが増えていったのである（主要な裁判訴訟をまとめた、表６・１を参照のこと）。

バッキー判決以降——民族性《エスニシティ》と一般的な入学判定

バッキー判決直後、名誉毀損防止同盟〔Anti-Defamation League、米国最大のユダヤ人の団体であり、反ユダヤ主義との合法的な対決を目指す団体〕のアーノルド・フォースターは、おそらくユダヤ人が排斥されていた過去の時代に影響を受け、人種割当枠の撤廃を歓迎している。彼は、「現実的なこと」として、「人種という要因が、いずれは入学者受け入れにおける判定基準にならなくなると想定する限りにおいては、人種を入学判定における要件の一つとして認めることは難しい」であろうと記している。[4] 著名なハーバード大学の社会学者であるデイヴィッド・リースマ

表 6.1　高等教育への進学《アクセス》および衡平《イクイティ》に係る主要な裁判訴訟判例

ブラウン対トピカ教育委員会判決（1954 年）	アメリカ合衆国連邦最高裁判所は，「分離すれども平等《イークアル》」以前に，プレッシー対ファーガソン訴訟（1896 年）において出された判決はもはや合憲ではないとの考えを示した。ブラウン判決の結果，教育機関では今後アフリカ系アメリカ人の入学を拒否しないこととされた。
ホーキンス対監理委員会判決（1956 年）	「分離すれども平等《イークアル》」の違憲性が初等中等学校から高等教育段階における人種差別待遇廃止の実施にまで拡大された。
デフニス対オドガード判決（1973 年）	ワシントン州最高裁判所は，特に法曹界を目指すアフリカ系アメリカ人やヒスパニック系の学生不足を警鐘するために，人種的にバランスのとれた学生集団を奨励する必要性によって正当化された専門職大学院においてアファーマティブ・アクションに基づく入学者受入れを推進するよう命じた。
カリフォルニア大学理事会対バッキー判決（1978 年）	アメリカ合衆国連邦最高裁判所は，人種割当枠を設けることの違憲性を主張する一方で，公立大学においては，人種，民族性《エスニシティ》やジェンダーがその他多くの合否判定の基準の一つになり得るとの判決が出された。
ポドベルスキー対カーワン判決（1994 年）	カレッジ・パークのメリーランド大学において支給されていた人種別の奨学金に対する疑義が唱えられた。それを受け，アメリカ合衆国連邦裁判所は，人種に基づく個別の財政支援制度を維持することは容認できないとの判決が出された。
アダランド対ペニャ判決（1995 年）	アダランド判決は，アファーマティブ・アクションが制度的な差別以前に文書化された事例でのみ応用されるべきであり，直接的に影響を受けたグループに対して慎重に合わせて応用されるべきであることを主張するために，法的な，または「厳格審査《ストリクト・スクールティニー》」という法的概念を適用した。
ホップウッド対テキサス州判決（1996 年）	入学を拒否された４人のヨーロッパ系アメリカ人学生が，テキサス大学オースティン法科大学院《ロースクール》を相手取り，アフリカ系アメリカ人およびヒスパニック系の受験生に対して別の入学判定要件を利用していたとして，アメリカ合衆国連邦裁判所に訴訟を起こした。アメリカ合衆国連邦政府第五巡回区控訴裁判所は，学生に有利な判決を下した。1996 年，テキサス大学はこの判決に対して控訴した。その後，アメリカ合衆国連邦最高裁判所は，下級裁判所の判決を支持し，テキサスにおける公立大学での人種または学生に対するアファーマティブ・アクションの禁止を命じた。

ンは、この判決が複数の意味を持ち、将来の闘争を予測するものであると見ていた。リースマンは、「我々が今直面していることは、すべての段階においてより厳しい目を持ったグループや個人間における権利意識が芽生えた結果として、弁護士をいたるところで雇用することでしか対応できない状況〔訴訟が増えるという意味〕である」と記している。[5]

フォースターやリースマンによる評価は、各教育機関によるマイノリティ・グループの入学を増やす懸命な取組みによって支えられていた点からも、かなり正確なものであったと言える。このバッキー判決の影響は、入学審査において人種の利用を拡大しようと考えていた多くの公的教育機関に解放感とそれを容認する流れを作り出したと言える。露骨な人種割当枠の設定は避けられ、マイノリティ・グループに対する大学進学《アクセス》拡大のための代替メカニズムが整備されるようになったのである。多数意見の中で、〔アメリカ合衆国連邦最高裁判所の〕パウエル判事は合否判定の際に人種や民族性《エスニシティ》の活用を有効としただけでなく、ハーバード大学における入学審査を「受け入れられる」モデルであると主張している。彼はハーバード大学が「入学審査の中で個々の受験生を個人として」扱っていると考えたのである。

その他の私立のエリート教育機関と同様に、ハーバード大学では高等学校での評定成績、多様な才能や人種等を含む、特定の生徒の特性に対して評価を与えるポイント・システムを採用している。パウエルは、「民族的《エスニック》な背景を基準に『追加点』を与えられた受験生に最後の席を奪われてしまった」受験生は、「肌の色や苗字を理由にその席から排除されるのではない。それは、その受験生の持つ客観的に判断できない要素を含む素質の組合せが、その他の受験生を上回らなかっただけである」と記している。[6] このパウエルによる意見は、人種割当枠の明確な拒否を主張する一方で、事実上の人種割当て枠を設定する考えを否定するものではないように見える。

その後、高等教育コミュニティー内とアファーマティブ・アクションの支持者の間で、共通の合意は取られることとなった。このバッキー判決は法的不確実性の時代の終焉のように見えた。大学《ユニバーシティ》は「現状を維持することを体質的に願っている」とカレッジボード主催のシンポジウムにてアンドリュー・フィットは述べている。そして、彼は「これまで法的な懸念を抱いていた人々も、もはやそうする必要はない」と締めくくっている。また、同シンポジウムにおいて、全米教育協会〔American Council on Education：ACE、一九一八年設立のアメリカの高等教育に関する非営利、非政府組織〕会長であったジャック・ペルタソンは、同様の声明を出している。判決は、「選択肢をオープンにした。国内における圧倒的な数のアファーマティブ・アクション・プログラムは、裁判所によって設定された基準を満たすだろう」と述べている。[7] 高等教育政策研究に関するカーネギー・カウンシル代表として、クラーク・カーはバッキー判決が「高等教育におけるアファーマティブ・アクション・プログラムの継続とカレッジ及び大学《ユニバーシティ》における多様な学生集団を支持した。これは高等教育および国家にとっては良い判決であり、社会正義を高める取組みを容認するものである」と述べている。カリフォルニア大学の総長《プレジデント》であったデイヴィッド・サクソンは、バッキー判決は「大いなる勝利」であるとの声明を発表し、「人種を利用することを制限するのは、状況をより困難なものにするものの、それほど難しくはない」と述べている。[8]

ＵＣＬＡのアレクサンダー・Ｗ・アスティン教授は、今後、選抜性の高い大学が直面する課題を挙げている。すなわち、恵まれていない《ディスアドバンテージ》状況にある学生をどう定義するのかということと、それを人種的、民族的《エスニック》な背景とどう繋げていくのかということである。バッキー判決以降に発行された入学者受入れに関する書籍の中でアスティンは、「恵まれていない《ディスアドバンテージ》状況が民族的《エスニック》・人種的なマイノリティ・グループの成員の同義語として頻繁に扱われているものの、入学審査において、恵まれていない《ディスアドバンテージ》状況の代わりに人種という用語が使われると、特別措置による入学判定に対する一般社会からの反発がより強くなる傾向がある」と記している。[9] その後、恵まれていない《ディスアドバンテージ》家庭出身の受験生を多面的に評価する方法を含むモデルを構築するための方法に着目した研究の新たな流れが見られるようになったものの、最終的にはそのモデルの多くは人種や民族性《エスニシティ》に重きを置いたものが増加していくこととなったのである。

バッキー判決は、その後志願者の合否を判定する際に参考となる学術的および非学術的な要素を総合的に含んだポイント・システムを導入する流れの契機となった（このポイント・システムは、バッキー判決後の対応と裁判所及び州都において弁護可能な入学審査の透明性を高める手助けとなった）。概念的にこのシステムは、マイノリティ・グループを別の基準に基づいて合否判定が行う同時並行《デュアル・トラック》の入学者受入れを廃止することが目的とされていた。しかし、実際の全人格的《ホリスティック》な入学審査は、人種や民族性《エスニシティ》をその他の基準と比較して合否を判定するものである。この点については、ハーバード大学を除いて、ミシガン州立大学、テンプル大学、カナダのマクマスター大学やフロリダ大学等、いくつかの公的教育機関においてはすでに学力指標が活用されていた。[10] そして、カリフォルニア大学やその他多くの公立大学に対しては、これらの大学機関によってシステム構築のための土台が提供されたのである。

人種と均衡《パリティ》モデル

カリフォルニア大学は、なかでもとりわけ選抜性の高いキャンパスでは、一般の入学審査の中に人種と社会的に恵まれていない状況《ディスアドバンテージ》の概念を統合させた新たな入学判定基準の導入を模索していた。一九七九年まで、カリフォルニア大学の総長室、理事会や大学の教授会等の方針《ポリシー》立案者らは、一般の学部段階の入学者受入れにおいて人種または民族性《エスニシティ》を一要素として取り入れることに関する明確な考えを示してこなかった。[11] 当時、人種は、特別措置に基づく入学者受入れにおいてのみ、特別な才能を持つ受験生とともに明確に扱うことができていたのである。そのため、入学者受入れの領域において、特別措置は大学にとっての公式なアファーマティブ・アクションの手段《ツール》として活用されてきたということである。

しかし、バッキー判決から数ヵ月後にサクソン総長は、〔UC各キャンパスの〕学長《チャンセラー》や〔評議会の運営部門である」カウンシルに宛てた手紙の中で、今後は人種や民族性《エスニシティ》を入学審査においてより広く活用していくことが示したのである。サクソンは「高等学校での評定成績やテストの点数のみによる合否の判定は、必ずしも教育課程を修了するための、生徒の潜在能力を判断するための正確な基準ではない……人種、性別や身体的な障がいを持つ、人口比率以下に処遇《アンダー・リプリゼンティッド》されているグループの成員としての地位に関連する障壁は、その記録が受験生の持つ学術的な潜在能力を正確に反映するがどうかを判断するための特別な検査の必要性を示すものとして見なされる」と記している。そのため、サクソンは以下のように締め括っている。

> 素質の優れた受験生が定員を超過して集まる教育課程では、その入学者受入れのために行う選抜《セレクション》では、当該教育課程の教育的な価値を高め、その学問分野や領域における要求に見合った才能や特性を持った多様な学生集団を確保するよう設計されなければならない。性別やマイノリティの地位もその多様性《ダイバーシティ》を確保するために考慮されるかもしれない。すでに多くの受験生を集めている教育課程においても、今後は多様な学生集団の入学をある程度達成する、より幅広い受験者層を引きつけるためのさらなる取組みを進める必要がある。[12]

これは、一九七四年に州議会議員らによって、州の高校卒業生人口に見られる混成構成の状況をより直接的に反映する入学者数を推進するよう命じる法定上の目標が設定されたことを思い起こさせるものである。議員、特に有力な民主党議員は早急に成果を求めた。彼らは、一九八〇年までに高等学校卒業生の多様な民族《エスニック》同士混ざり合っている人口状況を比例して代表するような学生集団となることを求めたのである。一方、カリフォルニア大学側は全体的な体制整備へ向けた再確認を行う必要性から、段階的にこの目標を数年ずらし、基準を満たすことを求めた。議員らはこれを受け入れたものの、目に見える形での成果を再度求めたのである。その後、サクソンを始め、その他の大学代表者らは、一般の入学判定に人種や民族性《エスニシティ》を認めるための新たな全学規模の方針《ポリシー》を超えた、次の追加管理運営対策をどのように推進していけばよいのかを熟考したのである。そこでは、特にどのようにして各キャンパスが説明責任を果たすことができるのかが問われていたのである。

カリフォルニア大学の各キャンパスでは、地理的に異なる特徴を有しているため、州内の人種や民族《エスニック》のコミュニティから学生をリクルートし、入学させる潜在力をそれぞれ持っていた。また、アジア系アメリカ人やラティーノ・チカーノのアメリカ人が通う高校の卒業生や他の州からの転校生は、特に彼らの居住地に近いカリフォルニア大学の各キャンパスに出願する傾向が強かったのである。そして、ヨーロッパ系アメリカ人志願者は、州全体に位置するキャンパスに出願する傾向が非常に顕著に見られていた。

機関の使命が州全体に資することであるにもかかわらず、カリフォルニア大学はそれぞれの地域に偏ったサービスを提供するという考えのもと、新たなキャンパスの設置を進めていた。この概念枠組みは、新たなキャンパスを設置することが極めて重要であることを証明するものであり、どこに新たなキャンパスを設置するかを選ぶ際に大きく影響を与えたのである。それは一般的には、地域の入学需要が十分に満たされない地域であった。しかし、一九七九年には各キャンパスを一次産業地域に設置する考え方は、たとえばバークレーの場合のように、ラティーノ・チカーノのアメリカ人よりもアフリカ系アメリカ人やアジア系アメリカ人が多く集中するという状況につながることとなり、政治的な問題を引き起こすこととなったのである。これは、つまり各人種や民族《エスニック》グループが学術的な能力によって分類される可能性があることを意味していたのである。たとえば、平均として見てみれば高等学校の成績の低い《ロー・パフォーミング》ラティーノ・チカーノのアメリカ人がリバーサイド校に入学する一方で、平均として見てみれば高等学校の成績の高い《ハイ・パフォーミング》アジア系アメリカ人がバークレーに集中することを、大学幹部らは懸念していたのである。

各キャンパスの評判と合わされることによって民族《エスニック》グループが分離されるという状況は、議員からの批判や一九七四年に制定された法律の義務を満たすことができないカリフォルニア大学の無力さを前に、政治的に実行可能なものでは立場上なかった。そして、この結論は、新たな方針《ポリシー》の方向性へとつながっていった。一九七九年にサクソン総長は、均衡《パリティ》モデル［人口構成比率を重視する考え方］を打ち立てたのである。各キャンパスは、州の高校卒業生の人種・民族構成《エスニック》を「反映」することが指示されたのである。このサクソンの新たな方針《ポリシー》は、各キャンパスに対して人口比率以下に処遇されている《アンダー・リプリゼンティッド》グループをリクルートし、入学を促進させるための説明責任の枠組みを設定するものであった。このことにより、キャンパスの所在地や当該地域の人口構成にかかわらず人口比率以下に処遇されている《アンダー・リプリゼンティッド》グループをリクルートするために、各キャンパスの学長《チャンセラー》や事務職員が州全体に働きかける責務が生じたのである。[13]

バークレー及びUCLAにおける層別の入学判定

カリフォルニア大学は、一九一九年のUCLAとの統合を含む複数《マルチ》キャンパス機関として誕生して以降、その社会契約においては、生徒の入学適格性《エリジビリティ》を判断するための要件が設定された。しかし、これら入学適格性《エリジビリティ》があると判断された生徒は、カリフォルニア大学に入学する権利は有しているものの、必ずしも第一志望のキャンパスに入学できるわけではなかった。一九五〇年代末まで進められたサンタバーバラ、デイヴィスやリバーサイドでの新たなキャンパスの設置は、カリフォルニア大学の入学者の収容力を飛躍的に拡大させた。バークレーやUCLAを含む各キャンパスは発展することができ、実際に発展した。さらに、カリフォルニア州の人口も目を見張るほどの速度で継続的に拡大していったのである。一九六三年には、ニューヨークを上回る人口の多い州となり、二〇年後にはカリフォルニア州は近接する州の二倍の人口を抱えるまでになったのである。一九六〇年から一九八〇年までの間に、バークレーに在籍する学生数は二四、〇〇〇人から三〇、〇〇〇人まで拡大している。さらにUCLAはそれよりも拡大しており、同期間に一〇、〇〇〇人近くも追加で学生を受け入れている。全体として、カリフォルニア大学は、一九六〇年の五五、八八七人から二〇年間で一三五、八二一人の学生数を抱える大学《ユニバーシティ》へと拡大していったのである。カリフォルニア大学で学ぶのに相応しいレベルの学生の多くは、第一志望のキャンパスで学ぶことがで

表 6.2　カリフォルニア大学バークレー校における新入学志願者，合格者および入学者（1975 年−1995 年）

	1975 年	1980 年	1985 年	1990 年	1995 年
志願者数	5,035	9,115	11,913	19,946	22,811
合格者数	3,896	4,885	6,329	7,574	8,832
入学者数	3,064	3,373	3,772	3,128	3,405
志願者に対する合格者の割合	77%	54%	53%	38%	39%

出典：カリフォルニア中等後教育コミッション『カリフォルニア大学総長室エンロールメント報告書』

きた。しかし、この選択の自由は急速に変化していくこととなったである。

一九八〇年には、バークレーとＵＣＬＡにおいて、学生の収容力を約三〇、〇〇〇人に設定している。これは、カリフォルニア大学自体が定める方針や人口増加に対する地元のコミュニティの懸念に影響を受けた制限である。そのため、バークレーやＵＣＬＡは、当時学術的にレベルの高い志願者の数が増加していたのにもかかわらず、それ以上は拡大できなくなってしまったのである。これらのキャンパスにとって、入学者受入れは、ゼロ・サム・ゲーム〔ゲーム理論の専門用語で、の用語で利害のプラスマイナスの総和を合計することを表す〕と化したのである。つまり、一つの民族《エスニック》グループの入学率を上げるためには、他の民族《エスニック》グループの入学率を犠牲にしなければならない状況になったということである。一九七〇年代末から入学者数を制限する取組みが始まり、高い素質を持つ生徒がこれら二つのキャンパスで初めて相当数不合格にされたのである。たとえば、一九七五年にバークレーでは三、〇六四人の入学定員枠に対して、五、〇三五人の志願者がいた。その多くはカリフォルニア大学で学ぶことができる学力レベルであり、その多くの生徒が入学することができた。しかし、一九八〇年には九、一一五人の志願者がいたものの、新入学生数の目標設定を三、三三〇人に定めたのである。その後も、志願者数は増加していった（表６・２参照）。そして、一九九〇年には、本章の後半でも扱うが、カリフォルニア大学において導入された新たな出願制度〔複数出願制度《マルティプル・ファイリング》を指す〕の影響を受け、一九、九四六人がバークレーを出願している[14]。

私立教育機関にとって、このような需要の拡大への対応は、その力を誇示するための現象であった。そして、入学者の質とキャンパスの評判の向上を示す指標でもあった。一方で、公立教育機関にとっての最終的な結果は、方針《ポリシー》に対する困難な課題を提起するものとなった。たとえば、バークレーへの大学進学《アクセス》は、より難しく、価値が上がったことで、これまでよりも多くのカリフォルニア州出身者の出願意欲を高めたのである。出願者数は、急速に上昇した。それは、同時により多くの不合格者が出たということでもある。公立大学であるバークレーにとっては、不合格者数が増加することは、その入学者受入れのやり方を正当化する上で大きな圧力となっていった。まさに誰が合格し、誰が不合格となるのかが問われていたのである。

バークレーとUCLAでは、入学審査において高等学校のGPAやSATの得点によって測定される厳格な意味での進学適性《アカデミック・アプチチュード》に固執することは、ヨーロッパ系アメリカ人やアジア系アメリカ人学生数の圧倒的な増加につながったであろう。しかし、そのような方向性は大学指導者にとって政治的に旨味のある話ではなかった。一方でそれは、単に政治的な課題に止まるものでもなかった。カリフォルニア大学は、州内において急増する人口に対して、じっくり考え、対応することに終始したのである。主にチカーノ・ラティーノのアメリカ人やアフリカ系アメリカ人等の「人口比率以下に処遇されている《アンダー・リプリゼンティッド》」学生数を増やすために、バークレーとUCLAでは、学部段階の学生構成を変える新たな方式を採用した。それは人種割当枠をなくし、人口比率以下に処遇されている《アンダー・リプリゼンティッド》グループに対して大学進学《アクセス》を拡大するための組織的な方法であった。

一九八一年に開始されたこのバークレーのアプローチは、特に挑戦的であり、当時新しく就任した学長《チャンセラー》、アイラ・マイケル・ヘイマンによる、マイノリティ出自の入学者数を拡大したいという強い意向を反映したものであった。この時、カリフォルニア大学の副総長を務めていたウィリアム・バッカーは、「彼は恐れることなく難題に立ち向かい、本当に（バークレーを）素晴らしく多様な場所へと変えた」と振り返っている。また、アファーマティブ・アクションに関して、「彼は確実に大学内における指導者であった」。さらに、バッカーは当時の政治的な圧力の凄まじさについて記録している。サクラメント〔カリフォルニアの州都。州議会を指す〕は、カリフォルニア大学の進捗状況に関する年次報告書の提出を求めたのである。また、政治家がバークレーにおける人口比率以下に処遇されている《アンダー・リプリゼンティッド》グループの学生数の増加を求めていた一方で、理事の中には同時に早い成果を求める声もあったのである。バッカーによれば、特にスタンリー・シャインバウム、シェルドン・アンデルソン、ヴィルマ・マルティネス、イヴォンヌ・ブラスウェイト・バーク及びヨリ・ワダの各理事が、「アファーマティブ・アクション・プログラムをさらに拡充するよう、我々に圧力をかけ、さらにはせっつき、強く要請した」と記している[15]。

ヘイマンは、バークレーに一九五〇年代末に若手の法学分野の教授として着任した。彼はダートマス・カレッジを卒業し、イェール大学で法律の学位を修めていた。アメリカ海軍で勤務した後、前カリフォルニア州知事でアメリカ合衆国連邦最高裁判所主席判事に就任した直後のアール・ワレンの下で判事として働いている。このワレンの下で働いた経験は、その後バークレーでのキャリアにとって重要な影響を与えたのである。そして、一九五九年に彼はボールトホール〔カリフォルニア大学バークレー校法学大学院《ロースクール》〕に着任したのである。激動の一九六〇年代において評議会の中でも特に精力的に活動していた構成員の一人であったヘイマンは、一九七四年にカリフォルニア大学の副総長に就任した。そして、一九八〇年に彼は〔バークレーの〕第六代学長《チャンセラー》に指名されたのである。クラーク・カーがバークレーとUCLAにおいて学長《チャンセラー》制度を確立した際の初代学長《チャンセラー》であった。それ以前は、カリフォルニア大学全体の総長《プレジデント》が各キャンパスの長も務めていた。

バークレーは拡大するカリフォルニア大学組織の一キャンパスであったものの、ヘイマンはバークレーが持つ責任を他とは異なるものであると考えていた。つまり、創立時のキャンパスとして、マイノリティ・グループへの大学進学《アクセス》拡大において最も進歩的でなければならないと考えていたのである。デイヴィッド・サクソン総長による一九七九年の指示書は、入学者受入方針《アドミッションズ・ポリシー》の一般的な指標を設定し、各キャンパスが適切であると考える方向へと前進するよう求めている。各キャンパスにはそれぞれ異なる入学者受入れのやり方があるとするこの考え方は、全く新しいものであった。この明快な呼びかけは、マイノリティの〔大学への〕参加を増やし、均衡《パリティ》モデルの達成を目的としていたのである。これを達成する責任は、各キャンパスの学長《チャンセラー》にあったのである。総長室のある指示書には、「これら特別な（アファーマティブ・アクション）取組みの導入に当たっての責任は直接的に大学の九つのキャンパスの学長《チャンセラー》にある」と記されている。この取り組みの目的は、「人口比率以下に処遇《アンダー・リプリゼーション》されている状況を取り除くこと」だった。[16]

　学長《チャンセラー》に就任して最初にヘイマンは、人口比率以下に処遇《アンダー・リプリゼンティッド》されているマイノリティの学生数を増加させることが彼の主要な目標であることを宣言している。そして、彼はその後もこの目標を繰り返し述べている。また、バークレーの長期教育計画は、彼の考えを擁護するものとなっていた。学長《チャンセラー》に就任して最初の年に完成したこの長期教育計画は、過去の計画とは一線を画していた。過去の計画の多くは、どのように教育プログラムを構築していくかや、カリキュラム改革の可能性について模索するものであった。一方で、この新たな教育計画では、アファーマティブ・アクションに焦点を当て、今後入学してくる学生の学問への適応力《アカデミック・ケイパビリティ》を組織的に向上させ、多様化していく必要性について言及していたのである。この計画の中で、バークレーは「生徒の動機付けや進学準備に影響を与える、より広く社会に行きわたっている欠陥を統制することは当然のことながらできない」と記している。「しかし、そのことを意識に入れておけば、学力に基づく入学判定または学業成績の基準を下げることなく、バークレーへの進学《アクセス》やそこでの成功を妨げている組織的な実践が何かについては示すことができる」と記しているのである。[17] その鍵は、キャンパスによるアファーマティブ・アクションの取組みを再編成することにあったと言える。

　そこで、ヘイマンは新たな部署組織として、学士課程部門を設置したのである。そして、その新たな学士課程部門担当の副学長に生物学部教授で、カリフォルニア大学バークレー校ローレンス科学館の前館長であったワトソン・マクミラン（〝マック〟）・ラーチェスを指名し、早急にキャンパス内におけるアファーマティブ・アクションの取組みを調整し、効率的に連絡調整するよう要請した。また、ヘイマンは全般的に入学担当者《アドミッションズ・オフィサー》に対して、マイノリティの家庭出身の学生の流入を促進するよう指示したのである。それに対し、ラーチェスはマイノリティのリクルートを専門に推進するタスクフォース・チームを設置し、バークレーの入学者受入れにとって重要な新たな時代の扉を開けたのである。[18] 一方で、バークレーの新たな学長《チャンセラー》であるヘイマンとラーチェスの下での〔教員を構成員とする〕評議会の関わりは、悲しいことに必要最低限か存在感がない状態であった。そして、カリフォルニア大学の当局と比べると、多くの学部では継続的に一つの関心に集中し続けていた。すなわち、よりテスト得点の高い、より優秀な学生を取ることである。ヘイマンの見方では、評議会やその指導者らは、せいぜい周辺的な取るに足らない相棒か、最悪の場合は潜在的に敵となる存在とさえ見なしていたのである。

一九八一年にラーチェスと入学担当者《アドミッションズ・オフィサー》らは、サクソン総長による指示書を軸とする方針《ポリシー》を策定している。バークレーでは入学者受入れにおける三つの主要なカテゴリーまたは「層《ティアー》」を設定し、学部段階における学生構成の混成割合を組み替えたのである。[19] 概念としては、入学審査に人種優遇措置を組み込むためのいくつかの手段を準備することであった。しかし、結果的には、学生の社会経済的な背景や主観的な要素に依拠した非常に微妙な審査過程となってしまったのである。第一層《ティアー》は、厳格に学力に基づく基準を設定した。この基準では、定員の約五〇%の志願者が入学を許可されている。これは、一九七一年にフランク・L・キッドナーによって作成された全学的な方針《ポリシー》の素案に沿った数値目標である。入学適格性《エリジビリティ》の指標モデルや他の大学で活用されている方法に基づき、バークレーでは、高等学校でのGPA、SAT及び三つの達成度《アチーブメント》テストの結果のみを基に得点を算出する、独自の学力指標を設定したのである。この指標は、GPAとテスト得点におおむね等しい重み付けをしている。

第二層《ティアー》は、志願者の願書をより幅広く検討することに焦点を置いた層《ティアー》である。バークレーへの一般の入学判定の内の五〇–六〇%は、合否の判定に学力指標とともに、それぞれが異なる採点システムを持つ多様な「補完的

表6.3　カリフォルニア大学バークレー校の通常の入学者受入れにおける補完的な第2層《ティアー》のための基準と重みづけ（1980年-1988年）

基準	ポイント	関連する重みづけ
カリフォルニアの住民票	200	15.4%
教育機会プログラム（EOP）（入学適格性が認められるマイノリティ・グループ出身者）	200	15.4%
4年間の数学または3年間の実験科学の履修	100	7.7%
4年間の外国語または2言語教育の履修	100	7.7%
科目Aの免除（補修《リメディアル》英語試験）	100	7.7%
高校3年生特待生コースが提供されていない高等学校出身者	100	7.7%
文章論述《エッセイ》，成績優秀者，社会奉仕活動，そして／または特別な事情	500	38.4%
合計	1,300	100.0%

出典：「バークレー校の新入生の入学判定――1990年代以降の方針《ポリシー》」1990年5月19日

な」基準が活用されている。これらの補完的な基準には、カリフォルニア州の住民票、高等学校での履修科目（たとえば、その生徒はアドバンスト・プレイスメント（AP）コースを履修していたか、彼／彼女の学校では、そのアドバンスト・プレイスメント（AP）コースが提供されていたか等）、そして、音楽や演劇分野における特別な才能を証明するもの等である。第二層《ティアー》では、生徒のEOP〔教育機会プログラム、第5章を参照のこと〕の状況も含まれていた（表6・3参照）。低所得家庭出身のヨーロッパ系アメリカ人が含まれることもあるが、EOP学生の大半は人口比率以下に処遇されている《アンダー・リプリゼンティッド》マイノリティ出自のものが占めていた。一九八〇年には、カリフォルニア大学システム全体で約一五％のEOP学生がヨーロッパ系アメリカ人であった。また、二八％がアフリカ系アメリカ人、三一％がラティーノ・チカーノのアメリカ人、二〇％がアジア系アメリカ人で、三・二％強がネイティブ・アメリカンであった。このEOPで得られるものとしては、第二層《ティアー》の志願者が獲得できる得点全体の一五％程度となっていた。しかしそれに加えて、人口比率以下に処遇されている《アンダー・リプリゼンティッド》マイノリティの入学者数を増加させるための要素があったのである。それはすなわち文章論述《エッセイ》と「特別な事情」を含む、主観的な基準が準備されたのである。それを加えることで、第二層《ティアー》の志願者が獲得できる得点全体の三八％をカバーすることができたのである。

さらに主観的な基準に基づく第三層《ティアー》を通じて入学した学生は、カリフォルニア大学の入学適格性《エリジビリティ》とおそらく主に人口比率以下に処遇されている《アンダー・リプリゼンティッド》グループ出身者を含む一つ以上の特性のみが合否判定に必要とされていたのである。このカテゴリーを通して入学が許可された学生数は、第一および第二層《ティアー》の枠に応じて、年度によってバラつきがあった。[20] 第三層《ティアー》の対象となる生徒は、たとえばアスリート、障がい者、農村出身者、アファーマティブ・アクションの対象となっている生徒（特に、黒人《ブラック》、ヒスパニック、ネイティブ・アメリカン、そして一時期は低所得家庭出身のアジア系アメリカ人も該当）や音楽、演劇やディベート等の分野において特別な才能を持つ生徒である。このうち、三つのグループ、つまり、アスリート、障がい者、アファーマティブ・アクションの対象となっている生徒に関しては、カリフォルニア大学の入学適格性《エリジビリティ》要件が認められれば、入学が保証されていたのである。

バークレーのこうした新たな入学者受入方針《アドミッションズ・ポリシー》は、入学審査の大半を補完的な基準によるものへと傾けていき、それらの基準は、人種や民族性《エスニシティ》に重きを置いたものになっていたのである。〔人口の増加に伴い、高校の成績上位者であるという〕カリフォルニア大学の入学適格性《エリジビリティ》がある生徒がますます増えたことにより、十分な学力を備えた潤沢な志願者集団が生じていた。キャンパスが学生の民族的多様性《エスニック・ダイバーシティ》をさらに高めるようになるにつれ、第三層《ティアー》の枠を増やし、第二層《ティアー》の枠を減らすこともあったのである。たとえば、一九八六年には第一層《ティアー》を通じた入学生枠を五〇％から四〇％まで減らしている。そして、一九八六年─一九八八年の間には、第三層《ティアー》の枠で入学した秋入学の学生の割合は、二八・一％から三八・九％まで増加しているのである（表6・4参照）。また、第二、第三層《ティアー》と特別措置枠の学生は、純粋に学力指標の得点〔Academic Index Score：AIS〕で合否判定される〔第一層《ティアー》の〕生徒よりもバークレーに実際に入学する傾向が高かった。純粋に学力指標の得点で合否判定される生徒は、多くの場合、裕

表 6.4　カリフォルニア大学バークレー校学部入学者受入れにおける層《ティアー》：
合格者および入学可能性（1988 年）

	合格者数	合格者に占める割合	入学率
第 1 層《ティアー》（学力指標得点（AIS）のみ）	3,015 人	39.0%	40.0%
第 2 層《ティアー》（学力指標得点（AIS）＋補完ポイント）	1,260 人	16.3%	49.1%
第 3 層《ティアー》（補完グループ）	3,007 人	38.9%	47.5%
特別措置	449 人	5.8%	62.6%
合計	7,731 人	100.0%	45.0%

出典："Freshman Admissions at Berkeley: A Policy for the 1990s and Beyond," May 19th, 1980

福な家庭の出身者であり、しばしばスタンフォード大学等のより選抜性の高い大学に出願し、入学を許可されていたのである。

ＵＣＬＡの学長《チャンセラー》であったチャールズ・ヤングと彼の部下である事務職員は、キャンパスの多様性《ダイバーシティ》を拡大するために、バークレーと類似した計画を模索していた。一九八一年にロサンゼルス校では、二層《ティアー》による入学判定制度を開始したのである。ＵＣＬＡでは、その後カリフォルニア大学の入学適格性《エリジビリティ》が認められたすべての人口比率以下に処遇されている《アンダー・リプリゼンティッド》マイノリティの学生（アファーマティブ・アクションの対象またはＳＡＡｓ〔学生アファーマティブ・アクション〕プログラム対象者）の入学を許可する制度へと進んでいったのである。この流れは自動的に進んでいった。また、バークレーにおける精巧な入学判定制度も、バークレーと類似した方法が採られていた。同時期に、ＵＣＬＡでは入学に必要な高等学校のＧＰＡを上げ、ＳＡＴや達成度《アチーブメント》テストの得点に重みをつけることで、ヨーロッパ系アメリカ人とアジア系アメリカ人の学力基準を上げたのである。そして、一九八四年にＵＣＬＡは中所得家庭出身のマイノリティの入学者受入れを拡大するために、主にヨーロッパ系アメリカ人やアジア系を背景に持つ低所得家庭出身の入学者受入れを減らしたのである。そこでは、主な関心は経済的困難を犠牲にして、民族性に集まっていたのである。[21]

一九九〇年に、ロサンゼルス校では、この二層《ティアー》による入学審査を飛躍的に拡大していった。文理学部〔College of Letters and Sciences〕の入学生の約五〇～六〇%が、GPAやテスト得点の指標に基づく「学力順位」によって入学が許可されていたのである。またその他の志願者に関しては、この学力順位と次の三つの補完的な基準に基づいて選抜されていた。すなわち、①多様性《ダイバーシティ》（例：民族的《エスニック》アイデンティティ）、②困難（障害、教育上の恵まれていない状況《ディスアドバンテージ》や低所得）、そして③特別な才能、関心や経験である。[22] UCLAでは、人種と民族性《エスニシティ》を特別に重視するようになったのである。たとえば、一九九四年にはカリフォルニア大学の入学適格性《エリジビリティ》のある志願者でUCLAの新一年生のクラスに出願したのは二一、〇〇〇人である。しかし、そのうち入学を許可されたのは、わずか九、八六〇人で、これは全体の四六%の合格率であり、そこから実際にUCLAに入学するのはその半分であることが予測されていたのである。入学者受入れの決定は、アフリカ系アメリカ人やチカーノ・ラティーノのアメリカ人家庭出身で、カリフォルニア大学の入学適格性《エリジビリティ》が認められる生徒に対して、経済的な困難とは関係なく、追加で重みをつける得点システムに基づいて行われていた。UCLA全体では、六、八〇〇人（六九%）の合格者が、厳格な学力基準に基づいて入学が許可されていたものの、これらの学生の多くは、ヨーロッパ系アメリカ人とアジア系アメリカ人であった。その一方で、アフリカ系アメリカ人とチカーノ・ラティーノのアメリカ人で純粋な学力基準に基づいて合格した者は、それぞれ全体の一・一%と四・七%しかいなかった。その大半を占める二一、一四〇人の生徒は、主に民族性《エスニシティ》を理由に、他のカリフォルニア大学の入学適格性《エリジビリティ》のある生徒よりも多くの生徒が入学が許可されていたのである。[23]

バークレー及びUCLAによるマイノリティの入学者数の拡大へ向けた取組みに対する援助となったのは、一九八五年にカリフォルニア大学全体で導入された新しい「複数出願《マルティプル・ファイリング》」による出願制度である。かつて志願者は一枚の願書にそれぞれ第一、第二、第三希望のキャンパスを記入していた。一方、新しい制度の下では、志願者は、各キャンパスに別々に出願したのである。しかし、第一志望のキャンパスに落ちてしまった生徒の保護者からの批判を受け、議員グループからはこれに代わる入学者受入制度の開発を求める政治的圧力もかけられていた。その背景には、優秀な学生の多くが第一希望のキャンパスから不合格を通知されており、その多くがバークレーやＵＣＬＡだったからである。さらに、彼らの第二希望の多くは、たとえばサンタバーバラ校やサンディエゴ校であったものの、いずれも再出願不可となっていたのである。一九八〇年代中頃まで、これらのキャンパスでは、再出願を行った志願者をごくわずかな人数しか受け入れておらず、または数年にわたり、カリフォルニア大学の入学適格性《エリジビリティ》のある学生を不合格にしていたのである。そのため、非常に優秀な学問的資質のある志願者の多くは、第三希望、または第四希望のキャンパスにしか合格できなかったのである。その結果、志願者やその家族は、カリフォルニア大学が有効な選択肢を与えず、代わりにその他のランキングで上位の大学または多くの場合、非常に授業料の高い私立大学への出願を検討するように強要されたと感じていたのである[24]。

この新たな出願制度は、学力レベルの最も高い志願者に対して、より多くの選択肢を与える制度となり、さらには各キャンパスにとっては多様性《ダイバーシティ》を確保するために導入された制度であった。そして、最も高い学力の高校卒業生もバークレーとＵＣＬＡの両方に合格するようになったのである。同時に、マイノリティ出身の志願者数も明確に増加し、キャンパス間でこれらの優秀な学生の獲得競争を促したのである。しかし、この複数記入はいくつかの課題も浮き彫りにしている。志願者にとって、複数出願《マルティプル・ファイリング》制度は、より多くの選択機会を与えた。実は、各志願者が出願するキャンパス数は、各民族《エスニック》グループによって著しく差が生じていたのである。一九九〇年には、平均的な家庭のアジア系アメリカ人の生徒は四つのキャンパスに出願している。そしてそれとは対照的に、平均的な家庭のチカーノ・ラティーノのアメリカ人の生徒は、わずか一・二校にしか出願していなかったのである。つまり、生徒の社会経済的な状況とキャンパスへの出願数に相関が見られたのである。学校教育、カウンセリング、文化的差異やその他の要因を反映して、低所得家庭出身の生徒はできる限り出願数を最小限に抑える傾向が見られ、特に実家に近いキャンパスに出願していたのである。

複数出願《マルティプル・ファイリング》制度は、その後の出願者数を劇的に増加させ、各キャンパスに対して膨大な業務量をもたらすことになった。これは代わりに入学者受入れの決定により重きを置いていた入学判定の手続きにも重要な変化をもたらした。カリフォルニア大学のシステム内において、出願数は一九八〇年の四八、〇〇〇件から一九九〇年には一気に一六八、〇〇〇件以上にまで拡大し、二五〇%の伸びを見せた。バークレーやＵＣＬＡでは、一九八六年に二〇、〇〇〇件を超える学士課程への願書を受け付けており、その後も年平均約一、〇〇〇件ずつ増加していったのである。これに比べ、スタンフォード大学やハーバード大学への出願者数は、それぞれ一六、〇〇〇件か一四、〇〇〇件程度だったのである。

そして最後に、この複数出願《マルティプル・ファイリング》制度は、カリフォルニア大学の入学適格性《エリジビリティ》が実質的にある生徒とされながらも、カリフォルニア大学から不合格通知を受け取る生徒数を増加させていった。一九八八年にバークレーとＵＣＬＡでは、新一年生として出願したカリフォルニア大学の入学適格性《エリジビリティ》のある志願者を不合格にしており、これは約三人に二人の割合である。当時の『ロサンゼルス・タイムズ』〔*Los Angeles Times*〕の記事の中で、ラリー・ゴードンは「今年は記録的な数の志願者がカリフォルニア大学からあぶれた」と説明し、「カリフォルニア大学バークレー校やＵＣＬＡを目指している、高等学校での評定成績が最も優秀であった数千を超えるさらに多くの志願者が第一志望のキャンパスから不合格となるだろう」と記している。[25] これらの生徒はカリフォルニア大学システムへの進学が保証されているか、学年末には入学者受入れの可能性のある生徒たちである。入学するキャンパスへの再配置が行われた生徒は、平均して入学審査の最後の方になるまで入学許可が下りず、その多くがすでにその時点で秋学期やセメスターに間に合わなかったり、すでに他のカレッジへの入学や、大学進学を遅らせることを決定していたりしていたのである。[26] 一九八六年には、カリフォルニア大学の入学適格性《エリジビリティ》のある生徒で再配置枠に振り分けられたのは約四、〇〇〇人にものぼった。そして、カリフォルニア大学に入学したのはわずかな割合のみであったのである。[27]

人口比率以上に処遇されている《オーバー・リプリゼンティッド》アジア系アメリカ人の事例

新たな入学者受入方針《アドミッションズ・ポリシー》を形成する際に、バークレーとUCLAでは、マイノリティ出身者の入学者受入れを拡大させるために、批判を受けた際も公的にも認められる説明が可能なアプローチを考案している。しかし、バークレーとUCLAは、バッキー訴訟において言い渡された法的見解なのではあるが、入学判定において、果たして人種をその他多くの要素のうちの一つにしていたのだろうか。または、人種と民族性《エスニシティ》は、他の同等の要素の中で第一の要素になったのだろうか。

一つ、確実に言えることがある。一九八〇年代を通じたUCLAとバークレーにおける入学者受入方針《アドミッションズ・ポリシー》の展開は、より民族的《エスニック》に多様な学生人口を創出したということである。この偉業を達成する上で、両キャンパスは全国的な動向とは逆行するような取組みを行ったのである。一九六〇年から一九七七年までの間に、アメリカのカレッジや大学《ユニバーシティ》に入学したマイノリティ出身者数は、六・四%から一三・八%まで上昇したのである。そのうち、新たなマイノリティの在籍者で最も多かったのがアフリカ系アメリカ人であった。しかし、それまで増加していたアフリカ系アメリカ人、ヒスパニック系やネイティブ・アメリカンの入学率は、一九八〇年代初頭には、特に選抜性の高い大学において横ばいの状態となり、その後若干の減少傾向が見られたのである。たとえば、ハーバード大学ではマイノリティ出身者の在籍者数は七%減少している。またコーネル大学では約一〇%の減少が見られたのである。

一方で、バークレーとUCLAやUC全体の九つのキャンパスでは、一九八〇年代を通じてマイノリティ出身の入学者の増加を経験している。たとえば、一九八〇年から一九九〇年の間にバークレー・キャンパスではマイノリティ出身の入学者数は、全体の約四〇%から六〇%へと増加している。一九八〇年に入学した学生のうち、アフリカ系アメリカ人は五・二%だったが、一九九〇年にはその割合が一一%近くまで上昇したのである。また、チカーノ・ラティーノの入学者は、六%から二〇%近くまで拡大している。ネイティブ・アメリカンについては伸びが少なく、〇・三%から一・八%であったが、これは一部に全人口に占めるその割合が低いためである。

このマイノリティ出身の入学者が飛躍的に拡大した背景には、当時の学長《チャンセラー》であったヘイマンによる入学者受入方針《アドミッションズ・ポリシー》の改革があったと言える。その他の理由としては、移民や一部のマイノリティ・グループにおける高い出生率に支えられた、当時のカリフォルニア州全体におけるマイノリティ人口の急速な増加にあったと言える。カリフォルニア州の高等学校における生徒の多様化は、他の州では見られないほどの割合で進んでいたのである。しかし、バークレーにおいて入学者数が増加しなかった唯一のマイノリティ・グループがアジア系アメリカ人であった。一九八〇年には、すでにバークレーの新一年生におけるアジア系アメリカ人の割合は二三%を占めており、これは州全体に占める割合よりも多かったのである。しかし一九九〇年には、彼らの人口は増加していたのにもかかわらず、その割合は二〇%へと減少したのである。アジア系アメリカ人は、カリフォルニア大学においてはアファーマティブ・アクションの最初の受益者であった。そして一九八〇年代初頭にはほぼ間違いなく被害者であったのである。

それでは、バークレー・キャンパスはヨーロッパ系アメリカ人の方を好んで、アジア系アメリカ人の入学者数を減らすために新たな入学者受入方針《アドミッションズ・ポリシー》を打ち出したのだろうか、と関心の高いアジア系アメリカ人グループは主張した。アジア系アメリカ人に対して不均衡な影響のある方針《ポリシー》であれば再検討の余地があったものの、そこには決してヨーロッパ系アメリカ人を選り好んでアジア系アメリカ人を排斥するような制度的動きは全くなかったのである。それでは、アジア系アメリカ人とヨーロッパ系アメリカ人の双方を減らして、人口比率以下に処遇されている《アンダー・リプリゼンティッド》グループ出身者を増やそうとしたのだろうか。その答えはイエスである。後に出されたカリフォルニア大学全学の評議会によるバークレー校の入学者受入方針《アドミッションズ・ポリシー》に対する評価では、「公平《フェア》で衡平《イクイタブル》な入学者受入方針《アドミッションズ・ポリシー》は不要である。我々が強く求めているのは、中立的なものである」と記しているのである。[28]

先にも述べたように、バークレーの執行部では、一九八〇年代初頭に開始された入学者受入方針《アドミッションズ・ポリシー》において一連の調整を行っていたのである。これらの調整には、第一、二、三層《ティアー》による入学者受入れのカテゴリーの開発も含まれていたのである。まず始めに、この制度はアジア系アメリカ人を救ったと言える。バークレーの入学担当者《アドミッションズ・オフィサー》は、アジア系アメリカ人をアファーマティブ・アクションの対象として認識していた。そのため、彼らはＥＯＰ〔教育機会プログラム、第5章を参照のこと〕の対象者に追加のポイントが付与される第二層《ティアー》による補完的な入学審査の恩恵を受けていたのである。さらに、アジア系アメリカ人は、人種的マイノリティとして第三層《ティアー》の基準の下でバークレーに入学することもでき、マイノリティ出身者向けのアウトリーチ活動や支援プログラムの対象にもなっていたのである。

しかし一九八四年には、当時の均衡《パリティ》モデルを達成させることに苦慮していた大学当局は、アジア系アメリカ人を人口比率以下に処遇されている《アンダー・リプリゼンティッド》グループのリストから外したのである。それにより、多くのアウトリーチ・プログラムは、主にチカーノ・ラティーノやアフリカ系アメリカ人のためのプログラムとなったのである。また多くのＥＯＰプログラムは、少数の人種・民族《エスニック》グループの人々にとっては、未知の文化的な環境下で、この単一プログラムが安らぎの場所を提供するだろうという発想を一部に反映して、人種特有のプログラムとなっていたのである。また、一九八四年より、大学当局は新たに黒人《ブラック》、チカーノ、ラティーノ、フィリピーノやネイティブ・アメリカンの入学者数を増加させる目標を立てている。各キャンパスでは、原則として一九八四年から一九八九年までの五年間で、その入学者数を二倍にすることを求めていたのである。一方で、アジア系アメリカ人やヨーロッパ系アメリカ人に対しては同様の目標は掲げられなかったものの、バークレーが有する受入体制が安定していたため、暗黙の内にその数を減らす必要性があるという考えが広まっていたのである。[29]

カリフォルニアの高等学校におけるアジア系アメリカ人の学問的成功と特に数学のＳＡＴ得点が高いことは、カリフォルニアの人口に対する彼らの人口割合を過剰に超過した入学者受入れが可能になった主な理由であった。その多くは第一層《ティアー》に基づいて入学許可が出せるほどであった。しかし、バークレーにおけるアフリカ系アメリカ人やチカーノ・ラティーノの入学者数を拡大させる取組みが進められている最中に、アジア系アメリカ人支援団体は、アジア系アメリカ人の入学者数の明らかな減少を指摘したのである。一九八三年にはバークレー校の新入生の実に二六・九％を占めていたアジア系アメリカ人学生が、一年後にはわずか二四・一％に減少していたのである。[30]しかし、一九八四年にはより顕著な減少を記録している。バークレーの入学担当者《アドミッションズ・オフィサー》は、アジア系アメリカ人を家庭背景に持ちカリフォルニア大学の入学適格性《エリジビリティ》のある学生のうち四七・四％に入学を認めたものの、翌年には三四・四％しか入学を認めなかったのである。このバークレーの入学審査における優先事項の変化に伴い、ヨーロッパ系アメリカ人の合格率も六一・一％から四八・一％まで落ちたのである。[31]

カリフォルニア大学バークレー校のワン・L・リンチー教授は、この学生数の減少を不安視していた。ワンは、バークレーにおける入学者受入れについて話し合うために湾岸《ベイ》エリアのアジア系アメリカ人コミュニティにおいて影響力のある指導者らを招集している。この集まりは、一九八四年後半には、湾岸《ベイ》エリアの弁護士であった、リリアン・シングとケン・カワウチを共同代表とする、大学入学者受入れに関するアジア系アメリカ人・タスクフォース〔Asian-American Task Force on University Admissions：AATF〕の形成へとつながった。ＡＡＴＦは、バークレーの入学担当部署《アドミッションズ・オフィス》からの情報を要求し、キャンパスやメディアからの注目を集めるために、数件の告発を行ったのである。[32]彼らは、アジア系アメリカ人の数を減らすことを目的として新たな入学者受入方針《アドミッションズ・ポリシー》が構築されたことに関して、バークレーの幹部を告訴したのである。特に、アジア人をＥＯＰから外したことは不当であり、ＥＯＰを経済的な階級や困難を本質的に考慮していない、完全に人種に基づくプログラムにしていると主張したのである。さらに、バークレーにおける第二層《ティアー》の補完的な基準は、その多くが移民の家庭出身であるにもかかわらず、アジア系アメリカ人に対する認識が明らかに歪めていると主張したのである。ＡＡＴＦは、バークレーが「四年間の大学準備英語、四年間の外国語または二年ずつで二つの外国語、科目Ａの免除（ただし、補修の文章作成科目《ライティング・コース》の履修を求める）、指導力《リーダーシップ》、個性《キャラクター》、動機《モチベーション》や成果《アカンプリッシュメント》の証明」を要件として求めることは、「近年の移民にとっては不公平《アンフェア》である」と主張したのである。その根拠は数字に表れていた。アジア系アメリカ人の学士課程への在籍率は、二年間で二五％減少したのである。

またＡＡＴＦは、ＳＡＴにおける言語能力《バーバル》の得点が重視され過ぎているのではないかと考えていた。特に、移民グループ出身のアジア系アメリカ人は、このテスト領域では月並みか、多くの場合は低評価だったからである。これを受けバークレーでは、「社会の信頼を維持」するために入学者受入方針《アドミッションズ・ポリシー》を変える必要が生じたことが示されたのである。そしてＡＡＴＦは、学内にタスクフォースを設置し、そこでアジア系の代表者が「動機《モチベーション》を形成し、観察し、そして評価する」ことを推奨したのである。[33]

全国的な報道では、まずはバッキー訴訟について報道し、その後ＡＡＴＦによるバークレーにおける人種的な偏見に対する告訴について報じられたことで、カリフォルニアに住む多くの人々に比較的新しい意識が生み出されることになったのである。アファーマティブ・アクション、人種や民族性《エスニシティ》は、間違いなく公共資源および大学教育や名門キャンパスにおいて、より大きな包摂《インクルージョン》を実現するために利用されていたのである。そして、今では大学当局による排除《イクスクルージョン》の手段として利用されているように見える。一九八〇年代を通じて、記録的な数の願書が大学に届く中、世論の批判はさらに高まり、同時にアジア系アメリカ人コミュニティのみならず、その他の利益団体からも入学者受入方針《アドミッションズ・ポリシー》の再検討への要求も高まっていったのである。しかし、大学幹部は基本的には入学審査の詳細に関する公の対話には躊躇していたのである。

この世論からの批判を受け、バークレーの関係者は、一九八五年に仮入学制度を追加で導入した。これはほんの惜しくも入学できなかった生徒に対し、キャンパスの公開講座《エクステンション・プログラム》を通じて単位互換が可能な科目を履修することができる仮の学籍を与えたのである。生徒は、最初のセメスターでこれらの科目を履修し、十分な評定成績を修めた場合に正規の学生として入学することができるものである。これは、私立大学で長年利用されてきたモデルでである。この安全弁は、多くの生徒に再度機会を与え、バークレーの入学者数を安定させたのだが、本質的にそれはさまざまな理由でドロップアウトした学生を補充するためのものだった。[34]しかし、この仮入学ルート以外に関しては、ヘイマン学長《チャンセラー》とバークレーの事務職員らは、彼らの計画に従い、自分たちを守るための戦略を準備したのである。

カリフォルニア大学の入学者受入れについて、バッキー判決以降の方針《ポリシー》に対する初期の集中して行われた批判について説明する際に、このような酷い議論へと発展していった文脈を考慮することが大切である。高等教育市場の中で、アファーマティブ・アクションをめぐる議論は、急速に選抜性が高くなった比較的少数の大学に集中していた。一九八五年時点で、バークレーとＵＣＬＡは、大規模で最も優秀なカリフォルニア大学のキャンパスであった。二つのキャンパスを合わせて五五、〇〇〇人の学生を受け入れていたのである。しかし、それはカリフォルニア州の公立高等教育システム全体では、わずか三％の在籍率であった。カリフォルニア大学の入学適格性《エリジビリティ》のある生徒は、威信が高まっていた他のカリフォルニア大学のキャンパスへの進学《アクセス》が可能であったのである。四つの他のキャンパスである、サンディエゴ校、サンタバーバラ校、デイヴィス校、アーバイン校は、アメリカにおける約一〇〇のトップ大学グループであるアメリカ大学協会〔American Association of Universities：AAU〕に最終的には選出される。そのため、バークレーとＵＣＬＡから不合格になったということは、決してカリフォルニア大学から不合格になったという意味ではないのである。大学では、入学適格性《エリジビリティ》基準を設定し、キャンパスへの進学《アクセス》を保証していたものの、それは必ずしも志願者が第一志望のキャンパスに入学できるというものではなかったのである。しかし、この社会契約の側面は、特にその多くが移民出身という背景を持ち、社会経済的な移動と地位への文化的な駆動に影響を受け、湾岸《ベイ》エリアに住む、学術的に優秀なアジア系アメリカ人を含む、カリフォルニアの多くの人種グループにとっては無関係なものであった。特に、バークレーの名声と地域的な進学《アクセス》可能性は、カリフォルニア大学の入学適格性《エリジビリティ》のある学生を受け入れるよりも不合格にしていたキャンパスへの進学《アクセス》を求める大きな需要をもたらしたのである。

カレッジ卒業生の所得と社会的地位に関する研究では、特に学部レベルにおいて言えば、名門大学卒業と経済的な成功との相関はあるものの、とりわけ高所得や中所得家庭出身の学生については、一般的に誇張されていることが明らかになっている。[35] これは決して名門大学を卒業することが卒業後の雇用や大学院への進学に役立つことを否定するものではない。特に雇用の実態としては、最もよく認識される利点は、評判の高い教育プログラムの質または、現代的に言うところの「銘柄」大学から得られるものではない。おそらく最も影響力があるのは、社会経済的に上流の裕福な家庭出身の生徒の入学と「文化資本」（たとえば、高学歴の親で、子どもに対する期待が高い家庭）との間には高い相関関係があると言える。また、地域的に考慮しなければならない点も存在する。大西洋沿岸の東部及び中部地域では、選抜性の高い大学の多くは私立である。これらの大学機関に在籍する社会経済的背景の高い学生の割合は、選抜性の高い少数の公立大学よりも明らかに高いと言える。そして、ほとんどの生徒の入学を許可している公立の高等教育機関が多い西部の州では、名門大学であるということはあまり意味を持たないのである。[36]

バークレーとＵＣＬＡへの進学《アクセス》に対してある民族《エスニック》グループが非常に高い需要を持っていることが不当であるとされた理由として、カリフォルニア大学がどこかのキャンパスへの入学を約束していたことと、どのキャンパスから卒業しても個人的な利益が与えられるということが一般的に誇張されていたためではないかと主張することができる。さらに、これまでの章においても検討してきたように、カリフォルニア大学によるこの社会契約をこうして開発や導入をし、形づくった人々自体が、バークレーを含むカリフォルニア大学のどのキャンパスにおいても、特別にどこかのグループからの志願者、たとえば特定のテストで良い得点を取った志願者等を受け入れることは意図していなかったのである。このような個人業績《メリット》〔狭義の学力を指す〕に対する狭い視野は、本質的に社会を形成する動的な主体としてのカリフォルニア大学の元来の目的を変えてしまうのである。

このような微妙な真実や憶測は、当然政治的な言説を変えることはなかった。衡平《イクイタブル》な社会的目標を達成するための広い関与は、志願した銘柄大学から不合格通知を受けるという現実に直面していた個人の苦難への犠牲となったのである。ここが最も重要な局面であったのである。一九八八年に、当時のＵＣＬＡの入学担当部署《アドミッションズ・オフィス》長であった、レイ・リー・シポリンは、「ＵＣＬＡからの不合格は、たとえカリフォルニア大学においてあまり人気のないキャンパスに入学できたとしても、時に怒りや悲しみや訴訟への恐怖の感情を引き起こした。それは同時に、多くの重圧や不幸せな感情と恨みをも生み出した」と説明している。また、同じ年にＵＣ全体の入学者受入れとアウトリーチ活動の部門長を務めていたエドワード・アポダカは、「（ＧＰＡで）四・〇〇を取り、卒業生総代で、クラス代表であった生徒に対して、他の志願者の方がより入学の資質があると伝えるのは本当に辛かった」と述べている。[37]また、当時の学長室総務部長であったジョイス・ユストゥスは、「我々は卒業生や激怒した親から、多くのアジア系のせいで自分たちの息子や娘が合格することができなかったと訴える手紙をいつも受け取っていた」と述べている。[38]さらに、優秀な生徒でデイヴィス校やサンタバーバラ校の工学部への入学を目指していた者も、不合格になったことを受け、大学による進学《アクセス》の約束は無駄に終わったとの認識を示していたのである。

　一方で、ＡＡＴＦは、アジア系アメリカ人の代わりに誰かが不合格になることは棚に上げ、バークレーがより多くのアジア系アメリカ人を受け入れ、入学させるべきであると主張していた。しかし、バークレーでは、人口比率以下に処遇されている《アンダー・リプリゼンテッド》グループからより多くの志願者を受け入れるための入学審査を明確に設計していたのである。それに対し、ＡＡＴＦの構成員は、バークレー幹部の本当の動機がヨーロッパ系アメリカ人を増やすことにあったのではないかと追及したのである。当時のタスクフォースの構成員であったヘンリー・デアは、補完的な基準が入学者受入れの決定において「自由裁量」を与え過ぎており、「アジア系アメリカ人の不利益」を引き起こし、「その入学者数を抑えるために操作されていた」のではないかと記している。ＡＡＴＦの共同代表であったケン・カワウチは、バークレー幹部あるいは学長《チャンセラー》がバークレーの「白人中心」を維持したかったのではないかと記している。[39]アジア系アメリカ人による支配への不安こそがバークレー幹部の動機を高めたのではないかと推測していたのである。アジア系アメリカ人の差別に対する同様の非難が、ハーバード大学、プリンストン大学、ブラウン大学、スタンフォード大学やＵＣＬＡにおいても高まっていったのである。そして、一九八八年にアメリカ合衆国連邦政府司法省では、ハーバード大学とＵＣＬＡにおける入学者受入れのやり方に関する精査を開始している。また、同様の入学者受入れの見直しは、バークレーやその他の大学においても、アメリカ合衆国連邦政府教育省管轄の公民権局からも要求されていたのである。

当時の入学担当部署《アドミッションズ・オフィス》長であったバド・トラヴァースや学生課程担当の副学長であったラーチェスらの大学幹部は、入学審査を保持しようと試みた。彼らは、バークレーが人口比率以上に処遇されている《オーバー・リプリゼンティッド》グループからの入学者を減らすようなあからさまな行動はとっていないと述べたのである。また、バークレーのヘイマン学長と全学のデイビット・ガードナー総長も同様の声明を発表している。そこで、一九八八年三月には、ＡＡＴＦの構成員、ガードナー総長、ヘイマン学長、ラーチェス、カリフォルニア大学理事であったヨリ・ワダ、そしてサンフランシスコにあるカリフォルニア大学医《メディカル》系キャンパスの学長《チャンセラー》であったジュリアス・クレヴァンスを含んだ構成員による会議が開かれたのである。この会議で大学幹部らは、誇張されたことが拡大することを鎮めさせるとともに、ＡＡＴＦとの対話を求めた。一方で、タスクフォースの構成員は、カリフォルニア大学が手に負えない状態にあるとして、理事会と州議会議員をそれぞれ別々の日程で招集し、バークレーの入学者受入れに関する聞取りを行なうことにしたのである。彼らの目的は、議論の場により政治的に強力な参加者を増やすことにあったのである。

同時に、サンフランシスコを拠点とする議員であった、アート・アグノスとバーバンク（カリフォルニア州ロサンゼルス郡の都市）の上院議長代行であったデイヴィッド・ロベルティは、州監査役によるバークレーの入学者受入方針《アドミッションズ・ポリシー》を見直すための詳しい精査を求めた。監査役による調査報告書は、一九八一年から一九八七年までの入学者受入れを検討している。彼らの結論はこうである。アジア系アメリカ人の入学率はヨーロッパ系アメリカ人のそれと比較して低かった。しかしその差は小さく、毎年五％以下であった。そして、全体として監査役はどういうわけかこの六年間でアジア系アメリカ人八三人が追加で入学すべきであったと結論付けたのである。そして、その報告書は基本的にＡＡＴＦによる告訴を棄却したのである。しかし、監査役による調査は、バークレー校に対しても厳しい批判を行っている。それは、第二層《ティアー》対象の志願者の選抜《セレクション》が明確な基準を欠いており、カリフォルニア大学はその入学審査をより明確に社会に対して説明する必要があると指摘したのである。[40]

監査役による報告書に基づき、一九八八年初頭に大学理事会は、カリフォルニア大学リバーサイド校に集まり、バークレーにおける入学者受入れに関する話し合いが持たれた。バークレーの副学長であったロデリック・パークと入学担当部署《アドミッションズ・オフィス》長であったトラヴァースは、頑としてキャンパスを守った。パークによれば、バークレー校はアジア系アメリカ人の入学者受入者数を減らすようなことは行っておらず、ただ総長室から出されたガイドラインに基づいて、多様性《ダイバーシティ》を高めるために入学者受入制度を形成しただけである、と説明したのである。バークレーは何も謝罪することはなかったのである。

パークもトラヴァースもともに一致しない意見に対する回答は準備していなかったが、ヨリ・ワダ、ディーン・Ａ・ワトキンスとフランク・Ｗ・クラーク・ジュニアの各理事から質問を受けた。ワダは、アファーマティブ・アクションの強力な支持者であった。ワトキンスとクラークはともに保守主義者であり、大学によるアファーマティブ・アクションの利用について強い懸念を示していた。また、三人の理事全員が、特に第二層《ティアー》における補完的な基準について、バークレーの入学者受入れのアプローチを批判したのである。バークレーでは、入学者受入れの決定に活用する学力指標の一、三〇〇ポイントのうちの五〇〇ポイントを占める「特別な事情」の利用をどのように正当化したのだろうか。パークは、バークレーにおける入学者受入れには深く関与していなかったのである。また、トラヴァースも、それは志願者の願書次第であると述べ、曖昧な回答に終始していたのである。この点からも、バークレーにおける補完的な入学判定基準の利用は、説明が困難であったと言える。パークとトラヴァースはともに過度に保身的なように見えていたのである。

ヘイマン学長は理事会に対して、このバークレーの事例について自ら報告を行わなかった。長い出張で疲れが出ていた学長《チャンセラー》は、この非常に難しいお題を、当時意欲的で熱心なパーク副学長に一任したのである。[41] これまでカリフォルニア大学理事会も総長《プレジデント》も、入学者受入れの決定については、大学側や各校の自律性に頼っていたのである。彼らにとっては、バークレーの入学審査のすべての側面が白日の下に晒される必要はないと考えていたようである。彼らとガードナー総長は、理事会がバークレーを支援してＡＡＴＦとの対立を収束させることを期待していた。しかし、実際には火に油を注ぐ結果となってしまったのである。

アジア系アメリカ人の代表者は、ガードナーと面会し、バークレー校による主観的な選抜基準が不公平《アンフェア》であるとして、その利用を中止するよう求めたのである。最も優秀な生徒が合格するべきであり、テスト得点と高等学校での評定成績が最も正当な基準であると主張した。他方で、予想どおりに、ラティーノ系の代表者は異なる視点からの主張を展開したのである。彼らは比率に応じた代表性に基づく入学許可を求め、カリフォルニア大学にその実現を求めたのである。ラティーノ系活動家は、ガードナーに対して、「我々は州全体の人口の二六％を占めている。そのため、新一年生の入学者の二六％も我々が占めるべきである」と主張したのである。[42] ガードナーは、今後大学がカリフォルニア大学の入学適格性《エリジビリティ》のある学生を拒むことはないと繰り返し訴えた。しかしこの訴えは、バークレーやＵＣＬＡへの進学《アクセス》に対する強い関心を逸らすことには失敗したのである。

ＡＡＴＦからの要求に応え、州下院教育委員会議長であったトム・ハイデン議員は、バークレーでの入学者受入れについて話し合う公聴会を開いた。かつてミシガン大学の学生として、ハイデンは急進的な団体「民主社会を求める学生組織」（Students for a Democratic Society：SDS）の設立に関わっていた。一九六二年に、彼はかの有名なポートヒューロン宣言（一九六二年にＳＤＳが発表した参加型民主主義を提唱した宣言）を起草し、ニューレフトの理想主義を表現した。そして、一九六〇年代初頭には、彼はアメリカ南部やニューアーク（ニュージャージー州最大の都市）の黒人《ブラック》貧困地区で公民権運動に参加している。その後、彼は自らの政治的なキャリアをカリフォルニアへと移し、州知事への立候補の可能性も含む、彼の信念と政治的な野心と合致するような論争に身を投じる機会を模索していたのである。

ハイデンは、カリフォルニア大学に対する強力な批判家であり、特にマイノリティの入学に関して進展が見られないことに対して批判的であった。バークレーを厳しく批判するために彼が公聴会の場を利用するだろうという兆候が見られた。ハイデンの委員会は、ヘイマン学長に対して、学長自身による証言を求めた。特に入学者受入れの課題に関して学長《チャンセラー》を支援するために、学長室付きの助手役に任命されたパトリック・ハヤシは、このヘイマンによる証言の準備を手伝っている。ハヤシは、バークレーにおいて、学生、そして事務職員として長い経験を持っていた。一九八〇年代初頭には、彼は貧困やマイノリティの家庭出身の学生に特化したアウトリーチ活動を担当し、バークレーにより多くの人口比率以下に処遇されている《アンダー・リプリゼンティッド》学生を呼び込む方法を考案するために組織されたタスクフォースにも関わっていたのである。

一九八八年一月、ヘイマンはハイデンの委員会に出席し、アジア系アメリカ人の関連事項について精査するための特別委員会の設置を宣言した。この委員会はバークレー校図書館長であった、ジャニス・コヤマが委員長を務め、ノーベル化学賞受賞者である、リ・ユエンチェー〔李遠哲〕教授を含む構成員によって構成されていた。また、ヘイマンはバークレーの入学者受入方針《アドミッションズ・ポリシー》を点検するための入学者受入調整委員会の設置も計画していたのである。しかし、学長《チャンセラー》は、そこで止まらなかったのである。彼は、「我々は直面する課題に対してもっと慎重であるべきであった。それら今私が見ているほど明瞭に現れていなかったが、バークレーは、よりオープンで、保守的でないように振る舞うことができたはずである。それに関して謝罪したい」と、謝罪の言葉を述べたのである。[43] さらに、ヘイマンは「アジア系アメリカ人の信頼を取り戻し、高められるよう、一緒に協働したい」という彼の願いを表明したのである。[44]

ヘイマンによる声明は、和解の雰囲気を作り出した。当委員会の構成員の一人であった、ロバート・キャンベルは、後に学長《チャンセラー》がハイデンから「すべてをかっさらっていった」と記している。[45] 学長《チャンセラー》が無批判にキャンパスの入学者受入方針《アドミッションズ・ポリシー》を擁護することを予想していたハイデンは、サプライズを計画していたのである。彼のスタッフは、当時のバークレーの入学担当部署《アドミッションズ・オフィス》長であったロバート・ベイリーから、SATの言語能力《バーバル》の最低必要得点を四〇〇点に設定するよう強行する提案を記したメモを引き出し、一九八四年にラーチェス副学長に渡していたのである。想定される目的としては、特に移民グループ出身で言語能力《バーバル》の得点が低い傾向にあったアジア系アメリカ人の入学者を排除するためであったと考えられる。この提案は、当時、多様性《ダイバーシティ》を模索する入学担当者《アドミッションズ・オフィサー》によって案の一つとして検討されたものの、却下されたのである。

ハイデンは、そのメモを公聴会の直前に出席者に公表した。これは新たな陰謀の告発に火をつけることになった。アジア系アメリカ人コミュニティの活動家で、カリフォルニア中等後教育コミッションの構成員であった、ヘンリー・デアは、これを「動かぬ証拠」だと述べ、AATFはトラヴァースとラーチェスをサクラメントでの公聴会の前に解任するよう要求したのである。しかし、公聴会でのヘイマンによるバークレーの入学者受入れの振返りと彼の慎重に計画された謝罪によって、ハイデンによって計画された攻撃は大きく鎮められた。AATFでさえも、ヘイマンによる正式な謝罪と計画の発表後に、改善に向けた対話に対する楽観さを見せたのである。

公聴会後、ヘイマンとバークレー幹部らは、衡平《イクイタブル》な入学審査を形成する際に直面する課題について、よりオープンな議論を開始した。「もし我々が純粋に業績主義社会《メリトクラシー》の考え方にのみに基づいて志願者に入学許可を出す場合、新一年生のクラスのほとんどがアジア系アメリカ人か白人の学生によって構成されることになる」とパークはバークレーの同窓会の会報、『カリフォルニア・マンスリー』〔*California Monthly*〕の中で記している。[46] また、同じ会報の中でバド・トラヴァースは、バークレー幹部らは「人種割当枠の設定には反対していた」と記し、さらに「それをアジア系アメリカ人に対して一度も利用したことはない」と記している。しかし、トラヴァースはバークレーが特定のグループの入学を分配するための方法を考案していたことは認めたのである。トラヴァースは、「我々は最小限の影響に留めるサム・ゲーム〔ゲーム理論の用語で利害のプラスマイナスの総和を合計することを表す〕をしている」と記している。そして、「もしある民族《エスニック》グループ出身者が合格すれば、別の民族《エスニック》グループ出身者は不合格となる。我々は高等学校卒業生の上位一二・五％を相手にしなければならず、アファーマティブ・アクション・プログラムも提供している。これらの二つの事実に加え、アジア系アメリカ人が高等学校卒業時の四倍相当もの時間を費やしてバークレーで学んでいるという事実を踏まえると、実行不可能なモデルが誕生することになる」と述べている。[47] 入学担当部署《アドミッションズ・オフィス》長のベイリーは、もしもキャンパスがＧＰＡやＳＡＴの得点に基づき厳しく入学許可を出す生徒を限定していたとすれば、「ベクテル君〔白人を連想させる名前の例として出されている〕は、カリフォルニア大学バークレー校に入学できただろうか。カイザー君〔白人を連想させる名前の例として出されている〕はどうだろうか。これは、四〇年代、五〇年代において、Ｂ＋の成績を修めるような生徒が、この基準の下では合格できないほどの基準である」と主張したのである。[48]

アファーマティブ・アクションに関する理事会声明

評議会のバークレー支部も、評議会の下のカリフォルニア大学全体の入学者受入委員会であるＢＯＡＲＳも、入学者受入れにおける人種的な嗜好への目覚ましい移行にあまり関与していなかった。たとえば、ＢＯＡＲＳ委員会は、一九七九年に出されたデイヴィッド・サクソン　カリフォルニア大学総長《プレジデント》の指示書を各キャンパスの学長《チャンセラー》や多様性《ダイバーシティ》の重要性を支持していた大学当局の人間に渡さなかったのである。総長《プレジデント》であるサクソンが残したメモには、「多様性《ダイバーシティ》を確立するためには、民族《エスニック》マイノリティについても適切に考慮すべきである」と記されていたのである。[49] さらに、理事会はサクソンの与権証〔各キャンパスに対して裁量を与える総長の指示書〕に則って行動したことはなく、そして、バークレーにおける入学者受入れに関する会議の以前にも、キャンパスでの入学者受入れのやり方に関する議論には参加していなかったのである。入学者受入れに対する厳しい監視の目が向けられる中、ガードナー総長とバークレーの学長《チャンセラー》は、これまでとは異なるアプローチを模索していた。彼らは、理事または可能であれば評議会からの公式な政策決定と関与を求めたのである。

ハイデン議員による公聴会から五ヵ月後、ガードナー総長は、理事会に対して、学部入学者受入れに関する新たな声明を発表するよう求めたのである。その後、総長室では各学長《チャンセラー》に対して「選抜《セレクション》手続きを確立する」ための裁量を与える詳細なガイドラインを考案したのである。ガードナーは理事会に対して、「一九八八年二月に開かれた学部入学者受入れに関する理事会の会議を通じて、入学者受入れに関して、カリフォルニア大学のやり方をより明確にするための方針《ポリシー》が必要であることが明らかになった」と説明している。そして彼が提案した方針《ポリシー》は「カリフォルニアの人々のために体系化することを目的に開発し、大学の各キャンパスにおける入学者受入れを担う実務家に対して、歴史的な取組みややり方について、今日何が書き残されていないのか」を伝えるためのものであったといえる。[50]

ガードナーによる提案は、大学における多様化《ダイバーシティ》の目標の強化につながり、〔二〇〇七年現在〕州議会での可決を待つ高等教育衡平評価法案〔Higher Education Equity Assessment Act、二〇〇九年二月にカリフォルニア州議会で制定。州から資金援助を受ける際、教育機関の実施する諸活動やプログラムが性別による差別を禁止する同州法を遵守していることを保証しなければならないことを定めている〕の文書を反映している。この法案は、既存の法律に対する三度目の改正であり、何らかの形での均衡《パリティ》を実現するために期限を延長してきたのである。詳しく述べると、第一回目は法令遵守を目的として一九八〇年に、二回目は一九九〇年代末に、そして〔二〇〇七年現在〕今回は二〇〇〇年までを目標に設定している。しかし、実際には議会声明とガードナーや大学幹部らによる提案には違いが見られたのである。その違いは、慎重に選ばれた言葉遣いにあった。

一九七四年に制定された元の法律や、多くの大学《ユニバーシティ》の声明や議員による新たな法案では、カリフォルニア州におけるすべての公立高等教育機関が、州内の高校卒業生の多様性《ダイバーシティ》に「近似させる」必要があると記している。カリフォルニア大学は、しばしば「反映」という用語を使っている。しかし、この新たな提案では、意図的に「近似させる」の代わりに、「取り込む」という用語を用いていたのである。前者は、均衡《パリティ》モデルに基づいて、バランスを取ることを暗示しているため、大学での成績を評価するための潜在的に測定可能な目標であると言える。そして、後者は概括的であった。その違いは比較的小さなものであった。しかし、大学幹部らは繰り返し学部段階での入学において、人種的な均衡《パリティ》を実際に実現することの難しさを痛感しており、この取り込むというより一般的な用語は、将来の論争を少しでも和らげるために期待されるツールとして用いられていたと言える。また、理事会の提案も次のような内容であった。

カリフォルニア大学における学部の入学者受入方針《アドミッションズ・ポリシー》は、カリフォルニアの住人に対してカリフォルニア高等教育マスタープランの枠組み内での州の要求によって出されたものである。カリフォルニア大学が果たす貢献とカリフォルニア大学には、公立大学としてその使命を意識し、大学内にすべてのカリフォルニア在住の優秀な志願者を受け入れる、歴史的な責任がある。[51]

理事らは、一九八八年五月に開かれた理事会でこの新たな方針《ポリシー》文書を承認した。ＢＯＡＲＳによる相談協議を受け、カリフォルニア大学全体の大学当局は、一九七一年と一九七九年の課題に取って代わる入学者受入れのための管理運営ガイドラインの見直しに着手したのである。[52]そこでは、三つの主要な要素が、ガードナー総長から各学長《チャンセラー》への指示書の中に組み込まれ、七月に発行されている。この指示書は、各キャンパスに対して、「カリフォルニアの文化的、人種的、地理的、および社会経済的な背景の特性が持つ幅広い多様性《ダイバーシティ》を取り込む」学生集団を入学させるという要件を繰り返し指示する内容であった。総長室は、特別措置による入学者受入れ以外の全入学者のうち、六〇%までを上限として、カリフォルニア大学の入学適格性《エリジビリティ》のある者を「補完的な基準」に基づいて選抜《セレクト》することができるとした。これは、一九七一年における大学の方針《ポリシー》では五〇%であったものを見直したものである。各キャンパスには、文書によってこれらの基準をどのようなものにすべきかが示された。そこでは、三つの基本的なカテゴリーが提供されている。第一のカテゴリーは、特別な才能であり、それを「市民生活や芸術等の特定分野における極めて優秀な指導力、実績やサービス等を証明する、学力基準を超えた関心または経験」と定義している。[53]第二のカテゴリーは、「障害、個人的なトラブル、低所得家庭、難民や退役軍人等を含む、志願者の生活に悪影響を及ぼす」特別な事情である。そして、第三のカテゴリーが、民族《エスニック》アイデンティティ、ジェンダーや居住地である。ガードナーのメモによれば、「これらの要素は、学生人口における文化的、人種的、地理的、および社会経済的な多様性《ダイバーシティ》をもたらすために考慮される」ことが記されているのである。[54]

このガードナー総長が強力に押し進めたことにより、カリフォルニア大学は、その入学者受入手続きにおける明確な一部としてのアファーマティブ・アクションを保持するキャンパスのための、より正式な方針《ポリシー》の枠組みを形成することとなった。また、ガードナー総長が強力に押し進めることによって、入学審査を守るためのカリフォルニア大学の権限が最終的に固められ、方針《ポリシー》を打ち出す役割として、理事会と評議会を引き込むことに繋がったのである。しかし、実際には、理事会や評議会からの正式な支援は受けられず、バークレーは孤立してしまった。基本的には教授陣、特に評議会は、アファーマティブ・アクションをめぐる議論に対して、あからさまな嫌悪感を示していたのである。また、アジア系アメリカ人の入学者受入れに関連する論争は、活動を長期間休止していた評議会を（一時的だとしても）目覚めさせ、入学担当部署《アドミッションズ・オフィス》の支援を受けながら、バークレーの入学者受入れモデルを保持し、再検討し、修正するきっかけをもたらしたのである。

バークレーにおける新たな方針《ポリシー》

バークレーにおける入学者受入れの管理運営の見直しを促したヘイマン学長の計画は、新たに計画されたプロセスの始まりを予感させた。また、ＡＡＴＦによる抗議は、ある程度自然の成行きだったのかもしれない。州議会の上下両院において与党であったサクラメントの民主党議員は、アファーマティブ・アクションの支持を断固として続け、そしてカリフォルニア大学に対して十分な進捗が見られない場合に常に批判する準備ができていたのである。アジア系アメリカ人活動家は、基本的な政治力を行使していたものの、影響力と需要が高まり続けていたラティーノ系議員の党員集会と比較するとその全体的な影響力は弱まっていたのである。バークレーの入学者受入方針《アドミッションズ・ポリシー》は明らかにチカーノ・ラティーノ寄りになっていた。

ヘイマンによるＡＡＴＦとの管理運営に関する見直しと相談協議の約束は、評議会のバークレー部会の常任委員会である、入学者受入れとエンロールメント委員会の行動によって、すぐに影を薄めることになってしまった。熱心なアファーマティブ・アクションの支持者でありバークレーの社会学分野の教授であったジェローム・カラベルが委員長を務めるこの委員会は、キャンパスの入学者受入れの目的と構造をより明確につなげるための報告書を出している。カラベルは、アファーマティブ・アクションの議論における教授陣の役割を再活性化させることを目指しており、実際にそれを始めからヘイマンやその他の評議会の指導者たちからの支援を受けることなく実現している。彼はただ自らの委員長としての立場を利用し、この課題を推し進めたのである。そして、彼はコミュニティ・カレッジが基本的にはカリフォルニア大学からマイノリティや低所得家庭出身の学生を追い払ったと主張する、スティーブ・ブリントとの共著を含む、社会経済的な移動に対する構造的な障害や教育機会に関連する課題に着目した重要な研究論文を数々提出する等、それを実行するために必要な準備を十分に行っていたのである。[55] カラベルの委員会による入学者受入れに関する議論におけるその役割を再活性化するという宣言がなされると、ヘイマンは喜んで、自らの計画を延期したのである。

評議会の組織として、カラベルの委員会は、ＡＡＴＦとの対話に関与する義務は全くなかった。同委員会には、バークレーの入学担当部署《アドミッションズ・オフィス》長のロバート・ベイリーが入っていたものの、入学者受入れの条件を設定する際に、かつては最も権限を持っていた評議会の歴史的な役割からその権限、それはかつて理事会によって評議会へ委譲された権限であったが、それを引き出したのである。カラベルと彼の同僚たちは、バークレーが非常に必要としていた文書を作成したのである。それは、学士課程の入学審査を積極的に正当化する一つの手引書である。

カラベル報告は、過去にバークレー校がとった行動を擁護し、既存の入学者受入れのやり方の改善を提案したのである。カラベルと彼の委員会は、大きな改革を行うことには否定的であった。カリフォルニア大学全体の中で「最も有名なキャンパス」として、そして謙遜を抜きにして、「世界をリードする大学の一つ」として、バークレーはアファーマティブ・アクションを積極的に追求する道を主導していく必要があると述べたのである。

カラベルの報告書は、ヘイマン学長による、より多様な学生組織を構築しようとした試みを称賛している。彼らはその結果は素晴らしいものであったと考えていたのである。[56]バークレーは、現行の方針や、提案されるどのような方針についても、その社会的な重要性を継続的に評価していく必要があった。[57]「絶対に人種割当枠や上限」があってはならず、そして明らかに世論を引きつけるような語調で、報告書ではこのような方針《ポリシー》を「モラルに反しており、違法だ」と記したのである。「バークレーでは、その入学審査が管理するどの基準の下での願書においても差別を容認しない」とも記していたのである。しかし、どの選抜性の高い入学審査においても、何らかのかたちの選別評価《ディスクリミネイト》は必要であり、報告書においても同等に記している。バークレーでは、入学判定において人物評価の実施を避けることはできないと記したのである。

このカラベル報告の核となる提案は、バークレーにおいてすでに実施されている〔第一から第三までの〕層《ティアー》による入学者受入方針《アドミッションズ・ポリシー》の改善である。バークレーによるマイノリティの入学者数を拡大する取組みが「行き過ぎだ」と批判された点に関して、報告書では学力基準のみ（第一層《ティアー》と呼ばれる）による入学を四〇％から五〇％に増やすことを提案している。これは容易に達成できることであり、理事による方針の範囲内であった。二つ目の主要な提案は、かつての第二層《ティアー》と第三層《ティアー》の入学基準と特別措置による入学者受入れを統合し、拡大することで、新たな第二層《ティアー》を設定するものである。この新たな第二層《ティアー》の構造は、バークレー校への志願者のうちの本来、第一層《ティアー》の下で不合格となった残りの五〇％を入学させるためのより複雑で主観的な評価プロセスを形成したのである。新たな第二層《ティアー》では、補完的な情報による評価を求める四つのカテゴリーを設定している。それらは、①多様な試みにおける優れた実績（たとえば、芸術、運動競技、ディベート、演劇、音楽等）、②社会経済的背景および不利な状況、③再出願の学生、④惜しくも不合格となった志願者の再検討である。各カテゴリーで評価者は、各志願者の学力指標スコア（再度、高等学校での評定成績やテストの得点）を考慮すべきであった。

　それでは、どのようにしてこのカラベル報告をどう転換させて、入学者受入れの決定に用いていくのだろうか。〔新たな〕第二層《ティアー》では、入学者受入れのための一〇の「対象」分野が含まれていた。各対象分野は、それぞれのキャンパスが求める人材像を反映して、得点の重みづけが異なっていた。その中で、人種と民族性《エスニシティ》が最も多くの重みを確保していたのである。第二層《ティアー》の約五〇％の学生が、「アファーマティブ・アクション」の対象枠の学生であった。その他、一七％の学生が、社会経済的に不利な学生のカテゴリー枠に入っていた。また、一一％の学生が、「特別な約束」の対象となる学生枠（惜しくも不合格になった第一層《ティアー》の学生で、再審査が認められた学生）であり、八％が「アスリート枠」であった。また、地方の高校卒業者、フィリピン系の学生、および「特別な才能」（音楽や芸術等）を持った学生枠が、それぞれ約五％、三％と二％であった。

　高等学校においてＧＰＡの平均的な生徒や再出願の生徒、障がいを持つ生徒には、全体の一％の対象枠が与えられたのである。つまり、この対象は、「どのグループも今後『完全な保護』（たとえば、カリフォルニア大学の入学適格性《エリジビリティ》要件を満たしていることで入学が保証される等）を受けることはできない」ことを意味していたのである。このことは一度も公開されることがなく、方針《ポリシー》の中でも解読できなかった、カリフォルニア大学の入学適格性《エリジビリティ》のあるすべての人口比率以下に処遇《アンダー・リプリゼンティッド》されているマイノリティ出身の学生の入学を許可していたバークレーの過去のやり方、つまり秘密裏に政治的な影響を受けてその他のカリフォルニア大学の各キャンパスにおいて一九九〇年代中頃まで実践されていたこと、に対する回答であったのである。[58]

カラベル報告は、新一年生の入学者受入方針《アドミッションズ・ポリシー》の透明性が必要であることを示し、「公にその選抜《セレクション》審査の詳細」を示すことを勧告したのである。しかし、最終的な結果は何よりも明確性である。入学審査の構造は、さらに複雑になった。しかし、しばらくの間は、バークレーにおいて見直された入学審査と一九八八年の理事会による声明は、議員の不満を鎮めていたようである。サクラメント内の集会場や新聞記事には、カリフォルニア大学における入学者受入条件を設定することの難しさに対する全般的な理解を示すものが出始めるようになった。デイヴィッド・ガードナーは、理事会の席で、「この課題に対する解決策を持ち合わせていると信じている方たちに申し上げたい。あなた方は課題自体を理解していない。我々はただ自分たちにできることを一生懸命やっているだけなのだ」と皮肉を言ったのである。[59]

深刻な不況の始まりを含むその他の困難が、バークレーやＵＣＬＡの入学者受入れのやり方に関連するかつては至る所で目にした記事に代わるように現れた。デイヴィッド・ガードナー総長も、サクラメントのホール〔州議会の議場を指す〕において顕著になった考えをまとめてごく短く、バークレーへの進学《アクセス》に関する課題はカリフォルニアの人口増加に伴って、カリフォルニア大学も拡大し、より多くの学生を受け入れる必要性があることを背景に薄まってしまったと述べている。一九八〇年代末に、ガードナーは、新たな三つの大学キャンパスの設置の必要性を大胆に示したのである。しかし、当時のカリフォルニアにおける経済の低迷や近年続いてきた公立の高等教育機関に対する州予算の削減は、新しいキャンパスへの投資は現実的ではないとする議論を徐々に呼ぶことになった。カリフォルニア大学とカリフォルニア州立大学では、学生の授業料を上げ、教職員の給与を削減し、カリフォルニア大学では、大規模な早期退職プログラムが開始されたのである。これは長期的な計画ではなく、経費削減の時期であったのである。

しかし、アファーマティブ・アクションをめぐる新たな、よりドラマチックな衝突の種が捲かれた。アファーマティブ・アクションは人種と同義語だったのである。低所得家庭出身の生徒のための経済的アファーマティブ・アクションまたは、地理的アファーマティブ・アクションでさえも語られることは少なかったのである。これらはともに、人種への配慮が広く無視されていた一九六〇年以前の入学者受入方針《アドミッションズ・ポリシー》の基礎となっていた。しかし、今日では人種的なアファーマティブ・アクションが支配的である。それは、政治的に脆弱な枠組みだったのである。

第3部

衡平《イクイティ》，アファーマティブ・アクション，および試験実施《テスティング》を巡る現代の争い

第7章　カリフォルニアのアファーマティブ・アクションを巡る攻防

その教育機関は、事実上、人種割当枠を用いており、それは実態としてどれほど人種を入学者受入れに利用してきたかを認めることを拒否し、現状を維持することに決めた、ということが明らかになってきた。私は、この事態が法律に違反しているのだという結論に達した。

——カリフォルニア大学理事ウォード・コネリー、一九九五年七月

一九九五年七月二〇日木曜日の早朝、サンフランシスコ市は湿った灰色の空に覆われていた。それは湾岸《ベイ》エリアの典型的な夏の日だった。カリフォルニアのセントラル・バレーからの温かい空気が冷たい海とぶつかり、湿気を帯び、曇った、いつもと同じマリン・レイヤー〔低温多湿の低い空気層〕がある。手に負えないほどの学生運動の余波を受け、カリフォルニア大学の理事会は主要なキャンパスでの毎月の定例会議を中止していた。代わりに、理事会はサンフランシスコにある医系キャンパス〔UCSF〕のサテライト・キャンパスであるローレルハイツにあるコンクリートとレンガの建物の中に隠された講堂の場所を使用すると数年前に決定していた。ローレルハイツには群衆を整理する上で重要な利点があった。また、カリフォルニア大学サンフランシスコ校〔UCSF〕が入学させているのは、時間がかかることや、たいていの場合、効力を発揮しないカリフォルニア大学の方針《ポリシー》に対する抗議に概して関心のない大学院生だけであった。もっといいことには、ローレルハイツの施設は研究センターであり、カリフォルニア大学サンフランシスコ校の主要キャンパスから一マイルかそれ以上離れたところに位置していた。

カリフォルニア大学の理事や総長《プレジデント》がバークレーのようなキャンパスを差し置いてローレルハイツを選んだのは偶然ではなかった。

それにもかかわらず、この時、一、〇〇〇人ほどの学生とアファーマティブ・アクションの支持者たちの大規模な集団が講堂の玄関の外に集まり、駐車場と隣接する通りまで広がっていた。冷えた空気が抗議者たちの高ぶった感情とぶつかっていた。「高等教育への進学《アクセス》R・I・P〔ラテン語 Requiescat in pace の頭文字。「安らかに眠れ」という意味〕」や「後退しない！　アファーマティブ・アクションを高らかに主張する」と書かれた看板が抗議者たちの頭上に掲げられていた。群集の中には「アファーマティブ・アクションを守るために手段を選ばない」という半ば脅迫じみたタイトルを掲げた新たに結成された連合もあった。〔牧師である〕ジェシー・ジャクソン師本人を含む彼の虹の連合の構成員もそこにはいた。ＳＷＡＴチームを含む五〇〇人ほどの警察官が通り沿いやモノリシック仕上げの建物のエントランスといったさまざまな場所に束になっていた。テレビ局の車両が道に列をなし、多数のリポーターたちが歴史に残る全国ニュースとなる出来事のため準備をしていた。朝八時に会議の開始を命じる小槌が叩かれ、一二時間にも及び続いた会議が始まった。

理事会の予定にあったのはたった二つの議案だった。それが通れば、カリフォルニア大学のアファーマティブ・アクションを事実上終わらせるはずだった。特に、大学の入学者受入れや、契約、雇用における人種優遇措置の適用である。外にいる大群衆によって膨らんだ三〇〇人近くの人で講堂は埋め尽くされ満杯だった。それは、憂慮する大学当局、そしてほとんどすべての主だったカリフォルニアの政治家たちであり、さまざまに人種が入り混じった抗議者たちであった。全国紙のまぶしいフラッシュの中で、理事たちは今日に至るまでアメリカを分断する問題の先導者となることを選択したのだった。

アフリカ系アメリカ人のビジネスマンで、二年弱前に共和党のピート・ウィルソン知事によってカリフォルニア大学の理事会に任命されたコネリー理事は、二つの議案を提案した。提案されたものの一つは、カリフォルニア大学の入学者受入れの要素として、もはや人種を適用しないということである。そしてもう一つは、新たな教授陣の雇用もしくはサービスのためのカリフォルニア大学の契約締結において、人種を考慮しないということである。カリフォルニア大学で人種優遇措置を取りやめることは、コネリーと州知事の有名な裁判事件だった。それは、ゆくゆくはワシントン、フロリダ、そしてのちのミシガンを含む他の州にも波及するほどの、カリフォルニア政府におけるアファーマティブ・アクションを終わらせる州全体の運動に向けての第一歩であった。コネリーは、アファーマティブ・アクション方針《ポリシー》について議論するために大学理事会の場を探し求めていただけでなく、州憲法の修正を議論の遡上に載せるためのきっかけとして大学理事会を利用していたのである。ウィルソンの支援によって、コネリーはのちの住民提案二〇九号となる、いわゆるカリフォルニア公民権発議〔California Civil Rights Initiative: CCRI〕のための運動を率いた。有権者によって可決されていたならば、この住民提案二〇九号は、意思決定、そしてすべての公的機関への資源配分において、人種を指標として積極的に使用することが禁止されるものになったであろう。しかし、この運動は問題も引き起こした。州や国の共和党からの支援を獲得するのに失敗し、また、投票の案件とするため法律で定められている署名の基準を満たすために、かなりの資金援助を投入する必要があったのである。

　事実上、カリフォルニア以外のどの州でも、公立大学における入学者受入れに関する論争は大学理事会の守備範囲を超えていた。理事会は立法府の議員や、さらにいっそう複雑な世論に従っていたのである。しかしながら、州憲法の下、カリフォルニア大学の「公 法 人《パブリック・トラスト》」としての独自の地位は、入学者受入れに関する権限はカリフォルニア大学の責任であり、制定法の支配下にはないことを意味していた。[1] コネリーと州知事の二人は、投票権を持つ構成員として彼ら二人を含む、ますます保守的になりつつある、〔大学関係者以外も含む〕理事会の内々で議論をする機会があった。

　本章は、入学者受入れにおけるアファーマティブ・アクション方針《ポリシー》の効果と、上述の一九九五年七月の大学理事会で理事たちを最終決定へと導いた出来事について議論する。提示するのは二つのテーマである。一つ目は、大学コミュニティ内での議論と、人種優遇措置の適用に関して教授陣の中で全員の合意が得られなかったことも含む既存のアファーマティブ・アクション・プログラム及びアファーマティブ・アクション方針《ポリシー》の脆弱性に焦点を当てる。二つ目は、コネリーが用いた政治策略と、一般的には大学という学術共同体に対してではなく、広く一般に向けて演説された彼の議論の特徴に関するものである。コネリーは、アファーマティブ・アクションの考えだけでなく、カリフォルニア大学の既存の入学者受入れプログラムの一貫性とカリフォルニア大学の経営指導者についての信用《クレディビリティ》も巧妙に非難した。

アファーマティブ・アクションの影響

アメリカの膨大な公立および私立のカレッジと大学《ユニバーシティ》の集まりにおいて導入されたアファーマティブ・アクション方針《ポリシー》は、当初、マイノリティ・グループや女性の社会経済的地位の移動に対して計り知れない影響を与えた。すべての高等教育機関のうち一〇%ほどの精選された、ますます大きくなっていくカレッジと大学《ユニバーシティ》群の中では、ちょうどウィリアム・ボーウェンとデレク・ボックが一九九八年に刊行した、『川の形』〔*The Shape of the River*〕に記したように、アファーマティブ・アクションが「実を結んだ」のである。たとえば、アフリカ系アメリカ人のアイビーリーグへの入学率は、一九六七年から一九七六年の間に二・三%から六・三%に上昇した。「その間、黒人《ブラック》の医学生の割合が一九七五年までに六・三%まで伸び、黒人《ブラック》の法学生が四・五%までシェアを拡大した」と、ボーウェンとボックは記している。[2] しかし、一九八〇年代後半には、多くのカレッジや大学《ユニバーシティ》が、公立私立を問わず、人口比率以下に処遇されている《アンダー・リプリゼンティッド》マイノリティの学生を募集し、つなぎ留めるためにプログラムや職員を増やしたにもかかわらず、これらのグループの入学者数は頭打ちに達した。このプログラムはそれでもなお機能したのだろうか。

アファーマティブ・アクション方針《ポリシー》のカリフォルニア大学に与えた影響は、三つの主要な理由から評価をすることが困難である。第一に、カリフォルニア大学、および州内のすべての公立の高等教育セグメントにおいてはマイノリティかつ人口比率以下に処遇されている《アンダー・リプリゼンティッド》入学者数が一定程度増加することは、アファーマティブ・アクションの有無にかかわらず避けられないことであった。バークレーが、高等学校でのアウトリーチ活動の努力として初めての「機会均等計画」を確立した一九六四年から、理事たちがアファーマティブ・アクションの命運を検討した一九九五年までの間、カリフォルニアは人口の急増と人種と民族《エスニック》グループの人口混在状況が急速に拡大することを経験した。とりわけラティーノ・チカーノやアジア系のいくつかといったマイノリティ・グループの移住とその高い出生率が、マイノリティ出願者のプールの増大を生み出した。第二の難しさは、データ収集には不完全な性質が伴っていることである。民族性《エスニシティ》ごとの入学者数に関する全大学のデータは一九六八年までの間収集されなかったことに加え、一九七〇年代までは一貫性なく収集されていたのである。第三の要因は、人種的アイデンティティについての情報を収集することの難しさを中心に展開する。カリフォルニアは国内で最も民族性の多様な州である。一九六〇年代後半からの連邦法に示されているような、民族性《エスニシティ》を六つのグループに分類するというあまりに単純なカテゴリー化は、後に起こる州内の人口混成状況と高等教育機関への入学者数の人口混在状況を分析するには間違いなく時代遅れである。たとえば、カリフォルニアの人口においてますますその占める割合が増大している人種入り混じったグループに属する学生は、自分がどの人種、もしくは民族《エスニック》グループに帰属するのか選ばなければならなかった。

これらの三つの理由は、アファーマティブ・アクション・プログラムの成功に関して一つの重要な評価基準が、高等学校を卒業した直後にカリフォルニア大学への入学適格性《エリジビリティ》があるマイノリティの生徒数であるということを示していた。アファーマティブ・アクション・プログラムが、時間とともに育ち、成熟するにつれ、アファーマティ

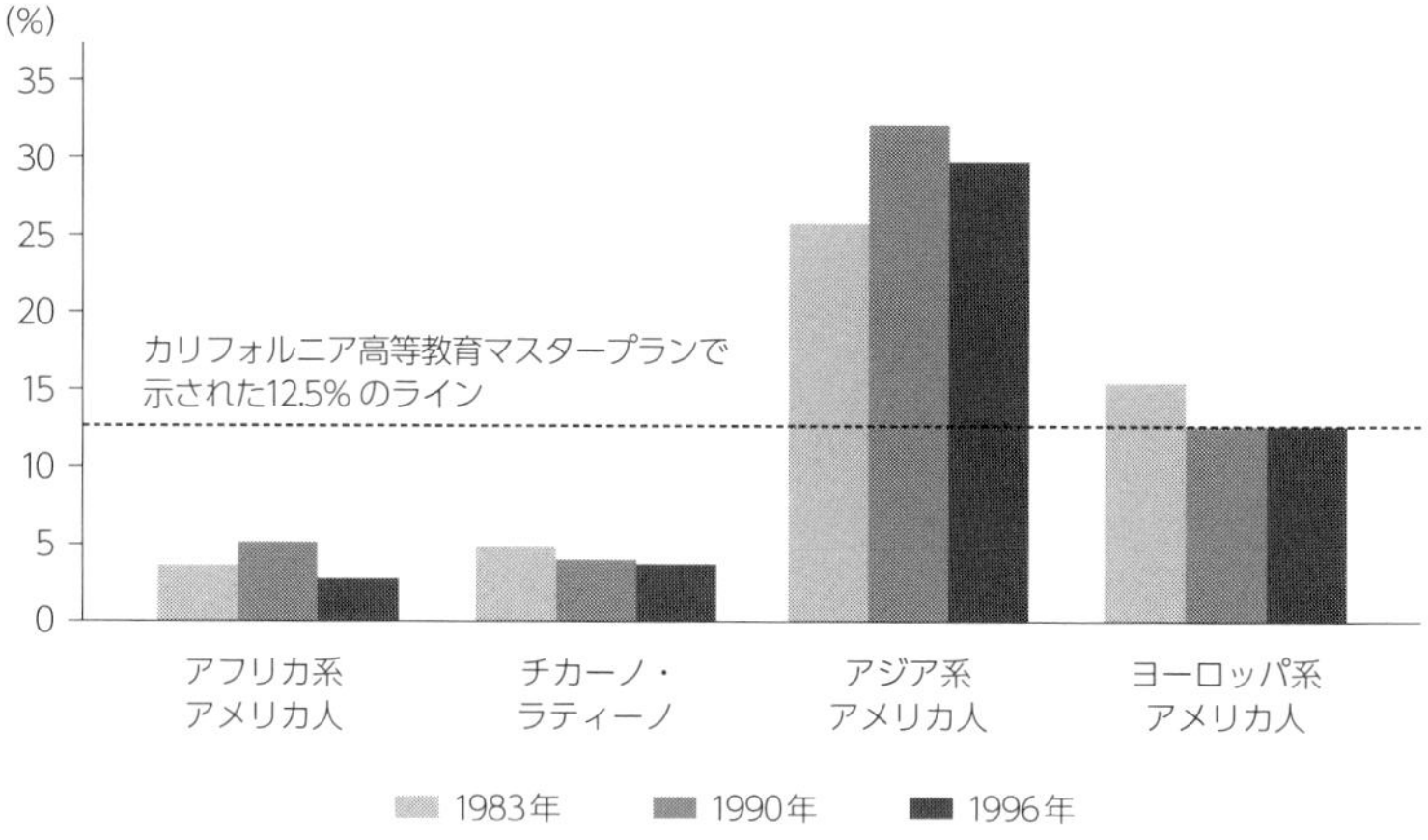

図7.1　カリフォルニア大学の新入生における入学適格性《エリジビリティ》の割合（1983年，1990年，1996年）
出典：カリフォルニア中等後教育コミッション（CPEC），カリフォルニア大学総長室

ブ・アクションのアウトリーチ活動の主要な目標にあるように、人口比率以下に処遇されている《アンダー・リプリゼンティッド》マイノリティのために入学適格性《エリジビリティ》保持者の割合は増加するだろうと思う人もいるかもしれない。均衡《パリティ》モデル〔人口構成比率を重視する考え方〕を実施した中で、よく言っても結果はまちまちであった。一九八三年に高等学校を卒業した生徒を対象として、州が初めて実施を認めた民族性《エスニシティ》を含む入学適格性《エリジビリティ》保持者数の調査が実施された。次なる調査は、一九九〇年同一集団《コーホート》の生徒を検討するものだった。図７・１に示されているように、当該期間中に入学適格性《エリジビリティ》の割合はアフリカ系アメリカ人で、三・六％から五・一％に上昇した。しかしながら、チカーノ・ラティーノの生徒は四・九％から三・九％と、入学適格性《エリジビリティ》の割合はわずかに下がっている。その次の入学適格性《エリジビリティ》の割合に関する調査は一九九六年に実施され、結果はさらに懸念されるべきものだった。入学適格性《エリジビリティ》保持者の母集団に占める割合において、アフリカ系アメリカ人とチカーノ・ラティーノ双方の割合が減少したのである。

なぜ黒人《ブラック》とチカーノ・ラティーノの入学適格性《エリジビリティ》保持率が下がったのだろうか。そこには少なくとも三つの主要な相互影響がある。①一つには、カリフォルニアにおいては、学生一人当たりの公的支出の減少に関係する公立学校の質が低下したこと、②州の経済の変化と貧困率が上昇したこと、③これとも相関して、多くの場合、カレッジ進学を促進するような文化資本を持たない移民グループが増大したことである。

第一の要因、カリフォルニアの学校、いわゆる高等教育へのパイプラインなのであるが、この質の低下は驚くべきものであり、嘆かわしいものだった。これには、公立学校への資金提供が急激に減少したことが関係している。一九六〇年には、カリフォルニアは生徒一人当たりの支出において全米で上位五位にランク付けられ、これは大規模な学校建設プログラムを進めようとするものだった。カリフォルニアはK-12〔初中等教育の一二年と幼稚園の一年を指す一三年間の教育期間のこと〕と後期中等教育段階の双方で、進学率が大幅に向上すると積極的に見込み、また期待していた。一九九〇年までに、カリフォルニアは児童一人当たりの支出において全米で下位五州に入っていた。学校建設は州が大規模な人口増加の波に直面すると同時に事実上停止していた。カリフォルニアは教員一人に対する学生数の割合が最も低い州から、最も高い州の一つへと降下したのである。高等学校の卒業率は特にチカーノ・ラティーノとアフリカ系アメリカ人生徒の間で下がり、そしてそれはたいてい貧しく、財政的支援が不十分な都市の学校区に集中していた。

一九九〇年代初頭と、カリフォルニアが特に大きな打撃を受けた深刻な景気後退の真っただ中に、クラスの生徒数は必ずしも生徒の成績と相関するとは言えないといった公立学校に関する多くの批判が議論された。実際のところ、保守的な傾向がある経済学者たちは数多くの調査研究により、財的支援は十分すぎるほどであり、問題は資金がどのように使用され、生徒たちがどのように教えられているかというところにあると主張した。その後の多くの調査研究では、恐らく教師の質が、どこにでもある標準テストによって測定されるものである生徒の成績に最も影響を及ぼす単一効果であると指摘されている。しかし、クラス規模が重要であるとするエビデンスも存在する。私立の中等学校と名門カレッジにおける実践が一定程度の相関関係があること〔学級規模が小さいことと成績が良いこ

表 7.1　カリフォルニア大学における学部段階のマイノリティ在籍割合（1968 年，1975 年，1980 年，1995 年）

	1968 年	1975 年	1980 年	1995 年
ネイティブ・アメリカン	0.3%	0.5%	0.5%	1.0%
黒人《ブラック》	2.2%	4.1%	3.6%	4.0%
チカーノ・ラティーノ	1.8%	5.1%	5.5%	13.7%
アジア系アメリカ人	5.7%	9.5%	14.2%	34.9%
マイノリティの合計	10.0%	19.2%	23.8%	53.6%
「人口比率以下に処遇されている《アンダー・リプリゼンティッド》」のマイノリティの合計*	4.3%	9.7%	9.6%	18.7%

* 1980 年代初頭に設計されたように，アジア系アメリカ人は人口比率以下に処遇されている《アンダー・リプリゼンティッド》カテゴリから除外されていた。

出典：カリフォルニア中等後教育コミッション（CPEC），カリフォルニア大学総長室

とが相関〕、そして少なくとも大人数のクラスよりも少人数のクラスに価値が置かれていることを証明している。カリフォルニアにおいては生活費に対して教師の給与が比較的低いこと、加えて、カリフォルニアの大半の地域でクラス規模が大きくなり、学校が劣化していることは、教えることの魅力を損なわせ、さらにある部分では、資格を有する教師が不足する事態の拡大を引き起こした。特に都市の貧しい地区の学校数が増加するにつれ、資格を有する教師の割合は下がり、生徒に対する大学進学カウンセラーの割合はいくつかの地域では一：八〇〇まで急上昇した。一時はカリフォルニアの学校間で比較的均一であったアドバンスト・プレイスメント（ＡＰ）科目〔高校生が初級レベルの大学科目を先取り履修するためのカリキュラムと試験を指す〕の数は、学区内で大きく変わった。低所得地域や、マイノリティの生徒数が密集している地域ではアドバンスト・プレイスメント（ＡＰ）科目の数が最も少なかった。

チカーノ・ラティーノの入学適格性《エリジビリティ》の割合は一九八三年から一九九〇年の間に下がったものの、カリフォルニア大学への入学者数は減少しなかったことは心に留めておく必要がある。より大きな力が効果を発揮した。つまり、マイノリティの生徒の総数が大幅に増加したのである。一九八三年には、およそ七六、〇〇〇人

のマイノリティの生徒がカリフォルニアの高等学校を卒業した。そして一九九〇年には、一〇八、〇〇〇人が卒業した。その間、カリフォルニアの中等学校の全卒業者のうちマイノリティは四二％から五〇％を超えるまでに増加したのである。したがって、チカーノ・ラティーノの入学適格性《エリジビリティ》の割合がやや変動した一方で、その数と全学部生の全体に占める割合の両方において、実際の入学者数は増加し続けたのである。理事会が入学者受入れにおいて人種と民族《エスニック》要因の使用を取り止めるよう検討した一九六八年から一九九五年までの間にチカーノ・ラティーノの学生はカリフォルニア大学在籍者の一・八％から一三・七％に増加した。最も特筆すべきは、アジア系アメリカ人の学生が五・七％から三四・九％に増加したことである。アフリカ系アメリカ人の学生は、全学部入学者に占める割合でいうと一九六八年の二・二％が一九九五年にはたった四％に増加したにすぎなかった。この芳しくない増加は、アフリカ系アメリカ人の人口増加がカリフォルニアにおいて小さかったことと、彼らのカリフォルニア大学への入学適格性《エリジビリティ》の割合の増加がわずかであったことを反映していた。

高等学校へのアウトリーチ活動と、さまざまなキャンパスにおける入学者受入れアプローチの変化は、マイノリティの学生たちのカリフォルニア大学への流入を必然的に強めた。マイノリティの入学者数は、一九六八年には学部生の一〇％だったが、一九七五年までには一九・二％まで増加した。そして一九七五年というのは大学がアファーマティブ・アクションを試みた最初の年でもある。しかし、最大の増加がやってきた。一九八〇年から一九九五年までの間、大学の学部生の入学者数は、九七、一〇〇人から一二四、三〇〇人まで増加した。その一五年間で、マイノリティの入学者数はカリフォルニア大学の学生総数の二三・七％から五四％に増加し、一九九三年には過半数となった。図７・２に示すように、入学適格性《エリジビリティ》評価から分かるように、マイノリティの在籍者数のこの著しい増加は、民族《エスニック》グループ間で均等に分散していたわけではない。マイノリティ・グループの総入学者数は、一九八〇年の二三、〇〇〇人から一九九五年には七〇、〇〇〇人（二〇〇％以上の増加）を超えるまでに増加したが、この増加の大部分はアジア系アメリカ人学生が占めていた。一九八〇年には、アジア系アメリカ人が大学の学部におけるマ

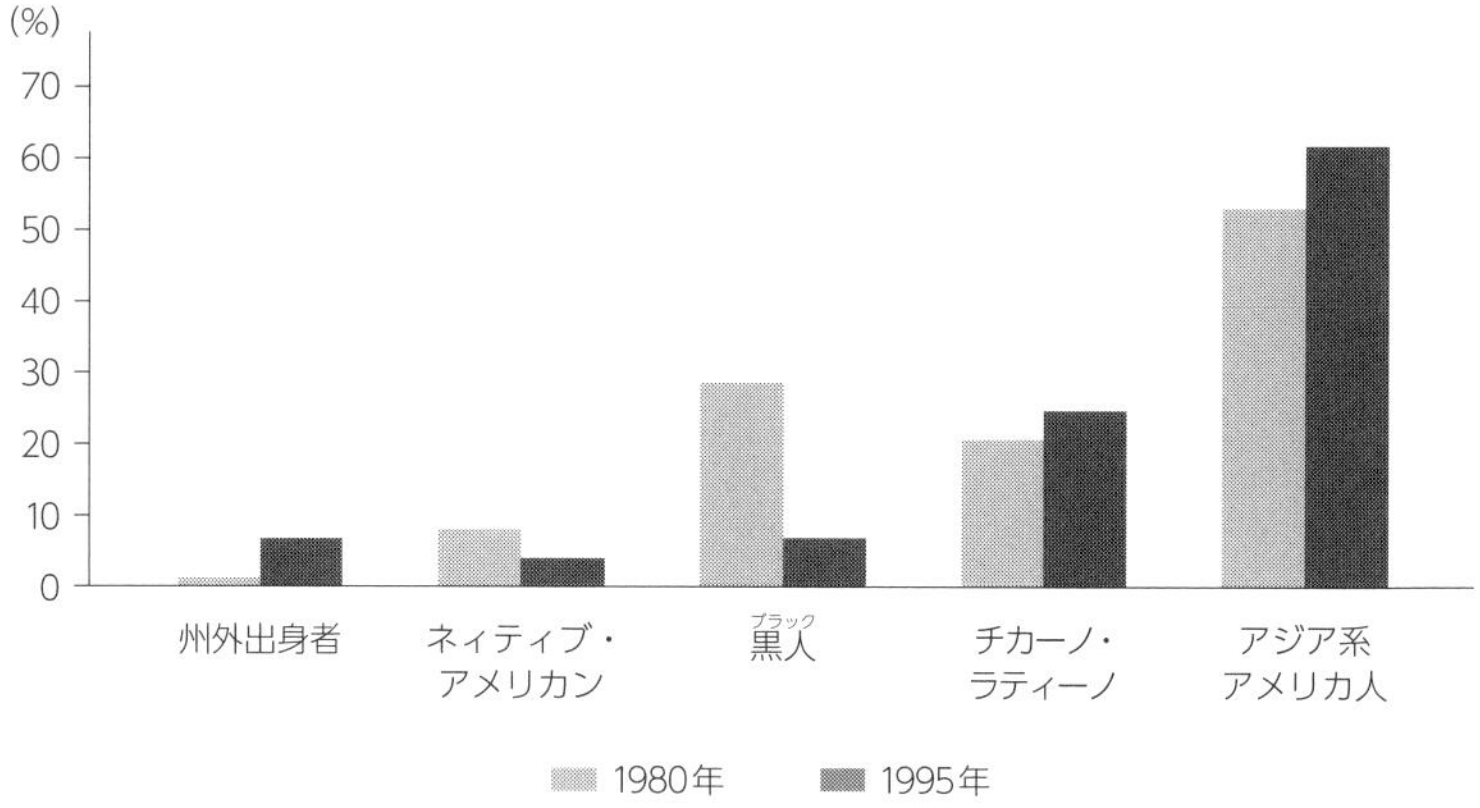

図 7.2　カリフォルニア大学の人種グループごとのマイノリティ入学者総数（1980 年，1995 年）
出典：カリフォルニア中等後教育コミッション（CPEC），カリフォルニア大学総長室

イノリティの入学者の五四％を占めていた。一九九五年までに、彼らは六三％を占めていた。これは議論の的となっているさまざまな文化的および社会経済的要因に関連する、実に驚くべき増加である。

均衡《パリティ》モデルの下では、一九九五年にチカーノ・ラティーノが最も人口比率以下に処遇されている《アンダー・リプリゼンティッド》グループとしてとどまっていた。州の公立高等学校卒業生の約三〇％に相当する彼らだが、カリフォルニア大学の学部生総数では一四％のみを占めていたにすぎなかった。驚いたことに、何か政治的な言説があるわけではないのだが、ヨーロッパ系アメリカ人は、アフリカ系アメリカ人よりも学生数が多く、二番目に落差の大きい人口比率以下に処遇されている《アンダー・リプリゼンティッド》グループとなった（図7・3参照）。ただし考慮すべきことがある。カリフォルニア大学の学部志願者たちで、人種的または民族的《エスニック》背景について言及することを拒否する者が増加したのである。これらを特定するための体系的な努力がなされたわけではないが、人種を特定できなかった人々の大部分がヨーロッパ系アメリカ人とアジア系アメリカ人であったという良い逸話的な指標がある。アファーマティブ・アクションの議論により、白人やアジア系の学生が、自身の

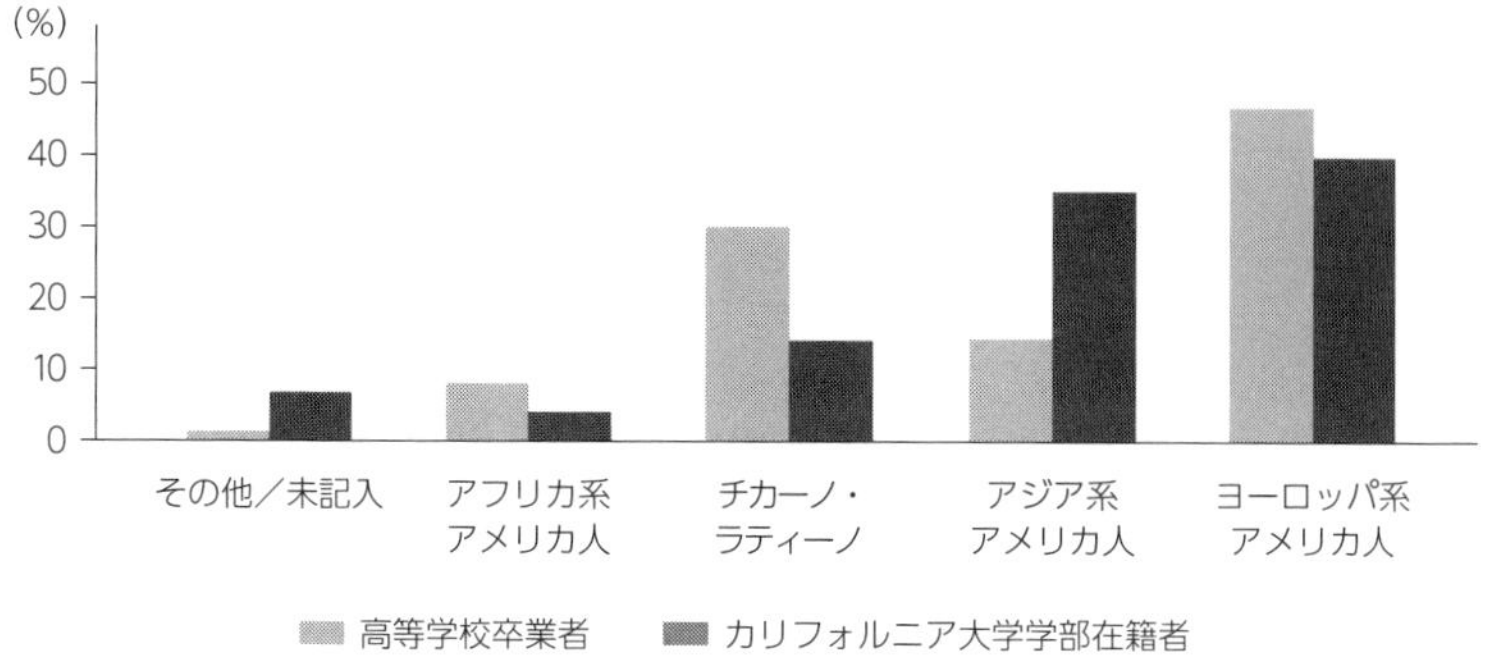

図 7.3　人種／民族《エスニック》グループ別のカリフォルニアの高等学校卒業者およびカリフォルニア大学在籍者（1995 年）
出典：カリフォルニア中等後教育コミッション（CPEC），カリフォルニア大学総長室

人種的アイデンティティが〔選抜性の高い〕UCLAのようなキャンパスへの入学者の受入れを妨げるかもしれないという意識を高めたのは疑いがない。しかし、考慮すべきもう一つの要因がある。複数の民族《マルチ・エスニック》にまたがるの志願者の増加である。カリフォルニア大学の申請書では、学生が一つの人種カテゴリーを特定するよう求めており、複数の民族《マルチ・エスニック》にまたがる学生にジレンマをもたらすことになった。志願者母集団の人種構成を正確に特定することに伴う問題は、アファーマティブ・アクション・プログラムの成功を評価することの複雑さを部分的に説明している。多くの場合、方針《ポリシー》の掲げる目標を意図的に不明瞭にすることは、方針《ポリシー》決定に常につきまとう政治的側面も示している。カリフォルニア州の人口を「すべて含む」とは何を意味するのだろうか。カリフォルニア大学の目標は、全学部生と州全体または高等学校卒業クラスの民族《エスニック》構成の一致を達成することだろうか。これは、大学内、そして議員と国民の言論に共通する混乱を示した。多様性《ダイバーシティ》はキャンパスの目標ではなく、カリフォルニア大学全体の政策目標に明確に示されるべきなのか。「人口比率以下に処遇されている《アンダー・リプリゼンティッド》」学生、そして「恵まれていない《ディスアドバンテージ》」学生の適切な定義は一体何なのか。この類の問いに対する回答は十分に吟味されることもなく、もしくは答えられることはなかった。一部の人は議論したかもし

れないが、意図的に回避されたのである。

カリフォルニア大学のアファーマティブ・アクション方針《ポリシー》は実を結んだが、均衡《パリティ》モデルの目標と社会経済的要因に関連する外生変数を実際に特定することの問題が、最終的な評価を不可能なものにしている。

アファーマティブ・アクションの脆弱性

ウォード・コネリー理事は、カリフォルニア大学の均衡《パリティ》モデルに特段の関心はなかった。彼は合否判定に人種を使用することの倫理性と、アファーマティブ・アクションが本質的に誤った方針《ポリシー》であることを示すデータにのみ焦点を当てていた。ボックとボーウェンは著書の中で、主に私立教育機関から選択されたグループの結果を提示し、それはアファーマティブ・アクションを好意的に見るものだった。しかし、カリフォルニア大学の入学者受入方針《アドミッションズ・ポリシー》と結果はいかなる現実となったのだったのだろうか。ボックとボーエンは、アファーマティブ・アクションにより入学した学生の八九％が学位を取得するまで継続して在籍したと述べた。これは比較的高い継続率である。しかし、バークレーのようなキャンパスでは異なっていた。一九九〇年代初頭に、卒業したのはわずか五八％で、バークレーの全アフリカ系アメリカ人学生では約四二％が中退している。その一方で、ヨーロッパ系アメリカ人の八四％が最終的に卒業した。[3] コネリーは、カリフォルニア大学の理事会で議論を生み出す方法を検討した際に、この現実を利用しようとした。

一九九〇年代の入学者受入れをめぐる審議において何が変わったのだろうか。それまでに、多くのグループがカリフォルニア大学の入学者受入方針《アドミッションズ・ポリシー》に影響を与えようと試みていた。議員、州知事、学校管理者、学生活動家、そして特徴のあるコミュニティが、一度に、また繰り返し変化を求めた。長年にわたってそれぞれの不満も提出され、有名なバッキー訴訟で不満は最高潮に達した。コネリー理事とそれらとの違いは、一人の理事がカリフォルニア大学のアファーマティブ・アクション・プログラムに対して一斉攻撃を仕掛けようとするという意欲だった。人種優遇措置を大学の入学者受入れのやり方と教授陣の雇用に組み込む累積過程においては、一貫した方針《ポリシー》が生み出されることはなかった。[4] 一九九四年に理事会に参加した理事らは、カリフォルニア大学の不可解な一連のアファーマティブ・アクション方針《ポリシー》およびプログラムにおける当事者意識をほとんど感じていなかった。ほとんどではないにしても、多くの教授陣も当事者意識を持っていなかった。

カリフォルニア大学のアファーマティブ・アクション支持者は、多くの場合、プログラムの開発と実施に教授陣を関与させる必要があると指摘した。一九七八年のアファーマティブ・アクションプラン支持者は、「カリフォルニア大学の教授陣は学生アファーマティブ・アクションの取組みに体系的に関与してこなかった」という事実を嘆いていた。教授陣からなる評議会の各キャンパスにおける部会には、アファーマティブ・アクションに関する委員会があったが、それは平均して二〇以上ある評議会の下位委員会の一つにすぎなかった。それらには諮問権限があったものの、大学当局によって運営されるプログラムや大学周辺の影響力に対する直接的な権限は何も持ちえていなかった。中核となる少数の支持者を除いて、マイノリティの入学者を増加させる必要性が差し迫っている状況下での大学当局と職員に対して、アファーマティブ・アクションをわずかでも意識している教授陣はほとんどおらず、時には全く知られてすらおらず、恐らくは軽蔑する者までいた。[5]

コネリーの攻撃と彼から提案された決議を受けて、バークレーと九つのキャンパスシステム全体の評議会指導部は、アファーマティブ・アクションと、カリフォルニア大学の総長《プレジデント》が努力していることへの広い支持を表明しようとした。しかしながら教授陣の間では、大部分が大学当局職員によって運営されている特定のプログラムや入学者受入れのやり方を擁護するのに苦労していた。、一九九五年一月にローパー世論調査センター〔Roper Center for Public Opinion Research〕が実施した調査では、教授陣の複雑性、そして論争の的となっている問題について、評議会が構成員を代表する能力があるかどうかを探査することが焦点であった。公共政策の教授であり、高等教育の有名な学者であるマーチン・トロウを含むアファーマティブ・アクションの反対派は、全国学識者協会〔National Association of Scholars：NAS〕と協力して調査を後援した。そして教授陣の意見の多様性《ダイバーシティ》を示すであろうということを十分認識していた。調査の実施はトロウの着想だったのである。活動家のアファーマティブ・アクションを支持する教授陣の下位集団は、コネリーの非難に対しては、評議会を通じてうわべだけ一致団結した教授陣戦線のようなものを生み出すだろうと彼は予測した。

　トロウはかつて評議会のバークレー支部の議長を務め、その後カリフォルニア大学全体の評議会の執行機関である学術カウンシルの議長を務めていた。そのため、彼は教授陣の代表として理事会で投票権を持たなかった。トロウは過激な保守派ではなく、むしろ高等教育の洗練された観察者であった。しかし、アファーマティブ・アクションについて言えば、彼は手強い敵だった。この調査は大学当局のアファーマティブ・アクション方針《ポリシー》に対して支持を表明している評議会の指導力を損なうことに寄与するだろうと思われた。

　ＮＡＳは、主に「政治的な正しさ《ポリティカル・コレクトネス》」〔特定の民族や人種、宗教、性別、職業、年齢などに対して差別的な表現を避けること〕に対して反対することで定義された、大学教授陣と学術研究者の代替団体として一九八〇年代に登場した。この協会は、過度にリベラルなアカデミーにまつわる認識された問題について議論する場としてジャーナルを刊行した。一九九〇年代初頭には、ＮＡＳはカリフォルニア支部を設立し、在野の学者でありアファーマティブ・アクション活動家になったトーマス・Ｅ・ウッドと、カリフォルニア州立大学ヘイワード校の大学教授であるグリン・カストレッドに議論する場を与えた。ウッドは、アファーマティブ・アクションこそ自身がテニュア付き教員の地位を確保できないことの原因であるという感覚に動機付けられており、カストレッドは、アファーマティブ・アクションによる教授陣の雇用は、ヘイワード校の文化人類学部における文化と学問に悪影響を及ぼしているという懸念に突き動かされていた。ウッドとカストレッドは、一九九〇年初頭に人種優遇措置を州が憲法で禁止することができないかという考えについて熟考し、最終的にカリフォルニア公民権発議〔ＣＣＲＩ〕に乗り出した。コネリーは後に彼らの取組みに加わり、この運動を主導するこの運動の議長《チェアマン》および指導的立場になるのである。

ローパー世論調査センターの調査は、理事がコネリーの決議を検討する六ヵ月弱前に評議会構成員の一、〇〇〇人のサンプル集団に送付された。調査で尋ねられたのは入学者受入れおよび教授陣の雇用において人種や性別の優遇措置を支持するかどうか、または「個人の人種、性別、または民族性《エスニシティ》に関係なくこれらの分野で平等《イークアル》な機会」を促進することを支持するかどうかということであった。約三一％が優遇を支持すると言い、四八％が支持しないと答えた。ＮＡＳのカリフォルニア支部によるプレスリリースは、ローパー世論調査センターの調査は「カリフォルニア大学の幅広い大多数の教授陣が、人種および性別に基づく優遇によらず平等《イークアル》な機会を提供する方針《ポリシー》を支持していることを発見した」と発表した。[6]

学術カウンシルおよび各キャンパス部会を含む評議会の指導的立場の人たちは、アファーマティブ・アクションに対しては広い支持が得られているという決議を可決しなかったことは予想されたことだった。彼らはこれが教授陣の声であると主張した。トロウは、コネリーにローパー世論調査センターの調査について講演するよう招待され、理事たちを前にして「アファーマティブ・アクションの問題については、誰であっても、私自身も、そしてひょっとすると特にこれらの人がそうかもしれないけれども、最大の情熱を持ってそう主張している人でさえ、このカリフォルニア大学の教授陣を代弁することはできない、ということから始めましょう」と主張した。[7] トロウは、理事たちは評議会の勧告を単に無視すべきだと主張した。

別の弱みは、カリフォルニア大学の入学者受入れのやり方を擁護することに潜んでいた。コネリーが繰り返し非難を向けていたことであるが、カリフォルニア大学は間違いなく〔カリフォルニア大学デイヴィス校医系大学院《メディカルスクール》の入試を巡る裁判で、人種定員枠は行き過ぎとされた〕バッキー判決に準拠していなかった。「我々が人口比率以下に処遇《アンダー・リプリゼンティッド》されていない（主に白人およびアジア系の）志願者に適用していることよりも、『補足基準』の下で検討されている『人口比率以下に処遇《アンダー・リプリゼンティッド》されている』志願者にはるかにさまざまな基準を適用していることは疑いの余地がありません」とコネリーは一九九三年に同僚の理事に宛てて書いた。彼は、理事を揺さぶるその取組みの初めの頃に、直接バークレーの入学者受入れプログラムについて指摘した。「カラベルによる分類を見れば、私の意味することが分かるでしょう」。バークレーは、「人口比率以下に処遇されている《アンダー・リプリゼンティッド》裕福な州外出身者」を優先し、意図的に「中流階級の家庭出身のアジア系と白人の学生」を不利な立場に置いた。他の三つのキャンパスで同様の方針《ポリシー》により、人種が入学者受入れの主な要因とされたのは、「アジア系と白人の学生が満たすべき基準がアフリカ系アメリカ人や、ヒスパニック系、インド系アメリカ人よりもはるかに高いため、明らかにバッキー判決に対する違反」であった。[8]

コネリーは、カリフォルニア大学の総長《プレジデント》と大学当局に厳しい問いを投げかけるだけでなく、活動的なアファーマティブ・アクション・プログラムの私的な調査員にもなるという、理事としては他とは異なる役割を果たした。コネリーは自身の戦略を形成する際に、理事会がカリフォルニア大学が直面している主要な方針《ポリシー》課題にもっと関与したいと潜在的に要求していることを感じていた。そして、理事会はおそらく過去のカリフォルニア大学総長《プレジデント》によって管理されすぎていたのだと主張した。前総長《プレジデント》のデイヴィッド・ピアポント・ガードナーは、カリフォルニア大学と理事会の非常に効果的な管理運営者であることで知られていた。ガードナーのアプローチは、理事会が大学が直面している方針《ポリシー》課題にどれだけ関与すべきなのか、ということに理事らを集中させ、可能なかぎり入学者受入方針《アドミッションズ・ポリシー》を含む方針《ポリシー》の実施に関する質問から理事会を遠ざけるというものだった。

一九九三年に理事に任命されたコネリーは、理事たちが総長《プレジデント》に対して恭順の意を示していたことを批判した。彼は、大学当局を多くの「有権者たち」の一部にすぎないと本質的に見なすために、総長《プレジデント》とその部下からより独立して行動するよう理事会に要請した。コネリーは一九九三年一二月の理事会議事録の中で、問題に関する過去にあった理事たちの総長《プレジデント》に対する恭順の意は、「ガードナー時代に理事たちが居眠り運転をしていたと一般市民に信じさせるものだ」と述べた。[9]

一九九二年に任命された、カリフォルニア大学の新しい総長《プレジデント》であるジャック・ペルタソンは、ガードナーとは異なるタイプの人物だった。ペルタソンは以前カリフォルニア大学アーバイン校の教授で、また創設時の副学長《バイス・チャンセラー》を務めていた。その後、イリノイ大学の学長《プレジデント》を務めた後、一九七七年から一九八四年にかけてワシントンＤＣの全米教育協会〔American Council on Education：ACE、一九一八年設立のアメリカの高等教育に関する非営利、非政府組織〕で会長に就任した。そしてカリフォルニア大学に戻り、アーバイン校の学長《チャンセラー》に任命されたのである。ペルタソンは、高く評価されている政治学者であり、大学で広く使用されている教科書の共著者でもあった。ガードナーが妻の病気と癌による死をきっかけに辞任を発表したとき、その退職金に関する論争が勃発した。ペルタソンは暫定的な総長《プレジデント》としてすぐに介入するように求められ、そのキャリアの比較的遅い時期に不本意ながらカリフォルニア大学総長《プレジデント》に就任することを受け入れ、また任期が短期間であろうことも理解していた。その時期の困難に加えて、カリフォルニアは深刻な経済的衰退に陥っていた。大学は、一九九二年から一九九五年にかけて州予算の約二五％の削減に直面した。予算上の問題と、コネリーが生み出した新たなアファーマティブ・アクションに関する議論により、総長《プレジデント》職の魅力は低下していた。候補者の一人ゴードン・ジーが土壇場で撤退したことで、常任の総長《プレジデント》決めが難航した。暫定的なカリフォルニア大学総長《プレジデント》としてのペルタソンの一年間の任務は三年以上の任期に変わった。

コネリーの〔カリフォルニア大学がアファーマティブ・アクションを撤廃するという〕アジェンダを抑止できた総長はおそらくだれ一人としていなかったかもしれないが、ペルタソンの事情と気質はコネリーを阻止することを特に困難にした。ペルタソンの説得能力が、彼の暫定的な地位によって損なわれたのは間違いない。デイヴィッド・ガードナーであれば総長室の特権を堅く擁護したり、面倒を起こす理事を隔離するために過半数の理事らから支持を集めたりしたかもしれないが、ペルタソンは妥協と対話を求めた。ペルタソンと各キャンパスの学長《チャンセラー》たちは、その後の手厳しい攻撃に対する準備はできていなかった。

質疑、信用《クレディビリティ》、そして一つの提案

コネリーは一九九五年六月に書いた同僚の理事宛てのメモの中で、ある特定の出来事が自身の運動の種となっているると指摘した。アラン・バッキーの話と類似した話だが、コネリーは一九九四年に、医系大学院《メディカルスクール》に入学できなかった学生についての苦情の手紙を受け取った後に運動の種が成長したと主張した。彼が言うには、それが道徳的な十字軍を引き起こしたのである。しかし、コネリーの視点が、この奮起させる瞬間のかなり前から形づくられていたのは明らかだった。ウィルソン州知事は、先任の知事たちよりも間違いなく、自身の政治的見解に一致するか、支持をする理事を特に任命した。ウィルソンの任命した者のほとんどは、以前は彼のさまざまな選挙運動に貢献していた者たちであった。ウィルソンは、ワシントン州の上院議員の時代には、アファーマティブ・アクションの問題に関して、一時は穏健派だったが、知事任期中に広く知られた反対派となり、アメリカ大統領選の共和党予備選挙での立候補を慎重に行った。また、共和党と長くかかわっていた黒人《ブラック》のビジネスマンであるコネリーは、人を惹きつけるような性格と強い忠誠心を合わせ持っていた。人種に焦点を当てたアメリカの政治において対立を生む問題についての運動を率いることを、彼以上に誰が成せただろうか。

たとえコネリーが州知事の指示通りに行動せず、彼らの相互利益が単に相乗的であったとしても、大学という学術共同体の多くの人々とアファーマティブ・アクションのリベラルな支持者からは彼らは共謀しているとみなされた。これ自体が、大学という学術共同体内での恨みと混乱の原因であることが証明された。カリフォルニア大学はコネリーにどのように対応すべきだろうか。彼はアファーマティブ・アクションを懸念する理事だったのか、それとも政治工作員だったのだろうか。

一九九四年八月、理事であるクレア・W・バーグナーとウォード・コネリーは、ジェリー・クックとエレン・クック夫妻からの自分たちの息子に関する手紙を受け取った後、彼らの不満について検討した。そしてこの手紙というのが、コネリーが言うところのすべてを引き起こしたものである。ジェリー・クックは、カリフォルニア大学サンディエゴ校の教授だった。クック夫妻は、カリフォルニア大学の医系大学院《メディカルスクール》においては人種に基づく入学者受入方針《アドミッションズ・ポリシー》が不当に適用されていると不満を述べた。入学を許された多くのマイノリティの志願者よりも試験ではるかに高得点を獲得したにもかかわらず、夫妻の息子はサンディエゴ校の医系大学院《メディカルスクール》への入学を拒否された。クック夫妻は、自分たちの抗議を裏付ける統計情報を提供した。コネリーは、バーグナーに宛てたメモの中で、クック夫妻の嘆願がどのようにことを促進させるとわかったか振り返っている。

ご存じのように、私は理事会の他の多くの構成員と同様に夫妻と会うことを承諾しました……会合後、私は夫妻が私にと置いていった資料を非常に注意深く検討し、総長室に電話して彼らの調査結果が正当であるか否かを確認しました。夫妻の説明に直面して、私はカリフォルニア大学がバッキー判決に違反し有罪であるように思われたからです……あなたと私で問題を検討し、報告書を理事たちに提出するように求めます……[10]

一九九四年一一月、ペルタソン総長はカリフォルニア大学の医系大学院《メディカルスクール》の入学者受入れに関する報告書を提出した。理事会会議で、総長《プレジデント》と、カリフォルニア大学のあらゆる医系大学院《メディカルスクール》教育課程を監督する副総長のコーネリアス・ホッパーを含む大学当局は、人口比率以下に処遇されている《アンダー・リプリゼンティッド》学生は入学審査で単に「点数のかさ上げ」を受けたにすぎないと述べた。ディーン・ワトキンスやレオ・J・コリジャンら多くの理事が、このカリフォルニア大学の医系大学院《メディカルスクール》でのアファーマティブ・アクションの適用に疑問を呈した。ワトキンスは、ロナルド・レーガン州知事〔のちのアメリカ合衆国第四〇代大統領〕から理事に任命されており、スタンフォード大学の電気工学分野の研究者であり教授でもあった。コリジャンはボールトホール〔バークレー校の法科大学院《ロースクール》〕の卒業生であり、一九八五年にジョージ・デュークメイジャン州知事から理事に任命を受けたフレズノ〔カリフォルニア中部の都市。サンフランシスコとロサンゼルスの中間に位置する〕の弁護士であり、カリフォルニア州のアルメニア人コミュニティの中でも重要で一般的に保守的な団体の一翼を担っていた。ワトキンスとコリジャンは、カリフォルニア大学が逆差別を実践しているかどうか尋ねた。

　コネリーは、クック夫妻の不満と、総長室とキャンパス執行部が理事会に語ったこととの間に断絶があると述べた。コネリーは、「あなたがたはクック報告書によって提起された質問について対処しなかった」と指摘した。「今しがた聞いたことは正しいものとは思えないし、公平《フェア》でないように思える」とコネリーは締めくくった。大学当局は「少し気のふれた様子」に見えたと、コネリーは後に自身の著書『平等な社会の実現』〔*Creating Equality*〕に書いている。この会議では明確な決議はなく、質疑のみで閉会した。コネリーは、大学当局は「独善的な」ように見え、「クック夫妻による小競り合い」を鎮火したと確信しているようだったと考えていた。しかしながらコネリーは、「その時点で知らなかったとしても、理事会はもはや後に引けなくなった。この一九九四年一一月の理事会は、それまで恐ろしいカリフォルニア大学の理事会の中に隠されていた瓶から人種優遇措置という魔物を解放した[11]」、と考えた。

　大学当局がクック夫妻の苦情とコネリーの懸念を抑えたと思っていたとしたら、彼らは全く間違っていた。コネリーは理事として、実質的にあらゆる項目をその後の理事会の議題に据えることができたのだった。それから二ヵ月にも満たない一九九五年一月上旬に、コネリーはペルタソン総長と同僚の理事たちに、カリフォルニア大学のアファーマティブ・アクション・プログラムについて全面的な調査研究をするよう要請すると伝えた。それだけではない。彼は、理事会にこの問題について六月に投票するように要求した。コネリーは、人種的および民族的《エスニック》基準に基づく優遇措置を終わらせるための提案を提出する前に、アファーマティブ・アクションについて議論する期間を計画していたのである。

ほぼ同時期に、コネリーはカリフォルニア公民権発議（ＣＣＲＩ）運動の責任者として頭角を現した。ウィルソン州知事は、「プラグマティック・リベラル」〔労働者を支援する「責任ある自由主義」を掲げ選挙を戦った〕で有名なパット・ブラウン元カリフォルニア州知事（任期：一九五九―一九六七）の娘であり、かつての州知事であるジェリー・ブラウン（任期：一九七五―一九八二）の兄弟であるキャスリーン・ブラウンと選挙で争い、再選を勝ち取った。コネリー、コリジャン、そして理事会の他の構成員たちは、ウィルソンの州知事再選に積極的に貢献し、よく働いた。新聞はウィルソンの大統領への野望と共和党の予備選挙での彼の出馬の見込みについて語った。ウィルソンにとって、アファーマティブ・アクションと逆差別の問題は全国的な報道の見出しを飾ることにつながった。この問題と反移民の発議に対する彼の立場は、カリフォルニア州知事選での再選として広く評価された。

政治情勢においては、アファーマティブ・アクションに対し計算された政治攻勢をかける機が熟した。法制度をくぐり抜けるのに一筋縄ではいかない裁判が数多くあった。反アファーマティブ・アクション戦略家たちは、審理にかける厳選された事案を探し、最終的にはバッキー判決を覆すことを望んだ。一九九五年初頭、アダランド建設対ペニャ訴訟で、アメリカ合衆国連邦最高裁判所は、グループ優遇措置〔社会経済的に恵まれないグループに有利に選考すること〕の制限あるいは終了を求めるさらなる訴訟沙汰のための、はっきりとした基盤を規定した。裁判所は、「厳格審査《ストリクト・スクールティニー》」の考えについて詳しく説明した。これは、アファーマティブ・アクション・プログラムを開発したり、人種に基づく決定を下したりするためには、雇用主による差別、また推論でしかないのだが、大学《ユニバーシティ》による差別には歴史的類型が存在していたことを〔差別を受けた側が〕証明するよう本質上要求するものであった。さらに、裁判所は、これらのプログラムは、差別であることを証明する集団に合わせて細かく調整される必要があるという判決を下した。[12]また、アダランド判決は、アファーマティブ・アクションに断固反対する未来の判決の類型を示しているかのように思われた。そして、それはまたカリフォルニア州におけるカリフォルニア公民権発議（ＣＣＲＩ）運動を活気づけ、他の州での発議に移る前に、最初にカリフォルニア州に取り組むというコネリーの意欲を高めた。

アダランド判決と同月に、ウィルソン州知事は「優遇措置を終了し、個人業績《メリット》に基づいて個人の機会を促進する」という行政命令を発し、原則的に公的機関においては個々人の事案でのアファーマティブ・アクションの適用を終わらせるための慣例を作った。しかし、その法的適用の範囲は明確ではなかった。カリフォルニア大学には適用されなかったのである。州憲法における公法人《パブリック・トラスト》としてのカリフォルニア大学の地位によって、ほとんどの行政命令からカリフォルニア大学の地位は守られていた。ウィルソンと彼の職員はそれをよく分かっていた。ウィルソンの指令は、カリフォルニア州の不法移民への社会福祉の拡大を終わらせるための発議となった住民提案一八七号の可決という成功をおさめた運動に続く、アファーマティブ・アクションに対する一斉射撃であった。

コネリーとそしておそらく州知事にとって、一九九五年一月に始まり、理事の議決を導く理事会による六月までの六ヵ月にわたる審議は、合理的で弁護可能であるように思わせた。この議論は、コネリーとウィルソンの運動が、カリフォルニア州の有権者が公的教育機関による人種的および民族《エスニック》的優遇措置を終わらせる前に発議を取るはずみとなった。また、これはウィルソンの大統領選挙運動にとって時宜にかなったものだった。

一九九五年一月一九日の会議で、理事たちは、入学者受入れやカリフォルニア大学でのその他の活動における人種優遇措置を適用することについて正式な見直しと決定を求めるコネリーの要求に同意した。そしてそのことは考えられうる方針《ポリシー》の選択肢の概要を示すために総長《プレジデント》に負担をかけた。しかし総長室は、真剣な見直しに向けた理事たちの構築されつつある要求を完全には理解していなかった。カリフォルニア大学関係者は、単にアファーマティブ・アクションに関連する無数のプログラムを説明し、弁護することに焦点を合わせていた。これは、総長《プレジデント》と定期的に顔を合わせていた［カリフォルニア大学の各キャンパスの］学長カウンシルによって強化され奨励された戦略的アプローチである。議論の初めに、カリフォルニア大学全体およびキャンパスの執行部の間で、アファーマティブ・アクション方針《ポリシー》に誤りがあるという、また多様性《ダイバーシティ》への取組みを弁護する能力が弱まるという感覚が広まった。また、〔アファーマティブ・アクションを〕強く弁護することは何よりも、アファーマティブ・アクションを強く支持する学生、教授陣、議員、および利益団体からの重大な批判を引き出すかもしれなかった。

コネリー理事の見直し要求に応えて、ペルタソン総長は、総長室は「アファーマティブ・アクション・プログラムに関する一覧と報告書を準備している。これは、私が変更のための提言をするつもりはないからではなく（私の判断では変更は必要ないと思われるが）、最近提案された立法と規約修正の結果として生じる可能性のあるあらゆる質問に答える準備をしたいからである」と理事たちに向けて述べた。さらに彼は「過去三〇年にわたって、我々はカリフォルニア大学が教育目的および衡平《イクイティ》の問題の両方として、あらゆる背景の個人が確実にカリフォルニア大学に含まれるようにするために設計された一連のプログラムを打ち立ててきた。これは、一部にはカリフォルニア州による連邦行政命令、議会の行動、および法的措置に対応して達成し、一部は理事会の要請に応じて行われるという意向を主張した会議）の前に利用可能な状態になるように報告書の完成を「加速」させる、と述べた」と続けた。[13]ペルタソンはまた、理事らに対して、一九九五年六月の理事会（コネリー理事が彼の提案を提出す総長《プレジデント》は、カリフォルニア大学の方針《ポリシー》は「国民の全国的な合意」から導かれると結論づけ、理事らが行動するのは時期尚早であると指摘した。「その合意が変われば、連邦および州の政策と法律も変わる。カリフォルニア大学は、義務付けられているとおり、適切な時期に対応するのだ[14]」。

その後の理事会では、白熱した、しばしば激しい議論によって、人種に基づく意思決定の適切な範囲と利点に関して多くの理事と大学当局の間の重大な分裂が明らかになった。コネリー以外の他の理事が、カリフォルニア大学のアファーマティブ・アクション・プログラムが行き過ぎているか否か、バッキー判決の決定に違反している可能性、そして理事会の意見を反映していないのではないか、ということについて尋ねた。理事会の古参構成員の多くは、入学者受入れにおける人種と民族性《エスニシティ》の適用を支持するガードナー総長の一九八八年の決議（この問題に関する理事会の最後の正式な行動〕を、その当時は支持していたが、理事らにとっては、〔入学者受入れにおける人種と民族性《エスニシティ》の適用が〕遠い記憶または単に一般にはびこるアファーマティブ・アクションの悪用を許可する行動であるように思われた。[15]

アファーマティブ・アクションの取組みの分権的な性質〔政治と大学側の対立を指す〕は、総長および全体を統括する大学当局に重大な困難をもたらした。コネリーが疑問を持ち始めたはじめのころ、カリフォルニア大学の職員は、人種や性別に基づいた優遇措置を取り入れ、単一の民族《エスニック》グループのために排外的に生み出したプログラムの幅を正確に説明することに難しさを感じていた。実際、カリフォルニア大学内の人種的優遇措置が及ぶ真の範囲は、教学および運営に関わる指導者によって完全には理解されていなかった。そしてこれは、コネリーが効果的に暴露した点である。ある時点でペルタソン総長とプロヴォスト〔総長を補佐する筆頭役〕のウォルター・マッセイは、理事らとの審議の中で、どのキャンパスであれ、人種だけに基づいて学生の入学を認めることはないと述べた。それは、カリフォルニア大学の入学適格性《エリジビリティ》を持つ学生の中から選考《チューズ》する際の多くの要素の一つに過ぎないということを、〔人種定員枠は行き過ぎであるという〕バッキー判決の決定の合言葉を繰り返すことで主張した。カリフォルニア大学の法務部長は、同じことを明確に主張した。これらの声明は〔カリフォルニア大学が人種や民族性《エスニシティ》を入学者受入れに適用しているという〕重大な間違いを証明することになる。さらなる調査で、ペルタソンは、彼が学長《チャンセラー》を務めていたアーバイン校を含む少なくとも二つのキャンパスが、カリフォルニア大学の入学適格性《エリジビリティ》を持つ人口比率以下《アンダー・リプリゼンティッド》に処遇されている生徒をすべてを自動的に受け入れていたことを知った。さらに、バークレーとUCLAの両方が、人口比率以下《アンダー・リプリゼンティッド》に処遇されているグループを大いに支持する段階的な入学審査を採用していた。

キャンパス間のプログラムとアプローチの違いに関する情報が表面化したため、理事らの目には大学当局の信用《クレディビリティ》は地に落ちたように映った。総長《プレジデント》とその職員は、各キャンパス内の幅広いアファーマティブ・アクション・プログラムを本当に理解していたのだろうか。彼らはこれらのプログラムの特徴を意図的に誤って伝えていたのだろうか。コネリーは機会を掴み、ほぼ間違いなく人種問題に取りつかれていると思われる大学文化《ユニバーシティ・カルチャー》を明らかにした。信用《クレディビリティ》と信託《トラスト》は、大学の統括委員会である理事会とその任命を受けた総長《プレジデント》との効果的な関係の鍵となる要素である。コネリーは入学者受入れやその他の大学の決定における人種優遇措置が本当はどの程度なのかは知らされていなかったことを、常に理事会に思い出させた。つまり理事会は、総長《プレジデント》とその職員、または各キャンパスの学長《チャンセラー》の勧告を信頼できなかったのである。[16] そこで理事会は、コネリーを説得して、独立して、自らの結論を導き出す必要があった。だが議論の後半まで、ペルタソン総長はそれを認めなかった。

> 現在の〔アファーマティブ・アクションの〕方針《ポリシー》ないしはやり方は不適切であると結論づけたため、または〔アファーマティブ・アクションの〕方針《ポリシー》ないしはやり方は我々の目標を達成するためにもはや必要ではないと確信しているため、一部のプログラムを修正する必要があります……ほとんどが学部の入学審査において修正がなされなければなりませんが、この過程は複雑な一連の理念、方針《ポリシー》、および手順のバランスを取る必要があるため、当然のことであります。[17]

一九九五年五月の理事会の会議で、プロヴォストのマッセイと教務部の部長補佐であるダニエル・Ｊ・ガリガニは、カリフォルニア大学のアファーマティブ・アクション・プログラムに関する資料一式を配布しプレゼンテーションを行った。これはＵＣＬＡおよびバークレーのボールトホール法科大学院《ロー・スクール》の入学者受入れの見直しと「学部の入学者受入れ管理方針《ポリシー》及び手順」に関する報告書を含むものであった。理事らはまた、「学部の入学者受入れにおける人種の代替としての社会経済的地位の適用」に関する報告書を受け取った。数人の理事らの要求によって学部の入学者受入れで人種に基づく基準の適用を終了することの潜在的な影響についての分析が促され、この報告書はカリフォルニア大学の新入生クラスがどのようなものになるか、そして特に、入学審査で経済的要因が民族性《エスニシティ》に取って代わるならば、マイノリティの入学者にどんな影響を及ぼすのかのシミュレーションを提供した。シミュレーションは、カリフォルニア大学のバークレー校およびサンディエゴ校のデータに基づいていた。[18] アファーマティブ・アクションの反対派は、人種や民族性《エスニシティ》の代替物として倫理的に容認できる経済的基準を適用することの可能性についてよく指摘した。カリフォルニア大学の調査研究はこの主張に異議を唱えようとした。その際、非常に選抜性の高いバークレー校と、当時は中程度の選抜性だったサンディエゴ校に焦点を当てたのである。経済的基準のみを適用して分析を進めたこの調査研究では、チカーノ・ラティーノおよびアフリカ系アメリカ人の入学者数の減少とともに、アジア系アメリカ人およびヨーロッパ系アメリカ人の入学者数の増加が予測されたのである。その理由の一つは、セントラル・バレーと北カリフォルニアの農村部出身のかなりの数の低所得者層出身の白人生徒が増加していることであった。もう一つの理由としては、カリフォルニア大学に志願している人口比率以下に処遇されている《アンダー・リプリゼンティッド》マイノリティの過半数は低所得の生徒ではなかったことが挙げられる。ほとんどが中所得と高所得層の家庭出身であった。

　コネリーの反対派にとっては、カリフォルニア大学の調査研究は人種と民族性《エスニシティ》が入学者受入れの要因として撤廃された場合に起こる災難の証拠が提供されたのである。人口比率以下に処遇されている《アンダー・リプリゼンティッド》学生の入学者数は減少するだろう。ところが総長室の調査研究では、単に評価されていない変数が数多くあった。たとえば、チカーノ・ラティーノのカレッジ進学率は決して変わらないという仮定である。しかし、中流階級のチカーノ・ラティーノが台頭してきたことと、中等学校《セカンダリー・スクール》の質の改善と高等学校卒業率の期待値の上昇といった、これらの割合のわずかな増加は、カリフォルニア大学の入学適格性《エリジビリティ》を持つ生徒のより大きな流れを作り出す可能性があった。

　アファーマティブ・アクション・プログラムを批判する者にとって、この調査研究は意図的に大げさな警報を発し、そしてメディアの注目を集め、決定を避けるように理事らに圧力をかけるためにカリフォルニア大学関係者によって明らかにされたように見えた。また、アファーマティブ・アクションは単に特別な利子のついた優遇であるという認識を加えた。家族の収入や他の特権や社会資本の指標に関係なく、一つの人種グループに優遇措置が与えられていた。なぜカリフォルニア大学は高所得の黒人《ブラック》に優遇措置を与える必要があるのだろうか、この調査研究は、人種的優遇措置の不健全な影響を明るみにし、たとえば優秀な成績記録を有することが多い低所得のアジア系アメリカ人よりも、高所得層の生徒に本質的には優遇措置と特権を与えているということを明らかにした。

カリフォルニア州上院議員で共和党員であり、スタンフォード大学の元経済学者（そしてバークレー校のハース・ビジネス・スクールの将来の部局長となる）であったトム・キャンベルは、「非常に勤勉な」「低所得家庭のアジア系の生徒」の例を使用したカリフォルニア大学による分析は人種的偏見の証拠であると指摘した。しかし、その生徒はバークレーへの進学《アクセス》を知らぬ間に拒否され、「学力は高くないが、肌の色が異なる高・中所得層の専門職の夫婦の子ども」[19]のための席は確保されている。「不利益に苦しんでいない人々に利益が分配され、害を引き起こさなかった人々に損失を与えるならば、アファーマティブ・アクションは信用《クレディビリティ》を失う」とコネリーは同僚の理事らへのメモで述べた。コネリーは、彼が「この議題を一月に検討するために取り上げたとき、状況を変化させるよう影響が生じる可能性を望むのだとしたら、その唯一の方法は一般の認知度を上げることだ。……正しいにせよ間違っているにせよ、カリフォルニア大学がこの問題に公共のスポットライトを当てることに焦点化しないかぎり、私の発言は本気にされていないと感じた」と結論付けている。[20]

カリフォルニア大学の調査研究がもたらした影響は、正味のところ、理事会の多くの構成員と総長室の間の仕事上の関係が急激に悪化したことであった。この報告書は、コネリーの妥協しない告発を裏付けているように思われた。既存のプログラムを大学当局側が頑なに支援したことは、ペルタソン総長が警告したイデオロギーの分裂を強めることとなった。コネリーはペルタソン総長やその他の大学関係者を直接攻撃したことは一度もない。代わりに、彼は一貫して、アファーマティブ・アクションに盲目的に投資し、直接的な連邦法または州法によっても動かされない内部の官僚文化を指摘してきた。彼はバーグナー理事へのメモの中で、「ペルタソン総長が誠意を持って活動していることは疑いの余地がない。しかしながら、これをキャンパスの手に委ねるという見識については、これまで彼らのやり方について公表される失敗と、可能な限り現状を維持しようとする絶対的な主張を考慮して、強い疑念を抱いています」と書いた。[21]

ウィルソン州知事はまた、理事会が行動を起こした理由として、カリフォルニア大学の組織の強硬姿勢を繰り返し指摘した。人種に基づく意思決定の実態とその結果は、大学当局側から理事らに明らかにされていなかった。理事たちは、「基本的な公平性《フェアネス》を侵害し、優遇措置をつくり、集団の権利にそれを与えるために個人の権利を踏みにじるカリフォルニア大学の方針《ポリシー》とやり方を容認してはならない」。ウィルソン州知事は、「正式な反対の主張があったにもかかわらず、多くのカリフォルニア大学キャンパスでの入学者受入れのやり方において、人種が中心的な役割を果たしたことが明らかになった」と主張したのであった。[22]

五月二三日の書簡の中で、ウォード・コネリーは、決定を下す前に必要なすべての情報を収集するよう理事会に促した。そして六月に、コネリーは時が来たと主張した。コネリーは、ペルタソンと理事会に、一九九六年一月一日までに雇用における「人種や、宗教、性別、肌の色、民族性《エスニシティ》、国籍」に基づく優遇措置を終了し、一九九七年一月一日までに入学者受入れでも同様にこれを適用するという正式な提案を提示する計画を通知した。理事会に直接決議案を提出する通常のやり方と異なって、コネリーは、決議案の文言を提示するために七月五日のニュースリリースを選択した。そしてそれは、彼が理事会で投票を求めるわずか二週間前のことだった。

興味深いことに、理事らに宛てたニュースリリースで、コネリーは再び大学当局の信用《クレディビリティ》に直接の狙いを定めた。彼によると、大学当局が妥協的でないことが、理事らに行動を起こさせた。コネリーは以下のように述べる。「この評価の当初、入学適格性《エリジビリティ》がなければ誰もカリフォルニア大学に入学できないと言った人たちがいました」。しかし、「その声明は真実ではありません。当初、我々は人種や民族的《エスニック》背景だけに基づいてカリフォルニア大学に自動的に入学を許可される者はいないと知らされていました。今や我々は、この記述の不確かさを確認しています。民族性《エスニシティ》は決して主要な要因ではないと言われていたことになります。つまり、それは単なる『かさ上げ』だったのです。繰り返しになりますが、我々は少なくとも四つのキャンパスで、そのような声明が明らかに虚偽であることを確認しました」[23]。理事らの間で自らを「ローン・レンジャー」〔Lone Ranger、アメリカＡＢＣが一九四九年から一九五七年に放映した西部活劇テレビ・シリーズの主人公の名前兼番組タイトル〕と呼んで結成されたコネリーの挑戦、そしてそれは「自分が追求しなければならないと感じたことを良心と相当な注意深さをもって追求する」ことは、カリフォルニア大学の総長室内にさらなる混乱を引き起こしたのである[24]。果たして、その反応はいかなるものであったのか。一方には共和党の州知事と理事らがおり、もう一方には、アファーマティブ・アクションを断固として支持した重要な大学コミュニティと、カリフォルニア大学をさらに多様化させることを推進しているリベラルな民主党員によって統制されている州議会があった。

一九九五年一月に本格的に始動したペルタソンの戦略は、三つの段階を経て進んでいった。第一段階目は、幌馬車隊に円陣を組ませる〔大学全体で防御態勢をとる〕ための初動、つまりカリフォルニア大学のあらゆるアファーマティブ・アクション・プログラムを守ることであった。第二段階としては、問題の複雑さについて理事らを説得し、妥協を求めることであった。アファーマティブ・アクションは連邦法および政策の要件であったため、人種優遇措置の禁止は連邦政府から財政支援をしてもらうことを危険にさらす可能性があると述べて説得を試みた。コネリーはこれに異議を唱え、同僚の理事らの潜在的な懸念を和らげるため、理事会は、カリフォルニア大学が連邦政府の資金援助にふさわしくないとみなされるような行動をとらないという条項を彼の決議案に追加することになった。第三段階は、計画されていた憲法修正発議（住民提案二〇九号）に直面して、アファーマティブ・アクションの問題に関する審議の延期を要求し、発議が通過した場合、評議会が見直しと変更の勧告をできるようにすることであった。

それぞれの段階で、〔ペルタソン〕総長《プレジデント》と彼の助言役はコネリーの提案〔カリフォルニア大学におけるアファーマティブ・アクションの撤廃〕を取り下げるのに十分な得票を理事たちから獲得する十分な機会があると考えていた。

なぜ大学がカリフォルニアの有権者によって解決されるであろう政治的に分裂した議論に関与しなければならないのか。なぜカリフォルニア大学が入学審査で人種と民族性《エスニシティ》を排除する最初の主要なアメリカの大学にならなければならないのか。ペルタソンは、一月一九日の会議でこれらの問いを理事らに投げかけた。「私は、カリフォルニア大学のプログラムと方針《ポリシー》の議論、すなわち州や国レベルで行われているべき議論に、理事会や、したがってそれはカリフォルニア大学をも巻き込まないように注意する必要があると考えている」とペルタソンは警告した。そうであったとしても、ペルタソンは「この主題についての対話を、それにふさわしい明白さ、思慮深さ、および精密さをもって行うことができる」と期待していた。[25]

評議会の反応

アファーマティブ・アクションに関する審議における評議会の役割によって、現代の大学《ユニバーシティ》文化のさまざまな側面が垣間見える。コネリーの最初の発案は、入学者受入れに関して、教授陣の当事者意識が弱いことと、当初はならず者の理事に対して総長《プレジデント》と大学当局を対抗させるかのように思われた衝突についての全面的な嫌悪感を明らかにしたものであった。アファーマティブ・アクションをめぐる戦いでは、評議会は小さな役回りに追いやられたのである。その理由はいくつかあった。ローパー世論調査センターの調査を通じて教授陣のどのような主張も虚弱であることを説明するアファーマティブ・アクション反対派に対する取組みが実を結んだことと、防衛の最前線となる総長《プレジデント》と大学当局の戦略、そして評議会内部の弱点、すなわちかつて支配的であった入学者受入方針《アドミッションズ・ポリシー》の設定における役割への無頓着さである。教授陣と評議会がカリフォルニア大学の社会契約を形成する上で果たした重要な役割に照らして、この権限と義務の廃止は、理事らの審議とアファーマティブ・アクションに関する最終投票の物語における重要な要素である。

理事の投票まで一ヵ月を切った一九九五年七月まで、総長《プレジデント》と大学全体およびキャンパスの当局は、評議会から独立してアファーマティブ・アクション・プログラムを着実に擁護した。それが起因して、総長室は評議会を主に広い支援の潜在的な源泉であると見なしたが、カリフォルニア大学の活動を評価したり、理事に対する戦略的対応を進展させるのを支援したりする場ではないと見なしていた。評議会と教授陣は一般的にこの問題について十分に知らされておらず、彼らの審議はいつも遅々としており、予測不可能だった。

評議会の指導者たちは、入学者受入れの分野での歴史的な責任を考慮して、独立して行動を起こし、選択肢を提供することもできたが、そうはしなかった。理事らは、早くも一九九四年八月に、アファーマティブ・アクション・プログラムの形式と利点について総長室との対話を開始していた。カリフォルニア大学全体の評議会の各委員会は、翌年一月一八日の学術カウンシル〔評議会の執行部〕の会議までその問題を持ち出すことはなかった。その会議でカウンシルはコネリー理事の告発にどのように対応するかを議論した。学術カウンシルの議長であるダニエル・シモンズは「六月にこの問題について彼が理事らに投票させることも予期される」と述べた。[26] カウンシルは当初、総長《プレジデント》を通じて評議会が正式な見解を理事に提供することに同意していた。関連する大学全体の委員会、たとえばＢＯＡＲＳ、大学院に関する調整委員会、それに教員人事委員会は、対応方法について助言を提供するようシモンズから求められた。しかしながら、その後の数か月間、理事会に決議案を提出するというコネリーの意図を知らされたにもかかわらず、[27] いずれの委員会でもしっかりとした方法で反応することができなかった。シモンズの嘆願に応えた唯一の評議会の委員会は、それまでは休止状態だった大学全体のアファーマティブ・アクション委員会であり、めったに開催されることもなかった委員会だった。

評議会のアファーマティブ・アクション委員会は、一九九四年から一九九五年の年度中で、一九九五年一月に最初で最後の開催をした。シモンズは出席し、可能であればアファーマティブ・アクション・プログラムの評価を含め、評議会の反応を確立するためにこの委員会が主導的な役割を果たすよう求めた。委員会の議長であり、カリフォルニア大学サンタバーバラ校の工学分野の教授であったウォルター・ユエンは、後にシモンズへのメモで委員会の助言を要約し、次に評議会がとることになる戦略コースを提供した。ユエンは、実際には、カリフォルニア大学内の広大なプログラムのネットワークであるアファーマティブ・アクションに関して助言することの難しさを理解していた。「委員会はあなたと同意している」、「評議会はコネリー理事の攻撃に応じてカリフォルニア大学の過去および現在のアファーマティブ・アクションの取組みを支持する役割を果たす必要があり、我々の委員会はその努力において指導的立場に立つことを喜んで引き受ける。しかし、三ヵ月で『急いで』既存のすべてのアファーマティブ・アクション・プログラムを評価するのは、評議会にとって正しい戦略であるとは思わない」と、彼はシモンズにこのように述べた。ユエンは、総長室は「おそらく関連データのほとんどを蓄積しており、その職員はアファーマティブ・アクションを支持するペルタソンのための報告書を作成できるはずだ」。評議会の委員会と我々の委員会はすべて基本的に「ゼロ地点」から始めることになるため、この努力が総長室になせることにそれほど付け加えることができるとは思えない」と述べた。[28]

しかし、ユエンの委員会は、カリフォルニア大学の現在および過去のアファーマティブ・アクションを支援するために、「理事会および州民に」向かって、学術カウンシルによる強力かつ前向きな全面的声明を発表することを主張した。ユエンは、評議会が「アファーマティブ・アクションの取組みの評価に後から、多くのアファーマティブ・アクション・プログラムの運営に直接的責任があるペルタソンの総長室から独立して」（実質的に、彼らは自分自身を評価しているのだ！）取り組む一般的必要性を述べた。「私は、現在のプログラムの多くは効果的ではなく、修正すべきであるというアファーマティブ・アクションについての多くの懐疑論者に同意している。シェアド・ガバナンスの精神では、本質的に評議会が意見を提供しないこれらのプログラムの多くで、運営に関わる職員を『逃げさせる』という重大な間違いを評議会が犯したと思う」と。[29]

カリフォルニア大学全体のアファーマティブ・アクションに関する委員会の構成員は、評議会の九つの各キャンパス部会による承認のための一般決議を作成した。大学のアファーマティブ・アクション・プログラムを「強化」する必要があったのだ。これは、カリフォルニア大学がクリントン大統領の「修正しろ、終わらせるな」［mend it, don't end it］という信念に基づきアファーマティブ・アクションを実践することを注意深く見直す必要があるかもしれないというヒントであった。カリフォルニア大学サンディエゴ校で開催された学術カウンシルの二月一五日の会議で発表された決議は、以下のとおりであった。

> カリフォルニア大学が実施したアファーマティブ・アクション・プログラムは、教授陣、学生、職員の性別、人種、および民族《エスニック》の構成という点で、大学をより多様性《ダイバーシティ》のある教育機関にすることで、より良い教育機関にできた。この作業はまだ完了していない。カリフォルニア大学は、人口比率以下《アンダー・リプリゼンティッド》に処遇されているグループからの個人の参加を増やし、プログラムを評価および修正して強化するために引き続き積極的に行動する必要がある。[30]

シモンズは、学術カウンシルに出席している各キャンパスの代表である部会長がキャンパスに戻り、各キャンパスの部会からの支持を得るよう求めた。五月下旬までに、各キャンパスの部会は執行委員会またはその代表議会を通じてこの決議を承認した。理事らの歴史的な会議のわずか一〇日前、そして各キャンパスの部会の決議が正式に理事会に提出される前に、ペルタソン総長は評議会のさらなる関与が必要であると初めて主張した。彼はそれを理事たちの投票を遅らせるために必要であると主張し、また「今、我々が多様性《ダイバーシティ》プログラムを解体するために行動することは時期尚早であり、カリフォルニア大学の最大の利益に反するだろう」。代わりに、一九九六年一一月の州の選挙でカリフォルニア州憲法が改正された場合に、カリフォルニア大学がどのように最善の対応を行えるかを決定するために、教授陣と協力して動くプロセスを直ちに開始する必要がある」と理事会に書いて伝えた。[31]

評議会の決議は、アファーマティブ・アクションに対する全面的支持の表れに、正味のところ、影響した。ほぼ間違いなく、この反応によって、〔アファーマティブ・アクションに対して〕赦免されたような感覚がもたらされたのである。評議会は、カリフォルニア大学での人種に基づく意思決定の程度に関する分析は提供せず、また、理事らによる検討のための代替的戦略の考案には積極的に関与しなかったのである。

理事会の決定

七月二〇日の理事会会議の数週間前には、報道発表や、代替案の提示、政治的駆け引きでいっぱいだった。ビル・クリントン大統領は、カリフォルニアに目を向けて、会議の前日、アファーマティブ・アクションを放棄するのではなく、テーマの修復を繰り返し訴えた。国立公文書館での式典で、彼は「アファーマティブ・アクションは常に完全であるとは限らないし、アファーマティブ・アクションは永遠に続くべきではない……その仕事を終えたときには引退するべきなのだ」と認めた。しかし、彼ははっきりと「エビデンスは、その日が来ていないことを示唆している、実のところ悲鳴を上げている」[32]と指摘した。同じ日に、ウィルソン州知事は、『フェイス・ザ・ネーション』〔*Face the Nation*、アメリカ三大ネットワークの一つCBCで放送されている報道番組〕やその他の全国報道番組に登場し、カリフォルニア大学の入学者受入れで人種の適用範囲を概観し、そのような慣行を終わらせる彼の決意を説明した。それらは「不公平《アンフェア》」で「間違っていた」。彼は、理事会の「同僚」に「平等《イクオリティ》、機会《オポチュニティ》、公平《フェアネス》のビジョンに向けて我々の国を前進させる」よう促す構想を示した。[33]

ジェシー・ジャクソン師は、理事たちの会議に出席して彼らを「導き」、必要に応じて、市民としての抵抗の行動として、手続きを中断させると約束した。ジャクソン師は、ウィルソンがアファーマティブ・アクションに関心を持っているのは単に、大統領に立候補するという自身の個人的意欲に基づいているからだけだと繰り返し非難した。このような認識をしていたのはジャクソン師だけではなかった。理事会会議が開催されることによって、〔アファーマティブ・アクションの撤廃に賛成する〕ウィルソンには、〔アファーマティブ・アクションの撤廃に抗議する〕ジャクソン師との対立に刺激され、これまでで全米の最大の注目が集まるものとなったのである。『ニューヨーク・タイムズ』〔*The New York Times*〕は「ピート・ウィルソン州知事は、共和党の大統領立候補の足場として、アファーマティブ・アクションの撤廃を利用している」と述べた。「ジェシー・ジャクソン師は抗議者を引き連れて水曜日に〔カリフォルニアの〕町にやってくる」と記事に書かれた。クリントンは、「水曜日にその議題に関する重要な演説を行う。理事会の二六人の構成員は、それぞれはっきりと分かれているようである[34]」。

ウィルソンは、実質的な理事長として理事会会議の議長を務める特権に対する正式な権利があったが、それを行使しないことにした。クレア・バーグナー（現職の議長で、元共和党議員、またウィルソンとコネリーの同盟者）が議長を務めることとなった。ローレルハイツ・キャンパスの混雑した講堂内には、現在および過去の州知事によって任命された一八人、学生代表一人、職権上選任された七人の構成員を含む、一人を除けば理事会の構成員全員が座っていた。これには、カリフォルニア大学の総長《プレジデント》であるジャック・ペルタソン、州議会下院の議長であるウィリー・ブラウン、カリフォルニア大学同窓会の二人の代表者、グレイ・デイヴィス副知事、そして州の教育長が含まれていた。民主党員であるデイヴィスは、アファーマティブ・アクションの強力な支持者であるだけでなく、自身の政治的野心も持っていた。ウィルソンは大統領職を視野に入れていたが、デイヴィスは州知事に目を向けていた。会議に出席していない唯一の理事は、〔ウィリー・ブラウンの次の〕下院の議長であるドリス・アレンだった。アレンの議長の任期は短く、共和党と民主党の間の妥協案で任命され、二つの党の間でほぼ同等に二分された下院内で任命された。彼女の政治的立場の弱さを反映しているかのように、彼女は歴史的な会議への出席を控えた。

理事会の会議には、投票権を持たない教授陣の代表者も参加した。学術カウンシルの議長であるダニエル・シモンズと、学術カウンシルの副議長をしており、議長が選出した人物であるアーノルド・レイマンである。一九六〇年代と一九七〇年代初頭に発生した激動の学生デモの後、一九七四年に学生と教授陣の代表者たちが理事会に加わった。理事会と学生および大学という学術共同体とのつながりを改善するかもしれない存在と考えられていたからである。一つの希望は、将来の対立を和らげることだった。投票権は、一九七四年に学生と教員理事の両方に拡大されたものの、評議会は、彼らの意見の多様性《ダイバーシティ》を正確には反映していない、もしくは正確に反映することができない理事会の決定にやむを得ず正式に参加することがないように、投票権のある代表者を持たないことを選んだのであった。

いつものように、九つのキャンパスの学長《チャンセラー》も理事会の会議に出席し、最前列に座っていたが、理事会の議長に承認されない限り公的に発言することは認められていなかった。学長ら特にバークレー校のチャン・リンティエンとUCLAのチャールズ（チャック）・ヤングは、アファーマティブ・アクション・プログラムへの全面的な支持を繰り返し表明していた。特にティエンは、理事会会議で彼の事実と結論によってコネリーに公然と挑戦した。他の学長には、カリフォルニア大学サンディエゴ校のリチャード・アトキンソン（のちのカリフォルニア大学総長《プレジデント》）とカリフォルニア大学サンタクルーズ校のカール・ピスターもいた。

アファーマティブ・アクションに最も積極的に取り組んでいるキャンパスを代表して、ティエンとヤングは、過去一年間にわたってコネリー理事と他の批判者たちによって提起された困難な質問の矢面に立たされた。七月の理事会の会議に至るまでの数ヵ月間で、コネリーはグレン・キャンベル理事、フランク・クラーク理事、ティルソ・デル・ジュンコ理事、レオ・コリジャン理事、デイヴィッド・リー理事、およびクレア・バーグナー理事から激励を受けていた。それぞれが共和党との関係を維持し、キャンベルとクラークは、保守的なシンクタンクの現代的なネットワークの先駆けである、スタンフォード大学にあるフーバー研究所に所属していた。キャンベル、デル・ジュンコ、コリジャン、およびリーは、理事がアファーマティブ・アクション論争に重きを置くことを主張し、理事会が「起こるかどうか定かでない選挙」を待つように要請することで、策を弄するペルタソン総長を非難した。[35]

コネリーの提案〔住民提案二〇九号につながるカリフォルニア大学におけるアファーマティブ・アクションの撤廃〕はまだカリフォルニア州の投票にかけるには十分な署名を獲得してはいなかった。

メレディス・カチギアン理事は、投票の朝、自分の心は完全には決まっていないと表明した。しかし、彼女はカリフォルニア大学での人種優遇措置の適用に公然と疑問を呈していた。彼女はウィルソン州知事の勧告に従うのだろうか。彼女の夫、ケン・カチジアンはロナルド・レーガンの元スピーチライターであり、ウィルソンを含む州共和党と共和党の候補者の重要な政治顧問であり続けた。政党の所属によって単純に理事の数を数えれば、その数はコネリーとウィルソンが優位であることを示した。コネリー、ハワード・リーチ、スティーブン・ナカシマ、ジョン・デイヴィス（裁判官に任命されて州知事の顧問を務めた者でもある）、クラーク、ウィリアム・バグリーの少なくとも六人の理事が州知事の知事選の選挙運動に貢献した。リーチは八二、〇〇〇ドル、コネリーは七三、〇〇〇ドルを寄付していた。[36] 格式高い理事会における無所属で独立した参加者として任命されてはいたが、理事たちは通常、知事が強く気にかけている問題において彼らを任命した州知事と足並みをそろえていた。カリフォルニア大学が存在するようになって何十年もたって、知事が古い友人や政治的同盟者を理事会に任命するのは珍しいことではなかったが、知事選の選挙資金への資金援助が、次第にリトマス試験の結果を左右しているように思われた。

それでもペルタソン総長や総長室関係者は、コネリーの動きを阻止するために必要な票を確保できると考えていた。ロイ・ブロフィー理事は、影響力のある浮動票であるように見えた。ブロフィーは、アファーマティブ・アクションに対する自身の全般的な支持を示したが、カチギアンと同様、カリフォルニア大学の入学者受入れにおける人種の適用に関して懸念していた。州都サクラメントの不動産開発業者であるブロフィーは、民主党の知事ジェリー・ブラウンが指名した共和党員という珍しいタイプだった。彼は以前には、カリフォルニア・コミュニティ・カレッジ（ＣＣＣ）の理事会とカリフォルニア州立大学（ＣＳＵ）の理事会の両方に勤めたことがあり、ウィルソンの長年の支持者であった。ブロフィーとその同僚のバグリー（穏健な保守派）とラルフ・カルモナ（次期同窓会代表）は、もしカリフォルニア公民権発議〔ＣＣＲＩ〕が投票に持ち込まれた際には、有権者に判断を委ねようとするペルタソンの呼びかけに同情的に見えた。そこで彼らは協力して、六月の会議の数週間前に、理事が追求できる代替となるアクションを模索した。

七月の歴史的な会議の行われるほんの数日前に、ペルタソンはコネリーの決議に対する代替案の提示を申し出た。それは、彼らがする必要のない決定にカリフォルニア大学を巻き込まないよう再び理事らに要求するものだった。その代わりに、彼は理事会に「評議会と相談して、学部、大学院、およびプロフェッショナル・スクールの入学者受入れの管理に関する方針《ポリシー》の適切な変更を進展させるように」自分に命じるように要求した。提案された要処理事項はまた、これらの方針は、もちろん「州法または連邦法の変更の可能性」、すなわち州の発議またはアファーマティブ・アクションに関するアメリカ合衆国連邦裁判所の判決に従うことを条件とするもので、一九九七年一月までに施行されると述べられている。

最後の協調のしるしとして、学長《チャンセラー》たちや、総長《プレジデント》、副総長も共同声明を発表した。彼らは、公立大学の社会契約の歴史的見直しをする中で本書全体にわたって議論された問い、つまり個人の機会の要求と大学のより大きな社会目的のバランスをどのようにしてとるのか、に立ち戻った。声明の中で、彼らは初期のカリフォルニア大学の指導者、特にダニエル・コイト・ギルマンの考えを織り込んだ。「公立大学の明確な民主的使命は、多様でダイナミックな有権者を代表する『人々』に奉仕するという挑戦を我々につきつけています」。多様性《ダイバーシティ》のためだけでなく、素質を有するあらゆる学生が公教育を受けることができるという強さの中に公教育の民主的価値があるために、可能な限り広い意味でカリフォルニアの社会を反映する「学生の多様な母集団を確保するアウトリーチ活動と、入学者受入方針《アドミッションズ・ポリシー》を作成することは、カリフォルニア大学の義務だったのです」とペルタソンと彼の同胞は発表した。[37]

歴史的な理事会会議の前の多様な意見と五日間の混乱に加えて、カリフォルニア大学のシステム全体の学生自治組織（カリフォルニア大学学生協会）は、独自の代替案を提出した。理事会の投票構成員として学生理事のエド・ゴメスは、コネリーとおそらく理事会によって選択された道筋に対する学生活動家の怒りと不満を反映した提案を提出した。彼は「カリフォルニア大学の人口構成が人々を本当に代表するようにすることが必要不可欠」であり、「学生、教授陣、職員、および大学当局」が州の人口構成に匹敵するように強制する行動が必要であるという訴えを繰り返した。「無差別は平等《イクオリティ》への受動的な過程であり、その進行は耐えられないほど遅く、定義できず、法的強制力もない」。この提案は、カリフォルニア大学が「理事会による直接の介入なしに現在のアファーマティブ・アクション方針《ポリシー》を実施し続けること」を要求するものだった[38]。

理事会の会議に先立ち、学生活動家はカリフォルニア大学の各キャンパスで数十のデモを率いて、「あらゆる手段でもアファーマティブ・アクションを守る連合」〔Coalition to Defend Affirmative Action by Any Means Necessary、by Any Means Necessaryの頭文字をとってＢＡＭＮと略す。目的を達成するために活動や訴訟に参加する過激なアメリカの極左団体〕など、コネリーと戦うためのさまざまな新しい組織を結成した。これらのデモはしばしば座り込みになり、デモの人数を増やすためにジェシー・ジャクソン師から動員された、たいていマイノリティが多く住む地域出身のたくさんの高校生に至るまで、カリフォルニア大学外の組織や人々を多数引き付けた。抗議する人々の努力、特にジャクソン師の勧告は、特に生産的というわけでもなかった。カリフォルニア大学関係者の見解では、ジャクソン師の存在は争いの種になるものであり、実際に、コネリーの提案〔住民提案二〇九号につながるカリフォルニア大学におけるアファーマティブ・アクションの撤廃〕を拒否するよう政治的に穏健な理事らを説得しようとする彼らの努力に致命的な打撃を与える可能性があった。

クレア・バーグナー理事が開会の小槌を鳴らした。会議室の三〇〇席すべてが埋まっていた。理事会事務局のリー・トリベットは、数え切れないほどの発言要請を受けた。会議の最初の部分は意見陳述に充てられた。しかし、ウィルソン州知事は最初に発言させてもらうよう頼んだ。聴衆とメディアのあふれるほどの注目を浴びながら、ウィルソンはペルタソンの嘆願に反論を申し出た。ウィルソンは、この「根本的な公平《フェアネス》と正義《ジャスティス》の問題」においては理事のみが行動を許されていると述べた。「我々はその責任を無視することも避けることも、要求された決定に対して煮え切らない態度をとることもできない」。ウィルソンは、これまでの非難を繰り返した。「人種は、多くのカリフォルニア大学の各キャンパスの入学者受入れのやり方において中心的な役割を果たしてきた。実際に、最低限の学業要件を満たしていない一部の学生が、単に人種に基づいて入学を認められてきた」[39]。

その後は、四〇人ほどの演説者からの声明が繰り出された。それぞれは一〇分かそれ以上続き、多くの場合、学生活動家によって繰り返される支持や軽蔑のコメントによって刺激された。この辛辣な批判に対し、議長は礼儀を命令し嘆願するため、終了を告げる小槌を繰り返し叩くことになった。公の声明の中で、ロイ・ブロフィーは、ウィルソンに講堂のすぐ外の個室での面会を求めた。そしてウィルソンはそれを受け入れた。ブロフィーは、コネリーの提案〔住民提案二〇九号につながるカリフォルニア大学におけるアファーマティブ・アクションの撤廃〕に対して全般的な支持を示しながら、知事にわずかな妥協を模索するよう促した。理事らはアファーマティブ・アクションの禁止を承認することに投票することができたが、カリフォルニア大学の総長《プレジデント》とその職員に、正式な方針《ポリシー》が決定される前にその潜在的な影響を調査研究するための一年を与えるというものである。それまでに、投票用紙に表示するのに十分な署名を取得しているだろうと推測されるため、住民提案二〇九号は決定される。それがうまくいかなかった場合、理事会はその決定を再検討するかもしれない。ウィルソンはその考えを拒否した。妥協の余地はなかったのである。彼はその日のうちに信任投票を得たいと考えていた[40]。

〔アファーマティブ・アクションの撤廃に抗議する〕ジェシー・ジャクソン師は、意見陳述の時間での最後の発言者であった。ウィルソンとブロフィーは、ジャクソン師の話を聞くために席に戻っていた。「皆さん起立し、手を取り合って祈りましょう」とジャクソン師は呼びかけた。牧師の呼びかけは、ゆっくりと立ち上がった理事たちが、集団でどのような対応を取るのが適切なのかを判断しようと他の理事会構成員に目を向けるという、気まずい瞬間を引き起こした。ジャクソン師が天に導きを求めて祈り始めたとき、ウィルソンだけは座ったままだった。その後、彼は四〇分間にわたってアファーマティブ・アクションのための訴えを開始したのである。[41] ジャクソン師の演説が終わると、理事会は内輪の審議を開始した。分裂がますます激しくなった。動議の見送り、代替となる動議、妥協案、そしてペルタソン総長と学生理事によって提案された代替案は一つひとつ破棄された。長時間続く会議が始まって九時間後、爆弾を仕掛けたという脅迫により会議場からの避難が余儀なくされた。二時間近く遅れて、カリフォルニア大学内の警察〔university police、一般警察業務を行う州警察とは別に、大学内の法執行権限が付与されている〕は理事たちがこのような事態に備えて講堂下の部屋で会議ができるようにした。理事会の安全が保証されない場合、審議は非公開の部屋でも合法的に継続することができると、カリフォルニア大学の法務部長のジム・ホルストは述べた。ラジオ中継とテレビ中継が繋がっており、依然として理事会の審議の目撃者としての市民の権利を保っていた。数名の理事が抗議したものの、ウィルソンは、理事会はこの会議を進めると主張した。[42]

二時間後、講堂の下の部屋で、理事会は議論を終わらせるための投票をした。絶え間なく続くコネリーの提案に対する修正案が終わりを迎えた。通過した唯一の修正案は、バグリー理事、コネリー、そしてウィルソン知事が起草した声明で、多様な学生の人口構成を達成するというカリフォルニア大学の義務を再び主張するものだった。改正案は以下のように主張するものだった。「カリフォルニア州の多様な人種のすべての個々の構成員はカリフォルニア大学で成功する知性と能力を持っているので」、理事会は「この州の多様性《ダイバーシティ》を反映する」学生集団の実現を目指した行動をとる。それはほとんど妥協ではなかった。それには、そのような多様性《ダイバーシティ》は、「人為的な優遇のシステムではなく、この州のすべての学生が成功するための準備と権限付与《エンパワーメント》」を通じて達成されるべきであるという声明が含まれていた。[43] 伝えられるところによれば、コネリーは、新たな言葉が彼に有利な最終投票に影響を与える可能性についての変更に同意したと言われている。[44]

一三時間にわたる会議の最後の一時間に、抗議する学生たちの脅迫的な睨みつけるような視線もない中、理事会は、コネリーが提示した二つの動議に投票し、唯一の修正を記した。第一に、SP－1（第一の特別な理事会決定のために命名された）は、カリフォルニア大学の入学者受入れに関して人種や、民族性《エスニシティ》、性別を排除し、「平等《イークアル》な処遇を保証する」。また、テスト得点と高等学校での評定成績といった学力基準のみに基づいて入学した学生の割合について新たな変数を設定した。決議は、「一九九七年一月一日に発効」し、「すべてのキャンパスの入学クラスの五〇％以上七五％以下は、学業達成に基づいてのみ入学が認められるものとする」と述べた[45]。コネリーの決議はまた、総長《プレジデント》に「理事会による検討のための補足基準を作成するためにカリフォルニア大学の評議会と協議する」よう求めた[46]。この要求の中で、理事らは入学者受入方針《アドミッションズ・ポリシー》における評議会の歴史的な役割を確認するだけでなく、カリフォルニア大学の運営における主たる分野で方針《ポリシー》を設定する理事会の最高権威も確認したように思われた。二つ目の動議であるSP－2は、雇用と契約の領域で人種や、民族性《エスニシティ》、性別を削除した。

一五対一〇の投票結果で、理事たちは雇用と契約におけるアファーマティブ・アクションの廃止に前進した。そして、一人の棄権と、コネリー、ウィルソン、およびバグリーによって考案された修正のみによって、一四対一〇の投票結果で、SP－1は可決した。バグリー理事は、雇用と契約における人種優遇措置の廃止に投票したが、SP－1に関しては棄権した。投票は党派関係を反映しており、ウィルソンと前共和党知事のジョージ・ドゥクメジアンが任命した者がほとんどの賛成票を投じた。反対票は主にジェリー・ブラウンの任命者であった。

コネリーとウィルソンは大勝利をおさめた。カリフォルニア大学は、その理事会が入学者受入れの決定における人種と民族性《エスニシティ》および性別の優遇措置を正式に禁止した唯一の公立大学となったのである。その翌日、『サクラメント・ビー』〔*Sacramento Bee*、州都サクラメントで発刊される日刊紙〕は、ジャクソン師が「サンフランシスコの街で即興のデモ行進」を率いたと報道した。推定で三五〇人がジャクソン師に加わった。「群衆は活気にあふれていた。六人の穏便な逮捕があったものの、それは比べると小さい出来事に過ぎなかった[47]」。

カリフォルニア州の議論の当初の意味

アファーマティブ・アクションに対する批判は、特定の人種グループに優遇措置を提供することが見かけ上の不公正《インジャスティス》になることに焦点を当てていた。しかし批判者の最も痛烈な抗議は、認識された個人の権利の侵害に集中していた。この見解では、アファーマティブ・アクションは公益の問題ではなく、私的便益が認められないことの問題となる。入学者受入れの決定においては、集団のアイデンティティではなく、個人の優秀さが最優先されるべきである。さらに、個人業績《メリット》は広範で主観的な概念でもなく、主に二つの定量化可能な要因、つまり高等学校での評定成績とテスト得点に従って決定されるべきである。

公立大学の役割に対するこの限定的なアプローチと、個人業績《メリット》〔成績を指す〕を決定するためのテスト得点に依存することの増加は、公立大学の歴史的目的において深いパラダイムシフトを潜在的に形成した。アメリカの最も精選された公立大学にテストの高得点を持つ学生のみを受け入れるということは（極端な例を一つ挙げるとしたら）いったい何を意味するのだろうか。それは、標準テストには反映されない学生の社会経済的背景、傾向、および学問への関与具合《エンゲージメント》に関連する要因を排除することを意味するだろう。それは、学生の思想と達成度や、経済的、民族的背景にはあまり多様性《ダイバーシティ》がないことを意味するだろう。それは、組織的な使命の深遠な狭まり、つまり社会変革の主体としての公立大学の本来の理想が破滅することを意味するだろう。

これまでの章で綴られてきたように、公立大学の目的、運営、および教育プログラムの広さはすべて、長期にわたる公的な決意と投資の結果である。大学《ユニバーシティ》は、広範囲からの進学《アクセス》と広範囲にわたる社会的利益という理由とその精神に基づいて創設された。これらの教育機関は、意図的かつ公的に宣言された責任を累積してきた。歴史的に大学《ユニバーシティ》は、恵まれていない《ディスアドバンテージ》人々や伝統的な学術的規範の外で才能を示す人々が大学進学《アクセス》できるように十分に幅広い入学者受入要件を確立することにより、業績主義社会《メリトクラシー》と包括性の理想を促進しようと試み、またよく苦労してきた。これらの伝統と価値に対して公然と異議を申し立てる保守派はほとんどいない。むしろ彼ら保守派の望みは、測定可能な学力基準のほうの重みを増すことである。

一方、アファーマティブ・アクションの賛同者は、人種とその代表性の問題として社会契約の概念をしばしば操作した。彼らの一連の議論の中で、アファーマティブ・アクションの支持者は、公立大学の社会契約の概念を危険なほどに、そして必要以上に狭めた。立法者や人種に関する利益団体を含む外部の圧力がこの一連の流れに影響を与えたが、大学《ユニバーシティ》は入学者受入れやその他の意思決定における人種を過度に持ち上げる内部文化を発展させた。カリフォルニア大学などの教育機関は、人口比率以下に処遇されている《アンダー・リプリゼンティッド》人種や民族《エスニック》グループをより包括的にしようとする熱心な努力の結果、その支持を著しく失ったのである。彼らの支持者たちは、現代アメリカの政治文化におけるアファーマティブ・アクションの実行可能性をうっかり損なってしまったのだ。

アファーマティブ・アクションを批判する者と支持者の両方が一緒になって、実際的な妥協の中間点をほとんど持たない二極化した議論を生み出した。双方は、入学審査の仕組みとその結果に重点を置いた。それはたとえば大学進学《アクセス》を拒否された個人の窮状、入学審査において認識された公平性《フェアネス》、および人口比率以下に処遇されている《アンダー・リプリゼンティッド》学生の入学者数である。政治化した環境の結果、多くの高等教育機関は、（良く言えば）注意不足だったか、社会における自らの歴史的な目的を問題にし、明確に照らし合わせると、（悪く言えば）単に無関心だった。公立大学の目的は、テスト得点ではその大学での学業の成功をわずかにしか予測しないものとしても、そしてテスト得点と社会経済的特権とが密接に関連している場合でも、単に最も良いテスト得点を持つ者に教育を提供することだろうか。このモデルにおいては、公共財への入場門《エントランス・ゲート》を報酬として見る傾向がある。

短期的に見ると、カリフォルニア州のアファーマティブ・アクションをめぐる戦いで敗者となったのは、カリフォルニア大学そのものであり、増加を続ける州内のマイノリティの学生であった。大学当局は、効果的に仕事をする上ではその関係が重要な要素である理事会での自らの信頼性《クレディビリティ》を大いに失った。次の章で議論されるように、カリフォルニア大学、特にバークレーやＵＣＬＡなどのキャンパスでのマイノリティの志願者と入学者数への影響は、急激な減少傾向を見せた。

勝者にとってはすべてが達成されたわけではなかった。ウィルソンの大統領への道は少しの間明るくなった。彼は一九九五年の夏に行われた全国投票に際して知名度を上げた。また、主にカリフォルニア州からのものだったが選挙献金もわずかながら急増した。だが、ウィルソンは九月に指名競争から脱落してしまう。共和党の最終大統領候補であるボブ・ドールもアファーマティブ・アクションへの批判を重視しており、「個人の自由と我が国の創設の基盤である機会均等の原則が堕落するものである」[48]と呼んでいた。その結果、〔民主党である〕ビル・クリントン大統領は比較的容易に再選を果たしたのである。

しかしながら、この理事会の決定が、コネリーとカリフォルニア公民権発議〔ＣＣＲＩ〕運動にとって非常に必要とされるメディアの注目を集めたのである。それは重要な時期に財政的支援と勢いを高めるのに役立った。一九九六年一一月の投票に住民提案二〇九号を載せるのに十分な署名が集められた。カリフォルニア州の有権者はこの提案を五四％という得票で可決した。理事たちの決定は、この提案の最終的な成功において決定的な要因だったのだろうか。リディア・チャベスは、カリフォルニアでの反アファーマティブ・アクション運動に関する自身の本で、理事たちの行動が勝利への道の重要な要素であると考えている。最も重要なことに、この決定は州政および国政の両方で共和党にとって問題が重要であることを証明した。最終的には、彼女は次のように述べている。「ウィルソンと州共和党は、カリフォルニア公民権発議〔ＣＣＲＩ〕を投票にかけさせるという手柄を立てた。運動に五〇万ドル近くを投入し、署名収集者に路上にとどまってもらうために支払ったのは彼らだった」[49]と。

カリフォルニア大学内では、学生グループがデモの新ラウンドを組織した。アファーマティブ・アクションの支持者は、バークレーとＵＣＬＡにおける人口比率以下に処遇されている《アンダー・リプリゼンティッド》学生数が減少すると予測し続けた。多かれ少なかれメディアから取り残されていたのは、アファーマティブ・アクションの是非というよりも、入学者受入方針《アドミッションズ・ポリシー》立を策定する際の適切なあり方について、カリフォルニア大学の教授陣が困惑していることだった。シェアド・ガバナンスの概念、そして入学者受入方針《アドミッションズ・ポリシー》の設定における評議会の適切な役割は、活動的な理事らの犠牲者のように見えた。[50]評議会のバークレー校部会は、理事会を非難する決議を検討した。これは、理事会に対する教授陣の不満を述べる以外になんら正式な権限を持たない行動である。部会会議は、バークレーの全教授陣の投票によって前進することを承認した。しかし、投票は結局行われなかった。全学の評議会の議長としてシモンズの後任だったアーノルド・レイマンの強い要請があり、それは評議会バークレー校部会の指導部によって巧みに棚上げされたのである。そのような糾弾は建設的なものではなかっただろう。レイマンの考えでは、理事たちの多くの主要構成員と評議会との間の敵意はすでに十分に根深かったのだ。

強い政治力を持つ州上院議員のジョン・バスコンチェロスは、アファーマティブ・アクション論争の一方の感情を反映して、怒りにあふれ、七月二〇日の理事会決定の翌日に理事らに次のように書き送った。「時間をかけて公益を考慮もせず、見込みのない選挙運動を後押しするための大統領候補の必死の努力に加担するためにどうして性急な判断を下そうとするのか。なんと悲惨な」。しかし、それには続きがあった。「現代カリフォルニア史上最も破壊的な行為を犯した」、「怒りと激しい苦痛を伴う」夜の後、彼は州議会の上院予算委員会の委員長として、「昨日の理事の行動によって、私がカリフォルニア大学の理事会に資金を提供する一九九五／九六年度の予算に賛成票を投じることは事実上不可能になった」と話した。[51]それはただの脅しでしかなかった。

クリントン政権は当初、現実的なことではないが軽い抗議として、カリフォルニア大学に受給される連邦政府の助成金約四〇億ドルを撤回する可能性があると述べた。全米大学教授協会〔American Association of University Professors〕は、理事らの行動を調査研究する委員会を招集し、報告書を発行した。全米教育協会〔American Council of Education: ACE、一九一八年設立のアメリカ高等教育に関する非営利、非政府組織〕の元会長であるロバート・アトウェルが議長を務めたこの委員会の報告書は、〔カリフォルニア大学理事会の〕審議についてわずかにしか知りえていないにもかかわらず、理事らはシェアド・ガバナンスの規則を破ったと主張した。理事会構成員の仲間内での個人的なロビー活動を禁じた州のサンシャイン法〔一九七六年に制定された合議制行政機関における会議の情報公開を定めた法〕に反したということで、理事たちとウィルソンを相手取った訴訟が起こされたが、成果はなかった。

政治は、カリフォルニア大学の入学者受入方針《アドミッションズ・ポリシー》を改革する決定的な力を証明した。理事らの決定に対するその後の反発は、人種を優遇するアファーマティブ・アクションに関する決定を取り消すには十分な力ではなかったと証明された。カリフォルニア大学のコミュニティは即座に応じる必要があった。まず理事会が、そしてカリフォルニアの人々が人種優遇措置を終わらせたのだった。住民提案二〇九号に反対する人々が予測した通り、取り得る回避策はなかった。それとも実はあったのか。それ以前にあった反対の主張にもかかわらず、経済的および地理的なアファーマティブ・アクションが復活したならば、人種および民族《エスニック》的多様性《ダイバーシティ》の進歩への道を提供したのだろうか。

第8章　第一の余波——アウトリーチ活動と包括的審査《コンプリヘンシブ・レビュー》

人種という最も抵抗しがたい理由のために、政府は人々に異なる処遇を行い得る。

——アダランド建設対ペニャ事件判決。515 U. S. 227

「アファーマティブ・アクションを守るためのさらなる努力は非常に難しいだろう」と政治科学者であり熱烈な自由主義者であるアンドリュー・ハッカーは述べた。それは人種優遇措置を終えるというカリフォルニア大学の決定が出された一九九五年が一年過ぎる少し前の時期のことであった。アメリカの有権者の中で「その〔アファーマティブ・アクションの〕支持者は納得させるための事例をつくるのに今も困難を抱えている」と彼は結論付けた。[1] ハッカーの声明の五ヵ月後、住民提案二〇九号を通すためのウォード・コネリーの運動は成功した。カリフォルニアの州憲法は、すべての公的機関において人種や民族性《エスニシティ》を利用することを禁止するように修正された。ワシントン州の有権者たちは、類似した発議に従い、フロリダではジェブ・ブッシュ州知事〔アメリカ合衆国第四三代大統領ジョージ・ウォーカー・ブッシュの弟〕が一九九九年に行政命令を出した。それは、公立の大学《ユニバーシティ》とカレッジの入学判定において人種や民族性《エスニシティ》を利用することを禁止するというものであった。

アファーマティブ・アクションに反対した人々は、大衆と有力な議員たちの間で生じた、人種優遇措置というコンセプトへの不満とともに起こった反動の波に乗ったように見えた。保守的な『ニューヨーク・ポスト』〔*New York Post*〕はコネリーに十分な称賛を送った。ある社説は、理事会による禁止や住民提案二〇九号は「革命的な発展である。そして高潔であるがひどく不当な、そして非アメリカ的な逆差別体制の全国的排除に対するインスピレーションのようだ」と強く主張した。[2] リベラルな左派の一部でさえも、コネリーの方法は疑わしいが、彼は重要な問題を掲げていると述べた。黒人《ブラック》ジャーナリストのアラン・テイラーは、「有色人種の進歩主義者たちはウォード・コネリーの政治的および社会的目標に反対するべきではない。その目標は、人種と民族性《エスニシティ》について彼が提起する非常に正当かつタイムリーな問題に立ち向かうことについての我々の判断力を失わせる」と述べた。コネリーは「彼の世代の黒人《ブラック・パーソン》に対する変則」を証明した。しかしテイラーは、彼は「人種の制限を『彼方に動かした《ムーブド・ビヨンド》』と自慢するヒップホップ世代のいくつかの要素とよく適合している」と考えた。[3]

カリフォルニア州にもたらされた住民提案二〇九号のような発議は、アファーマティブ・アクションを超えた戦いにおける一つの争いの場となるものを提供した。つまり裁判所はアファーマティブ・アクションの是非とは別のものを提供したのである。コネリーや他の人々は、権利訴訟が全国的に禁止されるという結果になるだろうと考えていた。バッキー判決後の時代に訴訟の事例が増え続けたことにより、すべての公的機関において人種優遇措置の将来が制限され、それは私的セクターへも関連が及ぶかもしれないという感覚を増幅させた。「アファーマティブ・アクションの」反対者たちは、この問題を再検討したり、バッキー判決を覆えそうとしたりする、最高裁判所に心配した眼差しを向けていた。コネリーは報道機関や彼の支持者たちに対し「アメリカ合衆国連邦最高裁判所が勝ち、負け、もしくは引き分けという決定をどうにか出してくれることを神に祈る」、「これは裁判所が動く必要があることだ」と述べた。[4]

アダランド建設訴訟のような事例は、高等教育への含意と同時に雇用や契約の習慣に焦点を当てた。[5] しかしながら、裁判所や人々の間で最も注目された問題は、選抜性の高い公立大学におけるアファーマティブ・アクションの適用であった。一九九〇年代半ばのテキサスでの訴訟はテストケースのように見えた。一九九六年、アメリカ合衆国連邦裁判所は、テキサス大学オースティン校の法科大学院《ロースクール》における逆差別の告訴を扱った。これには「人種定員枠が行き過ぎと判断した」バッキー判決との類似点がある。法科大学院《ロースクール》に不合格となった四人の白人学生が、保守的な弁護基金とともにテキサス大学を相手取って訴訟を起こしたのであった。標準テストの得点に大部分は基づき、テキサス大学は一方は白人に対するもの、もう一方はアフリカ系アメリカ人とヒスパニック系に対するものであるという二重の入学審査を行っていると彼らは告発した。このホップウッド対テキサス州訴訟において、第五巡回裁判所は原告に同意し、テキサス、ミシシッピ、ルイジアナの裁判所の権限の範囲でアファーマティブ・アクションを実質的に禁止するという判決を下した。この判決は控訴され、アメリカ合衆国連邦地方裁判所に支持された。ホップウッド訴訟において多数派の意見となった裁判官三人のうち二人は、雇用や契約と関係するアメリカ合衆国連邦最高裁判所の重要な判決は、入学者受入れにおけるアファーマティブ・アクションが本質的に憲法違反であると主張した。彼らの判決はまたも上告され、アメリカ合衆国連邦最高裁判所の考慮すべき事案となった。しかしアメリカ合衆国連邦最高裁判所はこの事案を審理することを拒否した。したがって、より下級の裁判所の判決が効力を維持した。

一九九〇年代後半までに、他の多くの訴訟事案が裁判所を通してそれぞれの方法を編み出し、入学審査におけるアファーマティブ・アクションの適用のさらなる制限として公立大学を脅かすものとなった[6]。アメリカ合衆国連邦最高裁判所が一つもしくはより多くの事案を審理することは避けられないようであった。ニューヨーク大学の法学者ロナルド・ドゥウォーキンは、「アファーマティブ・アクションは運が尽きたのか」と問うた。「それは、我々の大学《ユニバーシティ》で何年も行ってきたような、学生の激しい競争において黒人《ブラック》や他のマイノリティに優先権を与えるという大学《ユニバーシティ》にとっての「法の平等《イークアル》な保護」というアメリカ合衆国憲法修正第一四条の保証を妨害するものなのか」という問いである。ドゥウォーキンは確信してはいなかったが、アメリカ合衆国連邦最高裁判所判事たちがおそらくバッキー判決をはねつけるだろうと見られていた[7]。

アファーマティブ・アクションの反対者も支持者も、彼らの各々の立場を支える証拠のための新しい調査や研究を始めながら、裁判所の前で審理する準備をしていた。裁判所のオブザーバーの多くがサンドラ・デイ・オコナー判事を含めた一つまたは二つの浮動票を見た。ロナルド・レーガン大統領に任命されアメリカ合衆国連邦最高裁判所初の女性判事となったオコナーは、共和党員の多くから予想されていたような、頑健な保守派とはならなかった。

先行するテストケースは一つではなく二つの訴訟として始まり、一九九七年にミシガン大学を相手になされた。両方の訴訟とも、アメリカ合衆国連邦最高裁判所での審理の前に下級の裁判所の判決を通過した。このとき、裁判所は二〇〇三年夏に審理することに同意した。住民提案二〇九号とホップウッドそしてミシガンの訴訟は、カリフォルニアのような州に重要な文脈を与えた。それは特に、マイノリティや移民人口が急速に増えている州において、アファーマティブ・アクションという手段を用いずに、人口比率以下に処遇《アンダー・リプリゼンティッド》され、かつ恵まれていない《ディスアドバンテージ》グループに対しどのように大学進学《アクセス》を拡大するのだろうか、人種や民族性《エスニシティ》の代用物はあるのだろうか、というものであった。

アファーマティブ・アクションを制限または排除するという法や裁判所の判決が原因となり、カリフォルニア州では三つの反応が起きた。一つ目は、カリフォルニア大学のアウトリーチ活動を地元の学校に拡大する試み、二つ目は、いわゆる「パーセンテージ・プラン」と言い、カリフォルニア州の公立高等学校で最高位にある生徒たちにカリフォルニア大学への入学を保証するという学校ベースの基準の復活、そして三つ目は入学者受入方針《アドミッションズ・ポリシー》を転換させ、生徒の学業達成の文脈をより組み入れることである。しかし、これらの実行可能な対応から生起したものには、アファーマティブ・アクションが終了した影響を緩和するような効果はなかった。そこに銀の弾丸〔厄介な出来事に一撃で対抗する手段の比喩〕は存在しなかったのである。

SP−1と住民提案二〇九号のその後

前章で論じたように、カリフォルニア大学における社会契約は、大学入学の機会を拡大し社会を形づくる、つまり、より衡平《イクイタブル》にし、より生産的にし、より繁栄させる、という州政府の要求から生じた。これらの目標を追う過程において、一八六八年と一九七〇年代の間に出た多くの「原理原則」は、公立高等教育という進歩的な制度の中で機会の拡大とカリフォルニア大学の役割の明確化に向かっていた。女性たちは男性と同様の基準に基づいて入学を許可された。宗派主義者や政治の影響から自由になる一方で、入学者受入れは選抜性が高いものとなった。カリフォルニア大学は教授陣によって設定された基準のもと、すべての学生の入学を認める場を保証した。カリフォルニア大学の学生を全体で見ると、その社会を反映したものであった。これらそしてその他の原理原則があることで、カリフォルニアの人々に比較的明白な形で責任があることを認識させたのである。その意味では、理事会の一九九五年の決定〔入学者受入れにおいて人種優遇措置を終了するという決定〕は大学入学に制限を加える命令の類であり、いくつかの点で他の原理原則に反するか、他の原理原則を追求することがより困難になるという方針《ポリシー》であった。

アファーマティブ・アクションに対する多くの保守派の攻撃が言外で意味するところは、特定の人種集団を代理指標に用いて入学者受入れが行われることは間違った目標であるというものであった。それはテストの得点と高等学校での評定成績によってのみ定義された定量化可能な個人業績《メリット》の規格に基づき、市場に決定されるべきである。しかし、社会契約の核心部分として、特定の人種集団を代理指標として入学者受入れが行われるという一般的な概念を覆すために主だった努力は何もなされていないのである。幅広い大学進学《アクセス》は突出した目標として残されており、法において、そして大学《ユニバーシティ》の制度上の使命において体系化された。問題はこの目標をどのようにして達成するかということである。

カリフォルニア大学の理事会でアファーマティブ・アクションについての議論がなされている間，大学幹部と分析担当者は極端な結果を予測した。人口比率以下に処遇されている《アンダー・リプリゼンティッド》グループからの入学者受入れは減少していくだろうというものであった。入学審査はもはやこれらのグループを援助しないというだけではない。カリフォルニア大学の理事会は，マイノリティの学生たちは歓迎されないという恐ろしいメッセージを送ったと非難された。人口比率以下に処遇されている《アンダー・リプリゼンティッド》マイノリティの志願者は減るだろう。ウォード・コネリーを含む理事会の多数派は，即刻アファーマティブ・アクションを禁止することを主張した。しかしながら，理事会の決定の少し後に任命された新しい総長であるリチャード・アトキンソンはその決定を遅らすことを望んだ。

アトキンソンは，同大学のサンディエゴ校の学長《チャンセラー》を一五年間つとめ，学術上の威信と全国ランキングが急速に上昇した教育機関を築き上げることに尽力した。サンディエゴでの任期より前，カーター政権の間に，彼は全米科学財団〔National Science Foundation〕の長に任命された。一九九五年一〇月，カリフォルニア大学の第一七代目の総長《プレジデント》として任命された際，アトキンソンはアファーマティブ・アクションについての理事会の命令をすぐに実行することの難しさに直面した。理事会の決議であるSP－1は，新しい入学者受入方針《アドミッションズ・ポリシー》は，その年の四月と五月に完了する入学者受入れの決定を行う実際の審査にもとづいて，一九九六年秋に選抜される学部生と大学院生に影響がある，と述べた。人口比率以下に処遇されている《アンダー・リプリゼンティッド》マイノリティの学生数が急激に減少するかもしれないという恐怖と，新しいアウトリーチ活動と入学者受入方針《アドミッションズ・ポリシー》の創設の最中にあったので，アトキンソンは，リベラルと保守派の両方そしてコネリーを含んだ鍵となる理事と相談することで，期限について一年の延期を提案した。同意は得られそうだが，アトキンソンは依然としてピート・ウィルソン知事の同意を得るための非公式な試みを必要とした。ウィルソンには同意する兆候が見られた。

しかし協議の前に，アトキンソンの提案は早くも報道機関に漏れてしまった。ウィルソンは総長《プレジデント》の計画に怒りを示した。コネリーを含め以前は同情的であった理事たちも、計画的な妨害であるとして延期を非難した。しかしアトキンソンは、延期についての自身の主張に固執した。メディアでは、理事会から彼が解雇される可能性についての推測がなされた。最終的に問題は解決した。大学院の入学者受入れにおける人種優遇措置の終了は、一九九六年秋の次年度入学者受入れのときから始まったが、学部の入学者受入れに対して新しい方針《ポリシー》が初めてとられたのは一九九七年の一九九八年度入学者受入れからであった。

　一九九八年の春、アトキンソンは有望な高等学校の最上級生一三、〇〇〇人に対し、カリフォルニア大学やそのキャンパスの一つへの入学を促す総長《プレジデント》名の文書を送った。学長、教員、学生、そしてあらゆるカリフォルニア大学の理事たちは、カリフォルニア大学の入学を促すために、将来大学生になる可能性のある生徒たちに広範囲にわたって接触を試みた。[8] しかしそうした努力はささいな効果しかなかったようである。予想されていたように、バークレー、ＵＣＬＡ、そしてサンディエゴ校において、多くのマイノリティ・グループの出願率は低下した。一九九八年にバークレーに出願した一〇、五〇九人の学部志願者のうちアフリカ系アメリカは人二・四％のみであり、これは前の年の五・六％から下がっている。チカーノの学生は一九九七年に約一一％だったのが、翌年たった六％しかなかった。チカーノの学生とあわせて、アフリカ系アメリカ人、ネイティブ・アメリカン、そしてラテン系というすべての背景で見てみると、彼らは州の人口の約三四％を占めているにもかかわらず、バークレーの入学者受入れにおいては一〇％を占めるのみであった。[9]

　人口比率以下に処遇されている《アンダー・リプリゼンティッド》マイノリティ・グループの志願者の減少はサンディエゴ校とＵＣＬＡでさらに急激に起こり、サンタバーバラ校でもやや減少が見られた。しかしながら、マイノリティにおけるこれらの実際の志願者低下のかなりの割合は、サンタクルーズ校、アーバイン校、そしてリバーサイド校で志願者が増加したことによって補われた。実際、これらのキャンパスは、幅広い入学者数を拡大させるという計画によって、さほど選抜性の高くない教育機関ではあったが、高い質を持ち、教育プログラムの中で全国的に高い地位にあった（図８・１参

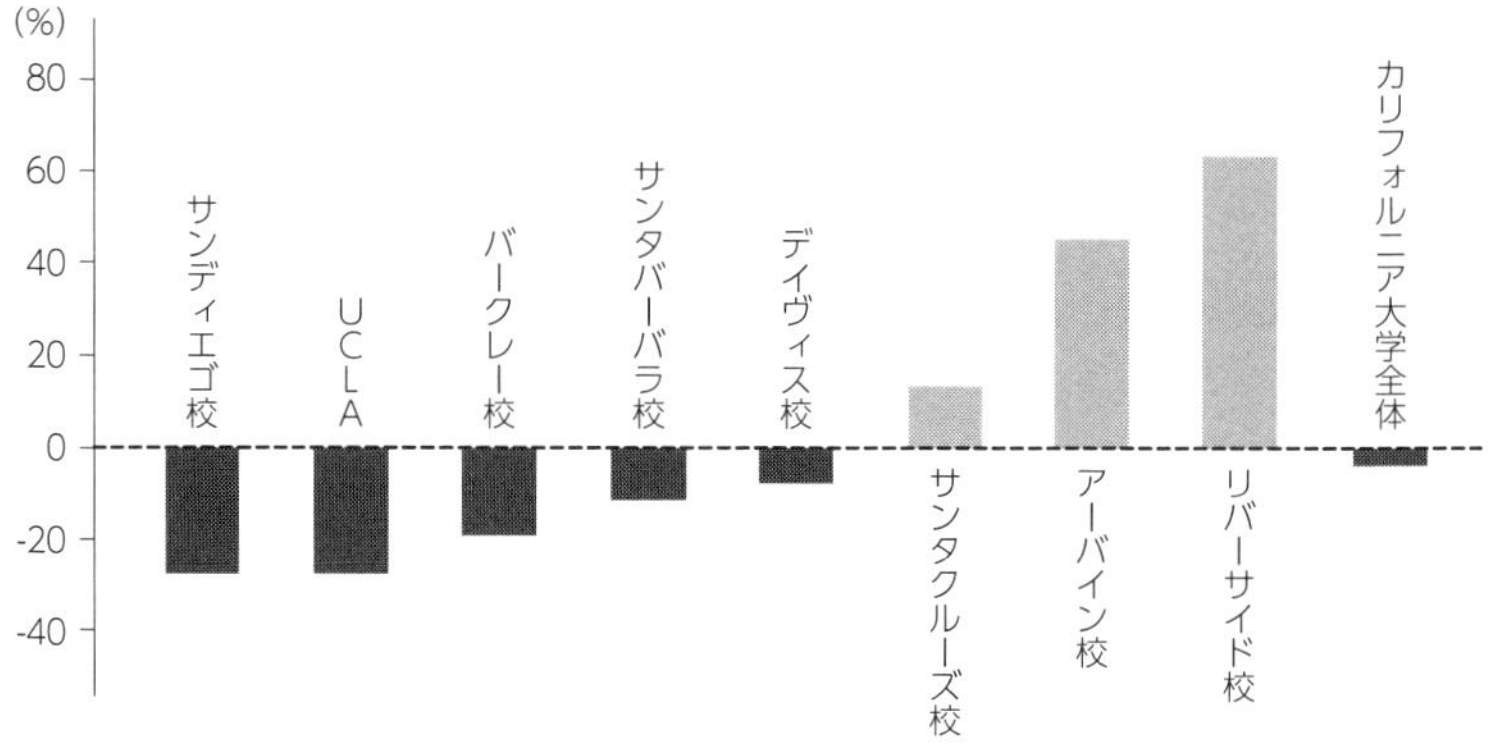

図 8.1　住民提案209号以後のカリフォルニア大学制度における各キャンパスの人口比率以下に処遇《アンダー・リプリゼンティッド》されているマイノリティの在学者数の変化（1997年−1999年）
出典：カリフォルニア大学総長室『エンロールメント報告書』

照）。

　カリフォルニア大学の社会契約とは、入学適格性《エリジビリティ》を有する生徒に対し、カリフォルニア大学の一つもしくはそれ以上のキャンパスへの進学《アクセス》の提供というコンセプトを長らく含むものであった。しかしそれは、生徒の第一志望のキャンパスである必要はなかった。ゆえに、人種優遇措置の終了は五つのキャンパスに重要な影響を及ぼしたが、全体的な影響としては、三年間で人口比率以下に処遇《アンダー・リプリゼンティッド》されている学生が三％ほど減少したという比較的緩やかなものであった。しかし、これはカリフォルニアとカリフォルニア大学全体としてみれば不幸ともいうべき減少であろうし、毎年の学生集団を形成することにも影響を与えかねる減少でもあった。カリフォルニアのマイノリティの人口は増加しており、すでに述べたように、それに伴い、カリフォルニア大学の在学者数も増加するべきなのだろう。

　アファーマティブ・アクションの支持者にとって、バークレーとUCLAの志願者減少は悲劇的に見えた。メディアはほとんどこれら二つのキャンパスにひたすら焦点を当てた。バークレーにおけるマイノリティの入学者受入れは落ち込んだ。アファーマティブ・アクションを批判する人々にとって、人口比率以下に処遇されている《アンダー・リプリゼンティッド》形で行われる入学者受入れと、最も選抜性の高いキャンパスにおけるマイノリティ在学者数の有意な減少は、入学者受入れの決定における以前のやり方はひどく人種に依存していたとするコネリーとその他の人々による非難を裏付けるものだった。保守派やリベラルのカリフォルニア大学幹部や州議会の議員にとって問題は、地元の学校に対するアウトリーチ活動をどのように回復させるか、そして人口比率以下に処遇されている《アンダー・リプリゼンティッド》集団の生徒が入学することの見込みを持たせ、実際に志願者が減少することを緩和させるために入学者受け入れをどのように作り直すかということであった。

学校の問題

バークレーやUCLAのようなカリフォルニア大学の各キャンパスへの入場門《エントランス・ゲート》については大衆からかなり注目されているにもかかわらず、投票箱によって〔理事会での決議を指す〕、アファーマティブ・アクションを採用していた方針《ポリシー》が廃止に追い込まれ敗北したことは、カリフォルニアの学校の質をどのように改善するかという新たな問題に焦点を当てることとなった。入学判定における人種の活用を止めるという理事会の一九九五年の方針《ポリシー》について出された声明には、カリフォルニア大学のアウトリーチ活動を支持するものも含まれていた。SP-1はアウトリーチ活動のための「新しい方向性と予算の増加」に向けた提案を発展させるためにタスクフォースの設置を求めた。目的は「人口比率以下に処遇されている《アンダー・リプリゼンティッド》グループの生徒のうち、カリフォルニア大学への入学適格性《エリジビリティ》を有する生徒の割合を増やすこと」であった。カリフォルニア大学と他の高等教育機関が恵まれていない《ディスアドバンテージ》生徒に対して進学経路を改善することが望まれた。

　ほとんどの土地無償払下げ《ランドグランド》教育機関と同じく、カリフォルニア大学には、高等学校と相互に影響を及ぼしてきた長い歴史と地元の学校の学術的な質を下支えし、改善することを意図したプログラムがある。これより以前の章で詳述したように、かつて大学《ユニバーシティ》の教授陣が地元の公立高等学校に認証《アクレディテーション》を与え、そこから生徒を推薦入学させる制度があった。しかしながら、カリフォルニア大学の教授陣とカリフォルニアの学校幹部との間のそのような公的交流は徐々に途絶えた。一九六〇年代のはじめに出現したのは、目標を設定したアウトリーチ活動の一連の流れであり、その大部分は人口比率以下《アンダー・リプリゼンティッド》に処遇されている生徒に向けたものであった。その取組みの規模は、国内の標準的なものと同様、比較的控えめなものであった。ほとんどのアウトリーチ活動の戦略は、カレッジへの進学意識を高めること、自尊心を高めること、ロールモデルを提供すること、そしてアカデミック・スキルを改善することに焦点を当てた。アウトリーチ活動のほとんどは、主として一九六〇年代に設立された連邦政府のプログラムから資金を提供された。[10]

カリフォルニアにおいて、連邦政府の基金は初期の介入プログラム、進学計画《アップワード・バウンド》・プログラム、そしてマイノリティや低所得のセクターに目標を設定した類似のプログラムを支援した。州の基金はこれらの生徒のスキルを改善するさまざまなプログラムを支援した。それはＭＥＳＡ〔Mathematics, Engineering, Science Achievement、ＳＴＥＭ分野への進学と学位取得を目指し、教育的に恵まれない大学入学前の生徒、コミュニティ・カレッジ、および、大学レベルの学生向けに学術的なサポートを行うプログラム〕、初期のアカデミック・アウトリーチ活動、プエンテ・プロジェクト〔プエンテはスペイン語で「橋」を表す。一九八一年にコミュニティ・カレッジから始まり、教育的に恵まれない生徒の四年制大学への進学率向上を目指して、中高生やコミュニティ・カレッジの在学生を対象に、ライティング、カウンセリング、メンタリングのサポートを行うプログラム〕、そしてキャンパスを基盤としたさまざまな動議のもとで行われる州全体のプログラムであった。一九九四年の調査では、カリフォルニア大学のシステムを横断する八〇〇ものさまざまなアウトリーチ活動が分類されている。[11]

一九九〇年代後半におけるアウトリーチ活動に対する新たな関心は、地元の学校における教員《ティーチング・スタッフ》の質の改善、カレッジ進学相談、そしておそらく最も重要なのが大学《ユニバーシティ》ベースの新しい発議に主に向けられた。つまり、カレッジ進学に向けての生徒の準備を改善することを意図した学校との提携である。それはまた恵まれていない《ディスアドバンテージ》生徒にカリフォルニア大学や他の中等後教育機関に進学するにあたって、彼らの興味を拡大させるための新しい試みも含んでいた。この試みの支えとなったのは、カリフォルニア経済の健全な回復であった。州の議員たちは、カリフォルニア大学とカリフォルニア州立大学〔ＣＳＵ〕には違いを生じさせることを望み、新しいプログラムに資金を供給するための税金の流れを握っていた。実際、地元の学校の基金やプログラムを拡大するための多くの発議を支持する一方で、議員たちは法外な希望を託し、資金を高等教育セグメント、特にカリフォルニア大学に配分した。それらは不安定な学校制度に介入し、それを作り直し、修繕する主たる促進剤となりえるのだろうか。[12]

　カリフォルニアの公立学校が直面した問題は、途方もなく大きく前例のないほど長い間続くものだった。州で最も選抜性の高い公立高等教育機関としてのカリフォルニア大学の歴史的役割は、州の学校の全体的な質と活気に少なからず依存していた。しかし、コミュニティ・カレッジとカリフォルニア州立大学を含む公教育システム全体は、徐々に低下する質、長期にわたる公的な出資の減少の犠牲、在学者数の顕著な増加、そして人口統計における複雑で大きな変化という重要な兆候を見せていた。[13]組織的、機構的な健全さや生産性について数値化した際にはほとんどにおいて、かつては有名だったカリフォルニアの公教育システムはいま山並みの底辺の位置にある。一九六〇年から一九九〇年代後半までの間に、州の高等学校の卒業率は全米の最高位から最低位まで急激に低下した。高等学校の卒業証書を得た一六―一九歳の数について、カリフォルニアは四七位となった。カリフォルニアより低いのは、フロリダ、ジョージア、ネバダの三州しかなかった。アリゾナとテキサスはわずかに上位であるが、いずれの州も移民が集中し、貧困率が拡大している州であった。[14]カリフォルニアにおける学生一人当たりの支出は、二〇世紀のほとんどを通して全米五位以内であったが、いまや全国平均をかなり下回った。カリフォルニアの学校では在学者数が際限なく増加を続け、一～三年生のクラス規模の減少の努力や教師の給与の低迷の時期と結びつき、資格のある教師が不足するという結果になった。一九九八年までは、二一％以上の教師が教員資格を持っていなかった。カリフォルニア州内の貧しい都市部の学校ではさらに高い割合であった。

一九九〇年代の初頭に、カリフォルニアの高等学校卒業者の大学進学率は実際に落ち始め、これは一八〇〇年代後半以降初めてのことである。この重要なカテゴリにおけるかつての国の指導者〔であったカリフォルニア州〕は一九九七年までに、全米の平均よりも下にランクづけされた。この問題の根幹は複雑である。一九九〇年代後半の好景気の際に一時的に見直されたように、三〇年以上にわたって学校資金が減少していただけではない。他の問題は、教育の官僚制《ビューロクラシー》が複雑化し進行していること、カリフォルニアの急増する人口において比較的新しいレベルの貧困が発生していること、そして教育的背景の低い家庭からとてつもなく流入してくる移民や生徒の教育をすることとの困難を含んでいた。一九九〇年代までに、カリフォルニアは約三、三〇〇万人という最も人口の多い州となり、それはニューヨークの約二倍にのぼる。また、カリフォルニアは同時に最も多様であり、英語が第二言語である生徒が最も多く、彼らは通常最も貧しい家庭の子どもたちであった。

カリフォルニアの高等学校やほとんどのコミュニティ・カレッジにおいて、かつてはしっかりしていた大学進学相談のサービスは多くの低所得地域の間でほとんどなくなってしまった。ロバート・タラニシは、ロサンゼルスの貧困コミュニティにおける大学進学の調査の中で、「都市部の高等学校は、一、〇四〇人の学生に一人の割合でしかカウンセラーがいない」と説明した。低所得の生徒に高い関心を持つ多くの学校の中では、カウンセラーは生徒にカリフォルニア大学に行くべきではないと言っている、とタラニシは述べた。とくに住民提案二〇九号の後、彼らは生徒にカリフォルニア大学の入学者受入れの壁は高すぎると言っていた。[15]

アドバンスト・プレイスメント（ＡＰ）科目が不均衡なまでに増加したことは、一九九九年の一八〇万人の生徒を擁するカリフォルニア州の公立および私立高等学校の巨大なネットワークにおける格差を示す、もう一つの重要な指標となっている。[16] 以前は州のすべての公立高等学校が若干のアドバンスト・プレイスメント（ＡＰ）科目を提供していたが、裕福な学校がある地域でコースの数が膨らみ、不均衡なまでに増加した。もともと、カレッジと大学《ユニバーシティ》は、地元のカレッジで大学《ユニバーシティ》レベルの科目を受講しその科目でアドバンスト・プレイスメント（ＡＰ）テストに合格することで「優れた」学生が大学《ユニバーシティ》の単位を取得するための手段としてアドバンスト・プレイスメント（ＡＰ）を設計した。一九五〇年代半ば、教育試験サービス（ＥＴＳ）はアドバンスト・プレイスメント（ＡＰ）の試験《イグザム》を開発した。一九六〇年代、高等学校は自身でアドバンスト・プレイスメント（ＡＰ）コースの提供を始めた。しかしながら、一九八〇年代になってはじめて、アドバンスト・プレイスメント（ＡＰ）はカリフォルニア大学のような選抜性の高い教育機関の入学審査者において重要な要素となった。[17] 一九八一年、カリフォルニア大学は高等学校の最上級生に対し、カリフォルニア大学に入る準備期間である最上級学年の間、より難関のコースをとるよう促すことを求めた。先行する私立教育機関に続き、カリフォルニア大学の評議会は通常のカレッジ進学準備課程よりもアドバンスト・プレイスメント（ＡＰ）科目の評定成績を重視し、カリフォルニア大学の入学者受入方針《アドミッションズ・ポリシー》を変更した。突然、評定成績についてのこれまでの四つの尺度を五つの尺度に変更したのである。通常の科目における「Ａ」は四・〇を示したが、アドバンスト・プレイスメント（ＡＰ）科目における同様の評定成績は五・〇を示すこととなった。選抜性の高いカレッジと大学《ユニバーシティ》のほとんどで適用されたこの変更は、生徒をより競争的にするためのアドバンスト・プレイスメント（ＡＰ）科目を設定することに対して、高等学校が大きく関心を高めることになった。そしてそれはその科目を履修する際に、生徒の関心をも高めることになった。

一九八五年から二〇〇一年までの間、カリフォルニアの生徒が受けるアドバンスト・プレイスメント（ＡＰ）の試験《イグザム》は四二、九五〇から約二六〇、〇〇〇まで増加した。[18] ここには二つの意図せざる結果があった。一つめは、ますます選抜性の高い教育機関への入学をめざす生徒の間でアドバンスト・プレイスメント（ＡＰ）科目の人気が、評定成績のインフレに重要な影響を及ぼしたということだ。たとえば二〇〇一年までに、バークレーに入る学生の平均ＧＰＡは一時不可解なことに四・三一になった。二つめの問題は、カリフォルニアの九〇〇の公立学校に提供されたアドバンスト・プレイスメント（ＡＰ）科目の範囲における不均衡《ディスパリティ》が増大したことである。驚くにはあたらないが、低所得のコミュニティにおいては、アドバンスト・プレイスメント（ＡＰ）科目や優等科目はより少なかった。一九九八年には、アドバンスト・プレイスメント（ＡＰ）科目を開講していない学校もあった。約一〇％ほどの高等学校は、カリフォルニア大学やカリフォルニア州立大学の入学適格性《エリジビリティ》を得るために必要な科目をまったく提供していなかった[19]。

低所得のコミュニティにおけるアドバンスト・プレイスメント（ＡＰ）科目が不足していることと、富裕層と貧困層の学校地域でアドバンスト・プレイスメント（ＡＰ）科目の開講において一般的に不均衡《ディスパリティ》が生じていることは、アメリカ自由人権協会〔American Civil Liberties Union：ACLU〕による集団訴訟であるダニエル対カリフォルニア州訴訟が起こされるという結果となった。一九九九年、アドバンスト・プレイスメント（ＡＰ）科目の提供がかなりの程度不均衡にしか開講されていないことで、実質上、分離され、明らかに平等《イークアル》でない公立学校制度を生んでいることに対し、ＡＣＬＵはカリフォルニア州を提訴した[20]。また、ＡＣＬＵはバークレーを訴えるために、メキシコ系アメリカ人の法的保護と教育基金〔Mexican American Legal Defense and EdUCational Found：MALDEF〕と結託した。彼らとその他三つの市民権保護団体は、入学審査でアドバンスト・プレイスメント（ＡＰ）科目とＳＡＴ科目に依存することはマイノリティの志望者に対する差別であるとしてキャンパスを非難した。フィラデルフィア裁判所の判決は彼らの非難に勢いをつけた。その事例において、全米大学体育協会〔National Collegiate Athletic Association〕が訴えられたのも首尾のよいことだった。アスリート新入生に対するテスト得点の資格要件が人種差別的なものであることがわかったのだ。同様の判決が下されるという見通しのために、ＥＴＳは貧しい人々やマイノリティの受験者に追加の単位を与えるということさえ思い付いたが、それは方法論的にも政治的にもあまりに困難に満ち溢れた考えであり、すぐに撤回されることとなった[21]。

過熱するアウトリーチ活動

人種優遇措置を禁止する効果を和らげるために得られる選択は表向き少ないことから、カリフォルニア大学の幹部らは自身のアウトリーチ活動の改革にあえて突き進んだ。民主党が政権を握り、強力なラテン系議員の優先事項に影響されて、議員たちはカリフォルニア大学の通常の運営予算とは別の予算項目としてアウトリーチ活動の資金を投入した。実際、カリフォルニア大学の幹部らはアウトリーチ活動のための資金を得ていたが、それは彼らが求めたものでさえなく、高等教育予算のプロセスにおいては異例のねじれた現象であった。アウトリーチ活動という機械装置に燃料を供給する際、議員たちはそれ相応の見返り、つまりカリフォルニア大学を志望するマイノリティの生徒の数の増加を求めた。

カリフォルニア大学の学術コミュニティとその指導者たちの中では、厄介な問題が長引いた。増大しつつある議員の期待をカリフォルニア大学は満たすことができたのか。カリフォルニア大学は地元の学校のレベルを変える効果を与えられたのか。学校の改善はいたるところにある研究の課題であったし、そのような調査の結論はある特性において同じものである。それは、学校は複雑な組織であり、簡単に影響を受けたり方向を変えたりすることはないということだ。多くの課題を抱える学校制度に、カリフォルニア大学はどのように影響を及ぼせたのか。

一九九五年にカリフォルニア大学理事会が〔入学者受入れにおけるアファーマティブ・アクションを撤廃する〕決定を下してから二年後、四つのアウトリーチ活動の試みが出現した。入学判定については、いずれも人種的に中立であることを要していた。まず、一つ目に、カリフォルニア大学が復活のために取り組んだことは、学力の振るわない《ロー・パフォーミング》学校との間でパートナーシップを構築することであり、いわゆる「学校中心型の」アウトリーチ活動を指していた。二つ目は、数学や科学のような領域における現存のカレッジ進学準備プログラムを拡大することであり、いわゆる学力向上に焦点を当てた生徒中心のプログラムであった。これは指導や課外活動の機会、ＵＣオンラインにより提供されるアドバンスト・プレイスメント（ＡＰ）コースの設置を含んでいた。三つ目は、「情報アウトリーチ」における試みを大きくすることであり、それはカレッジ進学に十分な準備をする方法についての情報に関する新しい出版物やオンラインの情報源を含んでいた。この取組みは、恵まれていない《ディスアドバンテージ》コミュニティの生徒のためのカレッジ進学準備のためのカウンセリングを拡大するという取組みを付随していた。カリフォルニア大学のアウトリーチ活動の試みの四つ目の部分は、入学適正性《エリジビリティ》の異なるレベルの要因についての学術研究や、アウトリーチ活動を評価する手段としてのカレッジ進学を支援することであった。[22]

より多くの発議が後に追加されたが、その大部分は議員であり州知事であるグレイ・デイヴィス（ピート・ウィルソンの後任）のロビー活動によるものであった。他の州で見られたモデルにならい、カリフォルニア大学は新しい教師養成と学校経営のトレーニングのプログラムを求められた。それは貧しい都市部のコミュニティにおいて準備をしているスクールリーダーをターゲットにした新しい「校長研修機関」を含んでいた。一九九九年、デイヴィスは七〇、〇〇〇人の教師を研修するための新しい発議への資金提供に成功した。

多くの主要な議員が州のカル・グラント・プログラム〔Cal Grant Programs、カリフォルニア州独自の州内高等教育機関に進学するための返済不要の資金援助プログラム〕の大幅な増加を支持した。そのプログラムは、貧困層や中間層でも、高等学校で適度に高い評定成績にある生徒たちがカレッジに進学できるようにするための金銭的な援助をするために一九五五年に設立された。復員兵援護法にならい、カル・グラント・プログラムは州の公立、私立カレッジもしくは大学《ユニバーシティ》の援助を行った。[23] 一九八〇年代後半と一九九〇年代はじめに、議員たちはプログラムに十分な資金を提供することにするか、そうでなければインフレに対応することに失敗していた。それは、とりわけ授業料が劇的に上昇した私立のカレッジや大学《ユニバーシティ》に入る学生たちにとって固有の問題であった。カリフォルニア学生援助委員会〔California Student Aid Commission〕が公的に管理する資金を提供できるよりも多くの学生が応募した。一九九九年、州議会は五年間の認可プログラムに対し一二〇万ドルを約束する法案を通したが、その約束はプログラムがここまで授業料が高騰したことによる実際にかかる就学費用の必要性を分析するための取組みをほとんど行っていなかった。[24] 拡大したカル・グラント・プログラムは進歩的に見えたが、州はそのような高騰した金額への関与を維持できたのだろうか。

公立大学の指導者と多くの主要財団の間で、アウトリーチ活動の復興はスローガンとなった。アファーマティブ・アクションが衰退した場合、他に取り替える選択はあっただろうか。カリフォルニア大学デイヴィス校の学長《チャンセラー》であったラリー・バンダーホーフは次のように述べた。「我々の大学《ユニバーシティ》への進学《アクセス》を改善するために我々ができることはまだたくさんある」。バンダーホーフは州立および土地無償払下げ大学《ランドグランド・ユニバーシティ》の未来についてのケロッグ委員会の二七人の一人だった。それはアウトリーチ活動を構築するためのカリフォルニア大学の試みの最中、一九九八年の初頭にアウトリーチ活動のレポートを提供するものであった。[25]

カリフォルニアは、議員たちが公立の研究大学にK−12〔初中等教育の一二年と幼稚園の一年を指す一三年間の教育期間のこと〕についての何かをさせようとする州の一つであった。ノースカロライナの大学《ユニバーシティ》のシステムは、教師教育のプログラムを拡大するため、そして民間部門の職業人を教職にするために五〇〇〇万ドルを準備した。ワシントン大学は一九九〇年代後半に新しく数多くの発議を起こし、多くの資金を獲得した。[26] しかし、カリフォルニアの政治的原動力は、おそらく間違いなく独特であった。

ホップウッド判決に続くテキサス、そしてジェブ・ブッシュ知事による立案にもとづくフロリダにおいて、立法府の命令は入学審査を大幅に改めた。活動家の理事であるウォード・コネリー率いるカリフォルニア大学の理事会は、住民提案二〇九号に先だち、人種優遇措置を独自に終了させた。これは立法者たちの間に、不満と、予算の結果に対する脅し、そして入学者受入れにおけるアファーマティブ・アクションの早すぎる終了に対する怒りを引き起こした。他の主要な州立大学が経験していないくらい、カリフォルニア大学は州全体に行き渡るアウトリーチ活動を開発し、結果を生み出すための政治的負担を背負っていた。もう一つの違いは、金銭的援助そしてアウトリーチ活動を拡大するためにカリフォルニアの議員たちによってなされる公的資金の規模であった。カル・グラント・プログラムの資金が関与する規模に対しての反対を含め、州知事のグレイ・デイヴィスと民主党の立法者たちは多くの課題に反対した。しかし彼らは後々維持することができないと分かるくらいのお金をかけることに賛成したのであった。

州から気前よく多額の援助を提供されたことに対し、大学は多様な責任の基準をつくる必要があった。カリフォルニア大学の総長であったリチャード・アトキンソンはこの努力を助けるためによく知られた調査委員会を設立した。[27]彼らの報告にもとづき、アトキンソンは多くの野心的な基準を表明した。それぞれは州都サクラメント〔カリフォルニアの州都。州議会を指す〕の立法府の指導者たちと取り決められ、すべては二〇〇三年の夏、つまり議員による最初の財政的援助の五年後に達成するとされた。基準の二つは、大部分はチカーノ・ラティーノのアメリカ人とアフリカ系アメリカ人を意味する人口比率以下《アンダー・リプリゼンティッド》に処遇されている生徒の間で、カリフォルニア大学への入学適格性《エリジビリティ》を保持する者の割合が増加することと関連していた。大学の役員たちは、提携している高等学校と州全体の学力向上プログラムから、カリフォルニア大学への入学適格性《エリジビリティ》を保持する生徒を一〇〇%増やして二倍にする、という目標を述べた。この同一集団《コーホート》の中で、カリフォルニア大学はバークレー校のようなカリフォルニア大学で最も競争的なキャンパスへの入学者受入れの入学適格性《エリジビリティ》を保持する生徒の数を五〇%増やすことを達成するだろう。彼らはまた、各キャンパスが初等・中等学校やコミュニティ・カレッジの学生との接点を設ける回数を二〇〇%増やして三倍にすることも約束した。

アウトリーチ活動のために類似した基準を設けた州立大学は他にない。合意は成立した。カリフォルニア大学のアウトリーチ活動の酷使を助けるために、サクラメントは小切手帳を開けた〔州政府が予算を出したという比喩〕。アウトリーチ活動のために設定されたカリフォルニア大学の予算は、一九九七年の約六〇〇〇万ドルから二〇〇一年には三億二八〇〇万ドルにまで膨れ上がった。この増加は、州からの一億八三〇〇万ドルと連邦の団体や財団からの一億四四〇〇万ドルを含んでいた。類似のプログラムに対して、州の基金がカリフォルニア州立大学〔ＣＳＵ〕に直接交付される一方、カリフォルニア大学のオフィスは州のアウトリーチ活動の中心的な助成機関となり、カリフォルニア大学のプログラムとカリフォルニア州立大学とコミュニティ・カレッジでの類似の取組みの両方に資金を分配した。

住民提案二〇九号以前の時代には、多くのアウトリーチ活動が何らかの形で存在していた。いくつかは人種特有のものであり修正が必要とされた。最も重要な新プログラムの領域は、学校パートナーシップという考えであった。二〇〇一年、アウトリーチ活動のための予算三億二八〇〇万ドルのうち、五五％は教師のための新しい専門性開発プログラムに配分され、そのいくつかはカリフォルニア大学からカリフォルニア州立大学にわたった（図８・2参照）。他の三〇％は、大学‐学校パートナーシップと、恵まれていない《ディスアドバンテージ》高等学校の生徒やコミュニティ・カレッジの学生に対する数学と科学のプログラムであるＭＥＳＡのような学力向上プログラムに均等に配分された。財政的援助はセントラルバレー地区〔カリフォルニアの中部に広がる平坦な谷で、多くの人口を抱える〕のアウトリーチ活動に対してもなされた。二〇〇五年にマーセドに開学が計画されている新キャンパスを通して、カリフォルニア大学はラテン系の入学者の大きな増加を望んだ。二〇〇一年に割り当てられた資金のおよそ一五％は、カレッジに通ったことのない両親を持つ学生が多い学力の振るわない《ロー・パフォーミング》学校に向けられた。Ｋ-12の専門的プログラムに対して割り当てられた約一億七五〇〇万ドルの一〇％は、各キャンパスの学長《チャンセラー》の自由裁量となった。

この新しいアウトリーチ計画を構築していく途上で、アトキンソンはカール・ピスターに対しカリフォルニア大学の新しいアウトリーチ活動の試みを先導するよう依頼した。ピスターはこのアウトリーチ活動を策定した調査委員会の構成員であり、非常に政治的な環境でそれを進めるための適切な素質を備えていた。バークレーの前工学部長であったピスターは、カリフォルニア大学のサンタクルーズ校の学長《チャンセラー》を退いたばかりだった。彼はカリフォル

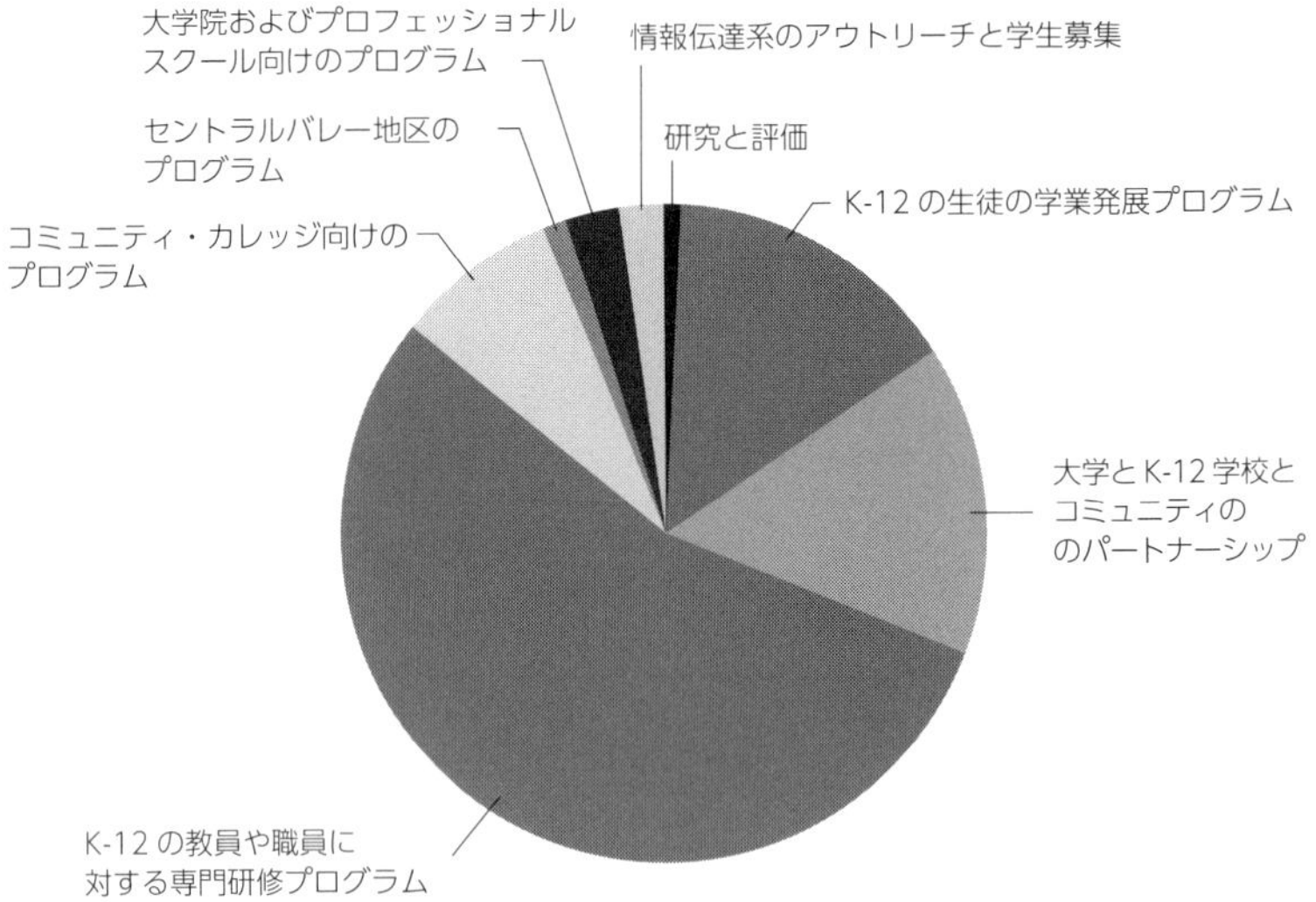

図 8.2　活動領域ごとのカリフォルニア大学のアウトリーチ活動の資金割当て
出典：カリフォルニア大学理事会予算案（2000－2001）

ニアのセントラルバレーから歓迎された。そこは入学者受入れに関して歴史的にカリフォルニア大学が十分でなかった地域であり、増えつつあるラテン系人口がカリフォルニア大学での彼らの学生数を増やすために利用されるかもしれない場所でもあった。

アトキンソン、ピスター、そして学長《チャンセラー》らを含む、大学への入学者受入れやアウトリーチ活動の現場で働く他の多くの人々は、カリフォルニア大学が州の人口動態の変化にうまく対応できなければ、大学にとって重大な問題になると考えていた。州立の土地無償払下げ大学《ランドグランド・ユニバーシティ》は、増加するカリフォルニアの低所得層とマイノリティの人口を十分に満たしていなかった。また現実的な政治的帰結もあった。ピスターは「課題の別の面は、もし我々がこれをしなかった場合、何が政治的賭けであるのかということだ」と主張した。「これはあなたが常に直面しているものだ。立法府と州知事は、もし我々がこの責任を受け入れなければ我々を（予算的に）葬り去るだろう」[28]。民主党の議員たちは、アウトリーチ活動と入学者受入れをマイノリティ・グループにとって有益なものにするための重要な試みにカリフォルニア大学が失敗した場合の予算の削減と激しい非難で脅しをかけた。

すべてが危機とされたわけではない。カリフォルニア大学コミュニティの多くの人が不安を漏らしているのをピスターは聞いた。カリフォルニア大学は特別な割当予算を受け入れ、実現できないことを約束していると批判された。ピスターにとって、Ｋ－12教育の改善は新しいフロンティアであり、土地無償払下げ《ランドグランド》の考えに立ち返るものであった。Ｋ－12の教育課程の活動や、教師と管理職の研修を調査するため、カリフォルニア大学はその研究力を使うことができた。しかし、ピスターもアトキンソンもデイヴィス校のラリー・バンダーホーフもおそらくその仕事がどのくらい巨大であるかを実際には知らなかった。その仕事を遂行するためには、戦いを定義する高尚な目標と美辞麗句が必要であった。彼らは機関の関与が固定化した指標を提供した。しかしそれは簡単な部分だった。地方の学校に影響を与える研究とアウトリーチ活動を実際に生み出すことの問題があった。他の問題は学術コミュニティそれ自体が持つ固有の偏りであった。アウトリーチ活動、そして教育に関わる政策についての学術研究に、教授陣をどのように刺激し、参加させるのかである。

カリフォルニア大学に資金を提供している議員や州の焦点は、カリフォルニア州立大学システムの多く、とくに学長《プレジデント》のチャールズ・リードを混乱させた。カリフォルニア大学にとって歴史的に重要な要素ではあったが、教師研修と専門性開発の多くはカリフォルニア州立大学の領域であった。議員たちとグレイ・デイヴィス州知事は学校の改善のための導き手としてカリフォルニア大学に関心があり、おそらくカリフォルニア州立大学の教師研修プログラムが無視されたという事実は、システムに対する大いなる侮辱であった。すでに述べたように、州からのカリフォルニア大学に対する新しいアウトリーチの予算の五五％は、教師の専門性開発のプログラム拡大のための下請用の補助金として、全部で約一億八〇〇〇万ドルがカリフォルニア州立大学に渡されることになっていた。この資金の流れは、カリフォルニア大学幹部たちの考えではなく、質をコントロールする何かのメカニズムを提供するものとしてカリフォルニア大学をとらえたデイヴィスの考えであった。既存の、そして新しいアウトリーチ活動のために、カリフォルニア大学は資金を従順にカリフォルニア州立大学に受け渡した。なお、この方針《ポリシー》は州の公立高等教育システムにおける二つの四年制大学セグメントの間に緊張を生み出した。

カリフォルニア大学とカリフォルニア州立大学は一つの点で合意していた。それは、カリフォルニアの高等教育は教師教育に影響を及ぼし、専門性開発を支え、どのようにカレッジに出願するか興味のある、または知っている生徒を増やすことができるということだ。このアジェンダを念頭に、また州の中で質の高い教師が大幅に不足しているという文脈において、カリフォルニア大学とカリフォルニア州立大学は自身のアウトリーチ活動の立上げを性急に行った。二〇〇〇年までに、カリフォルニア大学は七六の高等学校を含む二八六の「パートナーシップ」学校を持ち、そのほとんどは標準テストのような成績の基準によってカリフォルニアの学校の下位四〇％に位置づけされたという理由で選ばれた学校であった。これらの学校を選ぶ基準は人種的でない要素に包み隠されていたが、マイノリティの生徒人口との相関関係は高かった。カリフォルニア州立大学はおよそ一二四の高等学校とパートナーシップを結んでいた。特別プログラムのための資格を学校に与えるというような選定は、教師のスキルの改善と専門性開発を意図したものであり、多様なカウンセリングとカレッジ準備プログラムを含んでいた。しかしながら、二〇〇一年まで、カリフォルニア大学とカリフォルニア州立大学はそれぞれのパートナーシップ・プログラムでどの学校を共有しているのかさえ互いに知らなかった。

これらのアウトリーチ活動の試みに対して公立学校の教師や管理職はどんな反応を示したのか。学校の役職者と教師たちはすでに、新しい責任説明についての命令と、生徒と教師の両方に対する州全体のテストの要求を特徴とする別の改革の苦境に立たされていた。彼らは外部団体や規制からの多くの介入計画によって硬化したままであった。入学者受入れやアウトリーチ活動に関わったカリフォルニア大学の幹部たちと教授陣は、募集目的で優秀な生徒を「つまみ食いする」ためだけに運営しないよう早くから警告された。アウトリーチ活動は広範囲の生徒に利益をもたらすべきであり、カリフォルニア大学にとっての単なる採用のツールであるべきではない。しかし、責任の基準と州の議員たちの期待のほとんどは、カリフォルニア大学に対する志願者の対象群の増加という目標、そして最後に人口比率以下に処遇されている《アンダー・リプリゼンティッド》集団の入学者受入れ——とくに最も選抜性の高いキャンパスであるＵＣＬＡとバークレーにおける——に固定されたままであった。

　アトキンソンが表明した野心的な目標を基準とすると、進歩はささやかなものだった。カリフォルニア大学は、一九九八―一九九九年度から二〇〇三―二〇〇四年度にかけて、パートナーの高等学校の卒業生のカリフォルニア大学への入学適格性《エリジビリティ》を有する者を二倍にするか、あるいは、これらの学校のカリフォルニア大学への入学適格性《エリジビリティ》を有する者を四％増やすか、どちらか大きい方を行うとした。しかし二〇〇一年までに、この目標に近づくことはほとんど不可能であるように見えた。二〇〇三年までに、アウトリーチ活動の予算削減により、成功は手の届かないところに置かれた。ただし、「学力格差を埋める」ことに焦点を当てたアウトリーチの試みの総合的な目標においては進歩があった。二〇〇一年までに、カリフォルニア大学への一年次入学志願者は、一九九一年、これは、つまり住民提案二〇九号以降の最低割合であった年であるが、それ以降、アフリカ系アメリカ人は一五％、チカーノ・ラティーノのアメリカ人は二二％の増加がそれぞれ見られた。入学志願者の推移はまたこれらのグループの増加を示している。アフリカ系アメリカ人とチカーノ・ラティーノのアメリカ人の生徒志願者はそれぞれ二〇％、一六％増加した。一九九七年以来の大学のアウトリーチ活動の試みのレビューが示したように、二〇〇一年に新入生として大学に入学したラテン系アメリカ人とアフリカ系アメリカ人の学生の約四〇％がカリフォルニア大学の主要なアウトリーチ活動に参加していた。[29]

　これらのアフリカ系アメリカ人とチカーノ・ラティーノのアメリカ人の学生数の増加は総合的視野で見る必要がある。一九九九年から新世紀の初めの間のアフリカ系アメリカ人とチカーノ・ラティーノのアメリカ人の学生数の増加は、チカーノ・ラティーノのアメリカ人の高等学校卒業者数の増加に影響を受けたものである。しかしこの学生数の増加はアウトリーチ活動にも関連していたことは明らかである。全体として見れば、アウトリーチ活動に参加していなかったとしても、カリフォルニア大学は恵まれていない背景《ディスアドバンテージ》を持つ学生を募集して入学させることを定められているという感覚がアウトリーチ活動により生み出された。二〇〇一年に完成したアウトリーチ活動の報告書は、このメッセージはおそらくアウトリーチ活動の最も重要な基本的効果であったと述べた。[30] この発見があったことで、アファーマティブ・アクション賛成派のグループや数人の理事の間では、それがカリフォルニアの法を変えないとしても、カリフォルニア大学の統治委員会が象徴的にＳＰ－１〔入学者受入れに際して人種や、民族性《エスニシティ》、性別を排除し、テスト得点による平等《イークアル》な処遇を保証すること〕を廃止すべきだ、と強く主張されるようになった。

パーセンテージ・プランの復活

アウトリーチ活動はカリフォルニアとその他の州におけるアファーマティブ・アクションの終了に対する一つの反応でもあった。カリフォルニア、テキサス、フロリダで適用されたパーセンテージ・プランはまた別のものであった。二〇世紀後半までに、ほとんどの州立大学は学部段階の入学者受入方針《アドミッションズ・ポリシー》に依存していた。それは、州内の高等学校卒業者の全体に対して言及しているとともに、生徒の出願を評価し位置づけることを試みたものでもあった。パーセンテージ・プランは、その地域の学校の文脈、つまり学校の質や学校が提供する生徒の学びの環境は多様であるという認識のなかで生徒の学業成績を評価することを試みた。それぞれの学校のトップの固定化されたパーセンテージの卒業生がなぜ州立大学での場所を保証されないのか。それは、議員やアファーマティブ・アクション賛成派の運動家にとっては、特に魅力的な概念であった。

実際、そのことを知っている議員は当時、少数しかいなかったようであるにもかかわらず、学校固有のパーセンテージ・プラン自体は昔からある古びた考えである。一九九六年のホップウッド判決にならい、テキサスはその構想に立ち返った最初の州であった。全米黒人地位向上協会〔ＮＡＡＣＰ〕やＭＡＬＤＥＦ〔Mexican American Legal

Defense Fund：メキシコ系アメリカ人の法的防衛および教育基金〕のようなアファーマティブ・アクション推進派の利益団体は、テキサス大学〔ＵＴ〕システムはアファーマティブ・アクション支持に弱気であることが証明された、と非難した。ホップウッド訴訟においてテキサス大学を弁護する最中、テキサス大学の理事会は、アメリカ合衆国連邦政府第五巡回区控訴裁判所によるホップウッドの判決を最高裁判所に上告することを評決した。人種に基づく入学者受入れがもたらす利点についての意見が分かれた理事会を反映し、テキサス大学のその後の弁護は、入学者受入れの際に人種的配慮ができないことでテキサス大学が全国的に他の大学との競争上不利になるという考え方を中心に展開した。テキサス大学の理事の多くは、最高裁判所に対する上告を支持するのは、ひとつの目的のためであると述べた。それは、アファーマティブ・アクションに対して賛成する、あるいは反対するという決定を経て、すべての公立大学にとって「条件を平等に競争する場《レベル・プレイング・フィールド》」を作ることであった。

　ジョージ・ブッシュ知事はアファーマティブ・アクションの終了を歓迎したように見えた。テキサス州の司法長官ダン・モラレスは、自身が人種について配慮することに反対であることやテキサス大学が勝訴できないと思っていることを述べ、テキサス大学の代理となることを辞退した。[31] 事案の審理を拒否することにより最高裁判所がアメリカ合衆国連邦政府第五巡回区控訴裁判所の判決を支持した時、モラレスは入学者受入れにおいてのみならず、テキサスの高等教育機関での金銭的援助や奨学金についてもアファーマティブ・アクションの適用を禁止した。この政治的状況とともに、テキサスは一九九七年に次年実施のための一〇％プランを採用した。このアファーマティブ・アクションに対する発議は大学コミュニティを通してではなく州郡オースティンの議員からきたのであった。

　議員たちがアファーマティブ・アクションの利点に賛成していなかったにもかかわらず、リベラルと保守派はとくに州都オースティンの最も大きいキャンパスにおいてマイノリティの入学者の避けられない減少をやわらげようとした。州議会で作られ、ブッシュ知事に支持され、そしてＭＡＬＤＥＦのような政治活動グループによって具体化された計画の下で、学年の上位一〇％の成績で卒業したテキサスの高校生は、州都オースティンの高い選抜性を持つテキサス大学とテキサスA&M大学を含め、彼らが選ぶ州の公立大学の入学枠を保証された。高等学校での評定成績のみが学生の等級順位を示すことにつながっており、カレッジへの入学のための試験《イグザム》での得点は考慮されなかった。法令は高等学校でのクラスの上位一〇%に順位づけされた生徒の入学を認めるためのガイドラインを選抜性の高い公立大学に与えた。それぞれの教育機関は、社会経済的背景を含め、入学者受入れにおいて他の一七の要素を考慮することができた。[32] 他の州と比べ、伝統的なカレッジ世代群の間でテキサスは歴史的にカレッジ進学率が低かった。ホップウッドの判決にもかかわらず、計画の支持者は、新しい法がマイノリティの高等教育への入学者を増加させることを願った。

カリフォルニア大学でも同様の計画が考えられた。その一部はテキサスの出来事に影響されたものであった。しかしながら、方針《ポリシー》立案の過程と提案された計画の範囲は大きな違いを示した。テキサスにおいては、入学適格性《エリジビリティ》の全体をローカルレベルでの学生の成績に頼るようにしながら、一〇%プランが既存の州全体の入学者受入方針《アドミッションズ・ポリシー》にとってかわった。のちのテキサス大学の報告は、法が遅れてスタートしたのち、マイノリティの入学を高めようとしていたことを示唆した。と言うのも、たとえばテキサス大学オースティン校では、ホップウッド判決直後のマイノリティの在籍者数は低下していたのである。

しかしながら、テキサスの計画には現実的で政治的な課題がいくつかあった。新しい入学者受入体制は、高等学校において適格とみなされた、多くの生徒を本質的にカバーした。富裕な地区においては、州の最も選抜性の高い公立大学から突然排除された高い能力を持つ生徒がかなりの数存在した。二〇〇四年まで、共和党の新しい知事のリック・ペリーは、テキサスの計画の根本的な改善を主張した。最も大きな主張をあげたのは、競争的な高等学校で高いSAT得点を持ちながらも上位一〇%に届かない生徒の親たちである。これらの生徒は他の選抜性の高いカレッジや大学《ユニバーシティ》に入るために州を去っていること、そして高い授業料を払っていたことが非難された。ペリー州知事は次のように述べた。「州を去る非常に有能な若い男性と女性がいるのは、明らかにテキサス州の問題だと思う。彼らはテキサス大学に入ることができないからだ」。テキサス大学の学長《プレジデント》であるラリー・フォークナーは基本的に同意した。「我々は一つの基準に基づき、新入生の集団の一部をあまりにたくさん入学させている。それはテキサスやこのテキサス大学にとって健全なものではない」と。[33]

カリフォルニアにおいて、パーセンテージ・プランは州全体の基準の置換えとしてではなく補助的な基準として採用された。カリフォルニア大学の事例においては、どのパーセンテージ・プランもカリフォルニア大学の自身の内部の意思決定という結果となっただろう。カリフォルニア大学の法的な自治は、議員たちの改善を駆り立てる試みを止めることはなかった。テキサスがその一〇％プランを行い、ＭＡＬＤＥＦのような支持者によって運動がなされ、一九九八年、カリフォルニア州の上院議員テレサ・ヒューズ（ロサンゼルス出身のアフリカ系アメリカ人の民主党員）は、それぞれの高等学校のために、また州全体をターゲットにしたマスタープランを反映するために、一二・五％プランを提案する法案を提出した。ヒューズによって主張されたこの入学適格性《エリジビリティ》を決める新しい方法は、より学力の振るわない《ロー・パフォーミング》高等学校からの生徒の新しい流れ、つまり、それはしばしばラテン系アメリカ人とアフリカ系アメリカ人の生徒の高い割合を伴うものをつくるかもしれない。都市と地方の学校の多くは、カリフォルニア大学に一人か二人の生徒しか送らないし、一人も送らない学校もある。ヒューズの法案は、もし通過しても、カリフォルニア大学に対し拘束力を持つことはないだろう。しかしそれはカリフォルニア大学に対し慎重な対応をとることを求めるだろう。

ヒューズと他の議員たちが一九九七年の秋にヒアリングを行い、パーセンテージ・プランについての彼らの希望に関するプレスリリースを出す一方、カリフォルニア大学の評議会はすでに自身の計画を考える過程に入っていた。一九九六年、リチャード・フラックスとロドルフォ・アルバレスは、評議会の入学者受入委員会であるＢＯＡＲＳに公式な提案を行った。二人は社会学の教授であり、フラックスはサンタバーバラ校、アルバレスはＵＣＬＡに勤めていた。二人の活動遍歴は一九六〇年代にまでさかのぼる。フラックスは若い教授であり、ミシガン大学ではトム・ハイデンの同僚であった。フラックスとアルバレスは一〇%プランまたは六%プランの復活を提案したが、その一部はカリフォルニア大学の入学者受入れの歴史によって形作られたものであった。[34]彼らの主張は二つの意見の周りをぐるぐるとまわった。

第一に、ヒューズ上院議員が言うように、カリフォルニア大学に卒業生を送っている高等学校はあまりない、と彼らは述べた。第二に、カリフォルニア大学の入学適格性《エリジビリティ》を決める際やバークレーやUCLAのようなキャンパスでの学生の選抜《セレクション》におけるSATテスト得点へのカリフォルニア大学の依存は、特定の人種（とくにヨーロッパ系アメリカ人）や高収入の家庭の学生をえこひいきした、と述べた。彼らの考えでは、SATは人種のバイアスがかかっており、カリフォルニア大学はそれを必要条件とすべきではない、という。[35]また彼らは、多くの学校にとってのカリキュラム改善を動機づけるものとして、学校ベースの入学者受入方針《アドミッションズ・ポリシー》を捉えていた。論説で、アルバレスとフラックスは次のように主張した。「カリフォルニアの八四四の公立高等学校の全校に対し、カリフォルニア大学およびカリフォルニア州立大学の入学に必要な全コースを提供するようコミュニティの圧力が高まる可能性がある」。[36]入学者受入れのための学校特有の規準を促進する際、フラックスとアルバレスは、アウトリーチ活動を単に促進するだけではカリフォルニア大学の入学者受入れに対する社会経済的な障壁を十分に和らげることはできないと主張した。カリフォルニア中等後教育コミッション（CPEC）による一九九七年の「入学適格性研究《エリジビリティ》」は、カリフォルニア大学は州のトップの学生の一二・一%しか認めていないと見積もった（州全体の目標である一二・五%をわずかに下回る）。調査によると、とくにSATⅡにおいて、カリフォルニア大学の入学適格性《エリジビリティ》のために必要な一連の標準テストを受験していなかったという理由で、〔標準テストを受験していれば十分満たす成績である〕さらなるもう九・四%もの生徒が入学適格性《エリジビリティ》を有していなかったのである。カリフォルニア州立大学にとって、生徒はただSAT Iだけを受験しておけばよかった。コミュニティ・カレッジのレベルでは、標準テストを受ける必要がなかったのである。州のさまざまな地域の多数の生徒たちは、単にカリフォルニア大学を志望しなかっただけである[37]〔そしてこの歴史的事実が、二〇二〇年のカリフォルニア大学の入学者受入れにおける標準テストからの離脱決定に大きく影響を与えた〕。

フラックスとアルバレスの提案は、他の教授陣や、大学の分析担当者、総長室の職員たちの間にある類似した着想と結びついた。なぜパーセンテージ・プランを発展させるべきか、またはさせるべきでないかということについて、カリフォルニア大学はサクラメントでの主張を展開させる必要があった。アトキンソン総長は、さまざまな改革を受け入れること、評議会でそして最終的には理事会に対しそれらを押し進めることに長けていた。彼はある種のパーセンテージ・プランを支持していた。議長のキース・ワイダマンに導かれ、ＢＯＡＲＳは、住民提案二〇九号以後の時代にカリフォルニア大学の入学者受入れを変更するための幅広い選択肢について広範な検討を開始した。それは総長室の職員によって支えられていた。学生部門のオフィスでソウル・ガイザーが行った分析は、ヒューズが提案したように、カリフォルニア大学が各高等学校の上位一二・五％のすべての生徒を受け入れることを支持し州全体の基準を放棄した場合、カリフォルニア大学の学生の学力は大幅に低下すると予測した。人口比率以下に処遇されている《アンダー・リプリゼンティッド》マイノリティは前向きに増加しているが、多くはカリフォルニア大学で成功するのが難しいと感じるかもしれない。シミュレーションでは、カリフォルニア大学の卒業率が六％から八％低下すると予測された[38]。

ＢＯＡＲＳ構成員の心配に加え、過去の統計の傾向はカリフォルニア大学の入学適格性《エリジビリティ》のボーダーライン上に存在する生徒が入学する可能性が最も高いことを示していた。新入生のうち入学適格性《エリジビリティ》対象群の上限にいた学生は、他の選抜性の高い教育機関を志願し、より多くの選択肢を持つ傾向があった。ワイダマンと彼の委員会の目には、一二・五％プランは、〔高等学校時代に〕学力がボーダーライン上にいた学生の急増を引き起こすように見えた。パーセンテージ・プランのような提案された変更は、大学評議会の執行委員会に、最終的には評議会の議決機関である総会に提出される必要がある。学生の質に対するシミュレーションとその効果に彼らはどのように反応するだろうか。懐疑的なウォード・コネリーを含め、理事はどのように反応するだろうか。

ワイダマンは座長として思いもかけない選択をしたことを証明した。カリフォルニア大学リバーサイド校の心理学の教授である彼の分野は心理測定《サイコメトリクス》であった。彼は、政治的な反応の可能性を含めさまざまな政策の選択肢の意味合いについて鋭い理解をもたらした。ワイダマンは一九九八年五月の評議会への報告書で、ヒューズ上院議員の一二・五％計画によりカリフォルニア大学へのマイノリティ学生の入学が増加する可能性があると述べた。また、歴史的に進学率が低い農村部と都市部の両方の学校からの生徒の入学を増やす可能性がある、と述べた。しかし、提案の否定的な側面が肯定的なものを圧倒した。それは「意図はあるが、考え抜かれていない代替案」であった。なぜか。「現在、カリフォルニア大学の入学適格性《エリジビリティ》を持たない、したがって最低限の学業要件を満たしていない生徒の大部分が入学適格性《エリジビリティ》を得るようになるだろう。入学および卒業する学生の数も減少する可能性が高いように見える」。また、この提案は新たな不衡平《インイクイティ》をもたらすかもしれない、と彼は述べた。たとえば、生徒をカレッジに進学させたり、カリフォルニア大学に志願させたりするための指導と準備をさせるという優れた仕事をしていた高等学校でさえ、カリフォルニア大学のキャンパスに進学できる生徒の数に人為的で任意の制限が課せられたりするのである。このルールは卒業生群の才能と成果に無関係なものになる。[39] 実際に、これは数年後にテキサスのパーセンテージ・プランに最終的に政治的反発を引き起こした問題でもあった。

ＢＯＡＲＳは、各高等学校の卒業生の上位四％または六％の生徒を受け入れるという考え方、つまり問題の少ない提案の方がより受け入れやすかった。シミュレーションによると、一〇％や一二・五％の生徒よりも彼らの方が学力を備えていることが示された。この計画は、歴史的に進学率の低かった農村部および都市部の学校から高等学校卒業者の入学を増やすための新しいメカニズムを提供する。フラックスとアルバレスが主張したように、高等学校内の位置づけによって入学適格性《エリジビリティ》を決定することは、恵まれていない《ディスアドバンテージ》生徒が多い学校の内部文化を変える可能性があり、Ａ－Ｆ科目（カリフォルニア大学が要求する履修必須科目のリストであり、Ａ歴史、Ｂ英語、Ｃ数学、Ｄ科学、

E第二外国語、F芸術を指す〕のカリキュラムの質に対するカリフォルニア大学の関与を促進するのである。しかしシミュレーションでは、この方法でカリフォルニア大学の入学適格性《エリジビリティ》の定義を調整すると、人口比率以下に処遇されている《アンダー・リプリゼンティッド》グループの入学者受入れにおいて、もしあったとしてもわずかな変化しか生じないことが示された。これは、上位四％から六％に位置付けされていない生徒の入学者受入基準が引き上げられるためである。たとえば、カリフォルニア大学が州全体の上位一二・五％から選択するというマスタープランのガイドラインに準拠するために、ＢＯＡＲＳは残りの生徒のカリフォルニア大学の入学適格性《エリジビリティ》の基準（主にＧＰＡ）を調整する必要がある。州全体の入学者受入基準を引き上げると、「高等学校の学年の上位六％に位置付けされていないアフリカ系アメリカ人およびラティーノ・チカーノの生徒、つまりＡ–Ｆ科目のＧＰＡとテスト得点が低い傾向がある生徒に不均衡な影響を与える」と仮定された。[40]

カリフォルニア大学に対し入学者受入方針《アドミッションズ・ポリシー》のいくつかの改革を開始するよう圧力がかかったため、一九九八年五月五日、ＢＯＡＲＳがアトキンソン総長とカリフォルニア大学理事会に四％プランを勧告するとワイダマンは発表した。これにより、新しい入学者受入れの道、つまり個々の高等学校の地域の文脈での「優れた学業成績」によって決定されるカリフォルニア大学システムへの入学適格性《エリジビリティ》であるのだが、その道がつくり出される。この提案は「地域の文脈に応じた入学適格性《エリジビリティ》」〔Eligibility in the Local Context：ELC〕と呼ばれた。ＥＬＣの提案が十分に進んでいないというヒューズやその他の批判を予想し、ワイダマンはヒューズ上院議員を座長とする議会公聴会で次のように証言した。「未来のプログラムの成功とカリフォルニア大学での学生の成功に基づき、この方法で入学適格性《エリジビリティ》に達する各高等学校の生徒の割合を（後に）変更することを望む」と。[41]

学校に紐づいた入学者受入計画は、反アファーマティブ・アクションの活動家に対する大衆の批判を引き出した。繰返しになるが、コネリー理事は最も際立った懐疑論者であった。理事会の会議や多数の論説やマスコミとのインタビューで、彼はカリフォルニア大学関係者の意図に絶えず疑問を投げかけていた。彼は、住民提案二〇九号を確実に遵守するための独自の提案を作成した。コネリーは、出願時に大学《ユニバーシティ》が自発的に尋ねる項目である、生徒の人種に関する質問をすべて削除することを望んだ。コネリーは、この情報を入学者受入れの決定を行う際に、入学担当者《アドミッションズ・オフィサー》が住民提案二〇九号に違反して使用する可能性があると主張した。「許容しがたい方法でこの情報を使用したい人が数人いると思う」と『ロサンゼルス・タイムズ』〔*Los Angeles Times*〕でコネリーは述べた。ＢＯＡＲＳとカリフォルニア大学関係者は、入学者受入れの変更の影響や大学の学生集団の構成を分析するのに役立つデータを削除することに反対した。提案を知った一三人の州議員は、「現実から目を背けるべきでなく、カリフォルニア大学当局や一般の人々がどの生徒がカリフォルニア大学での教育を求めているかを知ることを妨げるべきではない」と書いた。「真実から目を背けることは誰にも利益をもたらさない」と。[42]

カリフォルニア大学関係者は妥協案を提示し、コネリー理事とメレディス・カチジアンは、理事会による検討のためにこれを首尾よく承認した。一九九八年に六〇、〇〇〇人以上の高等学校の最上級生が人種を示す欄にチェックしたが、その情報は入学者受入関係職員の元に届く前に願書から電子的に消去された。四年後、コネリーはカリフォルニア州の全政府機関で人種データの収集を禁止するさらに別の提案を思いついた。これは二〇〇三年一〇月の州全体の投票で住民提案五四号となり、コネリーによって「人種プライバシー発議」と名付けられた。しかし、その発議は通過しなかった。[43]

ＥＬＣプランはどうなったのか。その運命は明確ではなかった。理事会全体への勧告を行う理事会の教育方針委員会の議長として、コネリーは強い発言権をもっていた。ＢＯＡＲＳは現在勧告を行っており、アトキンソンは四％プランを採用し、彼の提案した入学者受入改革の正式な部分として提示した。一九九八年五月一五日、ヒューズ上院議員が座長を務める公聴会でワイダマンがＥＬＣプランを発表してから一〇日後、ＢＯＡＲＳは四％プランを正式に理事会に提出した。早い段階で、アトキンソン総長はパーセンテージ・プランの何らかの形に対する一般的な支持に留意していた。「これについて条件付きで承認する前に、質に影響が及ばないことをより確実にする必要があると思う」とコネリーは述べた。ワイダマンは、高等学校のクラス上位四％に達している、生徒の三分の二がすでにカリフォルニア大学の通常の入学者受入れ基準上では入学適格性《エリジビリティ》を有しており、残りの三分の一に入学者受入れを提供することが基準を著しく低下させることはないと述べた。しかし、おそらく三〇〇～七〇〇人の黒人《ブラック》とヒスパニック系の学生が入学者受入れの資質のある対象群に追加される。二〇〇〇年には、約四〇、〇〇〇人ほどの高校生集団というバケツの中の一滴はカリフォルニア大学の入学適格性《エリジビリティ》が得られるだろう。ELCは、カリフォルニア大学の通常の入学者受入基準〔必要な科目の履修や、標準テストの受験など〕を満たすという考えに学生を引き付ける磁石としても機能する。[44] 理事会は一九九八年にELCプログラムの承認をはじめた。

全人的審査《ホリスティック・レビュー》から包括的審査《コンプリヘンシブ・レビュー》へ

四％プランが確立されると、もう一つの改革が現れた。それは「包括的審査《コンプリヘンシブ・レビュー》」という概念である。一九九五年に入学者受入れにおけるアファーマティブ・アクションを排除する決定が理事会によって下された後、バークレーは、経済的不利《ディスアドバンテージ》、課外活動と社会参画活動、および出願を検討する際の学校に紐づけられた基準などの要因をより完全に統合したいと発表した。理事会の方針《ポリシー》の下では、一年生の入学者受入れの五〇％しかそのような「全人的《ホリスティック》」要因を含めることはできない。対象群の残りの部分は、高等学校での評定成績とテスト得点として定義される「学業成績」のみで認められる。バークレーは、理事会が五〇％制限を撤廃することを提案した。望ましい諸特性を持つ学生集団を入学させることは、最も選抜性の高い私立大学やカレッジが長年追求してきたモデルである。しかし、生徒の願書の単なる確認以上のことを可能にするために十分な職員《スタッフ》に投資する必要がある。スタンフォード大学とハーバード大学ができるのなら、なぜバークレーはできないのか。

先行するバークレーに続き、バークレーの教授アーノルド・ライマンと学生部門担当副総長補佐のデニス・ガリガニが共同議長を務めるカリフォルニア大学全体の調査委員会は、アファーマティブ・アクション後の環境においてカリフォルニア大学に入学適格性《エリジビリティ》のある生徒の中から選抜《セレクト》を行うためのガイドラインを作成した。彼らは、カリフォルニア大学の選抜基準を広く拡大することを推奨した。以前は、バークレーやＵＣＬＡなどのキャンパスは重み付きの計算式を用いており、入学者の大規模な流入のごく一部のみを慎重に審査していた。受け入れられるか拒否されるかのぎりぎりに存在する生徒からの願書を精査することに最も注意と資源が向けられたのである。調査委員会報告書は、「さまざまな背景からの出願がさまざまな方法で質を証明する機会を持つようにする、十分に広く多様な……」「全人的《ホリスティック》」基準を使用してすべての志願者を審査する入学者受入方針《アドミッションズ・ポリシー》と入試方法の開発に重点を置いた。そして、彼らは、個々人の個人業績《メリット》〔学業業績を指す〕とカリフォルニア大学の、より大きな社会契約のバランスをとる新しい方針《ポリシー》を求めた。「言い換えれば、学術的または非学術的基準で定義されている個々人の成果や状況に対する懸念は、教育機関〔カリフォルニア大学〕の目標に対する関心に従属する可能性がある」と報告書は述べた。[45]

理事会内でこの構想は多くの人に受け入れられたが、理事会の過半数は方針《ポリシー》を五〇％の目標に制限すべきだと考えていた。[46] コネリー理事と他の人々からは強い心配が主張された。制度的な時代精神《ツァイトガイスト》は学問的価値を犠牲にして人種の問題に固執し続けたと彼は主張した。上限を引き上げると、入学者受入れにおける管理上相当の裁量と、最も選抜性の高いキャンパスで人口比率以下に処遇されている《アンダー・リプリゼンティッド》マイノリティを単に獲得するための非公式のスキームにつながる。このような変更には、ＳＰ‐１、つまり、コネリーや他の理事会が避けたいと考えていた見通しの修正も必要である。過半数の理事がおおむね同意した。一九九五年、理事会は新入生の全出願者の最大五〇％に対して全人的審査《ホリスティック・レビュー》を行う調査委員会の提案を承認したが、それをさらに拡大させることはなかった。

しかし、アトキンソン総長、そして大学評議会は、一九九九年からこの提案を復活させようとした。理事会のメンバー構成はわずかに変化していたが、重要な意味を持っていた。民主党員のグレイ・デイヴィスは共和党のピート・ウィルソンの後任の州知事となり、民主党員は州議会での議員数を増やした。デイヴィスは多くの新しい理事を任命した。アトキンソンは、理事会が全人的《ホリスティック》な入学者受入れの拡大に立ち返るよう要求することを検討した。バークレーの学長《チャンセラー》のロバート・バーダルは、この移行は学問の水準を下げることはないと考え、この提案はアファーマティブ・アクションの裏口として意図されたものではないと主張した。「我々は人種を考慮に入れようとしていない」「我々はそれをしないし、するつもりもない」と彼は述べた。[47]

アトキンソン総長による理事会への正式な提案の策定を支援したのは、総長と密接に協力したパトリック（パット）・ハヤシであった。先の章で説明したように、ハヤシは、一九八〇年代にカリフォルニア大学がキャンパスへの入学者受入れを巡ってアジア系アメリカ人コミュニティとの激しい議論をした際、バークレーの学長《チャンセラー》アイラ・ミカエル・ヘイマンの重要な顧問であり腹心であった。彼は、ペルタソンによって設立された学部段階の入学者受入調査委員会で委員を務め、すぐにアトキンソンに採用され、住民提案二〇九号以後の危険な水域の航海を支援した。現在〔二〇〇七年現在〕、彼は審査の拡大や必要に応じたのちのＳＡＴの廃止を含め、入学者受入れにおけるいくつかの主要な変更を策定する際に総長《プレジデント》を支援している。

二〇〇一年初頭までに、アトキンソンは五〇％制限を解除することを提案し、新しい名称で提案を再パッケージ化した。「包括的審査《コンプリヘンシブ・レビュー》」はハヤシによって提案された用語である。アトキンソンは、包括的審査《コンプリヘンシブ・レビュー》が提案された入学審査のより良い感覚を呼び起こしたと感じた。同時に、アトキンソンは二番目の物議を醸す発議を追加した。それは、カリフォルニア大学は入学審査での標準テストの使用を再検討し、必要に応じてＳＡＴ Ｉを排除する必要がある、というものだ。同時に、サクラメントの議員からの大きな政治的圧力を伴う多くの理事会によって提案された第三の発議が現れた。理事会は、ジュディス・ホプキンス理事によって勧められた一九九五年の人種優遇措置の禁止を撤回するための提案、つまりＳＰ－１についての採決をとるように求められた。アトキンソンと大学当局は、理事会のより保守的な構成員を怒らせないために、この発議を公には宣伝しなかった。しかし、彼らが理事会の方針《ポリシー》を撤回する象徴的な動きを歓迎することは明らかであった。SP－1の存在は、たとえ住民提案二〇九号がそれに取って代わったとしても、下院、上院、および知事を掌握する〔SP－1、つまりアファーマティブ・アクションの禁止に反対する〕民主党の議員をうんざりさせ続けていたのである。

包括的審査《コンプリヘンシブ・レビュー》と入学者受入れのSAT使用の再検討は入学に最も大きな影響を与えるが、SP－1を撤回するという提案が最も注目を集めた。アウトリーチ活動のための資金急増の交渉の中で、主要な予算委員会に所属するラテン系議員は激怒して、理事会が人種優遇措置の禁止を正式に終了させ、非学業的要因にもっと開かれていると見られる人々の入学者受入基準を変更しない限り、カリフォルニア大学への州の資金を削減すると脅した。しかし、理事会の一九九五年の命令であるSP－1は、住民提案二〇九号の通過に伴う方針《ポリシー》の問題として大部分は議論の余地があったが、マイノリティに対するカリフォルニア大学の関与のシグナルとして強力であった。また五〇％ルールを変更するには、いくつかの修正が必要であった。

二〇〇一年五月の理事会は、アトキンソンにとって大きな成功を収めた。理事会は原則として、包括的審査《コンプリヘンシブ・レビュー》をすべての入学者受入れに拡大することを可決した。彼らはまた、一九九五年の人種と民族性《エスニシティ》を禁止する一九九五年の方針《ポリシー》を撤回することを可決した。ウォード・コネリーを含む二二人の理事はすべてSP－1の廃止に賛成票を投じた。[48] コネリーはホプキンソン理事、クルツ・ブスタマンテ副知事、ロバート・ハーツバーグ下院議長と協力して最終的な文言を作成した。カリフォルニア大学は、「各キャンパスにおいては、高等学校で高い学業達成度または並外れた個人的才能を示し、カリフォルニアに特有の幅広い多様な背景を含む学生を探して在籍させる」と、理事会の新しい決議は述べた。

投票後、コネリーは、「ラテンアメリカ系の政党執行部は、決議に彼らの望むものが含まれなければ、我々の予算に影響を与えるだろうということを特に非常に明確にした」と説明した。[49] 特にUCLAとバークレーにおいては、マイノリティの入学者数の減少に大学が対処しているため、コネリーは、アファーマティブ・アクションの禁止は「〔マイノリティの〕生徒はカリフォルニア大学から歓迎されないという認識を生み出した可能性があり、それを変える時が来た」と認めた。[50] コネリーはまた、彼の投票の別の理由をあげた。「先に進まなければならない。この事柄に十分な労力《エネルギー》を費やし、ロサンゼルスの街を数週間照らすことができた」と。[51]

翌日の『サクラメント・ビー』〔*Sacrament Bee*、州都サクラメントで発刊される日刊紙〕の見出しでは、理事会の行動は主に議員へ譲歩したものであり、理事会を原則的に支持しているものではないとみなされた。『サクラメント・ビー』のライターであるテリー・ハーディは次のように書いた。「予算削減という脅しをかける議員からの圧力を受け、カリフォルニア大学では水曜日に人種優遇措置に対する制度の禁止を撤回するための投票が行われ、驚いたことに、学業基準のみに基づく入学の終了を求めた」と。学生理事のオデッサ・ジョンソンは、議員からの圧力を明確に歓迎した。「この日は、カリフォルニアの学生と将来の学生にとって、つまりカリフォルニアのすべての人々にとって素晴らしい日である。〔ＳＰ‐１の〕葬式に来たいと思っていたので、今日は黒い服を着た」と。[52] またロバート・ハーツバーグ議長は「〔マイノリティ学生を迎える〕ウェルカムマットが帰ってきた。ハレルヤ！」と述べた。ＡＰ通信の記事は一つの動機を述べた。「理事会は、アファーマティブ・アクションに関する国民的議論の一番岩盤の厚い部分のなかからの優雅な脱出を求めた」と記者のミシェル・ロックは指摘した。[53]

成功した「包括的審査《コンプリヘンシブ・レビュー》」の提案の中で、アトキンソンはその実行可能性と価値についての最終的な判断を下すために、評議会に慎重に従うことにした。理事会は、方針《ポリシー》に基づいて審査される可能性のある志願者の割合をキャンパスが決定することを具体的に許可するという考えを支持した。しかし、理事会による最終承認を条件として、これがどのように行われるかを決定するのは評議会次第であった。[54] 活動家の議員はこの過程を心配した。理事会は評議会の提案を後で拒否するだろうか。ブスタマンテとハーツバーグは、何らかの形での包括的審査《コンプリヘンシブ・レビュー》が二〇〇二年秋までに実施可能になるという、カリフォルニア大学総長《プレジデント》の書面による約束を求め、それを受け取った。

サンフランシスコでの五月の理事会の直後に、ブスタマンテは拡声器の助けを借りて、外に集まった大勢の抗議者に話した。彼は理事会の以前の五〇%ルールの終了を発表し、アトキンソンとカリフォルニア大学が従わなかった場合、「彼らを法廷に引き込み、勝つことができる」と述べた。コネリーおよび他の理事は、政治的影響に苦言を呈し、理事会の憲法上の自治を引用し、このような方法でカリフォルニア大学を「脅かすことは誰であろうが不適当である」と彼は説明した。皮肉なことは明らかだった。包括的審査《コンプリヘンシブ・レビュー》の導入とSP−1の撤回を要求したある下院議員は、一方の側（すなわち、コネリー）がカリフォルニア大学で政治を行うことができれば、反対側も確かに同様にできると反論した。「政治の扉を開くなら、政治家が関与することを予期すべきだ」と。[55]

新しい入学者受入体制の影響

過去一〇年程度のカリフォルニア大学の入学者受入れおよび入学動向を見ることは、入学者受入方針《アドミッションズ・ポリシー》におけるSP−1以後の転換の有効性を評価するのに役立つ。前述のように、理事会のアファーマティブ・アクション決定の直後に、人口比率以下に処遇されている《アンダー・リプリゼンティッド》マイノリティによる出願は、一九九五年の新入生の全応募者の二一・一%から一九九八年には一七・五%に減少した（図8・3を参照）。これらの学生の入学者受入れと実際の在籍者も急激に減少した。マイノリティの新入生の合計は二〇・八%から一五・一%に減少した。[56]

しかし、SP−1と住民提案二〇九号は、一九九八年秋の入学者受入時期まで実を結ばなかった。理事会の行動への批判から予測されたように、アフリカ系アメリカ人とラテン系アメリカ人を募集し在籍させることについてのカリフォルニア大学の関与が少ないとマイノリティの人々から認識されていることは、志願と在籍の減少を説明する主要な要因であったようだ。

「地域の文脈に応じた入学適格性《エリジビリティ》」（ELC）の採用に続くアウトリーチ活動にかける努力の拡大、そして

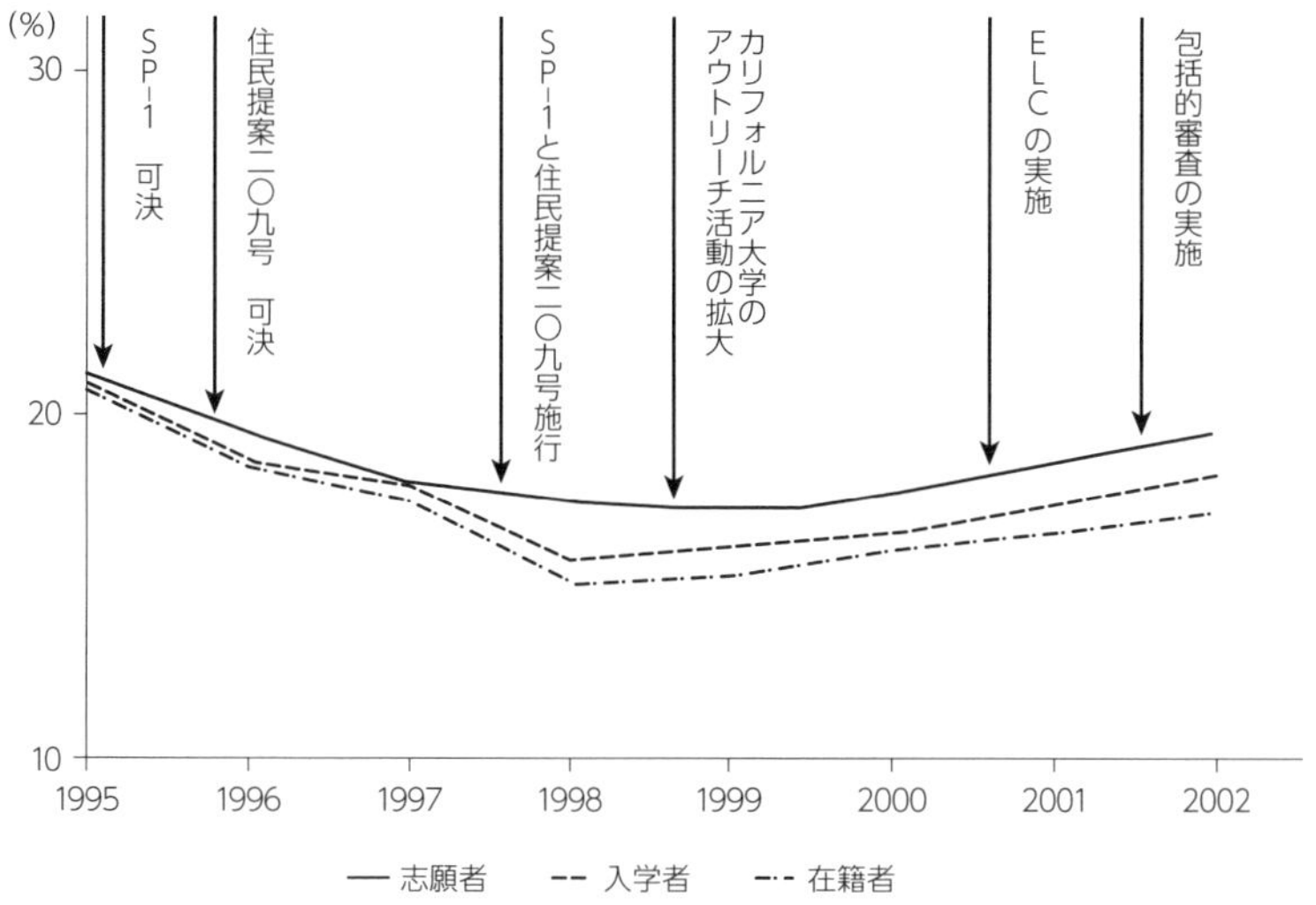

図8.3 カリフォルニア大学新入生の人口比率以下に処遇されている《アンダー・リプリゼンティッド》マイノリティの志願率，入学率，在学率，および住民提案209号以後の方針《ポリシー》（1995年–2002年）
出典：カリフォルニア大学総長室『エンロールメント報告書』

包括的審査《コンプリヘンシブ・レビュー》のそれぞれが志願者の部分的な回復に貢献したようである。二〇〇二年までに、人口比率以下に処遇されている《アンダー・リプリゼンティッド》グループのカリフォルニア大学への出願は一九・七%、入学者受入れは一八・四%、実際の入学者は一七・四%に増えた。これらの割合は、一九九五年の数字に遅れをとっている。さらに、カリフォルニアの人口は増加し続け、州の公立高等学校を卒業するマイノリティの生徒の割合が増加した。一九九五年、約七八、三五〇人のアフリカ系アメリカ人や、ラテン系アメリカ人、ネイティブ・アメリカンがカリフォルニアの公立高等学校を卒業した。二〇〇二年には、その数は一四五、六〇〇人近くまで増加した。

そのため、カリフォルニア大学幹部の努力にもかかわらず、州の高等学校卒業者と大学入学者の民族的《エスニック》および人種的構成の不均衡《ディスパリティ》は拡大した。包括的審査《コンプリヘンシブ・レビュー》は、第一世代の大学生〔家族で初めて大学進学した学生を指す〕と低所得家庭および学力の振るわない《ロー・パフォーミング》学校出身の学生の入学者受入れ

表 8.1　カリフォルニアの人口比率以下に処遇されている《アンダー・リプリゼンティッド》高校卒業生と入学時の状況ごとのカリフォルニア大学の在籍（1994 年–2002 年）

	1994	1995	1996	1997	1998	1999	2000	2001	2002
人口比率以下に処遇されている《アンダー・リプリゼンティッド》カリフォルニアの高校卒業者	38.3%	38.7%	39.1%	39.4%	40.2%	40.7%	40.9%	41.8%	42.8%
人口比率以下に処遇されている《アンダー・リプリゼンティッド》カリフォルニア大学のマイノリティ学生	20.7%	20.8%	18.4%	17.5%	15.1%	15.4%	16.2%	16.7%	17.4%
第一世代の学生	32.2%	31.4%	30.6%	29.8%	28.9%	30.7%	30.5%	31.0%	31.5%
低所得家庭出身の学生	23.8%	22.6%	21.0%	20.5%	18.7%	18.9%	19.6%	18.9%	18.9%
学力の振るわない《ロー・パフォーミング》学校出身の学生	na	na	na	na	16.6%	17.3%	18.0%	17.0%	18.7%
カリフォルニアの農村部出身の学生	5.7%	6.1%	6.6%	7.2%	7.5%	7.9%	7.8%	8.0%	8.0%
カリフォルニアの都市部出身の学生	39.3%	39.3%	38.6%	38.0%	37.3%	37.8%	37.5%	37.7%	38.4%
カリフォルニアの郊外出身の学生	47.7%	48.4%	49.3%	47.8%	47.8%	47.4%	48.4%	48.2%	48.1%
ELC の学生	na	na	na	na	na	na	na	18.2%	20.9%
アウトリーチ活動の参加者	na	na	na	na	na	9.5%	11.0%	13.4%	na

出典：カリフォルニア大学総長室教務部『人種配慮方針撤廃後のカリフォルニア大学への学部段階の大学進学《アクセス》』（2003 年 3 月），およびカリフォルニア財務局『民族性《エスニシティ》ごとの高校卒業者』（2004 年，逐次刊行物）

と在籍を促進する上で、いくらかの影響を及ぼしたようだ（表8・1を参照）。また、以前のさまざまな代替的な入学審査の影響のシミュレーションを反映し、二〇〇一年から二〇〇三年の間にカリフォルニア大学に入学したマイノリティの学生の割合はわずかに増加した。バークレーとUCLAでもわずかに増加した。サンディエゴ校は、一一・一%から一四・五%とわずかな伸びにとどまったが、それが最大の伸びであった。[57]

考慮すべき他の要因がある。ひとつは、前述のように、富裕層と貧困層の高等学校の質の差が大きくなっていることだ。競争も別の重要な要素である。志願者枠の上位三分の一にマイノリティの学生の入学を許可するというカリフォルニア大学の許容力は低下した。一九九九年、カリフォルニア大学志願者の上位三分の一に入り、入学を許可されたマイノリティの学生のうち五五・七%が大学の入学を受け入れた。二〇〇二年には、この数字はわずか五〇・一%であった。特にバークレーとUCLAは、これらの成績上位のマイノリティの生徒をかなりの数失っているように見えた。それはなぜか。アフリカ系アメリカ人の間での一つの理由は、同様の好成績を修めたマイノリティの最小必要人数《クリティカル・マス》〔影響力を及ぼすための最低必要量〕が不足していることであるように思われる。しかし、おそらく最も重要なのは、これらの生徒に対する競争の激しい市場である。ある分析では、一九九九年に、カリフォルニア大学へ入学するのに高い成果を上げたマイノリティの入学者の一六％が私立の選抜性の高い教育機関に入学することを選択したことが示された。二〇〇二年までに、この数字は二四％近くまで増加した。[58]

かなり多額の寄付を集める選抜性の高い私立のカレッジや大学《ユニバーシティ》のほとんどでは、人種ベースの奨学金だけでなく、バークレーとＵＣＬＡができないような少人数制のクラスや個々人に対する配慮がなされるという利点も提供され、この比較的限られた少数の学生の枠の募集にかなりの資源を投入している。私立と公立の間の自治と市場の優位性の大きな違いを再び反映し、たとえばスタンフォード大学とハーバード大学は、才能のあるアフリカ系アメリカ人に合わせた奨学金を提供することができる。バークレーとＵＣＬＡはできなかった。カリフォルニアでは、住民提案二〇九号は私立大学であるスタンフォード大学にとっての法的な結果は何も持たなかった。

改善されたカリフォルニア大学の入学者受入方針《アドミッションズ・ポリシー》と入学者受入れのやり方の周辺的な影響を分析する中で、一つの問題が依然として残る。それは、どのような選択が潜在的に残ったのか、ということだ。カリフォルニア大学幹部は、アウトリーチ活動、ＥＬＣプログラムと包括的審査《コンプリヘンシブ・レビュー》の開始、そしてＳＰ-１の象徴的な終焉の編成することに重要な政治的資本を投入した。本質的に、カリフォルニア大学は大学の入場門《エントランス・ゲート》に対する多様な道とともに、一九六〇年代以前の入学者受入体制を彷彿とさせるより動的な入学審査に戻った。残ったのはよく知られている議論の別の領域、つまり標準テストであった。

第9章　第二の余波——アトキンソン総長とSATの対決

大学入学のための標準テストが、若者の学習方法を歪め、教育格差を悪化させているとして、カリフォルニア大学の総長《プレジデント》は、自身が管轄している最大級の名門大である同大学の入学要件からSATを外すことを提案している。

『ニューヨーク・タイムズ』〔*The New York Times*〕二〇〇一年二月号

二〇〇四年秋、急成長を遂げていた試験対策《テスト・プレパレーション》業界は、「SAT I」の改訂により有名大学への入学が難しくなると、受験生やその両親に警告を発し始めた。新テストの開始は二〇〇五年三月とされていた。ある大手試験対策《テスト・プレパレーション》会社の広告には、次のように書かれていた。「お気づきかもしれませんが、これはあなたの両親が受験したSATではありません」と。大金をはたいてしっかりと準備をしなければ、「ハーバード大学が求める人材」にはなれないのである。新しいテストは、「長くて難しい、かつ新しい記述式《ライティング》セクションは、これまでのSATの旧版よりもはるかに要求水準が高い」と警告していた。「自力でテストの引っ掛け問題をカバーするのは、全くもってリスキーです」とも書かれていた。プロが提供する試験対策《テスト・プレパレーション》は、「あなたの弱点（時間管理、整理整頓の経験、特定のスキルなど）を克服するのに役立つ」と断言できる、とされていた。

ETSは、SATというテストは、選抜性の高い教育機関においてせいぜい学生のカレッジ入学後の成功を予測するくらいのツールであるというデータに対して、何年にもわたってSATを擁護してきたが、SATを提供しているＥＴＳは、数十年ぶりにＳＡＴの内容を大幅に変更することを決定した。その約一五年前の一九九〇年、ＥＴＳはＳＡＴにいくつかの修正を加えている。ＥＴＳは採点システムを再調整したが、かつて学力適性検査《スコラスティック・アプチチュード・テスト》として宣伝していた内容にわずかな修正を加えただけであった。ＥＴＳはもはや正式名称は用いないが、ＳＡＴという名称は変えていない。加えて、科目別テストを実施しているＡＣＴに対抗するために、ＳＡＴⅡを作成した。

入試市場を席巻し大成功していたＳＡＴⅠに、なぜ変更を加えたのか。その背景には、カリフォルニア大学という、一つの主要大学の訴えがあったのである。特に、総長《プレジデント》であったリチャード・Ｃ・アトキンソンの不満があった。アトキンソンは、前々から標準テストに並々ならぬ関心を抱いていた。インディアナ大学の大学院生として、そしてスタンフォード大学の教員として、アトキンソンは学習過程を数値化して評価する、心理測定《サイコメトリクス》の学術研究に力を入れていた。スタンフォード大学の若き認知心理学者として、「適応的構造システム」〔*Adaptive Instructional Systems*〕、「解法を伴う数学学習理論の問題点」〔*Problems in Mathematical Learning Theory with Solutions*〕、「第二言語語彙の習得のための記憶法」〔*A Mnemonic Method for the Acquisition of a Second-Language Vocabulary*〕などの業績を発表したことがある。一時は、ＥＴＳの客員研究員を務めたこともある。スタンフォードを離れて全米科学財団〔National Science Foundation〕の副理事長に就任し、後に同財団の理事長に就任している。その後、一九八〇年には、新進気鋭のカリフォルニア大学サンディエゴ校の学長《チャンセラー》に就任した。サンディエゴ校は、現在、数多くのコンピュータやバイオテクノロジーの企業をつなげる役割を果たすなど、科学やテクノロジーの中心となり、一大ハブ拠点となっている。

学長《チャンセラー》時代のアトキンソンは、ＳＡＴの適切な使用について内心疑問に思っていたが、彼はＳＡＴが、バークレー、ＵＣＬＡ、そして最終的にはサンディエゴ校での入学判定の要件として採用されるようになっても、公的に発言することはしなかった。一九九五年にカリフォルニア大学の総長《プレジデント》になった後に、友人のアーニー・リーマン

（心理測定学者《サイコメトリシャン》で、バークレー校教授、元評議会執行委員会委員長）と夕食時の会話の中で、アトキンソンはたまにSATを受験していることを告白していた。

アトキンソンは、学部生としてシカゴ大学に在籍していたが、シカゴ大学では当時、標準テストの得点を要求していない時代であった。アメリカ最大の複数《マルチ》キャンパスを持つ研究大学の総長《プレジデント》として、アトキンソンは、SATの問題がどのように書かれているのか、SATが何をテストしているのか、どのようなバイアスがSATにあるのかを自分の目で確かめたいと考えていた。アトキンソンはまた、テストで頭を使うことは、一種の娯楽でもあると感じていた。彼の学歴、好奇心、そして最大規模でおそらく最も権威のある研究大学システムの総長《プレジデント》という立場は、入学試験におけるテストの使用を疑問視し、再評価する独自な立場であった、と言える。

当初の見立て

SP-1〔入学選考に人種や性別を適用しない方針。カリフォルニア大学で一九九五年決定、一九九八年導入。第8章を参照のこと〕の衝撃を受けて、カリフォルニア大学の関係者や教授陣は、SATやACTのような類似した標準テストの使用を真剣に考え直し始めた。アトキンソンが以前から抱いていた関心が、すぐに花開こうとしていた。キース・ワイダマンは、アトキンソンと同じく心理測定学者《サイコメトリシャン》で、一九九八年にはBOARSの委員長を務めていた。次々と行われた調査では、SATは、悪く言えば、文化的、人種的に偏っており、良く言えば、人口動態が多様なアメリカの人々の間で行われている学校教育や学習機会の大きな違いを反映していることが明らかになった。アフリカ系アメリカ人をはじめとするマイノリティ・グループは、アジア系アメリカ人を除いて、常に白人学生よりも低い得点を記録していた。ETSによる報告書では、以前から知られていたデータが改めて示されていた。たとえば、SAT Iの数学で五〇〇点以上を獲得したアフリカ系アメリカ人の割合はわずか二一％、メキシコ系アメリカ人は三五%、ヨーロッパ系アメリカ人とアジア系アメリカ人はそれぞれ六二%と七〇%であった。[1]
ラテン系の権益団体は、標準テストの利用を中止するようにカリフォルニア大学側に強く働きかけた。住民提案二〇九号〔アファーマティブ・アクションを禁止する提案。第7章、第8章を参照のこと〕以後の時代には、標準テストは、排除《イクスクルージョン》の象徴となっていた。バークレー校教育学部の学部長であるユージン・ガルシアは、カリフォルニア大学がSATとACTを入学判定の要件として用いることを終了させると主張した多くの報告書の作成に携わった。ラテン系入学適格性《エリジビリティ》タスクフォースを代表して、ガルシアはBOARSでプレゼンテーションを行い、テストの得点は、人口比率以下《アンダー・リプリゼンティッド》に処遇されているマイノリティの就学を拡大するための問題の一部であることを強く主張した。彼はこれらのテストが人種差別的であると主張し、カリフォルニア大学はどのような形であれ、これらのテストの使用を放棄すべきだと主張した。アファーマティブ・アクションを終了させる理事会の命令に対する不満や、その後の住民提案二〇九号に、かなり多くの教授陣や、政治活動家、議員が激怒したのである。ガルシアをはじめとする人々にとって、標準テストの得点を入学判定要件から外せば大きな緩和効果が得られることは自明の理であった。「我々は壊滅的な分離状況に晒されており、カリフォルニアのラテン系住民は『もういい加減にしろ』と結論づけている。今のままではいけない。それをやめなければいけない」と、タスクフォースの報告書は述べている。入学者受入れの大規模な改革がなければ、「カリフォルニア大学の存続が危ぶまれる」と、その報告書は主張したのである。[2]

　ガルシアの喧伝行為は、BOARSの構成員や、特に委員長からはあまり歓迎されるものではなかった。アファーマティブ・アクション推進派の訴えは、急速に増加しているラテン系人口と議員の政治的な力に後押しされて、遠回しに警鐘が打ち鳴らされた。ガルシアは、ラテン系入学適格性《エリジビリティ》タスクフォースが実施した調査について、「SATの要件を撤廃することで、ラテン系高校生の入学適格性《エリジビリティ》が大幅に向上するだろう」と報告している。しかし、BOARSの委員長であったワイダマンはそうは思わなかった。カリフォルニア大学の入学判定でSATにおいて撤廃しても、人口比率以下に処遇されている《アンダー・リプリゼンティッド》マイノリティたちにとっての万能薬にはならない。ワイダマンが分析したデータによれば、マイノリティの学生の入学適格性《エリジビリティ》の比率をわずかに変えるだけだという。ガルシアの主張は誇張されたものであり、タスクフォースの調査は利己的なものだった。カリフォルニア大学の「入学適格性《エリジビリティ》指標」とは、カリフォルニア大学が必修科目において要求する高等学校のＧＰＡとカリフォルニア大学が要求するテストの得点をすり合わせて大学の入学適格性《エリジビリティ》を診断するものだが、昔も今も高等学校での評定成績に非常に重きを置いてきた経緯がある。[3]

カリフォルニア大学への入学適格性《エリジビリティ》を得るためには、高等学校のＧＰＡが三・三以上であることが必要であった。また、ＳＡＴと三つの科目型テストを受験する必要があったが、その得点は重要ではなかった。この方式では、カリフォルニア大学を志願する九一％以上の高校生が入学適格性《エリジビリティ》を得ることができたのである。また、必修科目のＧＰＡが二・八二から三・二九の間の生徒は、スライド制の基準によって決められた、言語能力《バーバル》と数学を足し合わせた最低限のＳＡＴ得点をクリアする必要があった。また、高校生は、ＳＡＴの代わりにＡＣＴを受験することもでき、その場合はその生徒の得点が応分に調整されたのである。しかし、カリフォルニア州のカレッジ進学希望者のほとんどはＳＡＴを受験していた。これまでの章で述べてきたように、ＥＴＳは、一九六〇年代後半には、カリフォルニア州をはじめとする西部のほとんどの州で市場を独占することに成功していた。カリフォルニア大学では、高等学校のＧＰＡが低ければ低いほど、必要な標準テストの得点が高くなる。このカテゴリーで入学適格性《エリジビリティ》を得た生徒は、わずか八％に過ぎなかった。標準テストの得点が高いだけで入学適格性《エリジビリティ》が得られるのは、一％の半分以下のわずかな割合でしかなかった。[4]

ワイダマンを共著者に含むカリフォルニア大学が主導した調査では、標準テストの利用を中止することで、当初は、人口比率以下に処遇されている《アンダー・リプリゼンティッド》グループを含んだ学生の層が厚くなると結論づけていた。だが、カリフォルニア大学は、カリフォルニア州高等教育マスタープランで示された数値である、人口比率以下に処遇されている《アンダー・リプリゼンティッド》グループの学生数一二・五％を維持するために、別の調整を行おうとしたのである。その場合、カリフォルニア大学は、必修科目のＧＰＡを三・七近くまで引き上げる必要があり、その数値は人口比率以下に処遇《アンダー・リプリゼンティッド》されているグループが得られる恩恵のほとんどを失うことを意味している。ラテン系とアフリカ系アメリカ人は他の改革を伴わない限り、この新制度ではうまくいくわけがなかった。この問題に関する変数は多く、複雑であり、ワイダマンはさらなる学術研究が必要不可欠であると考えたのである。[5]

　バークレーのようなキャンパスでは、入学審査を合理化し、約三五、〇〇〇件の新入生の願書を処理するための手段として、テストに頼っていた。おそらく、それ以上に重要だったのは、教育機関の組織文化、特に教授陣が、学生集団の質を表す指標としてテストに大きな信頼を寄せていたことである。この信頼はより多くの人々に共有されていたが、一九八〇年代になると、それは新たな形で現れた。それが、『ＵＳニュース＆ワールド』〔*U.S. News and World Report*〕に代表される、商業的なランキングであり、それはカレッジや大学《ユニバーシティ》の質を代替して評価するために、テストの得点を重視していたのである。

　ベイツ・カレッジ〔メイン州〕、バード・カレッジ〔ニューヨーク州〕、コネチカット・カレッジ〔コネティカット州〕、ボードウィン・カレッジ〔メイン州〕のような、質の高い学士課程を持つカレッジの中には、ＳＡＴやＡＣＴを入学要件から外すという選択をしたところもあり、大きな話題となった。だが、大規模で選抜性の高い公立大学や私立大学では、このような選択に追随した大学《ユニバーシティ》は他に存在しなかった。これらの教育機関は、テスト得点に固執しているのである。カリフォルニア大学における標準テストの撤廃には、他にも大きな政治的懸念があった。ＳＰ－１や住民提案二〇九号を支持していた主だった理事たちは、おそらく、標準テストの要件撤廃を、一つの策略としてみなしていたであろう。つまり、人種的基準をどうにかして入学判定要件に再び取り入れるという策略の、よく知られていた一連の動きの一部であるとみなしていたのである。

　カリフォルニア州の学校の質に大きな格差があるがゆえに、ワイダマンをはじめとするＢＯＡＲＳの構成員は、標準テストの実施を諦めようとはしなかった。標準テストは、高校生の能力を測る全米共通の尺度であり、学校ごとに大きく異なる成績評価方法を一つの基準に合わせる手段でもあるからである。ワイダマンが議員や理事会の前で述べたように、「SATやその他の標準テストを完全になくすだけでは、いくつかの大きな問題が起きてしまうだろうし、一部の人が主張しているにもかかわらず、大学《ユニバーシティ》での学生の多様性《ダイバーシティ》を改善することには繋がらないだろう」[6]。そして、その委員会の中で繰り広げられるであろう政治的な争いは決して少なくないに違いないだろう。

カリフォルニア大学の四%プラン、つまり「地域の文脈に応じた入学適格性《エリジビリティ》」〔Eligibility in the Local Context：ELC〕と呼ばれる計画は、カリフォルニア大学の入学適格性《エリジビリティ》の母集団の質に最小限の影響しか与えないと思われる妥協案であり、理事会の「入学審査における人種と民族性《エスニシティ》の禁止」という方針の範囲内であると主張することができる可能性のあるものであった。結果的に、ELCプログラムの影響を相殺し、マスタープランの目標である一二・五%を維持するためにも、BOARSは試験実施《テスティング》への依存度を高めることを推奨したのであった。州全体の基準で選抜《セレクト》された高校生には、SAT ⅠとSAT Ⅱの科目領域テスト三科目の最低得点を要求する予定であった（以前は、高等学校のGPAが三・三以上であった場合、その生徒が受けるのはSAT Ⅰのみであった）。また、BOARSは、SAT Ⅱをより重視する方針であった[7]。

それでも、カリフォルニア大学がすぐにSAT Ⅰの要件撤廃を真剣に検討する三つの厄介な理由が存在した。一つ目の理由は、標準テスト、特にETSが適性《アプチチュード》テストとして長年推進してきたSAT Ⅰは、高校生が将来カリフォルニア大学で学業を成功するかについての追加情報をほとんど提供しなかったことである。住民提案二〇九号以降の時代になって、カリフォルニア大学の調査では、高等学校での評定成績が、新入生の一年間の学業成績によって判断されるものとして、単独では学業達成の最良の指標であることが示された。また、高等学校での評定成績と科目領域テストの組合せが、わずかではあるが最も優れた指標であった[8]。前の章で述べたように、一九六〇年代初頭にBOARSが行った同様の調査でも、同じ結論が出ていた。不思議なことに、大学関係者はこうした初期の学術研究や、入学審査にテスト得点を使用することの政策上のマイナス面とプラス面に関する広範な議論を知らなかったのである。このような「妥当性《バリディティ》」に関する調査は、当時も今も、一般的に学生に対するカリキュラムが均一である一年生に焦点を当てている。

標準テストの利用を中止する二つ目の理由は、昔からの疑問に関連していることであった。つまり、SAT Iは本当に高校生の生得的な知的能力を測るものだったのか、という疑問である。アトキンソン総長は、そのような能力はおそらく測定できないと考えていた。「これらの問題を真剣に考えた科学者の中には、SAT Iのような適性《アプチチュード》テストが知的能力の真の尺度になると主張する人はほとんどいないだろう。それにもかかわらず、SAT Iは、高校生の学業的な成功を約束する未来予想図を提供してくれる、基礎的な知的能力を測るテストとして広く評価されている」。アトキンソンは、テスト、特に、SAT Iの言語能力《バーバル》の構成要素《コンポーネント》は、疑わしい言葉の類推が頻出する、IQテストの、より文化的にバイアスのあるバージョンであると考えていた[9]。

SAT Iをやめる三つ目の理由は、もっと哲学的なものであった。なぜ、公立大学がSATをはじめとする、その大学《ユニバーシティ》で必要とされる科目の知識を実際に試験しないテストを要求する必要があるのだろうか、というものであった。アトキンソンはテストに反対していたわけではなかった。しかしながら、「高等学校で教えられている特定の科目との関連性が実証できるような標準テストを使うべきである。現在、教室内外でSAT Iの準備に多くの時間が費やされているが、その時間をアメリカ史や幾何学の学習に充てた方がよいであろう[10]」と述べている。カリフォルニア大学は、入学者受入れにSAT Iを必須とすることで、高等学校や高校生にテストの準備をするよう、強力なメッセージを発信したのである。だが、そのテストが提供する価値としては、高校生を入学者受入れで恣意的に選別《カリング》するための手立てとして以外は、教育機関や高校生にとっての価値が限定的であると言える。アトキンソンは、その後のETSとの戦いに向けて、ある示唆的な出来事を思い出していた。彼はフロリダにある高所得者の子弟向けの私立学校を訪れた。そこでは、一二歳の子供たちがSAT Iの準備のために類推《アナロジー》を学んでいた。SATを課すことで、カリフォルニア大学は逆に、カリフォルニア州の学校のカリキュラムに悪影響を及ぼしていたのである。また、このようなテストを課すことで生じる、明らかな不衡平《インイクイティ》も生じていた。

カレッジボードとETSは長い間、「標準テストに合わせて教える」ことはできないと主張してきた。「適性《アプチチュード》を正確に測っているので、高等学校のカリキュラムや高校生が勉強した内容に不当な影響を与えてはいけない」とETSは主張していた。だが、標準テストがますます入学者受入れの重要な手立てとなっていく中で、選抜性の高い教育機関への入学を希望する受験者を準備するための民間企業が誕生した。カプラン社、プリンストン・レビュー社、シルバン・ラーニング・システムズ社の三社は、試験対策《テスト・プレパレーション》サービスを提供する大規模な企業体であり、いずれもニューヨーク証券取引所に上場している大手企業である。主な顧客は高所得者層であり、家庭教師や講義、オンライン・プログラムなど、さまざまなサービスを受ける余裕のある人たちである。費用は、四〇〇ドルから五、〇〇〇ドル、さらにはそれ以上になることもある。カプラン社とプリンストン・レビュー社は、高校生のSAT Iの得点を一六〇〇点満点中一〇〇点以上上げることができると謳っていた。二〇〇〇年には約一五万人の学生がこのようなプログラムに登録し、一億ドル以上の収益を上げた。

住民提案二〇九号の直後、BOARSは、SAT Iを入学判定要件から外し、科目型テストを残すことを検討した。しかし、それは実現しなかった。その代わりに、新しいアウトリーチ活動の検討、パーセンテージ・プランの策定やカリフォルニア大学の新しい包括的審査過程《コンプリヘンシブ・レビュープロセス》の設計に労力が費やされた。しかしながら、二〇〇一年初頭、アトキンソンはSATの利点を議論するために全国的な場を選んだのである。

論争の始まり

二〇〇一年二月、アトキンソンは全米教育協会〔American Council on Education: ACE、一九一八年設立のアメリカの高等教育に関する非営利、非政府組織〕の第八三回年次総会で基調講演を行った。ＡＣＥの会議は、アメリカの首都で開催され、アトキンソンは「高等教育界はＳＡＴの利用を『見直す』必要がある」と主張し、「カリフォルニア大学がＳＡＴ Ｉを完全に撤廃するかもしれない」と発表した。『ワシントン・ポスト』〔*The Washington Post*〕と『ニューヨーク・タイムズ』〔*The New York Times*〕は、アトキンソンが準備していた談話内容を事前に入手し、アトキンソンがＡＣＥに出席する前日に、その抜粋とさまざまな高等教育関係の有力者の最初の反応を報道した。

ＡＣＥに集まった多くの高等教育関係の有力者を前に、アトキンソンは「カレッジの入学者受入れにおけるＳＡＴの妥当性《バリディティ》」についてじっくり考えを深めていた。「多くの学生がＳＡＴの準備に多大な時間を費やしている」とアトキンソンは指摘した。「しかし、影響を受けるのは生徒だけではない。教師たちは、生徒が獲得した得点によって評価されることを知っているので、テストに合わせて教えなければならないというプレッシャーを感じている。カレッジの入学担当者《アドミッション・オフィサー》も、入学する生徒のＳＡＴ得点を上げなければならないというプレッシャーにさらされている。彼らは自大学の総長《プレジデント》、教授陣、および卒業生がＳＡＴの得点が大学ランキングの自分たちの順位にどう影響するかを気にしているし、……一部の親たちは、自分たちの子供が高得点を獲得するのを手助けするために多大な努力をしている」のである。ＳＡＴやアドバンスト・プレイスメント（ＡＰ）コースは「教育の軍拡競争」の一種であり、そこでは、高校生とその家族が、選抜性の高いカレッジや大学《ユニバーシティ》に入学するためにあらゆる優位性を追い求めていることが特徴である、とアトキンソンは訴えた。しかし、特に、ＳＡＴ Ｉはカリフォルニア大学の要求にどのように合致したのだろうか。そして、恵まれていない《ディスアドバンテージ》グループに関しては、どのような不均衡な影響があったのだろうか。

アトキンソン氏は講演に先立ち、カリフォルニア大学の評議会、特にＢＯＡＲＳに対して、ＳＡＴの利用を中止し、ＳＡＴ ⅡとＡＣＴテスト（いずれも科目型試験）を維持するか、可能であるのであれば、あるいはカリフォルニア州の高等学校で実施されているカリキュラムに基づいた新しいテストを開発したり採用したりすることを検討するよう要請した。この最後の選択肢は非現実的ではなかった。カリフォルニア州の高等学校を卒業して大学に進学する人の大半は、自分の住まいがある地元の州で進学している。大学に通うために他の州に進学していくのは約八％に過ぎない。ほとんどの州では、高等学校卒業後に大学に通う高等学校出身者の同一集団《コーホート》をほぼそのまま維持している。全国的に見ても、地元の州を離れて大学に通う学生は約一五％しかいないのである。

しかしながら、新しいテストの開発には大きな困難が想定された。その過程が、テストの内容やデザインをめぐって政治的な対立を伴う、長く、間違いなく、険しいものになることが予想されたからである。だが、アトキンソンは、そのような解決策に向けたでこぼこな道のりについては、特に心配していなかった。彼にとっての問題は原則であった。カリフォルニア大学とその評議会は、「『適性《アプチチュード》』や『知能《インテリジェンス》』といった不明確な概念ではなく、特定の科目領域の習得度を評価する標準化されたテストのみを課すべきである」と、アトキンソンは述べた。アトキンソンは、後にＡＣＥの出版物である『ザ・プレジデンシー』〔*The Presidency*〕に掲載された論文の中で、「テストの得点を過度に重視することは、関係者全員、特に学生を傷つける」と訴えている。[12]

これに対し、ＥＴＳはすぐさま反応した。ＥＴＳの社長であるカート・Ｍ・ランドグラフは、「ＳＡＴⅠは、どのカレッジや大学《ユニバーシティ》にとっても捨てがたい貴重な手立てである」と主張した。このテストを擁護するＥＴＳの以前のテーマを繰り返して、ランドグラフは、本当の問題は「テストの使用」ではなく、「テストの誤用」であると述べた。大学《ユニバーシティ》、高等学校、そして生徒とその親たちが、「ＳＡＴの得点に渦巻く誇大広告とヒステリー」という誤った状況を作り出してきたのであり、それは、「テストの主催者と運営者以外のほぼすべての人が煽っている」のであった。ランドグラフは、ＳＡＴⅡのような科目領域テストだけに頼っていては「うまくいかないだろう」、と結論づけていた。「カリキュラムベースのテストは妥当性《バリディティ》があり、かつ重要であると同時に、ＳＡＴⅠによって評価されるのと同じ一連の批判的推論スキルを測定するものではない」[13]。カレッジボードのガストン・ケープトン会長は、ＳＡＴに代わるものはないと主張した。「ＳＡＴは州の垣根を超えた全国的な基準であり、本当に高度な達成度《アチーブメント》を測るものである」[14]。彼はアトキンソンが標準テストの利用をやめるといった脅しを「間違い」であると言った。問題はテストではなかった。問題はテストではなく、テストに得点の差があるのは、「教育システムの不公平さ《アンフェアネス》」を反映していたからであって、「不平等《アンイークアル》な教育機会を明らかにするための手立てを排除するのではなく、すべての人のために基準を高めることに労力《エネルギー》を集中することが急務なのである」と述べた[15]。

カリフォルニア大学がＳＡＴⅠを利用を中止し、独自のテストを作成した場合はＳＡＴⅡの利用も中止される可能性があるだろうが、その場合、ＥＴＳとカレッジボードにとっては大きな痛手となるであろう。米国最大の人口を抱えるカリフォルニア州は、単独で見た場合、最大のテスト市場である。全米のＳＡＴⅠ受験者のうち、約一一・四％がカリフォルニア州で受験していた。カリフォルニア出身者はＳＡＴⅡ受験者全体の三四・四％を占め、ＥＴＳが実施しているアドバンスト・プレイスメント（ＡＰ）試験と合わせて、カレッジボードに約二〇〇〇万ドルの収入をもたらした[16]。

カリフォルニア大学が標準テストの要件撤廃に踏み切れば、州内のその他の大学も追随するかもしれなかった。カリフォルニア州立大学〔ＣＳＵ〕システムは、カリフォルニア大学の入学者受入要件と意図的に合わせて、同様の入学者受入要件を定めているため、おそらくこれに追随したであろう。カリフォルニア州民の多くの生徒は、引き続きＳＡＴⅠを受験するだろうが、特に、富裕層の高校生が検討している私立の教育機関や州外の大学は、受験者数が大幅に減少することは間違いなかっただろう。もしカリフォルニア大学がＳＡＴⅡで提供される科目領域テストをより多く課せば、収入はわずかに増えるかもしれない。当時、カリフォルニア大学では三つの科目テストを課していたが、ＳＡＴⅠの利用を中止した場合には五科目に増やすことも検討されていた。しかし、それではＳＡＴⅠの市場損失を補うことはできなかったであろうし、もし国内最大の土地無償払下げ大学《ランドグランド・ユニバーシティ》が実際にＳＡＴⅠを放棄すれば、他の州でも同様の動きが起きることは間違いなかったであろう。

アトキンソンのスピーチの直後、ウォード・コネリーは、カリフォルニア大学でＳＡＴⅠの要件を撤廃することに反対する意見を述べた。「アトキンソンは、この方針《ポリシー》の変更が『マイノリティが多数を占める』カリフォルニア州の人種的『マイノリティ』に与える直接的な影響を軽視しているが、『人口比率以下に処遇されている《アンダー・リプリゼンティッド》』グループに対して決定的な影響をもたらすことが、このような変更を求める声を駆り立てることから起こることがあまりにも多い」と、コネリー理事は批判記事を書いた。彼は、アトキンソンをはじめとするカリフォルニア大学幹部は、「公には認めないだろうが、次のようなけしからぬ立場をとっている人種優遇論者がかなりいる」と指摘した。それは、「黒人《ブラック》やラテン系の高校生は適性《アプチチュード》テストをうまく解くことができないので、そのようなテストはやめるべきだ」という立場であった。コネリーは、一般的な認識とは裏腹に、標準テストをやめれば、実際には一部の人口比率以下に処遇されている《アンダー・リプリゼンティッド》グループの競争力を低下させる可能性があることを正確に指摘していた。彼らの高等学校のGPAは平均して低くなる傾向があった。しかし、大学幹部が密かに計画していたのは、科目領域テストの重要性を拡大することだと、彼をはじめとする評論家たちが主張したのである。このことは、ラテン系のような多言語を話す学生にとって有益なのかもしれない。全員とは言わないまでも、ほとんどの学生が科目領域テストの一つとしてスペイン語を受験し、当然のことながら、非常に高い得点を得ることができるのである。[17]

　コネリーは、「学業的な恩恵がどんどん削減されていく」と批判した。大学当局はそのために、「達成度《アチーブメント》よりもできないことを重視する惨めな指標」を提案するなど、さまざまな戦略を推進していた。[18] SATの要件撤廃と包括的審査《コンプリヘンシブ・レビュー》による入学判定に移行したのは、より大きな不評を買う計画の一環である、とも述べていた。他に批判する人々も同じ意見であった。「テキサス州とカリフォルニア州の例を見れば、『多様性《ダイバーシティ》』に取り組む教育者や政治家が法廷や世論調査で惨敗したときに何が起こるかを理解することができる」とバークレーの政治学教授であるジャック・シトリンは主張した。その二年前、シトリンはバークレーの入学判定委員会を不満に思い辞任していた。委員会の大部分とバークレーの大学職員は、相変わらずマイノリティの入学者をどうにかして増やす方法を探すことに執着しているようだった。その理由は二つあった。一つは、人種権益団体とその支持者が議会で常に圧力をかけていたこと。もう一つは、学業基準よりも人種に重きを置く組織文化が根強く残っていたことであった。シトリンは、アトキンソンをはじめとする大学当局と、それに加担する評議会に仕える教授陣が、「まず、より選抜性の高い公立大学に入学できる高校生の枠を広げ、次に、標準テストなどの客観的な能力測定の結果の利用を減らすことで、学力水準を下げようとしていた」と見ていた。シトリンは「カリフォルニア州のラテン系議員は、バークレーやＵＣＬＡに『我々の仲間』を増やすことが予算支援の代償であるとカリフォルニア大学側に露骨に伝えた」と続けた。[19]

カレッジボードの回答

アメリカの高等教育を見守ってきた人々は、アトキンソンの動機を疑問視していた。ＳＡＴの使用を「見直そう」というアトキンソンの提案は、住民提案二〇九号を回避しようとしたものなのか。カリフォルニア大学への入学者受入れの真の改革を促す試みなのか。適性《アプチチュード》テストに対する哲学的な発言なのか。それとも、カリフォルニア州の強力なラテン系住民の支持を得て、全米の注目を集めるための政治的な誇示であって、カリフォルニア大学の改革を実現する見通しはないのか。アトキンソンがＳＡＴ Ｉの要件撤廃を提案したのは、政治的な事情があったことは間違いないが、カリフォルニア大学での分析や、標準テストの設計と使用には大きな問題があるという確信からでもあった。この二つの動機は相反するものではなかった。

アトキンソンの側近中の側近であり、カリフォルニア大学の入学者受入闘争のベテランでもあり、カレッジボードの構成員でもあるパット・ハヤシは、アトキンソンのワシントンでの講演に先立ち、ＥＴＳとカレッジボードに接触した。カリフォルニア大学ではＳＡＴ Ｉが予測値に足り得ない、というデータを持っていたので、ハヤシは、新しいテスト開発に際して、ＥＴＳがカリフォルニア大学を支援してくれないかと、尋ねた。カレッジボードと

ＥＴＳの最初の反応はネガティブなものだった。しかし、アトキンソンとカリフォルニア大学の既存の標準テスト・プログラムをしっかりと見直そうとする決意は、十分に現実味を帯びてきており、最終的にカレッジボードは当初の抵抗を見直さざるを得なかった。

ＳＡＴなどのテストがもたらす不安と、アトキンソンの訴えは大きな話題となった。標準テストを巡る論争は、全国ニュースであり続けた。イェール大学でのブッシュ〔アメリカ合衆国第四三代大統領〕の成績記録の悪さがニュースになっていた頃、『タイム』〔*Time*〕に特集記事が掲載されたのもその一つである。記者のジョン・クラウドは、「人種差別だからＳＡＴを廃止すべきだという意見と、基準を維持するためにＳＡＴを発展させるべきだという意見が混在している」と書いた。だが、この「適性《アプチチュード》」テストを批判しても、ほとんど進展はなかったのである。実際、クラウドは、「真珠湾攻撃以来、ＳＡＴの受験者数はほぼ毎年増加しているので」、ＳＡＴの批判はほとんど的外れだと考えていた。[20]

ピーター・サックスは、『ネーション』〔*Nation*〕の記事の中で、教育関係者の間では、「ＳＡＴの評判」は以前から知られていたと指摘した。「創設以来、ＳＡＴは標準テストの中でも最も精査され、議論の的となってきた」。それにもかかわらず、この試験《イグザム》〔ＳＡＴのこと〕、そしてアメリカでこの試験《イグザム》を支え続けてきた心理《メンタル》テストの文化は、長年にわたる攻撃にも驚くほど耐え続けてきたのである。しかし、ついに、「カリフォルニア大学の総長《プレジデント》がＳＡＴの要件撤廃を提案したことで、ＳＡＴは大きな痛手を被った」と、サックスは指摘した。アトキンソンの声明は、ＳＡＴからの全面的な脱退にはつながらないかもしれないが、広範囲に影響を与えるものであり、「選抜性の高い大規模な大学《ユニバーシティ》ではこれまでタブーとされてきた、標準テストを課さない方が、大学《ユニバーシティ》（そして社会）のためになるかどうかというテーマについて、オープンに議論することを正当化した」のである。[21]

アトキンソンは、理事や議員、マスコミに向けて、ＳＡＴの悪影響を示す逸話を紹介した。アトキンソンは、弁護士、ビジネスマン、技術者、学者などで、ＳＡＴの得点が「あまり良くなかった」にもかかわらず、全米科学アカデミー〔National Academy of Sciences〕の会員になるなど、輝かしいキャリアを積んだ人たちを知っていた。かつて、ＳＡＴの得点が低いことが障害となり、進学するカレッジの選択肢が狭まった経験があった人たちである。多くの人が個人的に不名誉の烙印を押されていたのである。ある候補者は、その分野で専門家としての地位を確立してから一〇年以上も経ってから、自身の残念なテストの得点を尋ねられたことがあった。「ＳＡＴが国民の心に深い傷を与えていることは明らかだ」と、アトキンソンは見ていたのである。[22]

アトキンソンの提案は、全米で大きな話題となり、賛否両論が巻き起こったが、まずはカリフォルニア大学の評議会の教授陣による聴聞会、そして理事会の教授陣による聴聞会が必要であった。評議会の議長であるカリフォルニア大学サンタクルーズ校のマイケル・コーワン教授（アメリカ研究）は、教授陣は総長《プレジデント》の目標をおそらく受け入れるであろうが、代替案を慎重に検討する必要があると予想した。「教授陣が何よりも優先するのは、質を落とすようなことをしないことであることは間違いない」のである。[23]

二〇〇一年の最初の数ヵ月間、ＢＯＡＲＳとカリフォルニア大学の分析担当者たちは、ＳＡＴやその他のテストの予測力をより詳しく検討し、アトキンソンの提案を検討し始めた。夏になるまでに、アトキンソンはＳＡＴの限界を示す新たな証拠を提示してきたのである。二〇〇一年六月にサクラメントで開かれたカリフォルニア中等後教育コミッション〔ＣＰＥＣ〕の特別聴聞会より前に、アトキンソンは、高等学校での評定成績、標準テストの得点、そしてその二つを組み合わせた場合の予測力を示している。カリフォルニア州中等後教育コミッションのディレクターであるウォーレン・フォックスは、アトキンソンとカレッジボードのガストン・ケープトン会長の両名を招いた州都での二日間の会議を企画したが、フォックスはサクラメントで二人のスケジュールを同時に調整することに苦労したのであった。

カリフォルニア大学は、標準テストの有用性を分析するための完璧な実験室だったと言っても過言ではなかった。カリフォルニア大学は、大学全体で入学者受入れ基準を設けている、全米最大の複数《マルチ》キャンパスの研究機関で

表9.1　カリフォルニア大学における1年次GPAを被説明変数とした分析——1996年秋学期-1999年秋学期

予測変数	被説明変数の説明率
高等学校でのGPA	14.5
SAT I	12.8
SAT Ⅱ	15.3
SAT I と SAT Ⅱ	15.6
高等学校でのGPA+ SAT I	19.7
高等学校でのGPA+ SAT Ⅱ	21.1
高等学校でのGPA+ SAT Ⅰ+SAT Ⅱ	21.1

出展：カリフォルニア中等後教育コミッション（CPEC）『大学への入学者受入れの文脈における標準テストの再審：パネルディスカッション』（サクラメント，8月，2001年）

あった。一九七〇年代後半から、同大学ではＳＡＴⅠ・ⅡまたはＡＣＴの受験が義務付けられており、ほとんどの学生がＥＴＳの二つのテストを受験していた。一九九六年から一九九九年の間にカリフォルニア大学のキャンパスに入学した約八一、〇〇〇人の新入生の大学での成功を分析評価したアトキンソンは、ＳＡＴⅠは単独でも、高等学校の必修科目の評定成績と組み合わせても、「入学審査には何の役にも立たない」と説明した。高等学校での評定成績とＳＡＴⅡの予測値はほぼ同じで、説明された分散の約二一%を占めていた（表9・1参照）。なぜＳＡＴⅠとＳＡＴⅡの両方のテスト得点を必要とするのだろうか。なぜ、ＳＡＴⅠよりもＳＡＴⅡが必要なのか、あるいはその逆がいいのか。

　アトキンソンの答えはこうだった。ＳＡＴⅡやＡＣＴを含むすべての科目型テストの方が優れているので、ＳＡＴⅠは不要である、と。アトキンソンは、カリフォルニア大学は、大学が必要とする科目の知識を生徒に問うテストのみを要求するのが原則であると繰り返し述べ、「ＳＡＴⅠにあるような言語的類推《アナロジー》のようなものに集中するよりも、生徒がコースワークに時間を割くように促すことができる」と主張した。また、達成度《アチーブメント》テストを提唱するのは単に住民提案二〇九号を回避するためではないかという指摘に対しては、カリフォルニア大学の分析によると、この変更は過小評価されたマイノリティの割合を増やすことにはほとんど影響しないとされた。[24] アトキンソンやパット・ハヤシなど彼のアドバイザーたちの見解では、高等学校での必修科目と大学の入学基準との間に関連性があるという、哲学的であり、いかにも道徳的である議論が、彼らの鍵となる議論であった。それは、彼らにとって基本的道義であったと言ってもよかった。

文字通り、数百もの調査が、カレッジボード自身が行ったり、カレッジボードの支援を受けて行われたりしててきたが、ＳＡＴはカレッジでの成功の重要な予測因子であることが分かった。カレッジボードが支援し、二〇〇〇年に上梓された報告書によると、過去の「妥当性《バリディティ》研究では、高等学校での評定成績とＳＡＴの得点を合わせることで、カレッジでの達成度《アチーブメント》を実質的かつ有意に予測できることが一貫してわかっている」と主張した。[25] だが、ＳＡＴⅠや高等学校での評定成績の予測値は、選抜性の高い教育機関ではあまり意味がなく、選抜性の低い教育機関ではより強力であった。アトキンソンと大学幹部にとって最も重要なことは、ＳＡＴⅠと高等学校での評定成績を組み合わせた場合、ＳＡＴⅡよりもＳＡＴⅠの方が予測能力が高いかどうかという問題であった。ＳＡＴⅠについては多くの調査があるが、ソール・ガイザーとロジャー・スタッドリーの画期的な分析によると、ＳＡＴⅡやＡＣＴのような達成度《アチーブメント》テストの予測力を調べたものはほとんどなかった。

サクラメントでのアトキンソンの発表は、ガイザーとスタッドリーの分析に基づいていた。ＳＡＴⅠの得点は、「ＳＡＴⅡの得点と高等学校のＧＰＡを考慮した後では、カリフォルニア大学の新入生の評定成績を予測する上での力は、あったとしてもほとんど増えない」と、彼らは説明していた。社会経済的な要因を分析に含めると、「ＳＡＴⅡと高等学校のＧＰＡの予測重みは変わらない（むしろわずかに増加する）」。しかしながら、ＳＡＴⅠの得点は社会経済的要因により影響を受けやすく、高所得者層の得点が一貫して高かった。[26] この調査結果は、アトキンソンをさらに勇気づけ、彼のメッセージに磨きをかけることになった。しかし、実際には二つのテストの感度にはわずかな差しかなかった。[27] アトキンソンは当初、ＳＡＴⅡの方が優れた予測因子であるという主張に固執していた。しかし、その後の分析で、実際には大きな違いはないことがわかったのである。[28] 最も強力なテーマは、科目型テストを使用することが適当であるかどうかであった。

翌日の公聴会に現れたガストン・ケープトンがアトキンソンと交わることはなかった。ケープトンは、ウェストバージニア州知事を二期務めた後、一九九六年に知事を退任した。翌年、ハーバード大学のジョン・Ｆ・ケネディ政治学研究所〔The John F. Kennedy Institute of Politics at Harvard〕でフェローとして教鞭をとっている。その後、コロンビア大学に移り、教育・政府研究所〔Institute on Education and Government〕を設立、運営し、教鞭をとった。一九九九年には、ＳＡＴを防衛することと市場拡大を担う役割で、カレッジボードに採用されている。この事業では、カレッジボードの組織を刷新し、年配のスタッフに代わって、より起業家精神に富んだ社員を採用している。ＳＡＴが入学者受け入れにおいて不衡平感《インイクイティ》を助長しているという指摘を受け、ケープトンはその認識を改めるための運動を展開した。委員会は、この問題を解決するために、低所得者層の学校にカレッジ進学準備プログラムを設置した。

アトキンソンのＳＡＴに対する攻撃は、当然ながら歓迎されなかった。アトキンソンがＡＣＥでスピーチをして以来、カレッジボードとＥＴＳは、カリフォルニア州で開催される試験実施《テスティング》に関するあらゆる公開討論会にできるだけ頻繁に顔を出し、特にアトキンソンや他のカリフォルニア大学幹部が参加する予定であれば、必ず顔を出すようにしていた。経験豊富な政治家であるケープトンは、カレッジボードがあらゆる批判に対応する必要があることを認識していた。アトキンソンの動機と最終目標は何であったのか。それは、ケープトンには分からなかった。実際、アトキンソンがＳＡＴを批判し、それが最終的に何につながるのかは、アトキンソン自身にも、彼の直属の助言者集団にもまったく分からなかった。アトキンソンは自分が注目されていることにしばしば驚きながら、手探りしながら歩んでいた。カリフォルニア大学では権限が分散しており、教授陣、評議会、そして時には意見が対立する理事会とのシェアド・ガバナンスの伝統があるため、ＳＡＴ Ｉを入学判定要件から外すという提案はどちらに転ぶか分からないものとなっていた。しかし、アトキンソンの批判が流動的であることと、彼が入学者受入れに関する権限を持たないことは、おそらくケープトンには完全には理解できなかったであろう。

サクラメントで行われた二日間の公聴会で、アトキンソンは新しいテストを開発する必要性を語った。翌日、ケープトンはＳＡＴⅠが文化的、人種的にバイアスがないことを繰り返し強調した。「ＳＡＴⅠを入学要件から外すことは、政治的には賢明なのかもしれませんが、何も変わらないでしょう。真に変えなければいけない課題は学校での衡平《イクイティ》なのです」と、繰り返し述べた。ケープトンは、カリフォルニア大学の総長《プレジデント》が「新しいテストを作るのにどれだけの費用がかかるか言わなかった」ことを指摘した。「カリフォルニア大学の総長《プレジデント》は、新しいテストが、より良い予測や入学審査のためのツールになるとは言わなかった」のである。[29]二日間の公聴会が終わると、記者たちはケープトンにインタビューしようとした。しかし、ケープトンは、代わりにウォーレン・フォックスを引き止めて、すぐに人払いができる地元のバーに向かった。ケープトンはフォックスにアトキンソンの真意を尋ねたのである。[30]

二〇〇一年一一月にカリフォルニア大学サンタバーバラ校で開催されたＳＡＴに関するカリフォルニア大学評議会主催の会議で、アトキンソンとケープトンが再び登場した。両者は、一見互いに譲れないように見えるテーマを繰り返し語った。『サクラメント・ビー』誌〔*Sacramento Bee*、州都サクラメントで発刊される日刊紙〕のコラムニスト、ピーター・シュラグは、「カリフォルニア大学のリチャード・アトキンソン総長は、高等教育界では次第に稀有な存在になりつつあり、偶然か、意図的か、教育革新と社会政策にとって全米レベルに影響を及ぼすまでに成長した大学《ユニバーシティ》の総長《プレジデント》となった」と書いた。[31]ケープトンとカレッジボードは、これまでで最も成功した標準テストを変更する予定はないと公言していた。しかし密室では、カレッジボードと教育試験サービス（ＥＴＳ）は、カリフォルニア大学の関係者と、ＳＡＴⅠをどのように修正するか、あるいは新しいテストの作成を請け負うかについて話し合っていた。あくまでも予備的な話し合いであった。カリフォルニア大学の関係者は、ＥＴＳとの話し合いを続けて、選択肢を広げておきたいと説明していた。同時にBOARSは、二〇〇五年春にSAT Iを入学要件から外す案を総長《プレジデント》に提出し、最終的には理事会に提出する計画を発表した。

SAT Iの将来の最大の市場はヨーロッパ、そしておそらくアジアであった。SAT Iは、文化を超えた一般的な適性を測るテストとして販売されていた。イギリスの大学入学者選抜制度、つまり旧来の階級制度の臭いがする「Aレベル」試験についての長きにわたる議論が続いており、ケープトンはすぐにロンドンで耳を傾ける人たちにSATを売り込んでいた。カレッジボードがカリフォルニアでSATの市場を維持するにはどうすればよいか。カリフォルニア州を基盤にした達成度《アチーブメント》テストを作ることは、SATを国内外に販売するカレッジボードの能力を損なってしまうことを意味していた。

ケープトンとETSの同僚たちは、アトキンソンの不満を充たしたり、なだめたりを努力するために、SAT Iを可能な範囲で修正するための議論を始めた。ETSでは、それ以前にも穴埋式テストの修正案を可能な範囲で検討していた。一九九〇年には、カレッジボードによって設立されたブルーリボン委員会が『予測を超えて』〔*Beyond Predict*〕という報告書を発表した。四年後、三つの提言がSAT Iに取り入れられることとなった。それは、テストの言語能力《バーバル》セクションにおける反意語の廃止、いくつかの選択問題への自由回答の追加、数学パートでの電卓の使用許可であった。しかし、ある一つの提案は却下されたのである。それは、記述式《ライティング》テストの追加であった。記述式《ライティング》テストを追加するには、記述式《ライティング》部分の採点に数値化できるプロセスを開発する必要があったし、多額の費用がかかるので、その費用（すでに約七五ドルを負担している）は受験者に転嫁されるからである。

しかし、アトキンソンのACEスピーチから一年以上経った二〇〇二年四月、カレッジボードはSATの変更を発表した。SATには新たに記述式《ライティング》セクションが追加された。言語能力《バーバル》セクションでは類推《アナロジー》を排除し、「理解のための読解」を評価するように変更され、テストでは「数学的な問題解決」が重視されるようになった。これには「実生活の状況」をモデルにした数学の問題の導入も含まれていた。新しいSATへの準備として最善なのは、日々の授業をじっくり受講することが望ましい、とカレッジボードは述べ、試験対策《テスト・プレパレーション》コースは得点向上の経路にはならないことをほのめかした。これらの変更は、カリフォルニア大学を満足させ、SATに対するいよいよ否定的になりつつある報道を打ち消すことになるのではないかと、カレッジボードは期待していた。新しいテストは非常に革新的であり、学校や教師はテストに合わせて教えるべきだと、カレッジボードは述べた。『タイム』〔*Time*〕の別の特集記事でも、この点が強調された。「ケープトンの大規模テストに向けた野心的なアジェンダは、またしても偉大な社会実験を開始した……テストの厳格な新しいカリキュラム要求が、すべての船を浮かびがらせる、つまり、生徒にテストで良い結果を出してほしいと願うので、あらゆる学校が改善されるだろう、という考えであった」と。[32]

カレッジボードは、この変更を二〇〇五年三月から実施すると発表した。カレッジボードは、SAT Iに関する広報やその後の印刷物の中で、新しくなったSATは、「教育や社会の慣習や革新に合わせてテストを進化させる」という、カレッジボードの通常の過程の一部に過ぎないことを強調した。[33]「現在のSAT Iは、世界で最も厳密でよく学術研究されたテストであり、新しいSAT Iは、カレッジで成功するために最も重要なスキルである読解力と数学力、そして今回は記述式《ライティング》に可能な限り重点を置くことで、テストの現在の強みを向上させるものである」とケープトンはカレッジボードのプレスリリースで述べた。[34]

カレッジボードは、新しいSATを独自の革新的なものであると表現した。保守派の『ナショナル・レビュー』〔*National Review*〕などは、これとは別のことを訴えた。その編集者たちは、「大学への入学者受入れのためのもっとも重要な標準テストであるSATは、アカデミーにおける人種的、民族《エスニック》的な猟官主義《スポイルズ・システム》〔公職の任命を党派などの政治的背景によって行うこと〕の完全な勝利を阻む決定的な障壁である」と書いた。カリフォルニア州の有権者は、「一九九六年にアファーマティブ・アクションを禁止することで、この猟官主義《スポイルズ・システム》」を否定しようとしたが、「カリフォルニア大学の総長《プレジデント》であるリチャード・アトキンソンは、この禁止令を回避するために、志願者の要件として

SATを撤廃することを模索した。全米最大の大学《ユニバーシティ》システムがこの事業から手を引こうとしている中、SATの生みの親であるカレッジボードはこれに屈したのである。今やこのテストは、マイノリティのパフォーマンスを向上させるために設計された方法で変貌を遂げようとしている」と。[35]

ハーバード大学のラリー・サマーズ学長《プレジデント》は、女性の科学に対する理解力に関する発言で騒動となる前に、ケープトンと彼が所属するカレッジボードに祝辞を述べた。ラリー・サマーズは、シカゴで行われたカレッジボードの五〇周年記念講演で、「カレッジボードは、最近、SAT自体を変更するという力強い一歩を踏み出しました」、「新しいテストは、受験指導が可能なものではなく、生徒が学校で学んだことをより正確に把握できるように設計されている。また、記述式《ライティング》など、生徒が成功するために必要なのスキルをより明確に示すことができる」[36]と、述べたのである。ハーバード大学の学部長も同様に「新しいSATは、ここにいる人たちが何を成し遂げたかを示す、より良い基準となるだろう。SATで記述式《ライティング》を強調することは象徴的な意味を持っているので、極めて決定的であるのだ。私は、これが真の改革につながると考えている」、と語っている。

多くの高等教育関係の有力者たちは、別の見解も持っていた。ミシガン大学フリント校の学長《チャンセラー》であるファン・E・メスタスは、「選抜性の高い公立大学は、SATへの依存度を下げると同時に、個人の出願書類をより精緻に評価する必要がある。決断力や、判断力、障害に打ち克つ能力、創造性、常識など、数値化できない資質を考慮しなければならない複雑な判断である。SATは大学《ユニバーシティ》の入学担当者《アドミッションズ・オフィサー》にこれらの資質について何も伝えていない」と述べた。だが、新しいSAT Iは、実用的で創造的な能力を測るものとして販売されたのである。「ミケランジェロはシェークスピアよりも二〇ポイントも創造性に富んでいたことがすぐに分かるかもしれません。神様、私どもをおたすけください」[37]、とメフタスは述べている。

それから約三年後の二〇〇五年初頭に初めて実施された改訂版SATは、二五分の文章論述《エッセイ》と四九の多肢選択問題で構成されており、文章の改善や誤りの発見が求められた。採点者は、文章論述《エッセイ》を「全体的に」読むように指示されており、事実関係の些細なミスを無視して、生徒の努力の全体的な一貫性と構造を重視するようになっている。フェア・テスト〔公正なテストの実施を求める一九八五年創立の団体、正式名称は、National Center for Fair & Open Test〕をはじめとするＳＡＴ批判派は、アトキンソンがこの問題に全米の注目を集め、新しいテストへの不安がテストの任意化や最終的な廃止への転機となることを期待していた。マサチューセッツ州のホリークロス・カレッジやニューヨーク州のセントローレンス大学など、小規模なリベラルアーツ系の教育機関では、ベイツ・カレッジ、バード・カレッジ、コネチカット・カレッジ、ボードウィン・カレッジなどに続き、標準テストを入学要件から撤廃したところもあった。二〇〇六年には、約七〇〇の大学《ユニバーシティ》が志願者全員にＳＡＴまたはＡＣＴの得点の提出を義務付けていなかった。しかし、これらの教育機関の大半では、得点を提出しないで入学した学生は、一般的に入学者全体のわずかな割合であり、一〇％未満であることが多いのが実情である。マサチューセッツ工科大学は、この書かれた文章論述《エッセイ》に対する採点を信用しておらず、二〇〇六年の新入生の入学判定では、志願者の優秀さやその欠点を評価する際に、ＳＡＴの文章論述《エッセイ》の採点を考慮に入れなかったのである。

全米英語教師協議会〔National Council of Teachers of English〕は、この記述式《ライティング》テストが学校でのライティング教育を改善する可能性は低いと述べていた。だが、ＥＴＳの新テストへの移行は比較的スムーズに進んだ。この新しいテストに難色を示したのは、一部の主要大学だけであった。二〇〇四年には、約一四〇万人のカレッジ進学希望者がＳＡＴ Ｉを受験し、約一、四二四校の四年制大学がすべての志願者に標準テストの得点の提出を義務付けていた。年々、多くの生徒が、毎年ＳＡＴを受験すると予測されているのである。市場が拡大するのは、人口の増加と、雇用市場における高等教育の価値が高まっているためである。練習すれば完璧になる、あるいは少なくとも上達する可能性が高くなると標準テストの説明をされているので、若年層が過去よりも若い年齢でテストを受けるようになっている。カレッジ入学希望者は何度でもテストを受験することができるし、カレッジや大学《ユニバーシティ》は最高得点を取得した場合のみその得点を利用するのである。中には、高所得者層を中心に、高等学校入学前からテストを受ける生徒もいる。近年、ＳＡＴ Ⅰを受験する第八学年〔中学二年生〕の数は二〇％近く増加している。カレッジボードの執行役員である、ブライアン・オライリーは、「このプレッシャーは本当にすごいものであり、親は自分の子供を優位に立たせたいのである」と述べている[38]。

テストの改訂と再パッケージ化において、カレッジボードとＥＴＳは、ありふれたやり方ではないにしても、見事な手腕を発揮した。カレッジボードとＥＴＳは批判に応え、既存のテストをぎりぎりまで修正し、最も重要なことには、記述式《ライティング》テストセクションを追加したのである。そのことで、カレッジボードとＥＴＳは、ＳＡＴ Ⅰの市場を守った。この変更によってテストの運営費は上昇したが、そのコストは受験生とその家族に高い受験料という形で転嫁された。

一方、カリフォルニア大学とその教授陣は、旧来のＳＡＴ Ⅰではなく、新しいテストの利点を考える必要があった。カリフォルニア大学は、カリフォルニア州のためだけのテストを開発することも選択肢としてあり得たのである。しかし、この方法は重大な問題を多く抱えていた。つまり新しいテストの内容を検討し、新保守主義者やマイノリティ支援団体など、さまざまな政治的利害関係者を満足させることは困難であり、何年もかかるだろう、と見られていた。新しい州全体の高等学校卒業試験を使用するだけでは、このような議論を避けることはできない。この新しいテストが、高等学校の一般的な説明責任《アカウンタビリティ》を果たすための手立てであり、カレッジでの潜在的な成功を評価するための装置ではない。ＢＯＡＲＳとカリフォルニア大学の指導者にとって最も抵抗の少ない道は、新しいＳＡＴを待って、その予測的妥当性を評価することであった。そのためには、学生が二〇〇五年春にテストを受け始めてから二年以上待つことになる。というのも、学生が入学して一年目を終える必要があるからである。その後、カリフォルニア大学は学生の成績を分析し、その結果に基づいて、テストを中止し、代替案（たとえば、科目領域テストへの依存度を高める、大学独自のテストを実施する、あるいは、州内の他の団体と共同で作成したテストを実施するなど）を理事会に提案する選択肢が考えられる。

ＢＯＡＲＳは、これからもカリフォルニア大学の選択肢を吟味し、模索を続けていくことを誓った。しかし、二〇〇三年末にアトキンソンは総長を退任した。二〇〇六年、カリフォルニア大学の入学判定委員会の委員長であるマイケル・Ｔ・ブラウンは、委員会の他の教員とともに、新しいＳＡＴを本格的に見直すことに関心を示した。最低でも、記述式《ライティング》の構成要素《コンポーネント》が入学者の能力に与える影響を分析する必要があった。しかし、この時点では、カリフォルニア大学の指導者、特に総長室と評議会がＳＡＴ Ｉの要件撤廃への関心を維持できるかどうかは不明である。アトキンソンの後継者であるロバート・ダインズは物理学者であり、カリフォルニア大学のサンディエゴ校の元学長《チャンセラー》であるが、テキサス大学を中心としたコンソーシアムとの競争の中で三つの国立研究所をカリフォルニア大学が運営したり維持したりすることや、二〇〇六年には大学幹部の給与などの報酬をめぐる大きな論争に巻き込まれるなど、すぐに別の問題に直面することになった。

公立大学の公的資源は概して経費に比して減少しており、議員や知事からは、より少ない資源で、より多くのことを行うよう求め続けられている世界において、標準テストをめぐる長期にわたる争いは、間違いなく気が散るものである。また、他の主要な公立・私立大学の中に、なぜそこまで標準テストに依存しなければならないのか、という問いかけに踏み込んだ大学《ユニバーシティ》はなかったのである。それこそが、ＥＴＳの思うツボなのである。

重要な時機が過ぎ去り、標準テスト体制はそのままに、事実上、学校や入学者受入れのやり方への影響力を強め続けている。一九六〇年代にカリフォルニア大学が行った標準テストの予測値に関する広範な調査と議論、そして現代における分析に照らし合わせると、カリフォルニア大学がＳＡＴやＡＣＴを要求する説得力のある理由は何もないと言えるだろう。標準テストは明らかに、学生を受け入れるためというよりも学生を排除するための道具なのである。これは、公立大学の社会契約をさらに侵食しかねない要求であるが、もし標準テストの結果が学業的な成功やその他のカレッジへの関与《エンゲージメント》の程度を予測するのに重要な意味があると証明されたならば、標準テストを要求する根拠は確かなものになるだろう。

こうした公立大学の社会契約を推し進めるための代替的なアプローチは、前章の歴史的な説明によって形成された部分もあるが、以下のようなものが考えられたりするのかもしれない。①単純にテストをやめる（そのため、高等学校での評定成績や、市民活動や学業達成度、社会経済的背景などをより重視する）。②特別措置の目標値六％を実際に守るか、特別措置の基準を見直し、一九六〇年以前の歴史的な目標値である一〇％に引き上げる（二〇〇六年のバークレー校では、特別措置を受けた層の約三％しか入学させていない）。③カリフォルニア大学の当初のコンセプトである地域サービスエリアをより積極的に復活させ、その中で、各キャンパスが低所得層の学生に偏った大学進学《アクセス》を提供すること。また、アメリカとカリフォルニア州の経済において、より高い教育を受けた労働力への必要性が高まっていることを受けて、カリフォルニア大学が一二・五％の入学枠を上方修正するという案も繰り返し出されている。だが、それぞれの選択肢には困難が伴い、広範な分析が必要とされている。また、どのような改革であっても、人種や民族性《エスニシティ》だけでなく、経済的、地理的、地域的な包摂《インクルージョン》、学生の動機《モチベーション》や関与《エンゲージメント》、そしておそらく最も重要なことは、カリフォルニア州と全米の将来の社会経済的な需要を考慮した上で、広く考えていかなければならない。

SP－1以後の議論では、アファーマティブ・アクションに反対する人々は、入学者受入改革の取組みは主に人種に関わるものだと考え、カリフォルニア大学の大学執行部たちの提案は、すべての提案ではないにしても、ほとんどの案に陰謀や破壊があると指摘した。「地域の文脈に応じた入学適格性《エリジビリティ》」（ＥＬＣ）、包括的審査《コンプリヘンシブ・レビュー》、ＳＡＴ撤廃の可能性など、批判者たちは、人口比率以下に処遇されている《アンダー・リプリゼンティッド》マイノリティの入学者を増やすことを一つの目的として、学力水準を下げるための協調的な取組みと見なしていた。コネリーをはじめとするアファーマティブ・アクションに反対する人々は、人口比率以下に処遇されている《アンダー・リプリゼンティッド》マイノリティ・グループの入学適格性《エリジビリティ》比率や入学者数を高めることには反対しないものの、ブラックボックスのように見える包括的審査《コンプリヘンシブ・レビュー》には特に疑問を感じていた。

たとえば、最も競争の激しいキャンパスの入学判定の決定に人種が影響を与えていないと、理事会は本当に言い切れるのだろうか。これまで見てきたように、入学判定の政治化は、それほど新しい現象ではない。確かに、希少な公共財に対する需要が高まることは当然の結果である。また、カリフォルニア州の土地無償払下げ大学《ランドグランド・ユニバーシティ》のような大学は、これもまでの章で長いことその激動を論じてきたように、過去に、入学判定の要因として人種に過度に依存したことに起因する戦略的なミスを犯したことがあった。その結果、アファーマティブ・アクションは、政治的に実行可能性が低くなり、防御が困難になり、攻撃されやすくなったのである。

しかし、アファーマティブ・アクションをめぐる議論が二極化しているのは、良い政策が悪い形で実施されたからというだけの理由ではない。また、このような議論は、複雑な社会問題を解決するための哲学的な違いだけではなく、議員や理事会の陰謀など、重要なレベルの政治権力を持つ、あるいは持とうとする個人やグループの行動や利益にも影響される。公立大学、特に過度に選抜性の高い教育機関は、ますます希少になっていく資源を分配しなければならないだけでなく、現実に存在する、あるいは認識されているさまざまな利害関係者に対処しなければならない。

このような政治的環境の中で、これらの大学《ユニバーシティ》はどのようにして首尾一貫した社会的責任のある入学者受入方針《アドミッションズ・ポリシー》を作ることができるのか。これは、公立大学が直面している課題のほんの一部に過ぎないが、歴史的に州内での大学進学《アクセス》を拡大するという責務に根ざした社会的責任に重要な意味合いを持っている。また本書の終盤で述べるように、公的投資の減少という不利益な影響や、高等教育市場や公立大学の優先順位が大きく変化する可能性もある。

第4部

社会契約の範囲内なのか？

ポストモダンの世界と高等教育の優位性

第10章　危機と機会――大学の自治、個人業績《メリット》、および営利民営化《プライバタリゼーション》

公教育の重要な目的、および大学《ユニバーシティ》の環境に関する言論・思想の自由の拡大を考えると、我々は長い間、大学《ユニバーシティ》が憲法の伝統の中で特別な隙間《ニッチ》を占めると認識してきた。

サンドラ・デイ・オコナー判事、グラッター対ボリンジャー判決、アメリカ合衆国連邦最高裁判所、

二〇〇三年六月

その設立当初においては、州の特定の要求を満たすことが主要な貢献だったことを含めて、公立大学の歴史的な社会契約は、今なお妥当なのであろうか、それとも重大な修正をする必要があるのだろうか。研究大学の国内におけるそして国際的な役割に関して学界の内外で考え方が変化したり、中核的な私立研究大学の富が増大したりすることは、学生、収入および名声のために競争し、ポストモダン社会での関連性《レリバンス》を維持、あるいは高めるために、公立大学と私立大学とで異なった運営をしなければならないことを意味しているのだろうか。

以下では、社会契約の現代的な活力について論じ、相互に関連する四つの問題に焦点を当てようと思う。第一は、公立大学が入学者受入方針《アドミッションズ・ポリシー》を設定する際に持つべき適切な自治である。第二は、素質のある学生を選抜《セレクト》する過程において、どのように彼らの個人業績《メリット》が定義され、利用されるかについてである。第三は、公共の危機と呼べるもの、すなわち高等教育への公的資金が経費に比べて相当に減額されていることである。そしてこの長い間続いてきた最後の現象は、第四の問題、つまり、営利民営化《プライバタリゼーション》の過程で選抜性の高い公立大学による比較的新しい関心を

生じさせる。営利民営化《プライバタリゼーション》を進める中で、入学者受入れのやり方、認知された顧客、資金調達、および財政的に実行可能な教育プログラムの評価において、これらの大学はますます私立大学のように行動するようになるのだろうか。

裁判所と大学《ユニバーシティ》の自治の復活？

「政治とは、誰が何を、どこで、いつ手に入れるかということだ」という古いことわざがある。この三つの問いには、「誰によって決定するか」という追加が必要である。利害関係者がこれほど多様化し、需要も増していることから、入学者受入方針《アドミッションズ・ポリシー》やそのやり方、そして、それらを守ることがますます政治的なものになってきたことは驚くべきことでない。住民提案二〇九号の最中に起こった多数の訴訟の裁判が示しているのは、入学者受入れの際、人種的、民族性《エスニシティ》的基準を用いることを禁ずる、最高裁の比較的保守的な最終判決が行われたことである。反アファーマティブ・アクション勢力の間では、裁判所に全国的な禁止をさせることは、表面上は達成可能な目標であった。しかし、そうはならなかった。グラッター対ボリンジャー判決では、最高裁は二〇〇三年夏にアファーマティブ・アクションに関する画期的な判決を出した。アファーマティブ・アクションに賛成する勢力は偉大な勝利を宣言した。しかしその裁判例の実質的な意味は複雑で、その明快さは誇張されている。この判決は、アファーマティブ・アクションを幾分曖昧に擁護したというよりも、入学者受入方針《アドミッションズ・ポリシー》を設定する際に大学に与えた自治という意味で重要であることは間違いない。

ミシガン州在住でＧＰＡが三・八の、白人の女性バーバラ・グラッターが、ＬＳＡＴ〔法科大学院共通入学試験〕でも高得点を取ったにもかかわらず、ミシガン大学の法科大学院《ロー・スクール》から入学を拒否された時、彼女は告訴した。バーバラ・グラッターと彼女の弁護士は、法科大学院《ロー・スクール》が合衆国憲法修正第一四条と一九六四年公民権法第六編に違反して、人種に基づいて故意に彼女を差別したと主張した。二〇年以上前のアラン・バッキーと同様、グラッターは、入学を許可された他の志願者、特にアフリカ系アメリカ人とヒスパニック系の学生よりも高い高等学校での評定成績とテスト得点を取ったという事実に基づいていた。告訴された法科大学院《ロースクール》は、人種を「優位な」要因として利用し、「特定のマイノリティの学生に対して、冷遇された人種集団の学生が同じような成績証明書を持っていたとしても、かなり大規模に入学の機会を与えていたが、その被告である法科大学院《ロースクール》は、人種の使用を正当化するやむを得ない事由がなかったという」[1]。裁判所は、ミシガン大学の学部の入学審査での人種差別を告発した同様の事件も同時に検討した。

この二つの訴訟は二〇〇三年四月に始まった法廷で争われた。その後、裁判所は六月二三日に判決を出している。裁判所は、ミシガン大学の学部の入学審査における重み付きの計算式の使用について非難する一方、法科大学院《ロースクール》における入学者受入れのやり方は支持した。法科大学院《ロースクール》は基準として人種と民族性《エスニシティ》を含む全体的な入学審査を採用していた。学部と大学院の入学審査の違いは何であろうか。一方は計算式を使っており、人口比率以下に処遇された《アンダー・リプリゼンティッド》マイノリティに対して大規模にはっきりとした利益を与えており、もう一方はより主観的で、より詳細に、より時間をかけて個人の長所を調べることに焦点を当てていた。僅差ではあったが、多数派の意見はバッキー判決、つまり多くの中から人種や、民族性《エスニシティ》、ジェンダーを要因として利用することができることを本質的に再確認した。裁判所の多数派は、「法科大学院《ロースクール》が、多様な学生集団から発生する教育的便益を得ることに対する強い関心を高めるために、入学決定の際に人種を狭義に利用することは、公民権法第六編にある平等保護条項〔合衆国においては連邦政府補助金を受ける事業を行う上で何人に対しても人種、皮膚の色、出身国などの理由で排斥や恩給否定などの差別行為を行うことを禁じている〕によって禁止されていない」と述べた[2]。

多数派の意見を書きながら、サンドラ・デイ・オコナー判事は、二六年前にバッキー訴訟でパウエル判事によって提示されたものと同様の二つの根拠を繰り返した。第一に、オコナー判事は「州の関心としての学生の多様性《ダイバーシティ》の原則」と、大学《ユニバーシティ》はより公正な社会を創造する上での役割のために「入学者受入れに人種を使うことを正当化できる」ことを認めていた。オコナーは「すべての人種と民族性《エスニシティ》グループの成員による、わが国の市民生活への効果的な参加は、分断され得ぬ一体的国家という理想が実現されるべきとするならば、決定的に重要である」と記した。「第二に、オコナー判事は、大学《ユニバーシティ》の自治の「組織構成上の側面」、特に入学者受入れの領域における大学《ユニバーシティ》の適切な権限に焦点を当てた。彼女は意見書の中で、パウエルの「大学《ユニバーシティ》が教育について独自の判断を下す自由には、学生グループの選択も含まれる」という言葉を引用した。[3] オコナー判事はまた、学生の選抜《セレクション》を学術的な事業に不可欠な四つの自由のうちの一つであると特定したフェリックス・フランクファーター判事の一九五七年の意見を引用した（なお、他の三つは「誰が教えるか」、「何が教えられるか」、「どのように教えられるか」である）。[4]

過去の司法判決は、個人の権利の保護と、「専門知識」と経験を持つ組織や個人、つまりこの場合は入学者受入れの基準を定める大学という学術共同体の正当な権限とのバランスを取る必要があることを証明した。オコナー判事は、裁判所は「大学《ユニバーシティ》の専門性の範囲内にある領域についての複雑な教育的判断」は避けるべきであると書いた。「そのような多様性《ダイバーシティ》がその教育的使命に不可欠であるというミシガン大学法科大学院《ロースクール》の教育的判断は、我々が従うべきものである」と彼女は続けた。「今日の我々の状況は、憲法で規定された制限の中で、大学《ユニバーシティ》の教学上の決定を尊重するという伝統に従っているためである」。[5]

グラッター訴訟は、我々を本書の焦点に引き戻してくれる。本書の焦点とは「アメリカの公立大学の目的は何か」、「社会に影響を与え、社会を形成するといった公立大学の独特な立ち位置を我々はどのように理解したらいいのか」、「公立大学の一般的な使命や入学者受入方針《アドミッションズ・ポリシー》を設定したり、意思決定を行ったりする上で、どのような意思決定の場が最も適切であるか」、「それを行うのは、州、裁判所、世論、住民投票、利益団体、あるいは大学自身であるべきか」などである。

裁判所が強制すべきとみなしたもの、強制すべきとはみなさなかったものに注目することが重要である。アファーマティブ・アクション・プログラムの下で入学を許可された学生の全体的な成功に関するデータや議論（たとえば、卒業率や卒業後の職業上の成功）はほとんど無視された。裁判所の多数派の意見も教育の過程において多様性《ダイバーシティ》が重要だと思われる性質に簡単に触れた程度である。裁判所はその議論の正統性の判断をする本質的な努力をせず、代わりに法科大学院《ロー・スクール》の教育的便益に関する判断に「従った」[6]。公立大学が常に外部および内部からの相当な政治的圧力に従っていることを理解すると、裁判所の画期的な判決は、入学者受入方針《アドミッションズ・ポリシー》を設定する際の大学機関の相当な自律性の重要性に対して新しい要点を与えている。しかし、より大きな法的権限は、入学審査が合理的に透明かつ公平《フェア》であるという、より大きな公的感覚、つまり、より大きな教育機関である大学の包括的使命に関連する入学者受入れの決定であるという感覚を伴わなければならない。その時初めて、公立大学、特に選抜性の高い教育機関である大学は、それが個人の需要とより大きな社会的目的とを合理的にバランスがとれているという十分なレベルの信頼を、一般の人々、議員、理事会の構成員から得ることができる。

　だが、アメリカ合衆国連邦最高裁判所がアファーマティブ・アクションの問題へ回帰するという見通しも出てきた。ミシガン州の訴訟は決定的な判決とはみなされていない。法廷をイデオロギー的に保守主義（少なくともそれは〔第四三代大統領の〕ブッシュ政権の目標である）の人たちで固め続けることによって、別の事案が各州の最高裁判所に持ち込まれるかもしれず、それでアメリカの国内政策においてこの論争の的となっている領域に立ち戻っている[7]。それにもかかわらず、公立大学は、社会契約の意味についての自身の見解を示し、実用的な社会工学の主体としての歴史的役割を新たにし、その現代および未来における重要性と入学者受入れの条件を設定する権限を結びつける必要がある。

学生集団の選考《チュージング》と個人業績《メリット》の再考

これまでのところ、入学者受入れに関する議論の多くは、ＳＡＴの得点が高い学生であろうと、特定の人種的背景を持つ学生であろうと、選抜性の高い大学《ユニバーシティ》に進学《アクセス》できる個人や集団の権利を中心テーマとしていた。しかしもう一つの重要な問題は、学生たちの入学後のその大学《ユニバーシティ》への関与《エンゲージメント》に関するものである。意欲的で好成績を修める学生として、大学という学術共同体への貢献者として、社会のこれからの指導者や貢献者として、マイノリティの学生は大学機関の期待にどの程度応えられるのだろうか。

最高裁への法廷助言書〔事件の当事者ではない第三者が裁判所に提出する意見書〕の中で、ミシガン大学はこの領域に踏み込んだ。しかし、ミシガン大学が打ち立てた議論は短絡的で目先のことしか見えていないものだった。弁護士と大学当局が基本的に執着したのは、人種と民族性《エスニシティ》の優位と、人口比率以下《アンダー・リプリゼンティッド》に処遇されたマイノリティの「最小必要人数《クリティカル・マス》」〔影響力を及ぼすための最低必要量〕の必要性であった。その最小必要人数《クリティカル・マス》は、ミシガン大学アナーバー校のすべての学生の学業経験に有益で、決定的であるとすら主張された。マイノリティ学生の個人の経験と見方は、教室内部で彼らの仲間であるヨーロッパ系アメリカ人学生の経験を豊かにすると信じられていた。こうした学生は十分にいるはずであった。しかしながら、幾分多様な仲間集団に触れることが新しい見方の開発を促進する、もしくは、ある重要な次元で、個々の学生の教育経験と教育達成を促進するということを効果的に示す調査研究はほとんどない。一般概念には長所はあるが、それを証明するのは難しいことである。

教室内部では、民族性《エスニシティ》や人種の多様性《ダイバーシティ》が及ぼす影響はほんのわずかであり、理工系においてよりも、おそらく社会科学や人文科学において大きな影響力を持っている。実際、学問や高等教育レベルの学習の伝統的な理想は、常に実践されていたわけではないが、分析的研究のために個人の背景という先入観を取り除くことに努めることである。これは、たとえポストモダニズムの信奉者が、あらゆる学問的探究は全くもって個々人の先入観に基づいて構築されたものと考えているとしても、学術的な営みの中心である。

しかしながら、教室外では、人種的、経済的、その他において多様な学生集団が、学生の社会的行動、文化化の過程、そしておそらく寛容性に有益な影響を与えているという証拠がある。多くの研究が学生調査に基づき、「発達上の恩恵」に関する「正」の相関を示している。この考え方は新しいものではない。イギリスのカレッジの中でのコミュニティの重要性に関する一八五二年の有名な著作の中で、カーディナル・ニューマンは、異なる背景を持つ学生が一緒に学習したり生活したりすることは、教室でも下宿でも重要であると主張した。彼は、学生は「彼らに教える人がいなくても、お互いから学ぶことは確実である。学生たちの会話はすべて、個々の学生に対する一連の講義であり、彼らは日々新しい考えや見方、施行すべき新しい問題、および行動のための明確な原則を自分たちで入手している」と述べた。[8] しかし、多様な学生団体の中で学んだり生活したりすることの恩恵を、我々はどのように判断できるのであろうか。経済的背景のような他の社会経済的要因に対して、人種や民族性《エスニシティ》の違いの相対的な役割は何なのか。

人種や民族的《エスニック》な背景が異なる人々と社交的に活動することはキャンパスにおそらく肯定的な影響があると認識されている一方で、アンソニー・リジング・アントニオは「多様な大学キャンパスにおける関係はよく分かっていない」と指摘している。実際、その問題の複雑さは、保守派からの批判を認める、概してリベラルな学者集団を生んできた。「多様な」キャンパスの学生たちは、異なる人種や民族的《エスニック》な背景を持つ学生との相互作用は避けられないと指摘するが、キャンパス内では今でも人種の対立や孤立があると言う。彼らは、キャンパス内部の組織構造によってしばしば助長され支持されている人種間のバルカン化〔民族的分断を意味する〕を報告しており、いまだに偏見、おそらく階級のような問題を巡り、アメリカが人種に固執することによって増幅されたものを経験している。[9] 実際、その分野のほとんどすべての研究は、人種や民族性《エスニシティ》の点から多様性《ダイバーシティ》を定義している。しかし人種や民族性《エスニシティ》は、率直に言って、多様性《ダイバーシティ》の概念として十分多様ではない。学生の成果にある程度影響を与える学修環境や生活環境を創造するために必要であり、人口比率以下《アンダー・リプリゼンティッド》に処遇された学生の「最小必要人数《クリティカル・マス》」に貢献しているものとして、他にはどのような多様性《ダイバーシティ》の要素があるだろうか。[10]

数え切れないほど多くの人種や民族《エスニック》グループや多民族からなる多くの家族の中でさらに別の人口統計学上の変動を経験している社会において、単純に民族《エスニック》グループを分類することはますます問題になっている。たとえば、他の大きな州もそれほど遅れを取っているわけではないにしても、最も人口統計学上多様な州の一つであるカリフォルニア州において、ラテン系アメリカ人は出生率が最も高いが、次に出生率が高いのが、複数の民族《マルチエスニック》にまたがる家族である。[11] カリフォルニアの高等教育システムはすでにマイノリティが多数派〔非白人学生のほうが白人学生よりも多いことを指す〕となっており、テキサス州、フロリダ州、ニューメキシコ州や他の多くの州が、まもなくこれに続くだろう。[12]

既述のように、ミシガン大学を支持する準備書面では、多様性《ダイバーシティ》と最小必要人数《クリティカル・マス》が何を意味するかということを定義されずに、それらが教育上の便益をもたらすという考えにかなり重点を置かれていた。特に入学者受入れにおける人種による選別《プレファレンス》を正当化する上での、アファーマティブ・アクションのこの擁護は、危険な道のりであることが判明した。もしその最小必要人数《クリティカル・マス》の定義を大学が想像することができるのだとしたら、それは人口比率以下《アンダー・リプリゼンティッド》に処遇された学生の入学割合の目標を正当化する床や天井となるだろうか。この考え方は、アファーマティブ・アクションの支持勢力に対して法的問題を提示したため、ミシガン大学当局や弁護士たちは、教育における多様性《ダイバーシティ》の便益を主張する際に霧の中に入り込んだ。彼らは、「最小必要人数《クリティカル・マス》」が「意味のある数字」もしくは「意味のある表現」を意味し、「最小必要人数《クリティカル・マス》を構成する数値や割合はないし、あるいはそれらの範囲もない」と証言した。[13]

入学者受入方針《アドミッションズ・ポリシー》を形成する上で、より一般的には、公立大学の使命と理想にふさわしい学生集団を生み出す上で、より実りのある道筋は、入学者受入れの基準やそのやり方が実際の学生の学業成績にどのように影響を与えるかについて、より十分に精査することによって見つけられよう。つまり、どのような入学者受入れの基準が、才能において多様で、大学《ユニバーシティ》の学業的な期待、および市民的な期待に応えることに十分に関与《エンゲージメント》する学生集団に繋がるのであろうか。しかし、学内においては、カレッジで経験したことが及ぼす特定の効果を個人的な影響から解き放つことの難しさが、長い間認識されてきた。解明に必要な変数は多く、よく知られている、つまり、個人のこどもの頃の経験や、家族関係と友人、社会的な出自とその利点である。かつてマーチン・トロウは、次のように述べている。「高等教育の影響は微妙で、測定しがたいものかもしれない。心、性格、感受性、能力、視野、および大志への影響であり、すなわち、人が大人になってからの生活に必要な道徳的、感情的、知的な技能や素質のすべての範囲に対する影響であるからだ」と。[14]

しかし、学生の学業的関与《エンゲージメント》および市民的関与《エンゲージメント》と呼べるものへの影響のいくつかを解読すること、つまり、彼らが大学生としてのキャリアを始めた後、彼らのそれまでの達成度《アチーブメント》や社会的背景が学習や経験にどのように影響するかを測定することは可能である。学生の関与《エンゲージメント》と経験を測定するための実地調査が長年行われてきた。それらの調査では、概して学生や教育機関によって変化が大きいことを示している。そのようなデータが、学生の社会経済的背景に関するより頑強な情報と関連づけられているとしたら、それらの調査は何を示しうるのだろうか。

カリフォルニア大学の学部生の最近の実地調査では、このつながりの探索が試みられた。その実地調査では、興味深い知見を生み出した。第一に、学生の社会経済的・民族的《エスニック》背景が、それ以前の考えよりもはるかに多様であることが明らかになったのである。代表サンプルの約五五%が少なくともどちらか一人の親が移民であると回答した。なお、カリフォルニア大学システムの最も選抜性の高いキャンパスであるバークレーとUCLAの二つのキャンパスでは、その数値は約六五%だった。約二五%は英語を学ぶ前に他の言語を学び、また別の二五%は他の言語に加えて英語を話すようになった。学生らの親の所得の中央値は七二、〇〇〇ドルと報告しているが、学生の約二五％は所得が三五、〇〇〇ドル未満の家庭から抽出されていた。学生の約二五％は大学に入学した最初の世代《ファースト・ジェネレーション》であり、約三〇％は自分の家庭を「労働者階級」または「低所得」と認識している。[15]

この議論で最も重要なのは、比較的恵まれていない《ディスアドバンテージ》背景を持つ学生は、より裕福な背景を持つ学生よりも、学業的関与《エンゲージメント》の指標（たとえば、勉強時間、授業への出席、教員との交流、および課題の完成など）で上位に位置付きやすいことであった。また、学位取得までの期間も、同等か時にはより優れたものであった。より特権的ではない群が、おそらく教育資金を調達をするため、より長い時間働くという事実にもかかわらず、こうしたことはすべて真実であった。また、彼らは家庭に関する責任を負っていることも、裕福な学生よりも通常は多い。その調査は、授業のための勉強と準備に注ぎ込まれる時間が、学生のＳＡＴ Ｉの言語《バーバル》能力テストの得点と反比例していることも明らかにした。これは刺激的な知見である。出身の社会階級の異なる学生は、カレッジで優先させる目標もいくぶん異なっていた。恵まれていない《ディスアドバンテージ》背景を持つ学生は職業志向の目標と自分のための学習を強調したが、裕福な背景の学生は「楽しい」と「社交的な」の目標を強調する傾向があった。[16]

これらの知見は、学生の態度と行動に関する従来の仮説を裏付ける。また、個人業績《メリット》のより微妙な違いを理解する重要性を強調するのにも役立つ。公立大学は、入学者受入れのやり方の中で何を達成しようとしているのか。一つには、（学生の中から選考《チューズ》する際に）才能があるだけでなく、最も大学に関与《エンゲージメント》する学生や、学術的な環境から多くを得たり、あるいは、それに貢献したりするために最も多くのものを持っていると思われる学生に大学進学《アクセス》を分配することが目標であるべきである。カリフォルニア大学が設立とほぼ同時に取り入れている原則であり、他の多くの州立大学では遅れて採用されているものであるが、多くの生徒から学生を選ぶ際に一つの基準となるのは「カリフォルニア大学で成功する妥当な可能性を持っているのは誰なのか」である。しかし、公立も私立も大学《ユニバーシティ》は、敢えて一般的な入学規則に例外を設けなければならないと考える人もいるだろう。その目的は、非常に多様な人間の才能と能力や、学習への意欲、人種構成の代表性《リプリゼンテーション》という理想（命令としてではなく）を含み、究極的には個人の長所と社会のより大きな必要性とのバランスを取ることができるより大きな学術共同体への学生の潜在的な貢献を考慮できる入学者受入方針《アドミッションズ・ポリシー》を追求することである。

特定の公立大学に特有の政治的領域の中では、一つの格言が際立っている。それは、「入学者受入方針《アドミッションズ・ポリシー》とそのやり方がいかにうまく構築されていようと、特に大学進学《アクセス》への需要が高いのに、受入余地が比較的少ない大学《ユニバーシティ》では、恣意的な意思決定の入る要素があるだろう」というものである。高度に選抜された教育機関に志願する学生は、すでに大部分が自己選抜されたグループである。すなわち、彼らは一般的な学業的要件を満たすか、または上回っている。たとえば、二〇〇四年のバークレーでは、わずか四、八〇〇の募集人員に対し、約三八、〇〇〇人の生徒が新入生段階に志願し、これらの生徒のうち二万人以上が、必修科目で四・〇以上の高校のＧＰＡを持っている（高度なアドバンスト・プレイスメント（ＡＰ）コースの追加単位により補強されている）。統計的には、このような力量を持つ生徒は標準テストの得点に関係なく、一般的に過酷な大学《ユニバーシティ》のカリキュラムで好成績を修める。

入学者受入方針《アドミッションズ・ポリシー》は、高等学校の学業成績や予想される学力に基づいて生徒を選ぶだけではなく、生徒を不合格にし、その理由を説明するものでもある。すでに見たように、非常に多くの有能な生徒を不合格にすることは、たとえその生徒が質の高い公立および私立の大学への他の同等な実行可能なルートを持っていたとしても、実際の政治的な結果を伴う。公立大学は、自らの方針《ポリシー》や行動を擁護しなければならないが、こうした力学のもとでは、常に攻撃を受けやすい。鍵となるのは、入学者受入方針《アドミッションズ・ポリシー》の仕組みを詳細に説明することではなく、教育機関のより大きな社会的目的と、選択を行う際の重要なレベルでの大学自治の必要性の両方を、適切に説得することである。

公立大学の危機――資金と大学進学《アクセス》

本書を通じて、大学のガバナンスと期待される説明責任《アカウンタビリティ》のレベル、学術的使命の特性と幅、より広い学校制度と大学との関係、財源と内部資源の管理、そして最後に学部学生のための定義された市場と入学者受入方針《アドミッションズ・ポリシー》における私立と公立の教育機関の間での違いについて検討してきた。非常に高いあるいは中程度に選抜性のある大規模州立大学は、常に明確な顧客に貢献してきた。すなわち、これらの大学を設立許可し、財政的に維持している州内に存在する青年、成人、ビジネス界、および各種コミュニティである。これは社会契約の中核的要素、つまり、州と公立大学の間の協定である。

高等教育セクターの公立と私立のもう一つの違いは、大学進学《アクセス》を提供する上での公立大学の主要な役割である。認証評価《アクレディテーション》を受けた営利《フォー・プロフィット》を目的とする私立の教育機関〔企業が営利目的で運営する大学を指す〕は、アメリカの高等教育システムにおける重要なパートナーである。大学の類型に多様性《ダイバーシティ》があることは、大きな強みである。しかし、このことによって、観測筋や政策立案者は公立大学の優位性の（減少ではなく）高まりを見落としてはならない。二〇〇五年には、アメリカの全在籍者数の七五％以上が公立セクター、約四二％が四年制の公立大学に在籍していた。スタンフォード大学やハーバード大学などの認証評価《アクレディテーション》を受けた教育機関や、膨大な数の小規模大学を含む私立大学や独立セクターは、ほぼ例外なく四年制大学に集中しており、アメリカの全学生の約二〇％が在籍している。

フェニックス大学のような認証評価《アクレディテーション》を受けた営利《フォー・プロフィット》機関は成長しており、重要なセクターではあるが、公立セクターや第三セクターと比較すると、全体的な在学者数は比較的少ないままである。二〇〇五年には、学位授与機関の在学者数全体の五％未満であった。これらの大学はまた、運用経費が比較的低く、中程度から高額の授業料を課すことができる職業教育課程や専門職教育課程の隙間市場に主に焦点を当てている。これまでのところ、これらの供給者は、教育サービスへの全体的な需要が急速に伸びているという理由も一部ではあり、公立大学の市場をはっきりと変えるに至っていない。

アメリカ経済の健全性と社会階層の性格は、今後も公立学校と高等教育機関の活力にかかっていると言っても過言ではない。実際、高等教育市場における公立セクターの全体的な占有率は拡大する可能性が高い。公立の高等教育は、高等教育のすべての形態の中で、社会経済的な移動のための最も重要な経路でもある。富裕層の学生は、州の高等教育システムの質や構成を反映し、州や地域によって大きく多様性《ダイバーシティ》を持つ、最も名声の高い私立および公立の教育機関に集まる。中および低所得層の学生にとっては、公立の教育機関が主要な入口であり続けている。また選抜性の高い、または「有名ブランド」の私立の教育機関は、公立の教育機関に比べてかなり高い授業料を相殺するためのより豊富な奨学支援パッケージを提供しながら低所得者やその他の恵まれていない《ディスアドバンテージ》立場に置かれた人々への大学進学《アクセス》を拡大することに取り組んできたが、これらの低所得で恵まれていない《ディスアドバンテージ》学生や中所得者の学生の在学者数が実際には減少したことを示す証拠がある。[17] 公立の教育機関が最も実行可能な上昇移動への道なのである。

しかし、将来の入学需要を満たすための、つまり社会契約を維持し、あるいは拡大するための、公立高等教育の活力とはどのようなものなのだろうか。歴史的に見ると、公立大学の核となる構成基礎はそれぞれの地域の政府と州民であった。この公共のパラダイムが変わるのは、社会契約の、より考えられた改善のためではなく、財政のためかもしれない。いくつかの教育機関は、可能なところで市場と資金を求めて、より民間企業のように運営すべきだと主張し始めたり、実際にそのように行動し始めたりしている。一部では、州立大学は州補助金の減少に対応し始め、教授陣の給与やその他の中核的な教育研究活動の資金のための基本的な要求を満たす資金源を求めている。この変化がもたらした直接的な結果の一つは、州出身の学生の授業料の大幅な値上げである。伝統的に、州政府は州民にとって低い授業料を維持するために、公立大学に多くの補助金を出してきた。カリフォルニア州を含む一部の州では、住居費や増え続ける学生サービス料金を除き、授業料を無償化する政策を生み出し、維持してきた。その目的は常に、大学進学《アクセス》に対する経済的な障壁を下げることだった。これらの補助金の崩壊と大学運営費の上昇に伴い、州民の授業料は過去二〇年間で急激に上昇した。一九八一年には、授業料は公立高等教育の総収入のたった二一・五％だったのが、二〇〇一年には三〇％近くまで上昇し、二〇〇六年には三六・七％まで上昇した。しかし、新たな収入は、増え続ける経費をカバーするのに十分には生み出されていない。全国を通じて、公立教育機関の学生一人当たりへの支出は実質額で減少している。平均的に、二〇〇一年から二〇〇五年の間に、公立大学のフルタイム換算学生一人当たりの資金総額（全資金源）は八・八％減少した[18]。

なぜ、公立大学の運営費がこれほどまで急激に高騰したのだろうか。その理由の一つは、これまで考えられてきたように、高等教育は労働集約的な活動であり、教授陣や、研究スタッフ、事務職員など高度な技能を持つ専門職に依存していることである。高等教育の運営費は、同様に高度専門化された経済部門の経費上昇をおおむね反映している。もう一つの原因は、理工系の不釣合いで重要な成長である。最先端の科学技術分野の研究と教育には、高価な機器、技術支援職員、適切に設備を備えた建物、およびチームによる研究アプローチへの依存がますます必要となっている。他にも住宅費の上昇や、しばしば公立大学の運営予算で補助されるアウトリーチ活動のような公共サービスの拡大などは、経費上昇のもっとありふれた理由である。また、カリフォルニア、テキサス、フロリダなどの人口が急増している州では、入学者数の増加に対応するために高等教育システムを拡張する先行投資の経費がある[19]。

運営費の上昇は、公立教育機関で授業料が値上がりしている理由の一つを説明する。しかし、授業料へ最も大きく影響を与えるのは、ほぼ間違いなく、州や地方政府の補助金の減少である。公立大学では、授業料の高騰は州政府における景気循環や財政危機と相関している。すると今度は、公立大学では、〔補助金の減少が〕大学の教育課程に与える影響を少なくするために（決して影響がなくなることはない）、経費の削減と授業料の迅速な引上げの両方が死に物狂いで試みられた。その結果、ほとんどの公立教育機関において学生教員比率が大幅に上昇することを含めて、「効率性」に帰結した。確かに、学術研究機関においては効率化と経費抑制の余地がたくさんあるものの、近い将来に明確な大変革が起こることはなく、たとえば科学技術の解決策が示す効能に関しては誇張が多い。[20] 本質的には、州と公立大学は、州、学生とその家族、その他の財源からの適切な寄与がどのようなものであるかについてのより広範な計画や着想がないまま、授業料の増額に戻ってきた。[21]

公立教育機関は、どのようにすれば公的補助金、つまり社会契約を支えるための投資の、一見すると後戻りできない減少を埋め合わせることができるのだろうか。彼らは資源の再配分によって、より効率的になる方法を探し続けることができる。彼らは基金を集めたり、収益事業や知的財産の販売を通して新たな収入を生み出したりすることを含め、新たな収入を求め続けることができるし、今後もそうするだろう。しかし、収入を追加する上で最も重要で必然的な資源は、断然授業料だろう。そして、授業料の相当な拡大には難しい課題がある。私立教育機関とは対照的に、大学進学《アクセス》への潜在的で有害な影響や重大な法的および政治的制限を含めて、公立大学では授業料の設定の際に障壁に直面する。たとえば、ほとんどの州では、授業料の増額には議員ら〔つまり州議会〕の承認が必要なのである。

私立大学は長年、格差授業料モデルを取り入れ、授業料の収入を必要な学生に資金援助として提供したり、あるいはそれを優秀な学生を引きつけたりするために利用してきた。選抜性の高い私立カレッジや大学《ユニバーシティ》の多くでは、「必要性を隠す《ニード・ブラインド》」入学者受入れのやり方、つまり、学生の支払能力を考慮することなしに、最初に入学決定をすることを取り入れてきた。学生が入学したあと、大学は初めて学生とその家族にいくら請求できるか、そしてどのような直接援助またはローンの援助が提供されうるのかを評価するために、家計情報を考慮する。中程度に選抜性の高い私立教育機関においても、実際に知らされた授業料全額を支払う学生はほとんどいないが、授業料を全く払わない学生もほとんどいないのである！

公立大学はかなりの授業料を徴収し、奨学支援の財源としての授業料収入を意識的に生み出す初期段階にある。以前は、学生教育の州補助金や連邦政府助成金、また程度は低いが、奨学支援のための州補助金にほとんど完全に頼っていた。政治的・予算的なルネッサンスが起こらない限り、いわゆる適度な授業料、高レベルの奨学支援モデルと呼べる私立教育機関型と同様の形に公立大学が意識して移行することは避けられないように思われる。公立大学と私立大学の授業料方針《ポリシー》の違いは、より多くの公的助成金と、すべての経済階級にとって支払い可能な授業料水準を維持することを優位とすることに関連するものであろうし、そうすべきである。

授業料は私立教育機関も公立教育機関ともにかなり上昇を続けている。重要な基準は、私立や公立のカレッジや大学《ユニバーシティ》に通う相対的な経費である。「ここでの類型は明らかだ」と、ミカエル・マクファーソンとモートン・シャピロは、授業料の傾向に関する調査で述べている。「公立と私立の教育機関の両方で、授業料は政府支出の代わりとなってきた。[22]しかしながら、公立教育機関の授業料は過去一〇年間に（比較的低い状態から）大幅に上昇した後でさえ、授業料は私立教育機関の授業料をかなり下回ったままである。選抜性の高い公立大学と私立大学の間では、価格において年二〇、〇〇〇ドルから二八、〇〇〇ドルの差がある。

私立大学では授業料の増額の多くは、学生教員比率を低く維持したり、学部生の経験を高めたりするために使われてきた。しかしながら、公立セクターでは、私立教育機関と比較して競争的な地位が低下したことに関する直接的な証拠を見ることができる。すでに述べたように、公立セクターでは、学生教員比率が大幅に上昇している。一九六〇年にカリフォルニア大学はおよそ一四：一の比率であり、これまでこの比率を維持し、場合によってはこれを低下させてきたスタンフォード大学やハーバード大学などの大学よりもわずかに高かった。カリフォルニア大学では、その比率は今や二二：一を超えている。

ほとんどの主要な州立大学の間では、より多くの学生がより大人数のクラスに押し込められるにしたがって、教育指導課程の質が低下していると言える。教授技術やインターネットを通じた新しいコミュニケーションのモデルは、学生教員比率の悪化による有害な影響を軽減してくれるかもしれないが、学生と教授陣との直接の接触は減少し続けている。経費を削減するために、非常勤教員が段階的に増加している。連邦政府や州政府の奨学支援プログラムが補助金からローンへと変化するにつれて、一八歳から二四歳までの伝統的な年齢層の学生の多くがパートタイム学生となり、その多くがパートタイムで働いていて、これらの学生は退学率が高い傾向にある。

この筋書きの中で、選抜性の高い公立大学は奇妙な弊害をいくつか共有している。彼らは、高度に適した大学院生の獲得を競い合うのはますます難しくなっていることを知っている。大学院の授業料はエリート私立教育機関よりも（今のところは）かなり低い水準にとどまっているが、公立大学は学生を募集する上で明確に不利な立場にある。私立教育機関は、学部学生の学費と基金から補助された収入と、少ないながらも連邦政府からの財政支援により、将来の大学院生にとってますます魅力的な奨学金その他の直接援助にして提供している。また、選抜性の高い公立大学と私立大学の間の教員給与の不均衡も拡大しており、将来的には私立大学への人材の集中を示唆している。[23] 科学分野研究のスタートアップのための資金源もまた、私立大学においてより豊富である。

このような不均衡は、一九六〇年から一九七〇年まで存在していなかった。「私立教育機関の基本的な経済学、つまり高額な授業料と数十億ドルの資金調達は、公立セクターでよく見られる授業料の緩やかな上昇と州助成金の急速な減少というモデルよりも、はるかにうまく機能しているようである」と、スティーブ・ブリントは新しい環境の中で公立大学がどのように競争するかについての調査の中で述べている。[24]「公立高等教育に対する生徒一人当たりベースの州の支援は着実に減少している」と、全米教育協会〔American Council on Education: ACE、一九一八年設立のアメリカの高等教育に関する非営利、非政府組織〕の会長デイヴィッド・ウォードは最近嘆き、「連邦レベルでは、カレッジへの進学《アクセス》を促すために、助成金からローンへと重点が劇的に移行している。結果としてアメリカは、この一世紀にわたってアメリカを支えてきた政府、教育機関、そして家庭の間での高等教育財政の協力関係における成功が破綻したことを目の当たりにすることとなった[25]」。

高等教育財政の危機は、現代社会の現実に対抗する機会の大きな原動力としての教育という保証と競合する大きな問題を反映している。「伝統的なアメリカの財政連邦主義は州の資源を緊張させている」と、公立高等教育に関するある研究は指摘し、「二一世紀の経済の変化に対応するために、州の歳入システムを再設計することは不本意と思われている。連邦政府が州を支援するという側面に対する敵意と相まって、これらの圧力は州政策や高等教育支援の縮小や場当たり的対応の一〇年を作ってきた」[26]。

高等教育分野に限らず、公共投資の割合は減少している。アメリカでは貧困、所得の不平等《インイクオリティ》、そして学校教育の不平等《インイクオリティ》が進んできており、ノートン・グラブが指摘するように、「アメリカは比較的自由放任で、資金不足の福祉国家である」。「小さな政府」時代の社会のより大きな問題は、「格差自体に立ち向かうこともできず、また、保健や、居住の安定、家族支援、カレッジや大学《ユニバーシティ》における『新たな学生層』の所得支援も得られず、またすべての個人が提供された機会を利用するために必要な支援を提供する強力な福祉国家に依存することもできず、大学《ユニバーシティ》はさまざまな不平等《インイクオリティ》がもたらす学生間の格差に対処しなければならない」ことを意味する[27]。確かに、活力を取り戻した福祉国家が、社会問題のすべてに対する答えではないけれども、ここ数十年の政府の政策が、結果的に公立や私立の高等教育への進学《アクセス》を妨げている構造的な問題を際立たせている。

カリフォルニア大学バークレー校やテキサス大学オースティン校などの教育機関での優遇入学者受入れに対する注目が集中していることには、より大きな問題、すなわち公立高等教育の主要な財源となる州の能力が低下していることが隠されている。アメリカの人口は増加を続けている。カリフォルニア、フロリダ、テキサスのような州では大規模な人口増加が予測されており、また、これらの州の人口統計上の人種混成具合は急速に変化している。これらの州はまもなく、民族的《エスニック》マイノリティ集団が全体としてヨーロッパ系アメリカ人を上回る、マイノリティ・マジョリティとなる。

州と連邦政府による公立高等教育への投資が継続的に減少していくという見通しは、大学進学《アクセス》に有害な影響を及ぼしている。公立高等教育への投資の問題は、二一世紀の最初の数十年間における最も重要なアファーマティブ・アクションの問題となる可能性がある。この問題は、学部学生のシェアが相対的に小さく、公立カレッジと大学《ユニバーシティ》が持つ社会的責任を持っていない私立教育機関では解決されそうもない需要と供給の問題である。この新しい現実において、公立大学、特に最も名声の高く選抜性の高い大学では、公立大学がますます私立大学のように行動することに、大学の成功した将来を見ているのは不幸なことである。

営利民営化《プライバタリゼーション》という亡霊

一世紀以上の間、州政府とその旗艦大学《フラッグシップ・ユニバーシティ》は契約で結ばれてきたと、テキサス大学学長《プレジデント》のマーク・ユードフは言う。「納税者からの奨学支援の代わりに、これらの大学《ユニバーシティ》は授業料を低く抑えて幅広い大学進学《アクセス》を提供し、大学院生を教育し、芸術と文化を促進し、地域の問題解決の手助けや草分け的な研究を行うこととしていた」[28]。今では、多くの公立大学の指導者たちは、この契約はほとんど効力を失っており、元どおりになる望みはほぼないと、基本的に述べている。彼らは、州補助金の減少を考慮して、社会契約には再定義が必要であると考え、時にはそう主張する。公立高等教育の指導者たちは、「州に支えられる」から「州に援助される」、さらには「州にある」地位への移行と、それに対応して教育機関の優先順位の変化について話している。一部では、その脅しは議員や市民の関心を得るためでもある。それはまた、永久に失われたように見える資金パラダイムの現実的な評価を反映している。

州や地方政府が、公立高等教育の主要な資金調達機関としてかつてのような役割を回復することはありそうでない。州は、刑務所、交通や、そしておそらく最も重要なのは、医療費と年金支出を含む各種サービスのための経費の増加に直面している。連邦政府が近い将来、低所得層の学生を対象としたペル・グラント〔Pell Grant、アメリカ合衆国連邦政府教育省が経済的必要性のみに基づいて支給する学生の大学進学を支援するために提供する連邦補助金。返済が一切必要とされない）のような学生ローンや補助金プログラムを大幅に拡大することはありそうもない。連邦政府の政策の劇的な転換がなければ、教育機関独自の援助拡大と組み合わせた公立大学と公立カレッジでの授業料増額が、政府の予算措置の減少に直面している教育機関によって精力的に追求される筋書きとなるだろう。

新たな資金源、それゆえ潜在的な新たな顧客を探すという過程は、営利民営化《プライバタリゼーション》という神聖化された肩書きを獲得した。アメリカの公立大学、特にその最も選抜性の高い教育機関の運命を心配している人たちにとっては、公立大学がより私立大学のようになる収束過程は、必ずしも完全に悪いというわけではない。本質的に、大学《ユニバーシティ》が社会から得る資源は、その質や、有効性、教育課程の範囲に影響を与える。それらの資源がどこからきたかが、組織の行動と、事実上、社会におけるその役割についての一般的理解に影響を与える。[29]政府からは少額の資金しかないことと、学生もしくは産業界からの多額の資金がもたらされることが、優先順位の変更を意味する。今日、公立大学であるとはどういうことか。[30]より多様な資金源を求めることや授業料を上げることを含めて、営利民営化《プライバタリゼーション》のいくつかの要素は実施しやすく、また避けられないのである。しかし公立教育機関は、公共の目的と社会契約の価値に基づき、アメリカの公立教育機関と私立教育機関という素晴らしき多様性《ダイバーシティ》の中で、独自の役割を維持しなければならない。

私立の高等教育では長く使われてきたモデルである、授業料の増額と教育機関独自の援助拡大の二つは、公立大学の営利民営化《プライバタリゼーション》モデルの要素である。その他の構成要素には、学術研究のための学外支援（民間または連邦から資金を提供され、また程度は低いが、州政府と地方政府の発議を通じて提供されることもある）を積極的に求めることや、大学《ユニバーシティ》の学術研究上の発見や教育や学習に関する専門知識に関連する新興企業やベンチャー企業を設立すること、政府の行政管理からより大きな自由を求めることなどが含まれる。また、営利民営化《プライバタリゼーション》の動きに関連して、プロフェッショナル・スクールの授業料を増額したり、場合によっては、これらの大学院に学内で比較的独立した管理部門として運営することを認めたりすることを含めて、大学《ユニバーシティ》やカレッジが内部組織や、手続きおよび資金調達にアプローチする方法に多くの影響がある。

授業料の方針《ポリシー》と権限に関する現在の変化に先立って、ほとんどの公立大学は、学部生であろうと、大学院生であろうと、プロフェッショナル・スクールの学位候補者であろうと、すべての学生に対して無料か、比較的少額な定額授業料を課していた。授業料の低さは、大学《ユニバーシティ》に通う経済的な壁を低くする最も効果的な方法と見られていた。定額授業料（つまり、授業料に差をつけないこと）はまた、学生を科目の選択と学位選好における潜在的な偏見から守ったり、減らしたりした。少なくともアメリカでは、専門職間の給与格差が比較的小さかった時に、学生の学力と関心が科目選択を進めると思われていた。低い授業料は税金ベースの補助金によって可能であったため、非市民、すなわち州外出身と外国人学生には別個の授業料を設けることができた。

公立大学におけるこの全面的な低額授業料方針《ポリシー》が最初に大きく変化したのは、多くの第三セクターの教育機関の主導に続いて、一九八〇年代と一九九〇年代初期に専門職学位での特別に設定された、より高い授業料レベルが導入されたことであった。三つの要因が、この変化に影響した。まず第一の要因としては、専門職の資格を持つ学生に与えられる個人的な便益の増加があった。専門職教育課程の卒業生は、そのキャリアを通じて相当な収入を生み出し、それゆえ、自分たちの大学教育においてより高い初期費用（投資）を支払うことができると予想される。第二の要因としては、いくつかの専門職で教員を採用し維持するための経費の上昇を含めて、教育課程を維持するために、より多く費用がかかることであった。第三の要因としては、授業料が教育機関にとって経費を有利に財政面で賄うことのできるものであったことである。

図10・1は、比較的選抜性の高い公立教育機関と私立教育機関の二六校のサンプル集団の授業料水準を表している。一四の公立大学と一一の私立教育機関を含み、コーネル大学はハイブリッド型である（学部レベルでの州法に基づく教育課程と、私的な基金による専門職教育課程の両方を持つ）[31]。

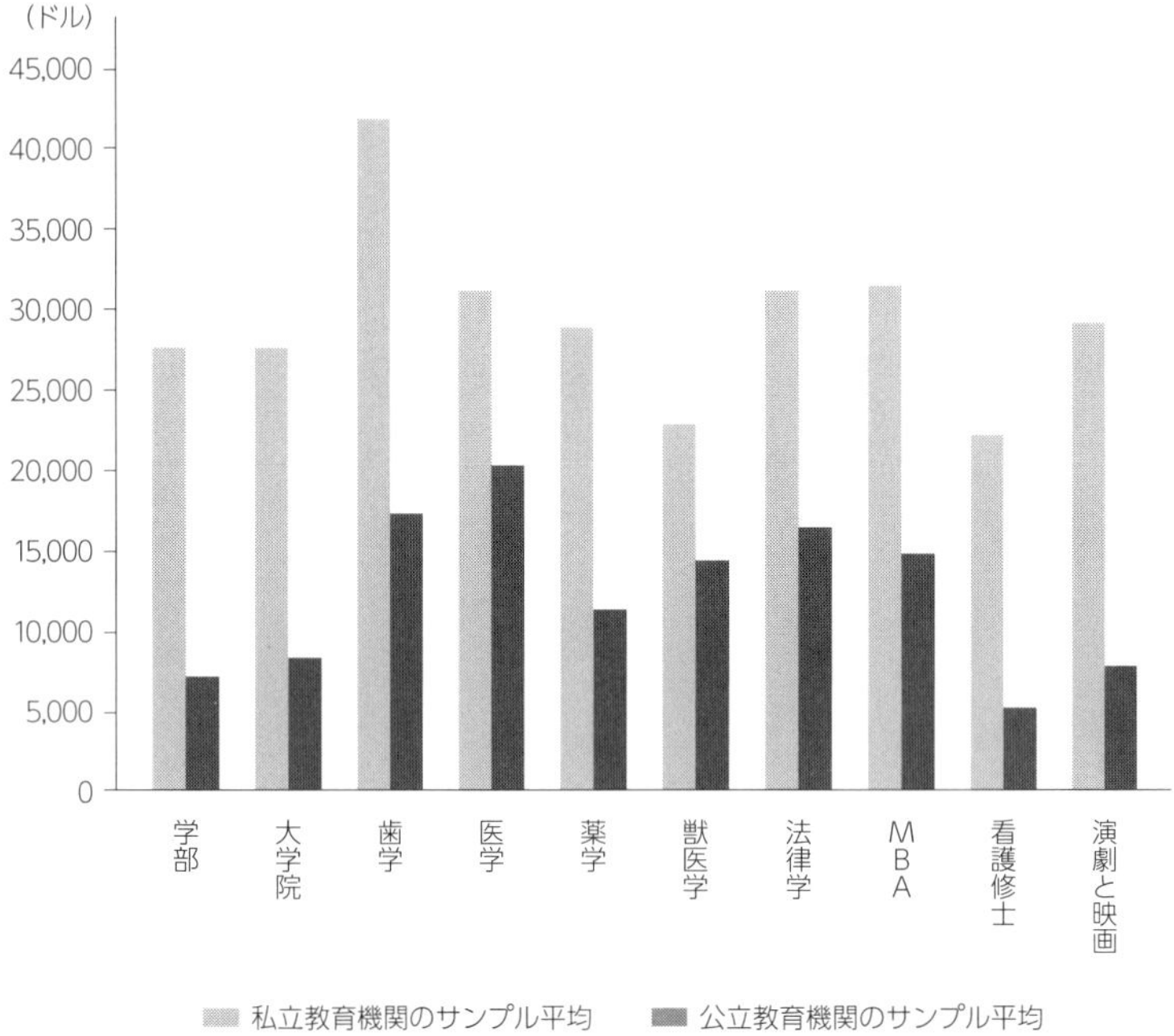

図 10.1　公立大学と私立大学のサンプル集団間の授業料の差異
出典：デイヴィッド・ワード，ジョン・オーブリー・ダグラス「変動授業料の危険と約束」『高等教育における政策と実践（イギリス）』9(1)，2005 年，pp.29-35.

営利民営化《プライバタリゼーション》の動きと公立大学の比較的新しい市場の推進は、公立教育機関と私立教育機関の間の授業料の格差が、学部と大学院・専門職のレベルで、向こう数十年のうちに縮小する可能性が高いことを意味している。教育機関が授業料を通じて収入を増やす動きは大きく、学生の授業料も高くなるだろう。もし、公立大学のサンプル集団の平均授業料が私立大学のサンプル集団の約七五%に達すると、学部学生の授業料定価（奨学金支援の相殺は含めない）は二一、一〇〇ドルとなり、一四、〇〇〇ドル以上の増額となる。大学院レベルでも、同様に増加となり一三、〇〇〇ドル以上となる。また、医系などの専門職教育課程では、公立大学の授業料は一七、二〇〇ドルとなり、五、八〇〇ドル以上の増加、看護教育課程では、授業料水準は一六、八〇〇ドルとなり、一一、八〇〇ドルの増加となるだろう。ほとんどのエリート公立大学のMBAの授業料はすでに私立大学のそれに近くなっている。文化的・財政的な大変革がなければ、私立大学と公立大学の授業料の市場価格が等しくなる道は避けられないようである。[32]

高等教育を見守り続けている人の中には、より高い授業料が大学進学《アクセス》にどのような影響を与えるかについて心配している人もいるが、現在の二つの要因が授業料の上昇をせき立て、そのような心配に勝っている。第一の要因は、（州内で、国内で、そしてますます国際的に）比較可能な教育機関がどのくらいの授業料を課しているかに基づいてその額を調整しようとし、それに基づいて正当性を得たいと思う感覚である。この競争モデルには、教育機関の収入源と特定の財政需要との関係や、学費負担の手頃さと大学進学《アクセス》への影響に関する重大な感覚が欠けている。第二の、そして関連する要因は、比較的新しい考え方である。すなわち教育機関、州、国の資源を利用する強固な資金援助プログラムのための十分な資金を生み出す必要性には注意が必要だが、公立大学は、最終的には市場が生み出すものに課金することができるようになるべきであるという考え方である。一般的に、授業料に差をつけることを含めた市場モデルが公立教育機関の間で受容されていることは、授業料の上限または年度ごとの上昇率のいずれかとして、学生に請求できる総額を制限する政府の政策を促してきた。しかし、特に専門職教育課程の大学院レベルでは、多くの公立大学、特にエリート教育機関である専門職教育課程の教授陣や大学執行部の間では、私立大学型の大学モデルへ収斂していくことが強く望まれているように思われる。[33]

この軌道は、多くの州で州議員の暗黙の（時には公式の）承認を得ている。過去数十年に見られた州の〔公立大学に対する〕投資率に立ち返るという予測可能な能力や政治的関心を持ち合わせていなくても、〔私立大学モデルのように〕彼らは大学がより多くの収入を生み出す必要性を認識している。それゆえ、州立のミシガン大学を私立大学モデル（異なる学位に自由に変動授業料を導入できる）に移行させる実験があるし、バージニアでも多くの公立大学で同様の計画がある。すでに州議員たちは、バージニア大学の法科大学院《ロースクール》を別個の財政運営体として運営することを認めることに同意している。[34]

より高い授業料と私立大学への収束がアメリカの公立高等教育の将来の進路であるならば、重要な疑問はこれがどのように市場に影響を与えるか、特に、下層および中流階級や恵まれていない《ディスアドバンテージ》家庭の生徒とその家族にとっての大学進学《アクセス》と機会に影響を与えるかである。奨学支援プログラムが強固だと、学部レベルでの授業料値上げの潜在的な負の影響を相殺できるという証拠がある。たとえば、カリフォルニア大学の一九九〇年代初めの授業料増額の経験は、進学需要の縮小や低所得グループの大学進学《アクセス》が認識できるほどの低下には結びつかなかったが、その理由の一部は、授業料の一ドル値上げ分当たり、〇・三五ドルが拡大された奨学支援プログラムに組み込まれたためである（アメリカの大学の平均は、授業料一ドルの値上げに対して約〇・二五ドルである）。

重要な要因は価格の弾力性である。高等教育の経費と大学進学《アクセス》に関する学術研究は、授業料の範囲は低所得グループの生徒の大学進学《アクセス》と実際の費用に対しては限定的な影響しか及ぼさないことが示されている。高等教育が家族にとって適正な価格であれば、高等教育、特に質の高い教育提供者による高等教育から実際に得られ、認められる社会経済的な利益によって、投資額は生徒とその家族にとって妥当であると思われる。論理的な授業料と奨学支援構造を作り出すには、一貫性があり、ルールの激しい変動を避ける段階的な政策的なアプローチも必要である。授業料や学生支援プログラムの変更は、学術的助言を十分に得ながら、徐々に行われる必要がある。アメリカの公立高等教育に関する最近の調査によれば、たとえば単年度において授業料が一、〇〇〇ドル増額すると、低所得の学生の在学者数が五％以上減少するかもしれないということである。[35]

授業料の弾力性と低および中所得層の学生に対するその潜在的な影響に関してよく計画された経済学調査はほとんどない。[36] また、許容できる価格と適切な奨学支援モデルの計算を超えて、市民納税者による資金調達や、教育にかかる経費に対する学生の適切な貢献や、その他の収入源のどのような適切な組み合わせが質の高い教育プログラムを維持するのかについては、より大きな疑問がある。低廉な授業料は低所得の学生に有益な影響を与える可能性がある。しかしながら、それはまた、選抜性の高い公立大学に入学を許可され、在籍する可能性が高い同一集団《コホート》である裕福な家庭の学生に対しても過度な補助金が支給されることを意味する可能性もある。

公立大学の授業料における避けられない上昇によって生じる重要な問題の他に、これまで十分に検討されてこなかった別の問題、つまり新しい収入が大学内でどのように使われるかという問題がある。公立私立とも大学《ユニバーシティ》の歴史の大部分にとって、収益の共有と内部相互補助が学術的企業を支えるために極めて重要であった。人文科学から自然科学に至るさまざまな教育プログラムに資金を提供するために州の補助金や授業料を通じて資金を生み出すことは、教育機関の経済的な存続可能性にとって引き続き重要であるだろうが、プロフェッショナル・スクールやその他の潜在的な「営利《フォー・プロフィット》センター」の利益は、それぞれ新たな資金を生み出すとともに、このモデルの終わりに分裂することになる。各部局は収益共有に同じようには関心がなく、追加の収益の流れを維持することに積極的である。

営利民営化《プライバタリゼーション》は、公立大学の社会契約にどのような影響を与えるだろうか。大学《ユニバーシティ》やカレッジが収入源を拡大するために一層の努力をしていることを嘆くアメリカの高等教育の批評家は増えている。この観点から、企業や経済に有益な大学《ユニバーシティ》の学術研究を促進するために産業や企業との取引を際立つ形で行うことは、学問の自由と大学《ユニバーシティ》の目的にとって最大の脅威となる。デイヴィッド・カープは、市場と高等教育に関する最近の著書で、公立であろうと私立であろうと、「金銭が高等教育の多くの面で直接作用する、あからさまな力であることは、これまで存在していなかったことであり、厄介なことである」と嘆いている。アファーマティブ・アクションとSATをめぐる白熱した議論に世間の人々の注目が集まっているけれども、彼は、アメリカの主要な公立大学はより落ち着きつつも、よりビジネスライクな企業体として「再発明」されていると指摘している。[37]

スプートニク〔一九五七年のソ連のロケットの打上げ成功にアメリカがショックを受けたことを指す〕に続いて、高等教育の指導者たちは、連邦政府の高等教育研究費における大波の影響を懸念した。当時カリフォルニア大学の総長《プレジデント》であったクラーク・カーは、一九六三年に多くの人が恐れていたこと、すなわち、学術研究や教育指導課程に過度に影響を与えうる連邦政府の援助にますますの依存を深めていることについて指摘した。「自分たちの自律性を誇りにしているアメリカの各研究大学は、連邦政府の発議に最大の刺激策を見つけるべきだった」という意見には皮肉が込められていた。[38]

ビジネスを含めた外部世界と大学《ユニバーシティ》との交流は、それほど新しい罪というわけではなく、再定義された古い活動かもしれない。過去のように、教育機関および個々の大学《ユニバーシティ》を基盤とした研究者にとって、利益の追求は利益相反を生み、学問的営みをさらに商業化する。しかし、たとえば、そのような企業との関係から生み出される実際の収入は、公立大学や私立大学の総収入に比べると相対的に少ない。「このように州の納税者から大学《ユニバーシティ》に通う学生に大学《ユニバーシティ》を支援する経費を移転させることに比べて、批評家たちが警告してきた『商業化』はささいなことである」とバークレーの学長《チャンセラー》のロバート・バーダルは指摘した。[39]

このことは、営利民営化《プライバタリゼーション》のより大きな影響は、産業やビジネス上の利益の公立大学への侵入ではないという見通しを生じさせる。むしろ、より重要な政策的に考慮すべきことは、これらの教育機関がどのようにして社会契約を再定義するか、特に、一般的な運営資金を求めて学生のための市場をどのように再定義するかである。学部教育への公的資金の減少と入学需要の急増の両方の影響を受けて、多くの公立大学は現在、〔学生を〕入学適格性《エリジビリティ》のある学生の対象群から選抜《セレクト》するとともに、州外学生および留学生という新しい対象群も求めている。

アメリカの一部の地域では、州を越えて他州のカレッジに進学する学生の傾向が常にある。マディソンにあるウィスコンシン大学のような多くの州立大学は、州の経済と州補助金が大規模な研究大学に資金を提供するのに十分ではないため、公立大学に在籍する州外学生の割合が比較的高い。しかしながら最近では、彼らがより多くの収入をもたらしてくれるため、公立大学において州外出身の学生を募集するためにより計画的な取組みが行われている。これらの州外の学生の授業料は、やはり公立大学がその州の顧客に奉仕するという歴史的な役割を反映し通常は、州内の学生と比べて、より高く、学生を教育するために要する費用が設定されている。州補助金が減り続け、州内学生の授業料が議会による規制によって制限され続けるならば、留学生も同様であるが、これらの学生を募集したいという機関としての欲求は高まるだろう。大学運営の経費の上昇と州からの資金の減少は、公立大学をより市場主導に、この点でより公共的でない存在にさせている。

公立大学は、私立大学型の正式な方針《ポリシー》を採択して、同窓生や富裕層あるいは有力者の子弟のための特別入学ルートを提供するようなことがあるだろうか。たとえば、ハーバード大学の同窓生の子弟は、「レガシーを持たない」の学生、つまり、保護者や近しい親類に当該機関で学んだ者がいない者よりも、入学を認められる可能性は今なお約三倍である。[40] 卒業生の子弟のために特別で特権的な基準がある理由は何だろうか。アメリカの私立大学は長い間、入学者受入れは学術的な可能性をもたらすだけなく、大学に対して献身的で、その維持や、質、名声のためには喜んで寄付をする、持続可能でしばしば裕福なコミュニティを構築する手段でもあると認識してきた。

アメリカの公立大学におけるレガシー・アドミッション〔卒業生の子弟や近親者が優先的に入学できる制度〕に関する十分な学術研究に基づいた調査は行われていないが、これらの学生や、やがては金銭的な贈与を供給する可能性のある他の学生の入学を許可するための正式な方針《ポリシー》や相当な努力はほとんどないようである。公立大学の精神は、レガシー・アドミッションを例外としている。たとえば、カリフォルニア大学の入学審査に関する一九九六年の監査では、UCLAとバークレーにおいて政治的なつながりや資金提供の可能性が指摘された。両キャンパスとも、これらの要因に関連する実際の入学はわずかであった。一九九〇年初めには、バークレーは、主に議員、理事、および経済的に力のある人たちからの避けられない特別な要請に対処するシステムを作るために、審査委員会を設置し、一九九六年に七八件のケースについて判断を下した。一二件は理事から、一〇件は議員から、一〇件はカリフォルニア大学の教職員、三四件は寄付者から、一二件はその他のさまざまな人たちからであった。新入生約四、五〇〇人のうち、ジュニア・カレッジからの編入学で二人、新入生レベルでは九人を受け入れた。全員がカリフォルニア大学の入学適格性《エリジビリティ》を有していた。にもかかわらず、アファーマティブ・アクションに関する白熱した議論と、バークレーとUCLAへの進学《アクセス》を求める要求の高まりを受けて、理事会は「カリフォルニア大学またはその運営、職務もしくは教育課程に対して行われたり企図されたりする贈与、寄付、心づけ、謝礼その他の報酬は、入学決定においていかなる役割も果たさない」と述べて、あらゆる特別審査プロセスを廃止した。[41]

一部には、公立大学はかつては十分な公的資金があったために、乏しい公的資源を家族の絆に基づいて（他にも多くの教育的選択肢を持つ社会経済的エリートに）配分するという道徳的葛藤が生じることをおおむね回避した。緊急の資金調達はないし、そのような入学者受入れのやり方を開放性《オープン》〔誰でも入学を認めること〕にしたり大規模に利用したりすることは、まさに公立大学の考えや、もしあばかれた場合には政治的責任に反することになる。しかし、公立大学が授業料の増額、基金の創設、新しい施設の建設などに関心を持つようになるにつれて、財政的な目的で入学審査に影響を及ぼす圧力はさらに大きくなるだろう。[42]

もう一つの考慮すべき変数は、グローバル化の過程の一部としての、高等教育に対する国際的な需要の高まりである。公立大学は、国際市場から人材を募集したり、国際市場へサービスを提供したりするために、比較的新しい教育課程を開発している。この傾向には、学部および大学院教育課程に入学する留学生の数の増加だけでなく、増加する学外プログラム、典型的には他国におけるオンラインコースまたは学外センターのいずれか、または両方を結びつけた教育課程が含まれる。多くの教育課程は大学《ユニバーシティ》の使命の自然な拡大、つまり、グローバル社会の中でより大きな利益を提供するものとして正当化されるが、多くは新しい収入の流れを生み出すよう意図されたビジネス計画に根ざしている。あまり有名ではない教育機関にとって、その魅力は自校の認知を拡大し、名声を生み出している一方で、ブランドのある教育機関にとっては、その魅力は国際的な認知を生み出し、利益に還元している。

かつては州民や企業を対象としていた大学《ユニバーシティ》の公開講座《エクステンション・プログラム》が、時には州境を越えて拡大している。各学科は似たような市場を求め、主に低経費で高収益の運用プロファイルに牽引されながら、ビジネスのような専門的な分野で新しい学位課程を提供している。このように営利民営化《プライバタリゼーション》は収入を求めるだけでなく、主に学位や、知識、学術的人材のネットワークを入手する可能性など、高等教育で生み出されるものが活発に商業化されるということである。営利民営化《プライバタリゼーション》はまた、典型的には専門分野で継続教育を求める成人によって提供される競争、つまり利益を求めて同じ海域で漁をする新しいビジネス上の競争者を意味する。利益と影響の追求には、海外で運営されているアメリカの公立大学と私立大学、また最も意義深いことに、オーストラリアとイギリスの大学《ユニバーシティ》が含まれている。批評家たちは、公立と私立の大学《ユニバーシティ》によるこのような企ては、教育機関にその核心的な価値や実践から目を逸らさせるだけでなく、しばしば教育機関の質や学問の自由に関してあまり警戒することなく行われると主張する。

授業料の上昇、学生の市場の変化、商業化、および幅広い社会的需要に奉仕するとともに費用のかかる教育プログラムの負担を軽減するという動機付け、そして格差的な授業料はすべて、公立大学の社会契約を変化させる影響を持っている。言い換えると、「営利民営化《プライバタリゼーション》」という公立大学のうわべ上の必要性から、その中核的な顧客に奉仕することから目を背けさせるのではないだろうか。これらの教育機関は彼らを生んだ州のものなのだろうか、それとも彼らは自由市場やグローバル企業になっている（また、本当になりたい）のだろうか。

ほとんどの公立大学が、より多様で強固な資金ポートフォリオと、必然的により大きな自治を求めている一方で、州の議員たちは、主に成果測定を通して、公立高等教育機関と制度における説明責任《アカウンタビリティ》を強化しようとしているということは、現代における一つの皮肉である。議員たちが懸念しているのは、州や授業料を払う保護者や家族の効率性と経費にある。議員らは、教育機関の質、つまり、彼らが何に投資するのかについてや、公立大学が彼らの広範な社会契約に応じる能力についてはあまり関心を持っていない。この観点からは、学生教員比率の上昇が、経費のさらなる効率性として現れる。さらに、高等教育コミュニティが公共的な目的のために自らを組織する能力に関してもかなりの懐疑がある。「教育機関は、市民や選挙で選ばれた政府高官からは、内向きで利己的なものと認識されている」と全米教育協会〔American Council on Education: ACE、一九一八年設立のアメリカの高等教育に関する非営利、非政府組織〕による最近の調査は述べており、「そこでは、労働力や経済発展などの目標がしばしば軽視される。」と続く。[43] 営利民営化《プライバタリゼーション》という〔公立大学の本来の在り方から離れる〕逆流の中で、自治と説明責任が潜在的に重大な対立の種となっている。

公立大学の運命とその社会契約の首尾一貫性は、主に学術共同体にあると感じる人もいる。そのようなビジョンは、外部の力から来ることはないだろう。アメリカの公立大学の活力について州議員や市民から関心を得ることは、公立大学に迫る問題の明確な表現以上のものを必要とするだろう。おそらく近年他国が高等教育への進学率でアメリカと並んだり、上回ったりすることで大幅な進歩をしていると理解することによっても刺激されている。アメリカは長らく、世界が羨む高等教育システムを持ってきた。しかし、かつての支配的な役割は衰えている。

第11章　衰退するアメリカの高等教育の優位性

我々には、これからの将来、どのようなスキルが必要とされるかもわからない。だから我々は、若い人たちに基礎的な分野の知識を身につけさせ、時代の変化を理解させ、対処できるようにしていかなければならないのである。そのためには、我々は、今予測することさえできない状況でも活躍できるような、批判的に物事を考えられる心の資質、およびどんな状況にも耐性のある性格の資質の両方を兼ね備えるよう努めていかなければいけないのである。

ジョン・W・ガードナー、『エクセレンス——私たちは平等《イークアル》と卓越《エクセレント》さを同時に保てるのか』、一九六一年

アレクシ・ド・トクヴィルは、一八三〇年代に、「アメリカ人であることの大きな利点とは、民主革命を経験することなく、民主主義の状態に到達したことであり、彼らはそうなるのではなく、生まれながらにして平等《イークアル》であるということである」と述べている。[1] この浪漫的な観察に注意を払うことでもたらされる示唆は非常に多い。いまだに、かつての民主主義と平等《イクオリティ》の精神は、なぜアメリカが世界でも類を見ない公立高等教育システムのネットワークを構築したのかを読み解くのに役立つ。このことが驚くべき成功は、この本では一部しか紹介されていないが、アメリカに多大なる影響を与えた。二〇世紀を通じて、アメリカ人は、他のどの国の国民よりも多くの人がカレッジや大学《ユニバーシティ》で教育を受けるために進学した。特に二〇世紀末期におけるアメリカの技術力は、アメリカの公立研究大学への長期間経済的な投資、その生産力、その質に大きく依拠したものであった。

アメリカの高等教育は、過去から現在に至るまで、アメリカの最も生産的で創造的な経済セクターに必要不可欠な多くの科学を生み出してきた。また、アメリカの高等教育は、科学者や専門家の労働力の主要な供給源であり、世界中から多くの人材を集めてきた。最も重要なことは、アメリカが世界で初めて大規模な高等教育を開始したことで、社会経済的な流動性を高めるための不可欠なルートを提供し、最終的には、より衡平《イクイタブル》で実り豊かな社会を実現したことである。アメリカは、現代の高等教育制度の構築に向けた取組みの中で、先陣を切ったという長所を長年享受してきた。

イギリスの著名な社会学者であるA・H・ハルゼーは、一九六〇年に、「技術社会においては、高等教育システムはもはや受動的な役割を果たすものではなく、経済発展やそれによる階層などの社会構造を決定するものとなる」と述べている。[2]「当時、アメリカは世界に先駆けて大衆的な高等教育を実現し、大学《ユニバーシティ》やカレッジを経済的繁栄と社会的平等《イクオリティ》のために必要な要素としたことが広く認識されていた。アメリカの高等教育のように多様化され（公立／私立、二年制／四年制、職業教育／リベラルアーツ教育）、そこかしこにあり、そして誰にでも手が届くものは、世界中探しても見当たらないと言える。その結果、階級の違いを無視し、強い労働倫理を持つ人に報酬を与える傾向にあった社会的規範と一致して、アメリカは最も生産性の高い労働力を獲得し、国民の間で社会経済的な流動性が比類のないレベルに達したのである。

幅広い層からの大学進学《アクセス》、高い生産性、学生の単位互換性と教育機関間の編入学、機関類型の多様性、そして大学《ユニバーシティ》の社会契約（社会における大学《ユニバーシティ》の大きな目的）に対する一般的な理解は、先駆的なアメリカの高等教育システムの大きな強みである。公立大学の社会契約の根底にあるのは、多様な類型の教育機関を通じて高等教育への需要を促進するという概念であり、それを支えるのが、教育機関間の編入学である。

イギリスの大学《ユニバーシティ》で執行部であったエリック・アシュビー卿は、一九七一年にカーネギー高等教育委員会に提出したアメリカの高等教育に関する調査の中で、アメリカの指導者としての地位を固める道のりには、進学需要が増加していることと公立高等教育における資金調達が不足していることに問題があり、それがぶつかり合うところには障壁があると見ていた。これは正確な予測であった。しかし、彼は「トルストイの『戦争と平和』の筋書きのような必然性のある結論に向かっている」という軌跡を感じとっていた。その結論とは、高等教育のユニバーサル化、機会の平等《イクオリティ》、大学院教育と研究の普及、社会的葛藤を解決するための企業の関与である。[3]

しかし、一世紀を経た今、高等教育への就学率で世界を牽引してきたアメリカの長所が失われつつあることは、強く示唆されている。学術的な研究活動は比較的活発に行われているが、ここでもアメリカの長所を損なうような重要な世界的変化が見られる。本書の焦点を当てる、より重要な点は、過去一〇年間で若年層の学生の間で高等教育への就学率と学位取得率が停滞し、低下していることであり、これは、単なるブームや短期的な市場調整ではないように思われる。アシュビー卿は、一九七一年に、アメリカの高等教育の次の段階は、「同等の能力を備えた子どもであれば、恵まれている子どもも恵まれていない子どもでも、カレッジに進学する機会を得られるようになるまで[4]」資金を調達し、拡大を計画することだと楽観的に考えていた。しかし、この格差は拡大していることが分かっている。

一方、アメリカの直接の競争相手である経済先進国の他の国々は、政府の国策として、若年層の高等教育への就学率をアメリカと同等かそれ以上にしようとしている。多くの国は、アメリカでは消えてしまった情熱をもって、高等教育を国の経済および社会政策の中により完全に組み込むための積極的な取組みが行われている。自国の政治文化と国家の発展の中で、経済協力開発機構（ＯＥＣＤ、ほとんどが先進国である三〇ヵ国〔二〇一二年現在は三八カ国である〕のコンソーシアム）の構成国の多く、特に欧州連合〔ＥＵ〕の加盟国は、海の向こうに目を向け、閃きと理想型を追い求めている。多くの国が、高等教育への就学率や学位取得率の向上、基礎や応用研究への投資目標などを目的とした高等教育改革のための国家的および多国間的な目標を設定している。一八〇〇年代後半以来初めて、アメリカは若い学生の高等教育機関への進学率が世界一ではなくなった。問題がないわけではないが、アメリカ以外の国々の努力は報われることとなった。アメリカは一八〇〇年代後半に初めて、若年人口における中等後教育機関への進学率で世界一位の座を譲り渡したのである[5]。

　これは世界的な主流となるトレンドだったが、アメリカの高等教育機関では科学者たちが最も声高に主張しているにもかかわらず、ワシントンや各州都の議会場ではほとんど注目されておらず、高等教育界の言い回しにもまだ大きな影響を与えていなかった。これは、アメリカにおける社会経済的な流動性と、国家の経済的な競争力の両方に影響を与えるものである。このように、アメリカが高等教育推進の指導者としての地位を失っている要因は何なのだろうか。また、アメリカの競合相手は何を成し遂げようとしているのか。そして、アメリカはどのような道を歩むべきなのか。

高等教育就学率と競争相手

　国際比較には困難が伴うが、その理由の一つは、高等教育を構成するものに対する各国の見解が異なってきたからであり、その点でいえばアメリカは最もリベラルである。たとえば、ヨーロッパ諸国では高等教育を構成するのは大学《ユニバーシティ》という明確な単位であるとみなす傾向があるが、アメリカでは中等教育以降の教育は何であれ、第三段階《ターシャリー》教育とみなしている。また、在籍や卒業の動向を把握するには、かなりの時間差がある。しかし、世界各国で行われている国レベルの高等教育改革や、ＯＥＣＤなどの機関による国際的なデータ収集の改善努力により、より良い姿や軌跡が見え始めている。

　全体的に見ると、アメリカは高等教育の経験者や学位取得者の数で依然としてトップを維持している。しかし、若年層になると話は違ってくる。二〇〇五年の調査によると、アメリカの一八歳から二四歳までの世代の平均的な高等教育への就学率は約三四％で、二〇〇〇年の約三八％から比較すると低下している。しかし州によって大きな違いが見られる。二〇〇二年、ロードアイランドの高等教育就学率が四八％で最も高かったのに対して、アラスカでは一九％と最も低かったのである。カリフォルニア、フロリダ、テキサスといった大きく急速に人口規模が拡大した州では、それぞれ約三六％、約三一％、約二七％が何らかの形で中等後教育を受けていた。大半の州では、これらの高等教育就学率は過去一〇年間で横ばいか、わずかに低下している。現在では、パートタイムの学生〔フルタイムの学生ではないという意味〕が増え、二年制大学に通う学生も増えている。つまり、最も裕福な学生は四年制の教育機関に進学し、低所得者層や中所得者層の学生は二年制カレッジに進学する可能性が高く、学士号を取得する可能性は低く、学位を取得するまでにかかる時間も過去に比べてはるかに長くなっている。[6]

対照的に、OECD加盟国の比較グループでは、この若年層の中等後教育への就学率が多くの国で五〇％に近づいているか、それを超えており、ほとんどの国が学士号取得につながる教育課程に在籍している。アメリカが遅れている理由の一つは、中等教育の卒業率が一九位にとどまっていることだが、これは楽観的な見積りであることを示す証拠もある。他の先進国と比較すると、二〇〇四年、アメリカは中等後教育に入学して学士号以上の学位を取得した人口の割合が一四位にとどまっている。[7] これまで述べたように、これは短期的な傾向ではない。アメリカの高等教育システムは、他の国に比べてはるかに動的である。アメリカの学生は、一つの教育機関から他の教育機関へと編入をしたり、中等後教育機関への入学を遅らせたりすることが多く、生涯を通して高等教育を出たり入ったりする。このシステムは、他の多くの国に比べてはるかに生き生きとしており、これもまた変わり始めているけれども、若者は、しばしば学生キャリアの非常に初期の段階で、大学《ユニバーシティ》または大学以外の進路に進むかというコースが決定される。しかし、多くのアメリカ人や増加しつつある移民グループは、学位を取得しない状況にある。

アメリカは、OECD加盟国の中でも、年配層が若年層よりも高度な第三段階《ターシャリー》教育を受けている数少ない国のひとつである。[8] 最近の調査では、一九七二年と一九九二年に高校を卒業したクラスの第三段階《ターシャリー》教育の学位取得率を調べている。平均すると、一九七二年に高校を卒業した人の方が、一二年間で学士号を取得する可能性が高いことが

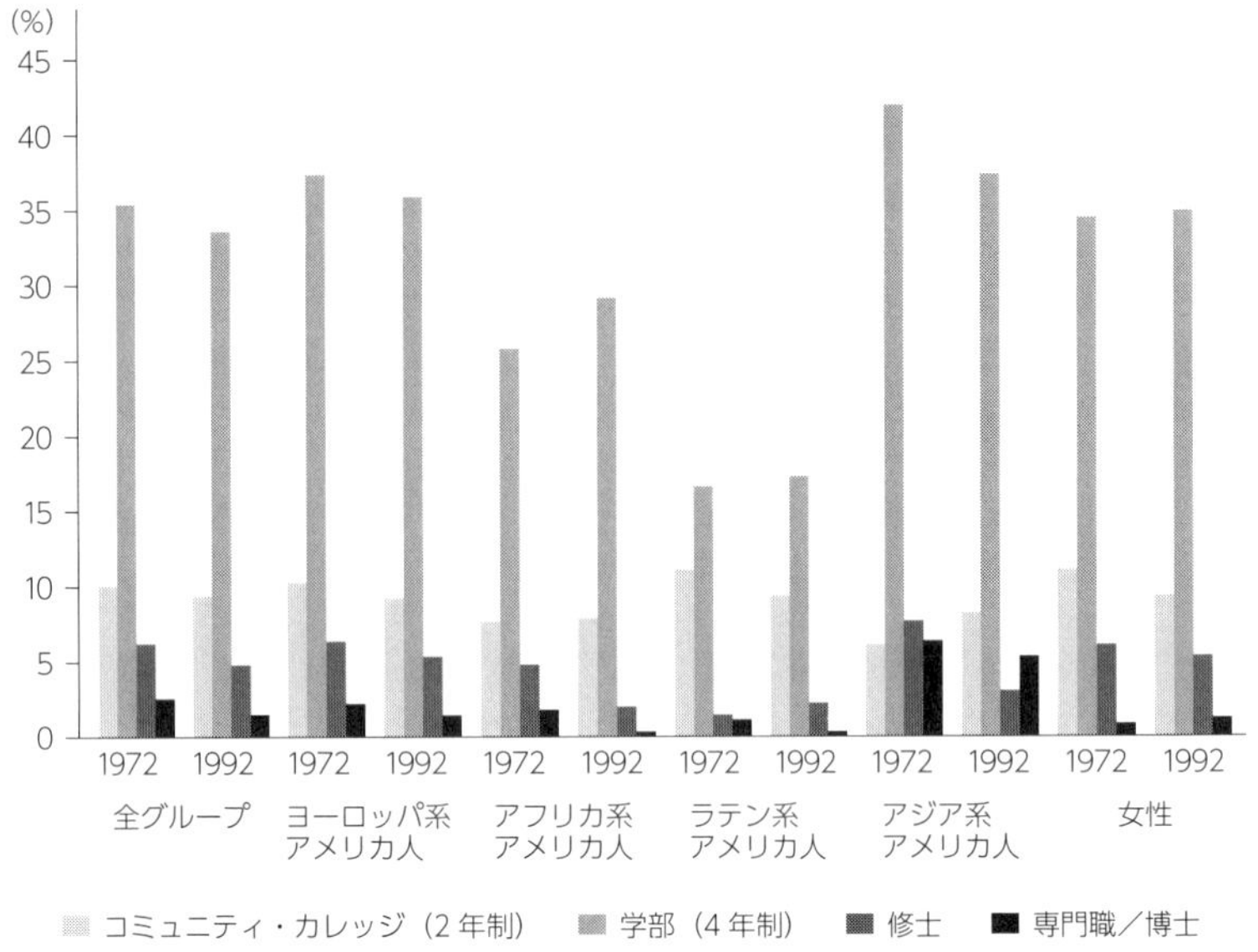

図11.1　1972年および1992年のアメリカの高等学校卒業と9年後の高等教育学位取得累積（割合）

出典：クリフ・アデルマン『中等後教育における学生の学歴に関する主要指標（1972-2000）』アメリカ合衆国連邦政府教育省，教育科学研究所（Institute of Education Sciences：IES）（2004）

分かった。この事実は、ヨーロッパ系アメリカ人とアジア系アメリカ人の両方に当てはまる（図11・1参照）。しかし、ラテン系アメリカ人とアフリカ系アメリカ人の学位取得率は上昇しており、これは中間層の台頭を示すものであり、アファーマティブ・アクションの恩恵を受けている可能性がある。学位取得率は女性においても増加している。そして同じ傾向が、修士学位取得率や、専門職学位取得率、博士学位取得率の上昇においても見て取ることができる。だが、詳しく見てみると、ヨーロッパ系アメリカ人とアジア系アメリカ人については修士学位取得率、専門職学位取得率、博士学位取得率が減少する一方で、アフリカ系アメリカ人および女性に関しては増加したが、興味深いことに、ラテン系アメリカ人では減少している。[9]

カリフォルニア州など一部の州では、過去二〇年間で、従来の年齢層の高等教育への進学《アクセス》が著しく低下している。一九七〇年には、カリフォルニア州の公立高等学校卒業生の約五五％が第三段階《ターシャリー》教育に直接進学しており、これは全米で最も高い割合であった。しかし、二〇〇〇年には、その割合はわずか四八％となり、大半がコミュニティ・カレッジに進学し、そのほとんどがパートタイムの学生で、二年制の学位はおろか、学士号も取得できない運命となった。[10] 二〇〇〇年以降、高校卒業者のカレッジ進学率は、高校中退者の多さも影響して、おそらくさらに低下している。これは、中等後教育を受けた労働力に対する人材需要が高まっている経済環境の中で生じたことである。二〇〇六年の調査では、二〇二一年までにカリフォルニア州で新たに創出される仕事の三つに一つは、準学士号、学士号、またはそれ以上の学位が必要になると推定されている。高等教育を必要とする仕事は、すでにカリフォルニア州の全雇用を上回るペースで増加している。[11]

良いニュースもある。アメリカでは、過去一〇年の間に高齢者の学生の高等教育就学率が健全に増加している。これは、ポストモダン経済における生涯学習や社会経済的流動性を促進する上で重要である。また、アメリカでは、雇用主が資金提供する非学位プログラムで通常は短期のプログラムによる何らかの継続教育・訓練に参加する労働力人口の割合が最も高い国の一つである。しかし、この点に関しても、OECD加盟国の多くは、アメリカの高等教育就学率を追いつく、あるいはそれ以上にすることを目標に、国策として年配層の高等教育の修学を拡大しようとしている。[12]

欧州連合〔EU〕では、国境を越えて高等教育への就学率を高めようとする動きが見られる。欧州連合（EU）諸国にとって大学《ユニバーシティ》の拡張は非常に重要であり、多くの国が一九九九年のボローニャ宣言〔Bologna Declaration〕に基づいて（アメリカのモデルに影響を受けた）学位基準を統一している。この年、欧州の教育担当大臣がボローニャに集まり、同等の学位の創設や、国家間の学生の流動性を容易にする教育課程、大学のカリキュラムの見直しと質の向上など、共通の高等教育改革を自主的に求めた。ボローニャ宣言の目的は、「ヨーロッパの高等教育と研究が、社会のニーズの変化や科学的知識の進歩に対応できるようにすること」、「ヨーロッパの高等教育システムの国際競争力を高めること」である。[13]

ヨーロッパの二〇ヵ国で一九九九年にボローニャ宣言が採択されて以来、さらに多くの国がこのプロセスに参加し、ヨーロッパの大学が共通の高等教育・研究分野を構築するために協力する意思を示している。二〇〇五年五月現在、ボローニャ・プロセス〔国が違っても高等教育の学位認定の質と水準を同レベルのものとして扱う合意〕への加盟国は四五ヵ国に達している。

ヨーロッパでは、市場と規制緩和という言い回しが、高等教育への就学率の向上を促進する方法についての議論の多くを占めているが、大学進学《アクセス》や、生産性、質に焦点を当てた改革を強要し、官僚的な規制体制を構築しているのは、主に政府である。ヨーロッパでは、歴史的や文化的な違いもあり、アメリカよりも政府の力が強く働いている。アメリカにおける公立高等教育の発展は、長い時間をかけて教育機関を建設し、自主的に管理されたシステムを構築するという、ほぼ有機的な過程であったのに対し、ヨーロッパをはじめとする世界のほとんどの国では、一九六〇年代まで（多くの国ではそれ以降も）、高等教育はエリート養成の役割を政府によって強制的に担わされてきた。欧州連合〔ＥＵ〕加盟国は、アメリカのモデルを参考にしながら、自国の文化および教育機関をめぐって作られる「社会契約」を模索している。[14]

欧州統合は、数多くの難問や障害を抱えた複雑な政治過程であり、明確な最終結果は出ていない。しかし、欧州統合は、経済大国としての中国とインドの台頭とともに、世界経済と熟練労働者の流れを大きく変える強力な力でもある。欧州連合〔ＥＵ〕加盟国の積極的な国家政策が、特にこの二〇年間で高等教育就学率の急上昇をもたらしたことは明らかである。各国の高等教育界は、政府が主導するこうした大学進学《アクセス》向上のための試みに、気が進まないまでも、ある程度までは関与していた。しかしながら、その結果は驚くべきものであった。高等教育への在籍者数は、イギリスでは過去二〇年間で三〇％以上、フランスに至っては七二％という驚異的な伸びを示している。[15]

ここで重要な問いがある。確かに進学《アクセス》は増加しているが、それが何への進学《アクセス》なのか、という問いである。ヨー

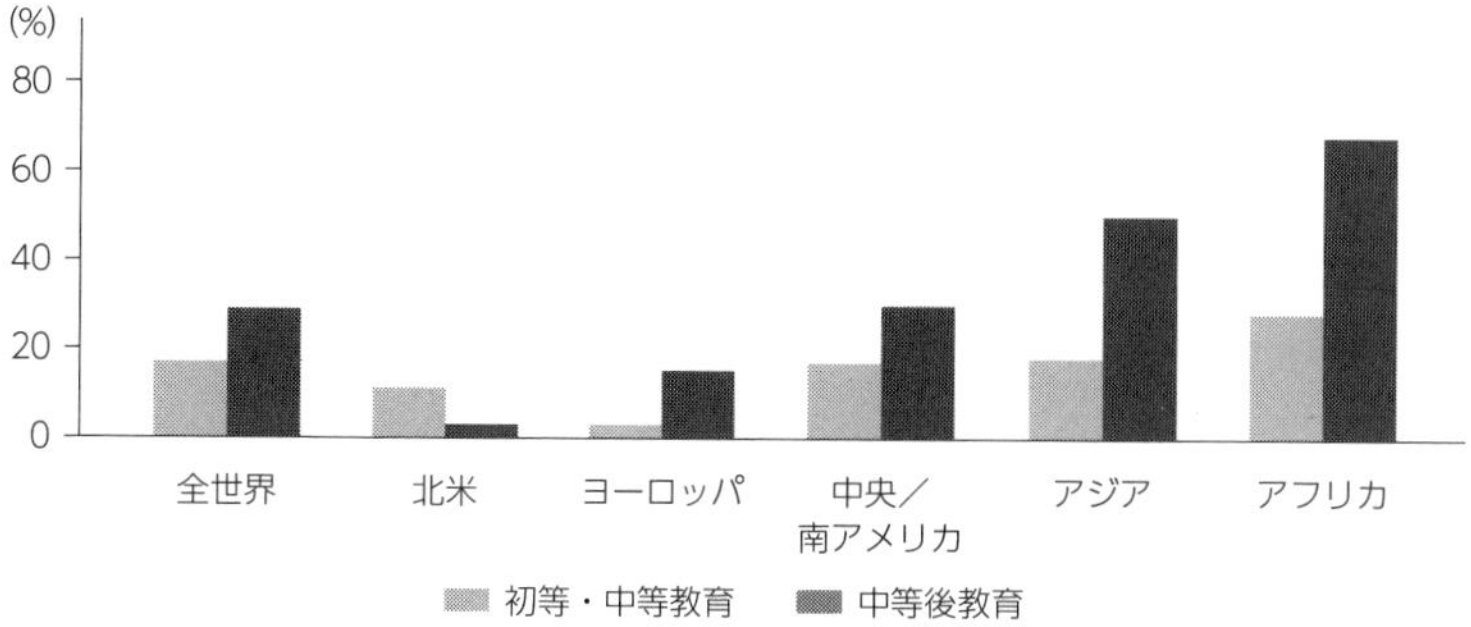

図11.2　世界各地域における在籍者の伸び率の変化（1990年–1997年）
出典：図表でみる教育（OECD 2001）

ロッパの高等教育システムの質と効率は一様ではなく、たとえばフランス、スペイン、イタリアなどにおいては多くの学生が学位を取得できずにいる。しかしイタリアやドイツでは退学率の高さに対処するため、学位枠組みを抜本的に変えるべく改革が進んでいる。その結果、多くのOECD加盟国では、アメリカの学位取得率を超える、もしくはそれに近づく水準にまで達している。

　アメリカと欧州連合〔EU〕の高等教育市場の違いを示すもう一つの違いについて、図11・2の主要大陸別の在籍者数の増加に関するデータに基づいて説明する。（アメリカを中心とした）北米では人口が大幅に増加しているにもかかわらず、一九九〇年から一九九七年の間に中等後教育機関全体の在籍者数は二・六%しか増加したに過ぎない状況が見て取れるが、これは移民によって小中学校の生徒数が全体で一一・四%増加した時期にあたる。これとは対照的に、ヨーロッパの高等教育の在籍者数は、この七年間で一五・二%増加しており、初等および中等教育の在籍者数では三・一%しか増加していないという状況がわかる。これは、相対的に緩やかな人口増加を反映している一方で、第三段階《ターシャリー》教育への進学《アクセス》を拡大することが重要視されていることを示している。

　アフリカや、アジア、中南米では中等後教育の在籍者数の伸び幅がさらに大きくなっている。これらの地域での増加は、比較的最近になって「発展途上国」での学校教育が大幅に増加していることや、新興の高等教育システムが構築されたことを反映している。現在、アメリカと欧州連合、そしてカナダ、韓国、日本などの経済圏に匹敵する高等教育への就学率を持つ地域はほとんどない。しかし、この状況は少しずつ変わっていくかもしれない。

ＯＥＣＤは、雇用者一人当たりのＧＤＰとして計測される労働生産性の向上における教育の役割を試算している。経済生産性を高めるための重要な原因の一つとして、経済学者が言及していることは、労働者の教育水準を高めることであるし、これは各国の政府も認めているところである。二〇〇四年、教育水準が生産性の向上に果たす役割について、アメリカはポルトガル、イギリス、イタリア、フランス、フィンランドに次いで第六位であった。アメリカの経済学者のペドロ・カルネイロとジェイムズ・Ｊ・ヘックマンは、「一九八〇年以降、多くの指標から見て、アメリカの労働力の質は停滞しているか、その成長は劇的に鈍化している」と指摘している。[16]

アメリカの指導的地位が揺らいでいるということを示す指標は他にもある。経済的な競争相手にあるほかの多くの国々と比較して、カレッジ年齢にある学生が科学分野に進学する割合は著しく低い。二〇〇五年の時点で、工学、コンピュータサイエンス、情報技術分野のカレッジ卒業者数は、中国がアメリカの約三倍、インドが二倍以上と推定されている。[17]中国政府は、自国で教育機関を設立するだけでなく、供給側の外国の教育機関との間の巧妙に制限のあるパートナーシップ（政府が教育機関を大幅にコントロールするパートナーシップ）を通じて、高等教育を大規模に拡大させようとしている。さらに世界における主要な経済プレイヤーに台頭していく中で、中国は、最終的には二〇校のマサチューセッツ工科大学〔に匹敵する教育研究機関〕の創設する意図を宣言した。それは大変な課題である。

それと同時に、ＩＢＭや、ノキアをはじめとした高度先進技術を基盤とする複合企業の多くは、中国の主要都市、およびインドなどの高等教育が成長し、科学技術に重点を置いた教育プログラムを提供しているその他の発展途上国において、新しい研究開発センターを立ち上げている。全米アカデミーズ〔National Academies：米国科学アカデミー〔National Academy of Sciences：NAS〕と米国技術アカデミー〔National Academy of Engineering：NAE〕を含むコンソーシアム〕による二〇〇六年の調査によれば、アメリカの化学系企業は、国内で七〇ヵ所の施設を閉鎖し、今後さらに四〇ヵ所の施設を閉鎖する計画である。その一方、世界各地に一ヵ所一〇億ドルの価格で一二〇ヵ所の化学工場施設を新たに建造する予定があり、その内の約五〇ヵ所は中国であり、アメリカでの建造計画は一ヵ所のみしかない。[18] ゆるい環境規制も一因でもあるが、熟練した労働力や技術的知識が得られるようになったことも影響している。

世界の他の地域においては、これらの教育プログラムの質や、国際的な企業を魅了する学術研究の専門性の高い集団が成長しており、アメリカの教育機関や研究センターとの競争が激化していることが明らかになっている。このため、アメリカにおける高等教育のための州と連邦の予算が縮小しているという批判を招いており、アメリカは基礎科学分野における支配的な立場を失いつつあると議論されている。[19] たとえば、一九八三年に刊行された物理学の世界トップジャーナルに掲載された論文のうち、六一％がアメリカの大学の研究者で占められていたものが、二〇〇三年になるとその割合は二九％まで減少している。[20] アメリカにおける理工系分野の基礎研究の連邦予算は、GNPに対して、過去三〇年減少し続け、二〇〇三年時点では〇・〇五％を下回った。アジアにおける発展途上国では、GNPに占める科学技術分野予算の割合が増加している。その成果はどうであろう。これらアジアにおける発展途上国が、世界のハイテク産業の輸出量に占める割合が、一九八〇年は七％であったのが、二〇〇一年には二五％に増加している。アメリカ国立科学財団〔National Science Foundation〕の統計によれば、アメリカでは逆にそのシェアの割合が、三一％から一八％に減少している。[21] アメリカは依然として競争力を保持していると言え、ほかの国々はもっと競争力をつけてきているのである。

大変革の端緒と思われることに利益を見出す者もいる。教育の質が向上し、各国政府が高等教育セクターの構築に力を入れることで、科学技術の専門知識が世界的に豊富に供給されることになり、その多くがアメリカに集まってくるだろう。「洗練された技術的人的資本の供給過剰」という予測もある。しかし、これまでのところ、科学技術分野の労働力や技術革新の国際市場への依存度を高めることを、長期的な国家経済政策として健全なものと考え、自国の人材を生み出すことに背を向けるような政策立案者はほとんどいない。自国の人材に投資することと、国際市場で熟練した労働力を集めて求めることは、互いに相反する目的ではない。

科学者や技術者といった理工系人材の輩出が世界的に増加する中、従来の覇権国以外の新たなハイテク産業や研究組織の台頭により、人材の流れが変化している。アメリカがグローバルな人材を引き寄せる魅力、およびヨーロッパの同様の魅力が、相対的に低下することを懸念する声もある。ＯＥＣＤの最近の報告書でも指摘されているように、アメリカは「教育システムを強化することなしに、強い知識経済を維持できるのだろうか」[22]。この報告書で強調されているように、高等教育は、重要な役割を果たしているとはいえ、目先の労働力のニーズを満たしたり、経済革新を促進したりするためだけの手立てではない。つまり、高等教育は、社会経済的な流動性を高め、より包括的な社会を実現し、民主主義そのものを推進するための重要な手段なのである。

なぜ低迷しているのかを解説する

かつてのアメリカの高等教育における支配的地位を揺るがしているのは、協調的な競争相手の台頭以外に、どのような要因によるものなのだろうか。それは、一つの要因で起こったことではなく、複数の要因が相互に関連づけて生じたことである。しかし、それらは大きく分けて四つの要因に集約することができる。第一の要因は低迷で、多くの州において、高校卒業率が低下しており、これが高等教育への需要を低下させている。第二の要因は公立高等教育（全米の約七五％の学生が含まれる）への政治的な関心および政府の投資の減少である。このことが、第三の原因として、財政支援が十分でないことによる授業料引き上げを引き起こしている。そして、第四の原因は、アメリカのような成熟した高等教育システムが、ある均衡点に到達する可能性である。つまり、高等教育就学率が横ばい状態で高止まり、ある意味で飽和状態になったことを意味する。以下の項では、以上のそれぞれの要因について検討を行うこととする。

中等学校《セカンダリー・スクール》退学率

前述の通り、アメリカは、ＯＥＣＤ先進諸国の中では、中等学校《セカンダリー・スクール》卒業率が最も低い国である。アメリカ合衆国連邦政府教育省〔U.S. Department of Education〕の報告書に基づき、ＯＥＣＤは二〇〇四年の中等学校《セカンダリー・スクール》卒業率を七五％と報告している。しかし、ポール・Ｅ・バートンによる二〇〇五年の調査では、中等学校《セカンダリー・スクール》卒業率は一九六九年の七七％の推計値をピークに六六・一％にまで低下している可能性があると推定している。バートンらは、連邦政府教育省、ひいては州政府が発表した、過去および現在における高等学校卒業率の推定値が実際よりも高く見積もられていると主張している。[23] 実際に、一九七〇年から二〇〇一年までの連邦政府データを見てみると、一八歳から二四歳までの高等学校卒業率の減少はわずかなものに留まっている。[24] しかし、何千もの学区と五〇の州の間でデータ収集に格差があるため、連邦政府のデータは、国が主張する高等学校卒業率を人為的に膨らませている可能性が高い。

もっと楽観的な時代には、一九九〇年にジョージ・Ｈ・Ｗ・ブッシュ大統領〔第四一代大統領〕と全米の知事が掲げた「高等学校卒業率九〇％」という目標は、達成されるかもしれないと考えられていた。しかしバートンの分析によれば、一九九〇年から二〇〇〇年の間に、高等学校卒業率は四三州で減少し、うち一〇州では八％以上も急落している。高等学校卒業率が増加したのは、わずかに七州のみである。[25] 高等学校卒業率が底を打ったという兆候はほとんどない。その原因として、アメリカにおける人口の社会経済的な変化だけでなく、アメリカの高等学校に関する全体的な活気や焦点の変化を挙げる論文が増えている。

カレッジ入学希望者が減少しているのは、アメリカの中等学校《セカンダリー・スクール》機関の大部分において、特に、低所得者層の多い地域にのみ当てはまることでもなく、カリキュラムの要求が不十分であることが原因となっているという意見が多く聞かれる。アメリカの高等学校卒業者の四〇％は、カレッジで学習するための準備ができていないとする評価もある。アチーブ〔Achieve Inc：ワシントンＤＣにあるＮＰＯ法人〕が二〇〇四年に行った全米五〇州の調査によると、「すべての高校生が卒業証書を取得するために、カレッジ進学と就職準備のためのカリキュラムを履修することを義務づけている」州はない、と報告されている。州によっては、真に厳格なカリキュラムを選択できるところもあるが、ほとんどすべての州で、それほど厳密でない履修条件が標準となっている。[26] 二〇〇五年初め、マイクロソフト会長のビル・ゲイツは、全米の知事たちとの会議の席上で、アメリカの高等学校制度は海外の教育に比べて「時代遅れ」であることを指摘した。さらにビル・ゲイツは、アメリカの教育制度は、将来の労働力を弱体化させ、「毎年多くのアメリカ人の人生を台無しにしている」と述べた。[27]

男子生徒の高等学校退学率が高いことも、また別のしわ寄せを生じさせている。男子生徒の高等学校退学率は女子学生のそれと比較すると高い。男子生徒は評定成績も悪く、カレッジ進学準備コースの受講回数も少ない傾向がある。化学や数学の上級科目では、現在、女子生徒が多数を占めている。一九六〇年、すべてのカレッジと大学《ユニバーシティ》の学生の中で、男子学生は六四・一％を占めていたが、現在では四三％以下となっている。これと同様の傾向は、ほかのＯＥＣＤ加盟諸国でも見られる。[28] この現象が、女性からの要求が増大し、女性に対する労働市場が開かれたことを反映したものであるという証拠もある。しかし、アメリカでは、女子学生による入学の増加だけが誇張されて受け取られており、実際には、貧困レベルの上昇や、移民人口の増加の複雑さ、その他はっきりと解明されていない社会的要因との相関関係がある。

高等学校退学率は、社会経済的な傾向や公共投資の様式と密接なつながりがある。過去四〇年間に、アメリカでは人口動態が大きく変化し、貧富の差が大きくなり、中流階級の経済的地位が低下していることは間違いない。経済学者のクラウディア・ゴールディンとローレンス・F・カッツによる一九九九年の調査では、「現在、アメリカにおける経済的不平等《インイクオリティ》は、過去六〇年間のどの時期よりも大きくなっている」と指摘されている。さらに「現在に匹敵する不平等《インイクオリティ》を見つけるには、第二次世界大戦に突入する直前、まだ大恐慌の時期に戻らなければならないだろう」とも指摘している。[29] 一九九九年には、人口の一二・四％に当たる三、四〇〇万人が連邦政府が定めた貧困ライン以下で生活しており、この数字はじわじわと上昇中である。

人口構造および所得の変化は、社会経済構造に影響を与え、ひいては、さまざまな下位グループのカレッジ進学者率に影響を及ぼしている。一部の移民グループは、中等後教育機関へ進学する現実的な機会や認識が少なく、期待もされていない。また、文化資本を持たないが、公立の高等教育機関への進学を強く希望する移民グループもあり、特に最近のアジア系移民グループはその傾向が顕著である。最も重要なことは、黒人《ブラック》やメキシコ系移民とその子供たちの高等学校卒業率が、一般人口に比べて極めて低いことである。またフロリダ州や、テキサス州、カリフォルニア州のような州では、急速に増加しているマイノリティ・グループであるチカーノ・ラティーノの高等教育就学率が低いことが大きな問題になっている。さらに複雑なのは、アフリカ系アメリカ人の高校およびカレッジ就学率は、経済的地位とさらに直接的な相関関係があることである。

高等学校卒業率が低ければ、カレッジへの進学《アクセス》も学位取得率も低くなり、それはアメリカの経済や社会生活の主流から一般的に排除されることを意味し、アフリカ系アメリカ人のかなりの部分が経験している形でもある。全国的に、準学士もしくは学士号の取得率は、アフリカ系アメリカ人で二〇％、アジア系アメリカ人で五〇・五％、ヨーロッパ系アメリカ人で三三・六％であるのに対して、チカーノ／ラティーノはわずか一四・七％なのである。[30]

景気変動と政治的優先事項

景気低迷と政治的優先事項の変化は、若年層の高等教育就学率の全般的な低迷を説明するもう一つの要因である。長年にわたって大衆《マス》化した教育システムを構築してきた多くの州は、メディケア〔一九六六年から実施されているアメリカ連邦政府による六五歳以上の老人に対する公的医療保険制度の通称〕や刑務所の費用の増大、税制改革や移民をめぐる議論など、他の政策課題に多くの労力を割くように転換してきたのである。連邦政府レベルでは、公立か私立を問わず、授業料に比して学資援助に充てられる資金が年々削減されている。しかし、公立の高等教育機関の授業料は、他の多くの高技能サービス産業のインフレ率とほぼ同じ割合で伸びている。しかし、奨学金や貸付金《ローン》のような、連邦政府や州政府から提供される助成の総額は、一般のインフレ率よりもはるかに下回っている。その結果、教育機関が提供する経済的支援（公立大学では、主に裕福な学生が支払う授業料で賄われる）は、ほとんど拡大していない。これまでの章で述べたように、この比較的新しい経済的支援を求めても、下層および中流家庭の経済的障壁を減らすには、今のところ十分ではないと言える。また、公立カレッジや大学《ユニバーシティ》の授業料の増加は、学生一人当たりの高等教育に対する州の補助金の大幅な削減を相殺するほどには至っていない。[31]政府が最も関心を寄せるのは、サービスを管理したり削減したりすることであり、サービスを増やしたり、将来の労働力を供給することに積極的になることではない。

公立高等教育機関の運命を左右するのは州政府であるが、国の需要に応えるためには連邦政府の役割もある。このような考えから、アメリカ合衆国教育省長官マーガレット・スペリングスは二〇〇六年に「高等教育の将来に関する委員会」〔Commission on the Future of Higher Education〕を設置し、「中等後教育のための包括的な国家戦略を策定すること」の任に当たった。しかし、その最終報告書では、海外での競争について真剣に検討することも、高等教育への新たな大規模な投資についての構想を集めることもしなかった。〔第四三代大統領の〕ブッシュ政権の政策課題を多少なりとも反映し、提言の多くは、落ちこぼれ防止発議〔No Child Left Behind initiative〕を単に模倣したものである。つまり、「教育機関の実績を測定する」ための連邦政府の体制を模索し、「高等教育への国家投資を最大限に活用する」ための方法を模索しているに過ぎない。[32]これらは必ずしも悪い目標ではないのだが、その施策が十分ではないということが問題なのである。

スペリングス委員会は、既存のペル・グラント（低所得者層のアメリカ人に対するカレッジ進学のための連邦政府補助金）の増額を提案した。しかし、ブッシュ大統領は二〇〇七年の連邦予算案で、連邦学生貸付金《ローン》の大幅な削減を提案し、政権の優先事項が他にあることを示唆した。

二〇〇六年一一月アメリカの中間選挙で、上下両院で民主党が過半数を獲得した。民主党幹部たちは、学生の連邦貸付金《ローン》金利の引下げについて大統領と対立し、連邦研究資金を使った幹細胞研究を厳しく制限する大統領令を修正または撤回することを公約にした。行政府と立法府が膠着状態にある中で、ワシントンの議員たちが高等教育関連の課題に焦点を当てることは難しいのかもしれない。イラクでの大混乱〔イラク戦争を指す〕、国家債務の驚異的な増大と輸出の不振、財政と実績に恒常的に悩まされる学校制度、制御不能な医療費、貧富の差の拡大、それに加え高等教育への就学率など、これらすべて解決が求められる大きな問題なのである。これら直面している国内問題を大きく進展させるにはおそらく、次期政権を待つ必要があるだろう。長期的な経済競争力や、社会経済的な流動性にとって不可欠なアメリカの大きな国内問題のいくつかが、少なくとも短期的には停滞し、認識されないままになっているのである。

学費と大学進学《アクセス》

公立教育機関は、州政府による補助金の減少と運営経費上昇の影響の一部を授業料の値上げで補おうとしてきた。一九八〇年当時、公立大学の運営経費に占める学費と授業料の割合は約一五％を占めるに過ぎなかったが、二〇〇〇年になるとそれはは約二八％を占めるまで拡大した。それと同時に、学生の借金が増加している。公立、私立ともに授業料が高騰する中、政府とカレッジや大学《ユニバーシティ》の取組みが事態を悪化させたと言えるかもしれない。連邦政府は、奨学金よりも貸付金《ローン》に急速に移行し、連邦政府の負債を削減するために金利を引き上げた。さらに多くの教育機関、特に私立の教育機関では、財務的に「必要」がある者よりも、「個人業績の優秀な《メリット》」者に与える奨学金や貸付金《ローン》を向けている。

このようないくつかの力学が組み合わされることにより、今やカレッジ卒業者の内の三分の二が、貸付金《ローン》を借りており、平均して二万ドルの負債を抱えており、これは七年間で六〇%も増加している。大学院生は平均四万五千ドルの負債を抱えている。カレッジに入学する資質のある高所得者層の高等学校卒業者の多くは、卒業後二年以内に進学している一方で、低所得層の生徒の二〇%以上が全く進学しない。[33] カレッジや大学《ユニバーシティ》に通うために払う最終的な費用に対して、家族の収入が不釣合いなほど大きな役割を持っている場合があることは驚くことではない。ある試算によると、カレッジや大学《ユニバーシティ》への進学にかかる最終的な費用（学費から学資援助を差し引いた金額）は、全体を五分位に分けて、所得が最も低い最下層の家庭や個人の総所得の三八%に当たり、この数字は、次に低い二番目の層では四五%に上っている。低所得者層の数値が低いのは、何らかの形でより利用しやすい学資援助があることを反映しているが、どちらも間違いなく大きな割合であり、大学進学《アクセス》に悪影響を及ぼしている。また、カレッジ進学の費用が家計に占める割合は、五分位に分けて、三番目の中間層、その次の第四層、そして最上層では、それぞれ三〇%、二〇%、一四%である。[34]

授業料の値上げに対する批判は、中所得者層への影響に集中し、さまざまな議会の公聴会の開催につながった。しかし、増え続けるアメリカ人貧困層が最も影響を受けているのは間違いない。たとえば、学費の高騰は、より裕福な家庭の学生が、公立型、独立型を問わず、より高価格で最も権威のあるカレッジや大学《ユニバーシティ》に集まる傾向を際立たせているように見える。[35]「カレッジ教育の経済的見返りが増大し、カレッジ卒業者とその以外の人々との間における経済的な溝が深まりつつある現在、多くの有能な若者が、資金不足と借金への恐れからカレッジに進学していない」とルパート・ウィルキンソンはアメリカにおける経済支援の歴史に関する自身の研究の中で指摘している。[36]

公立や私立の教育機関の授業料が高くなると、低所得者層の大学進学《アクセス》に悪影響を及ぼすと長い間考えられてきた。公立教育機関の授業料の値上げが徐々に開始されたのは一九八〇年代のことであり、一九八七年に公表されたある調査によると、四年制大学の授業料が一〇〇ドル上がるごとに、一八歳から二四歳の学生の高等教育就学率が一％近く低下することが想定された。[37]一九九五年の価格影響性に関する調査では、四年制教育機関で学費が一、〇〇〇ドル値上げされた結果、低所得者層の学生の需要が一・四％減少したとされている。[38]これらの二つの調査が示していることは明確であり、低所得者層の学生は、より学費や授業料の価格変動に敏感であるということである。また、パートタイム学生も、その多くは下層および中流階級の出身であり、学費や授業料の値上げに大きく影響を受けている。アメリカでは、パートタイムの学生が今や過半数を占め、高等教育において最も急速に成長している層となっている。

前章で述べたように、公立大学では、授業料の段階的かつ計画的な値上げとは対照的に、予測不可能な急激な授業料の値上げが行われており、これが大学進学《アクセス》に悪影響を与える最大の原因となっている可能性がある。私立大学は、資金計画を立て、学費や授業料の価格を維持することができるが、州立大学は、政治的、経済的な変動に左右されるのである。一九九〇年代初頭にほとんどの公立大学で州予算が大幅に削減された後で、景気が回復したところ、多くの州で議員が、高等教育の長期的な資金調達計画の一環としてではなく、主に政治的利益のために学費の引下げを強要した。バージニア州や、カリフォルニア州、マサチューセッツ州などすべてこの道をたどった。これまでも急速な学費の値上げは、高等教育進学という需要の抑制につながり、学費の値下げは需要を回復させてきた。しかしその抑制効果は一時的なものであり、むしろ、学費や授業料の価格への影響度や学資援助が得られるかどうかの混乱度合いを表す指標となっている。その後、わずかな学費の値上げがあっても、高等教育進学に対する需要は比較的安定したものになっている。要するに、学生や保護者は、教育サービスとその費用についてより適切に計画を立てることができるようになったのである。

公立のカレッジと大学《ユニバーシティ》の授業料水準とその負担可能性、大学進学《アクセス》との関係についての、より進んだ学術研究を推進することが強く求められている。近年、高等教育における価格設定と学生（消費者）の選択について現代の文脈で分析するミクロ経済学的な問題に焦点を当てた優れた研究はほとんどない。たとえば、公立教育機関の財源が全体的に削減され、その結果、教員や科目数が削減されることは、学費が緩やかに値上がりすることよりも大学進学《アクセス》に対する大きな脅威となり得るのだろうか。富裕層が選抜性の高い公立大学に入学するための費用を上げ、その結果増加した財源を貧困層への財政援助の拡充に振り向けることによって、大学進学《アクセス》と衡平《イクイティ》が最もよく達成されるのではないだろうか。この問題は、多くの社会的経済的要因が複雑に絡み合っているが、指針となるような経済モデルが存在する。もしかしたら我々は知らないうちに、公立教育機関における中程度、あるいは高学費という新しい時代に立ち入ったのかもしれない。

市場の飽和と需要

アメリカにおける高等教育就学率が横ばいとなり、わずかながら減少していることの説明として、他に二つばかり検討する価値があることがある。一つの説明は、おそらく、国レベルの高等教育制度が大学《ユニバーシティ》またはカレッジ教育の恩恵を受けることができるすべての人々に行き渡る瞬間があるということである。国レベルの制度がこのような瞬間に近づくと、高等教育就学率の上昇は必然的に散漫になり、最終的には横ばいになるということである。このモデルは、一般市民の知的能力には一定の限界があることを前提としている。これは、先の章で見てきたように、高等教育の目的やその適切な範囲をめぐる歴史的な議論の中で繰り返されてきた議論である。この考え方の問題点は、もちろん、特にアメリカにおいて大衆《マス》化した高等教育制度を構築する際に、高等教育を、国民のさまざまな向き不向きに対応する膨大な学術的並びに実践的な教育課程を意味するものとして本質的に再定義してしまったことにある。一般人の知的能力に関する旧来からの議論は、ほとんど意味をなさなくなっている。さらに、アメリカでは、履修の積上げと編入学《トランスファー》の機能が重視されており、人によって才能や知的能力の発達の速度や方法が異なるという考え方がよく表れている。また、このモデルは、需要に対して供給（教育機関や教育課程）が一致していることを前提としている。供給が不足し、容易に利用できる資金がない場合、高等教育の需要や就学率が人為的に抑制されることを意味する。

もう一つの説明は、進学の可能性のある学生にとって、高等教育の価値がおそらく他の潜在的な追求に比べて低下していることにより関係している。一九七〇年代、ハーバード大学の経済学者リチャード・フリーマンは、労働市場のサイクル、高等教育への需要、そして「過剰教育《オーバー・エデュケイティッド》」のアメリカ人という概念について、刺激的な調査を行った。[39] フリーマンの分析や他の高等教育有識者の分析には、二つの要因があった。第一に、一九七〇年代を通じて小学校への入学者数が減少したことの結果として、そしておそらくそれ以降も減少し、最終的には中等後教育への入学者数も減少することが人口動態的に推定されるということである。第二に、カレッジと大学《ユニバーシティ》の卒業者のための労働市場に衰退が表れているということが挙げられる。一九五〇年代、一九六〇年代の好景気の時代には、高等教育就学率もかなり上昇したのだが、その結果、カレッジと大学《ユニバーシティ》の卒業者の供給過剰を生み出した、とフリーマンは考えた。この過剰供給と、かつて連邦政府の研究開発予算で賄われていた学校教師や技術および専門職分野の需要減退などの経済状況の変化が相まって、カレッジや大学院での教育が役に立つ、あるいは必要とされる仕事の数は横ばいになっていったのである。

一九七〇年代前半のデータでは、「カレッジと大学《ユニバーシティ》の卒業者の実質的、相対的な収入は減少し、雇用の見通しと職業達成は悪化し、多くの人が通常であれば、カレッジレベル以下とみなされる職業に就くことを余儀なくされた」とフリーマンは指摘している。[40] フリーマンは、短期的には高等教育への就学者が減少していることを確認しつつ、長期的にはアメリカ内の高等教育における総在籍者数が横ばいになると予測した。高等教育の経済的価値は、おそらく永久に低下し、それとともに需要も減少していたのである。フリーマンは、第三段階《ターシャリー》教育によって個人にもたらされる教育的便益に大きく注目していた。[41]

フリーマンは、第三段階《ターシャリー》教育について二つの重要な見解を示した。高等教育機関の卒業生が過剰に供給される可能性があるだけでなく、もし、学位取得率を即座に雇用に結びつけ、ひいては経済成長につなげることが主な目的であるならば、供給不足と供給過剰のサイクルが存在する可能性がある。雇用需要につながる証拠がないのであれば、個人、政府および社会に高等教育の需要に関連する費用をなぜ支払わなければいけないのだろうか。また、時間とお金を投資しても（つまり本来であれば、学校に通っている間は、収入を得るための時間であるので、それを失ってでも）、適切な雇用と換算可能な経済上の便益に結びつかないのであれば、なぜ個人が雇用市場に入るのを延期する〔大学にまで入学するということ〕よう勧めるのだろうか。

公立大学や、アメリカの広大な学校および大学ネットワークのその他の構成要素の主な機能は、経済的、社会的必要性があることを前提に、需要を開拓し満たすことであった。フリーマンは、政府および高等教育機関は、その卒業生（一般的な労働市場および工学などの特定分野の労働市場の両方）の市場をより巧みに監視する必要があると主張した。そうなれば、時には、政府および高等教育機関は、意識的に高等教育への就学を減らすことさえ考えるかもしれないとも指摘している。[42]

若い学生に対する需要の減少傾向と、政府の助成金の削減が予測され、多くの高等教育の指導者に「新たな制約の時代」と悲観させることになった。これは、キャンパスの統廃合が避けられないような荒涼な未来を予兆するものである。一九七四年に行われたカレッジと大学《ユニバーシティ》に対する学長《プレジデント》の実地調査では、資金面でも学生の需要面でも将来を悲観的にとらえていた。大学関係者が抱いている唯一の希望は、「非伝統的な」学生〔従来の一八歳から二四歳程度の年齢層を伝統的な学生と捉えている〕、特に職業上の必要性に大きく関連する成人教育の創造と提供を支援することであると、彼らは考えていたのである。[43]

しかし、予想されていた高等教育進学需要の長期的な減少は生じることがなかった。当時は、出生率が比較的低く、学校就学率が一時的に横ばいになると想定されていたカレッジ年齢層の不足は、主に移民によってもたらされたアメリカの総人口の予期せぬ増加によって相殺される形となったからである。そして、多くの移民グループが、カレッジを社会経済的な流動性への道と考え、最も飽くなき教育の消費者であることが明らかになった。[44] 概して、フリーマンやアメリカの高等教育の指導者たちの多くを含むその他の人々は、あらゆる種類の学生、つまり、学部生や大学院生、専門職従事者、社会人学習者など、目的を持って、あるいは単に教養を高めるために教育を受ける学生たちの間で高まっている高等教育への需要を著しく過小評価していた。また、これに伴い、学士号あるいは専門職学位の学位取得者に対する労働市場についても拡大したのである。[45]

では、現在の高等教育就学率が横ばいとなり、そして、いくつかの州によってはそれが低下しているのは、一時的もしくは長期的な市場原理によるものなのか、それとも、中等学校《セカンダリー・スクール》の質の低下、授業料の上昇、学資援助制度の遅れなどの社会的および経済的な力によるものなのか、が問題なのである。つまり、アメリカにおいては、政府の政策や社会的な問題によって、人為的に高等教育就学率が抑制されているのだろうか。

高等教育就学率は重要なのか？

高等教育就学率を高めることが、他のものと比べて相対的に重要であると主張する研究は、第二次世界大戦以降、特に増えている。人的資本を発展させて、経済的および社会的な便益を得るという考えは、国家と同じくらい古くからあるものであるが、経済学者が経済発展にかかわる重要な役割の分析を提示したのは一九六〇年代になってからであった。一九三〇年代から一九六〇年代にかけて一人当たりの所得が三〇％以上増加となったのは、学校教育の充実に起因するという証拠をゲーリー・ベッカーとT・W・シュルツが示したのは有名な話である。彼らはまたカレッジ教育を受けた労働者への投資は、機械設備を含む他のどの単独の経済投資よりも、高い収益率をもたらすということを主張した。さらに彼らは、カレッジに進学し卒業した場合、個人的な収益率が、高等学校卒業資格しか有さない者と比較して、大幅に増加すると予想した。[46]

以下の節で、社会的および私的便益、需要と供給についての議論、現代経済における文化的熱意《アスピレーション》を構築する中での高等教育の役割を論じる。どの例でも、高等教育就学率は、衡平《イクイタブル》かつ経済的競争力のある国家を作るための重要な要素であることを示している。

私的便益及び社会的便益

ベッカーとシュルツらの研究では、人的資本の形成やアメリカ経済における教育の役割に関する重要な経済研究が生み出され、高等教育への投資と技術革新の関連性に関心が高まっている。しかしながら、教育と訓練以外にも、人的資本の概念に複雑さを与えている変数があることに注目する必要がある。それは文化資本であり、個人に影響を与える家族特性及び文化的背景と定義され、民族《エスニック》や人種間のつながり、言語や近隣地域、コミュニティの認識などが含まれる。多くの調査において、社会経済的および家庭の影響も含めて、幼児期に何が生じていたのか、そのときの経験が、その後の人生の機会を決定し、もしかすると学校教育以上に影響を与えていることが示されている。このことがアメリカにおけるヘッドスタート〔一九六五年にアメリカで始まった低所得者層の三歳や四歳の子どもに対する就学前支援の施策〕や、イギリスにおける同種のシュアスタート〔一九九九年に開始されたイングランドにおける就学前の子どもを対象とした貧困と社会的排除の解消を目標とした施策〕に対して多くの政治的な支援が寄せられる所以である。高等教育の有識者であるアラン・ライアンも、就学前教育は「直接関連する他のどのプログラムよりも高等教育にとってより多くのものをもたらすが、それは長い時間がかかるものでもある」とも指摘している。[47]

そして社会資本というものもあり、それは機会を最大限に活用したり、仕事や社会や制度上の礼儀を理解したり、そして最も重要なことかもしれないが、拡大し続ける官僚制の油断ならない大海を上手く通過する能力を身に付けたりする行動学的知識のことである。さらに認知資本という考え方もあり、知能にはさまざまな種類がある。さらに、それらは、ある特定の社会、人種や、経済のグループに等しく分布しているものではない。社会資本および認知資本はまた、向上心《アムビション》の有無によっても影響をされる。向上心《アムビション》は、環境要因（現実の機会など）および個人特性に影響される部分もあるが、重要な役割を担っている。アメリカで成功したCEOの多くが、特に傑出した学生でもなく、エリートの大学《ユニバーシティ》やカレッジ出身でもないことは、社会的能力、認知的能力と向上心《アムビション》の組み合わせによって説明できる。そういった類のものを道徳資本と主張する人もおり、保守的ジャーナリストであるデイヴィッド・ブルックスは、「信頼に足る〔と感じさせる〕という能力であり、頭脳とスキルというものは必要な時に発揮できないと全く役に立たないものである」[48]と言及している。

　もちろん、人間が社会の中でどのように相互作用し、個人の成長がどのように経済発展に寄与するかを理解するのは非常に複雑なことであることは明らかである。高等教育を奨励するということは、経済的な便益を約束するものであり、ますますその方向に変化していることは間違いない。しかし、教育の機会が経済成長にとって、また社会の文化的、社会的、認知的、さらには道徳的資本を形成する上で重要な要素であったし、これからもそうあり続けることを示す強い指標がある。一九九九年のクラウディア・ゴルディンとローレンス・F・カッツによる調査では、前世紀におけるアメリカの労働者一人当たりの所得増加の約四分の一は、教育達成度の上昇によるものであったと推定している。[49]同様に、デイヴィッド・ミッチは、前世紀におけるヨーロッパの中等教育および中等後教育への投資は、アメリカほどではないにせよ、経済成長全般に大きな影響を与えたと言及している。[50]経済学者のエルハナン・ヘルプマンは、「教育は、経済成長の時間的パターンおよび一人当たり所得の国間格差を説明する上で重要な役割を担っている」と説明している。[51]このことはカレッジに通っている人のみに当てはまることではなく、カレッジ卒業者が多く集中しているアメリカの都市部においては、他の労働者よりも賃金が高いという状況もある。

表 11.1　高等教育就学者の私的および社会的便益

	私的便益	社会的便益
経済		
	• より大きな経済的移動	• より大きな経済的衡平《イクイティ》
	• より高い生涯所得	• より低い失業率
	• より高い雇用率	• より高い生産性
	• より高い個人貯蓄	• より柔軟な労働力
		• より低い生活保護率
社会		
	• より大きな社会的移動	• より大きな社会的衡平《イクイティ》
	• 健康／寿命の向上	• より大きな社会的寛容
	• 子世代の経済／健康の機会向上	• より大きな市民関与
	• より賢い消費者	• 増大する慈善寄付
		• より低い犯罪率
		• 次世代におけるより高い高等教育継続率

このことは、「高等教育の社会的収益率が、私的収益率よりも高いということを意味している」とエルハナン・ヘルプマンは述べている。[52]

そのほかの最近の研究でも、カレッジ就学率の重要性、そしてそれがいかに国家、特にポストモダン経済圏の国家にとって不可欠な私的および社会的便益を生み出しているかが、明らかにされ続けている。高等教育を受ける個人、特に学位を取得して卒業する個人に与えられる私的便益は増え続けている。[53] 二〇〇一年以降、アメリカ人全体の給与は全般的に停滞しているが、カレッジ卒業者と高等学校卒業者の生涯所得の格差は広がっており、OECD諸国においてもその格差は最も高くなっている。また、カレッジ卒業者と全米で増えつつある高等学校中退者の間の所得格差も、驚くには値しないが、劇的に拡大している。[54] 二〇〇四年、二五歳以上の学士号を持った労働力人口の平均個人所得は、四八、四〇〇ドルであるのに対して、高卒学歴しか持たないものでは二三、〇〇〇ドルだった。[55]

さらにカレッジ進学者は、雇用率ははるかに高く、社会的、経済的な移動と地位の向上の機会もはるかに多く確保されている。また、カレッジ進学者は、国民のどの層よりも長寿であり、選挙でも高い投票率を示す。そしてカレッジ進学者の子どもはカレッジに進学し、卒業する傾向にあり、つまり、教育や自己改善に対する一般的な欲求を生み出す文化資本を前の世代から受け継ぐのである。[56]

社会は、人口のかなりの割合がカレッジに進学し、学位を取得することを奨励することに利害関係がある。なぜならば、カレッジ教育は、より柔軟性を持ち、才能を有し、生産性の高い労働力を生み出し、社会的、経済的衡平性《イクイティイ》を高める、つまり、失業率や生活保護受給者の数を減らすことができるからである。さらに犯罪率を低下させるとともに、社会的寛容を増大させることにもなり、選挙においても投票率が高く、慈善寄付をする割合が高いこととも関係がある。これらはすべて、社会全体への便益として、各国政府や高等教育の指導者の多くが広く知るところである。表11・1は、高いカレッジ就学率がもたらす、関係するさまざまな私的便益及び社会的便益の概要をマトリックス表で示したものである。[57]

需要と供給のバランス

このように、個人と社会の双方にとって大きな便益があることを理解した上で、フリーマンの問いに向き合おう。つまり、高等教育への進学を勧められながらも、その後、適切な就職先が見つからないという過剰な教育を受けた人が多すぎるということはないだろうか。教育が万能であると公言する人々に対する現代の批評家たちは、高等教育を受けたり、高等教育からしっかりとした経済的見返りを得たりできる人口の割合は限られているのではないかという疑問を繰り返し述べている。歴史的に見れば、これは古い議論である。一九三〇年代、当時シカゴ大学の学長《プレジデント》であったロバート・メイナード・ハッチンズは、〔四年制大学へと編入する路を開く〕コミュニティ・カレッジの構想に、学問に耐えうる学生の数がそもそもかなり限られるのではないか、ということを理由の一つとして、挑発的に反対した。その後、高等教育就学者の拡大を進めながらハリー・トルーマン大統領の教育に関する委員会は一九四七年、「少なくとも人口の四九％は一四年間の学校教育を修了する知能を持ち、さらに三二％はリベラルアーツや専門職の学士号を取得することができる」と発表した[58]。当時、一八歳から二一歳のアメリカ人の一九％が何らかの形で中等後教育を受けており、その多くが復員兵援護法によるものであった。

フリーマンの分析から約三〇年後、ロンドンのキングス・カレッジのアリソン・ウルフ教授は、イギリスの高等教育への就学率を高めるための政策を批判し、イギリスの労働党政権が非合理な探求をしているという懸念を表明した。一九九七年の労働党のマニフェストでは、若年層の学生の五〇％を（何らかの形で）高等教育を受けさせるという目標が掲げられた。またほかの欧州連合〔ＥＵ〕諸国の多くでも、同様の目標が設定されている（アメリカでは、連邦政府でも、州政府でも目標は設定されていない）。フランスでは、中等教育修了者の約八〇％がバカロレア資格を取得するという目標があり、ドイツでは控えめに四〇％、スウェーデンでは五〇％と目標が掲げられている[59]。

このような目標は、その国の中等後教育制度の構造によって決められている部分があり、労働ニーズに関連する需要と供給の注意深い分析に基づいたものではない。グローバルな競争が高まっている時代において、各国政府や政治家たちは、高等教育に対して非現実的なほどに期待を抱いているとウルフは見ている。教育を国家経済政策の重要な要素として推進しようとするあまり、大学進学《アクセス》や卒業率にばかり目が行き、教育事業の質には無頓着で、大学《ユニバーシティ》卒業生に対する市場に限界があるということを真に理解していないと、ウルフは指摘している。その一つの結果として、社会的、家庭的な圧力によって大学《ユニバーシティ》へ進学せざるを得なくなったが、学位取得に対する当初の興味や動機はほとんどなく、おそらく学業に関連した就職の可能性もほとんどないという学生層が増加している。

教育制度が成熟し、経済が発展している国では、収益率が低下している可能性がある。ウルフの主張は、フリーマンの主張と同様に、中等後教育修了者の数と労働市場の需要との一致を主な論点としている。彼女をはじめとした多くの有識者は、高等教育就学率と生産性、経済成長が関係しているという考えに懐疑的な意見である[60]。ポストモダンの政治家たちは、このような考察を避け、「教育、教育、教育」を無心に受け入れているように見えると批判している。ちなみに、この「教育、教育、教育」とは、イギリスのトニー・ブレア首相が運動のスローガンとして語ったものであるが、もともとは二〇世紀初頭、アンドリュー・カーネギーがアメリカの社会経済的な課題に対する打開策として最初に口にしたものである。ウルフは、「教育が『人的資本』を生み出すことを否定する人は（ほとんど）いないが、このことと労働市場や実体経済で起こることとの関係は、単純な産業連関モデルよりもはるかに複雑であるというのが、主な結論であろう」と述べている。[61]

政府や経済学者が人的資本を発展させようとするのは、新しい成長理論の思想信条と関係がある。基本的に、ポストモダン経済は技術革新およびその採用を導く「知識集積」に突き動かされる。高等教育は、技術革新を生み出すのに必要な科学や専門技能の多くを生み出し、それを市場で応用する未来の労働者を生み出す。ウルフが懸念しているのは、ヨーロッパの省庁が、高等教育への十分な資金を提供しないまま、自国の高等教育制度に対する規制と期待を強めていることである。とりわけ彼女は「各国政府は定量的な目標値にばかり熱中するのを捨て去らなければならない」と主張する。[62] 政府関係者へのウルフをはじめとする人々の批判としては、大学進学《アクセス》拡大のために限られた公的資源をばらまくことに抗議している側面もあり、その結果、エリート大学《ユニバーシティ》への投資が減少する可能性がある。どこに投資するかという問題であり、そしてはっきり言うと、量より質というのが既存のエリート大学《ユニバーシティ》の視点であることは明らかである。

このことについての議論を展開していく上で、二つの重要な関連する問いがある。まず、国家もしくは州は、その投資をいかに構築するかに関係なく、あまりにも多くの高等教育を供給（および資金提供）しうるか、という問いである。次に、政府および高等教育機関は、より積極的に大学進学《アクセス》や卒業を規制し、目前の、および予測される労働市場の需要により直接的に適合させるべきだろうか、という問いである。確かに、国の制度ひいては個々の教育機関が、学位取得を何らかの形で、その国に存在し認識されている労働需要に、とりわけ専門分野に合致するように関連付ける必要性があるのは、当面の世界の労働市場を無視するにせよ、確かなことである。

しかし、市場の需要を予測することは、不安定で複雑な努力であることも明らかである。そして、それを政府か教育機関か、誰が決定すべきなのかも問題である。果たして、供給不足は供給過多より良いことなのだろうか。伝統的な指令経済（政府が自国経済の規制に大きな力を注いできた）の流れを汲み、公立高等教育が大勢を占めるヨーロッパの多くの国々では、各国の教育省（教育機関自体ではなく）が、時には特定の大学《ユニバーシティ》やカレッジへの入学者受け入れを制限したり、学生配属のための資金を制限することによって、特定の分野にどれだけの学生が入るべきかという割当枠や目標値を設定している。しかし、それは時に予測困難な分野での需要を抑制することにつながるのではないか。人文科学、社会科学に加えて、理工系学の分野では、需要と供給を一致させることは難しい。特に学部レベルでは、学生たちは、社会人になってからも幅広く、そしてしばしば偶然に利用できるような知識やスキルを身につけており、この傾向は今後より動的になる可能性がある。

政府は、過剰供給の良い面を見いだす傾向がある。中国では、政府の国策によって高等教育に対する需要が大きく伸びており、家庭でも個人の貯蓄や収入からかなりの額を子どもの高等教育に投資していることが多い。世界銀行によれば、中国ではカレッジ就学率は、二〇〇二年には、カレッジ進学年齢層（一八–二四歳）人口の約一二％だったのが、二〇〇六年には一九％まで上昇する可能性があるという。しかしその一方で、カレッジ卒業者に対する労働市場需要の大きな時間的遅れがあるのも事実である。この矛盾は、大学《ユニバーシティ》卒業者に大きなストレスを感じさせ、その家族には難儀を強い、身分保障の不安を与えている。それにもかかわらず、中国政府は第三段階《ターシャリー》教育への進学《アクセス》を大幅に増やすことを推し進め続けている。[63] この場合、卒業生の供給と労働市場の短期的な乖離よりも、長期的な経済的利益の方が重要であると判断されていると言える。

熱意《アスピレーション》の文化

需要と供給を一致させようとするために試みられるモデルの一つとして上位下達《トップダウン》がある。別の言い方をすれば、「構造化された機会市場」と呼ばれる場合もある。ＯＥＣＤ諸国の大半は、「開放型入試《オープン・アドミッションズ》」〔試験を課さずに入学を許可する〕制度に移行しており、それに伴い学費が増加し、第三段階《ターシャリー》教育機関の差別化を図る試みが進化している。その結果、学費は新たな資金を生み出すだけでなく、何らかの形で、意欲的な学生と気軽な利用者を区別するのに役立ち、市場に影響を与え、より高い効率性を生み出すと言えるかもしれない。教育機関の使命の差別化は、学生の技能および関心と教育プログラムとの一致を助け、理論的には高等教育という大きな制度における教育機関の役割に焦点を当てる。何らかの形で、ほとんどの国でこのような類型が登場している。

先進国のほとんどの政府、そして最近では発展途上国の政府も、中等学校《セカンダリー・スクール》のすべての卒業生に門戸を開いている中等後教育機関の一部を経済的に支援している。多くの国では、中等教育修了証書を取得することを必須条件とせず、さまざまな中等後教育の教育課程を提供している。もちろん、入学基準、財政援助、教育機関の財源、物理的能力、その他の制限によって、学生が特定の大学《ユニバーシティ》やその他の教育機関に入学することができないという制約があることは言うまでもない。しかし、ほとんどの国は幅広い大学進学《アクセス》を約束し、積極的に需要を喚起している。いったいなぜだろうか。

その理由は、直近の、あるいは長期的な労働市場の需要や、ほとんどの労働者が生涯を通じて何度も転職し、しばしば生涯学習の名目で再教育を受ける必要があるという認識以上のものである。最大の理由は、熱意《アスピレーション》の文化を推進するからであり、それが社会経済的な移動に影響を与え、より有能で起業心のある人材、国際競争力、より豊かで衡平《イクイタブル》な社会への希望を生み出すからであり、またそうあるべきなのである。[64]

この精神は、高等教育就学率を増加させようと努力し、自国の高等教育システムを刷新しようと努めている多くの欧州連合〔ＥＵ〕加盟諸国が直面していることであり、このことはしばしば公然と残る階級差別と偏見の遺物と

表 11.2　OECD 加盟国における 15 歳の子どもの 30 歳までの職業希望の割合（2000 年）

	全学生			
	ホワイトカラー，高技能	ホワイトカラー，低技能	ブルーカラー，高技能	ブルーカラー，低技能
OECD 諸国				
オーストラリア	65.0	11.7	10.4	12.9
カナダ	70.9	10.2	7.1	11.8
デンマーク	58.5	17.5	19.6	4.3
フィンランド	60.4	15.8	12.2	11.5
フランス	48.9	14.7	9.9	26.5
ドイツ	48.8	20.9	17.2	13.2
イタリア	69.1	15.2	5.8	9.9
日本	45.8	12.9	4.0	37.4
スペイン	66.6	12.2	8.2	13.1
スウェーデン	63.2	10.3	8.1	18.5
イギリス	57.1	16.3	7.6	19.0
アメリカ	80.5	8.2	5.1	6.2
平均値（国）	62.2	13.9	10.1	13.8

出典：図表でみる教育（OECD 2004）

の争いとなる。二〇〇三年、イギリスの労働党政権が発行した影響力の大きかった白書には、「高等教育から便益を受ける見込みのある者には皆、その機会を与えられるべきである」と、述べられている。さらにこれに続けて「このことはより社会らしい社会を建設する上で中心となる基本原則である。なぜならば、教育は貧困や恵まれていない《ディスアドバンテージ》状況から逃れるための最も重要で確かな手段であるからである」と言及している。[65]

　事実上、ほとんどのポストモダン時代の政府は、高等教育界からの暗黙の、時には消極的な支持を受けているにすぎないが、その目標はさらに大きな範囲に及んでいる。高等教育への幅広い層からの進学《アクセス》、あるいは少なくとも事実上あらゆる年齢での進学機会を市民権の一部とすることだ。OECD諸国の多くで義務教育が小学校レベルから中等学校《セカンダリー・スクール》の最初の二年間にまで移行したように、おそらく最終的には何らかの形で中等後教育が含まれることになるだろう。このような政策転換のための経済的な議論だけでは、すべての労働がそのような〔教育の〕拡大を必要とするわけではないので、現代においては、説得力に欠けるのである。しかし、二〇世紀初頭の中等学校《セカンダリー・スクール》への義務教育の拡大に関する法案は、経済的な理由だけで明示的に策定されたものではない。むしろ、しかし、それは、市民権や平等《イクオリティ》、社会経済的な流動性の促進といった幅広い概念、およびアメリカにおける移民集団の統合などを含めて、さまざまなアメリカの国家的優先事項に関連するものであった。

　さまざまな国家によって、国民の社会経済的熱意《アスピレーション》には文化的な違いがある。アメリカが一つの例を提供している。階級差に対する社会的意識が比較的低いこと、歴史的に経済が堅調であること、人口動態の変化（移民の急増を含む）、そしておそらくその特殊な大衆《マス》化した高等教育制度のため、アメリカ人の社会経済的熱意《アスピレーション》は、間違いなく非常に高いと言えるだろう。実際、彼らの熱意《アスピレーション》は、現代経済では実際の彼らの期待を満たせないほどである。OECDのデータによれば、アメリカの一五歳の子どもたちが将来希望する職業は、〔自分たちは〕三〇歳までに八〇％が中等後教育を必要とする高技能職に就くだろうことを想定している（表11・2参照）。ホワイトカラーの低技能職に就くだろうと考えるのはわずか八％であり、低技能のサービス業や肉体労働に就くだろうと考えるのはわずか六％である。一方、イギリスでは一五歳の子どもたちが将来希望する職業は五七％が高技能職、スウェーデンではそれが六三％、ドイツとフランスではそれぞれ四九％が一五歳の子どもたちが将来希望する職業で高技能職を希望している。[66]

　アメリカのようなポストモダン経済圏における労働需要を分析すると、アメリカの若者が将来希望する職業は、おそらく現実的ではないことが分かる。ある保守的な予測によれば、二〇一〇年におけるアメリカの労働市場のうち、学士号もしくはそれ以上の学位が必要とされる職業は全体のわずか二一％に過ぎない。準学士号の学位を求められている職業も一三％ばかりである。残りの六六％が、中等教育修了学歴もしくはそれ以下の学歴しか必要としないか、あるいは雇用者が実施する職業訓練に頼らなければならない。[67]

しかし依然として、個人や、社会、経済などさまざまな側面で、教育的な熱意《アスピレーション》を高めることは便益をもたらすことが知られている。一般的に、国家の労働市場における将来の教育需要を推計するには、最小限の要件しか見積もられていない。経済学者ジョン・ビショップは、カレッジ卒業者の必要性を予測することの難しさを分析し、アメリカの労働統計局やその他の予測では、労働市場の需要を過小評価してきたと指摘している。また、「将来にわたって『学士号が必要な』仕事の数を予測することは実質不可能なことである」とも彼は述べている。雇用者は、ある仕事に就くための必要最低限の要件しか定めていないが、ほとんどの場合、雇うことのできる中で最も教育を受けた有能な労働者を採用したいと考えている。[68] 確かに、個人の教育および訓練に対する過剰投資の見地から、個人の野心と実際に就ける職業との間の不一致という点で、学歴資格の過剰な人材の階層を生み出すことは危険なことである（過剰教育《オーバー・エデュケイティッド》という言葉は、教育を厳密に単なる職業を目的にするためだけに貶めているように思われる）。その典型的な例が歴史学もしくは英語学の博士学位取得者であり、大学院課程に八年から一〇年間の投資をしたのに、卒業直後には、タクシー運転手の職しかないようなことである。

ポストモダン経済は常に変化していて、労働者の多くはキャリアを通じて何度も転職することも知っている。この事実を前にすると、ほとんどの労働者にとって、教育は多ければ多いほど、よりよい職に就けると考えるのは合理的である。「一度、工場労働者になると、ずっと工場労働者である」もしくは「一度、配管工になると、ずっと配管工である」という古いパラダイムもはや当てはまらない。教育、その中でも特に中等後教育は、一般的な教養を身につけるための手段であり、個人にとってはそれなりの得があり、かつ将来的には社会経済的な流動性を高める可能性がある。また、純粋に経済的な観点からは、教育が労働者の生産性を向上させ、起業家精神を育成するための最良の機会を提供する。また、高等教育の学位取得者の労働市場には限界があるが、少なくともこの層が労働力として働いているという証拠もある。たとえばアメリカにおいて、二五歳から六四歳における中等教育の就学率は約六〇％である。そして、これらの人に限れば、中等後教育の経験者は八八％で、さらにこの人たちの中では大学《ユニバーシティ》レベルの経験者が九〇%を超えるまでになっているという状況がある[69]〔六〇%×八八%×九九%＝四七・五二%以上が大学《ユニバーシティ》経験者という計算〕。

また、中等後教育の水準が高く、大学進学《アクセス》が容易であることは、移民の流入が多いポストモダン経済において特に重要であると言えるかもしれない。比較的開放的な社会と先進国の経済では、外国人の移住は雇用機会や生活水準の向上と相関しているだけに留まらない。それはまた、移民は受入国の住民教育レベルの向上、それに伴う高技能サービス部門やハイテク部門の拡大とも関連する。

高学歴で高技能分野や専門職の需要を満たす移民もいるが、多くの場合、彼らの居住する国の経済成長とともに拡大する低技能職の労働力として利用されている。このような動きは、アメリカでは古くから見られるが、欧州連合〔EU〕や他のOECD諸国では比較的新しいものである。大衆《マス》化された高等教育制度は、このような新しい移民集団や他の恵まれていない《ディスアドバンテージ》グループの同化に一役買っている。また、下層である、あるいは、そういう民族《エスニック》であるといった、ともすれば永続してしまうような階級やカーストに対する意識を和らげることにも役立っている。市場の開放や、移民の流入によって特徴づけられるグローバル化のプロセスが続く際に、健全で、より衡平《イクイタブル》で、生産的な社会を作るための手段として、あらゆる形態の教育が増加していくだろう。

一九六〇年、カーネギー財団〔Carnegie Corporation〕の総師ジョン・W・ガードナーは、熱意《アスピレーション》の文化を創造することの重要性を主張している。「『トップにいる人たちは優秀であるに違いないが、私はただの無精者であるし、彼らのように振る舞えるだろうか』と普通の人間が言うようになれば、我々が偉大であった時代は過去のものとなってしまうだろう。我々はあらゆるレベルの能力、あらゆる社会的活動に適用できるような、優秀《エクセレンス》さと言う観念を育んでいかなければならない。ミサイルが発射台で爆発するのは、設計者が無能だったからかもしれないし、最後のバルブを調整した整備士が無能だったからかもしれない。このことは、我々の社会におけるあらゆることに当てはまる。優秀な物理学者も優秀な機械工も、優秀な閣僚も優秀な小学一年生の教師も必要である。我々の社会がどのようなものであるべきかといえば、それは、優れた業績を上げるための努力が、広く、ほとんど普遍的に行われているかどうかにかかっている」と述べている。[70]

経済学者や社会学者は、高い社会的熱意《アスピレーション》、実際の社会経済的流動性、経済成長、および技術革新を特徴とする社会をどのように説明するかという問題にますます関心を寄せている。経済成長、社会進歩、そして国家間の差異をどのように説明することができるのだろうか。ベッカーや人的資本に関する初期の研究を基にした解釈として、高等教育や民主的な法的枠組みなどの制度を時間をかけて構築し拡大する政治文化が、各国の経済成長の歴史的差異を説明する重要な要因であるというものが広く知られている。さらに、これらの制度への投資率（政治的に、また経済的に）は、将来の経済成長や国家・地域の競争力に影響を及ぼすだろう。つまり、特定の政治文化が社会的また経済的制度を生み出した時代を超えて、それらから根本的に形成されるのである。そして、それは長期的かつ累積的な投資であると言える。[71]

グローバリゼーション、超国家的組織、そして欧州連合〔ＥＵ〕やサービスの貿易に関する一般協定〔General Agreement on Trade and Services：GATS〕などの国際的な枠組みは、政治文化や制度の形成において、かつて国民国家が独占していた役割を引きずりだそうとしている。しかし、国家は依然として教育機関の規模や活気に最も大きな影響を及ぼしており、特に先進国においては、これまでの教育への投資によって現在の地位が築かれてきた。国民国家はまだ死んでいない。実際、その回復力や地域連合への変貌は、グローバリストを驚かせるかもしれない。[72]

優先事項の問題なのか？

欧州連合〔ＥＵ〕の各国政府が自国の第三段階《ターシャリー》教育機関を統制・指導するために行っている高度な介入主義に賛成するかどうかは別として、欧州連合〔ＥＵ〕諸国において高等教育が主要な政策課題であることは明らかである。欧州連合〔EU〕諸国は、将来の高等教育について国内でも国家間でも議論を続けており、そこでは大学進学《アクセス》の拡大に向けた目標を設定し、新たな資金調達政策の検討と実行およびボローニャ協定〔Bologna Agreement：先述のボローニャ宣言に基づくヨーロッパ高等教育圏に関する協定〕のような協調的な発議を行う交渉などが行われているところである。

アメリカでは、選抜性の高い一部の州立大学への入学者受入れおよび費用抑制に関する政策論争という例外はあるものの、高等教育は依然として二番目に置かれる政治課題である。公共の危機、つまり、中等後教育の主要な提供者である公立のカレッジや大学《ユニバーシティ》への投資不足は、主要な政治的関心事にはなっていないのである。このような理由や他のさまざまな理由から、アメリカは自国の高等教育の長所を維持することにどちらかと言えば自己満足してきた。

すでに十分に成熟したアメリカにおける大衆《マス》化した高等教育システムを支持する政策上の選択を詳細に議論することは、本書の範疇を超えている。その代わりに、私は本書において、困難な課題に対するいくつかの考えを提供するに留めたい。本章およびこれまでの章において、アメリカの教育システムが抱える数多くの弊害について述べてきたが、そこには多くの強みも存在している。おそらく、アメリカの高等教育では、現在、ヨーロッパや諸外国において行われているような上位下達《トップダウン》方式による規制改革は必要としていないことは確かである。必要なのは、高等教育界において、どのように国の学校制度を改善していくのかについての方法、いかにして高等教育への就学率と学位取得率を高めていくのかに焦点を当てた国家課題を作成するのかについての方法、そして公立の大学《ユニバーシティ》とカレッジの持続可能な財政モデルに関する、国や州の政府指導者の関心および注目を集めることとある程度の合意である。

アメリカの総人口は増加し続け、二〇〇六年には三億人に到達している。全州教育協議会〔Education Commission of the States：ECS〕の調査によれば、もし全米の高等教育就学率がこのまま維持されるとするならば、二〇〇〇年

表 11.3　アメリカにおける高等教育機関への進学者数の推計，定常状態，およびベンチマーク（2000年–2015年）

	2000 実学生数	2015 推計	2000–2015 差分	2015 ベンチマーク	% 変化	合計 増加見込み
18–24歳の学生	920万	1040万	120万	1460万	プラス59%	540万
25歳以上の学生	820万	920万	100万	1310万	プラス60%	490万
合計	1740万	1960万	220万	2770万	プラス59%	1030万

定常状態＝アメリカにおける18–24歳の学生の平均在籍率（34.0%）と25歳以上の学生の在籍率（4.5%）
ベンチマーク＝アメリカのトップ州における18歳–24歳の学生の在籍率（47.7%）と25歳以上の学生の在籍率（6.5%）
出典：全州教育協議会『カレッジ進学率格差の是正』，2003.

から二〇一五年にかけて、さらに二二〇万人ほどの学生が認証評価《アクレディテーション》を受けた公立と私立のカレッジや大学《ユニバーシティ》に入学する見込みであると試算されている。しかし、今日でも、伝統的な高等教育就学年齢層の学生（一八歳から二四歳まで）とそれ以上の学生（二五歳以上）の高等教育就学率は、間違いなく低いままである。仮に、高等教育進学率が最高の州の結果を参考にした場合、二〇一五年までに認証評価《アクレディテーション》を受けた中等後教育機関の学生数が一〇三〇万人増加することになる（表11・3参照）[73]。この大きな差分は、多くの州や人口の多い州が、いかに高等教育就学率で劣っているかを示している。

　アメリカ合衆国連邦政府教育省〔U. S. Department of Education〕による別の推計によると、さまざまな高等教育に（もし機会があれば）入学したいと考える学生は、公立、独立系の私立、営利目的《フォー・プロフィット》の私立を含めて、二〇二〇年までにさらに一五〇〇万人ほど増えることが見込まれている。全州教育協議会〔Education Commission of the States〕の推計およびアメリカ合衆国連邦政府教育省の長期の推計ではどちらでも、二年制の中等後教育段階でのかつてなく大きな需要が増加することが予測されており、四年制の高等教育段階においてもかなりの需要が増加することが予想されている。しかし、これらは控えめな予測であるとも言える。これまでの多くの推計では、人口増加が予想以上に早いこと、仕事上必要とされる能力要件が高まったこと、そして最も重要なこととして、個人の熱意《アスピレーション》も増大したことなどの理由から、高等教育の需要を非常に少なく見込んでいたのである。

高等教育の入学を求める学生がさらに一五〇〇万人増加しようが、それ以上その数字が増えようが、もし財源があり、政治的欲求があり、需要に応える能力があるならば、その多くを公立の大学《ユニバーシティ》やカレッジで受け入れるというのが最も可能性の高い筋書きだろう。営利目的《フォー・プロフィット》団体を含む教育機関の供給者の数と種類は間違いなく増加し、アメリカの高等教育制度はより多様化していくだろう。しかし、アメリカにおける教育達成度は、少なからぬ点で、公立の高等教育セクターの活気によるところが多い。個人的見解ではあるが、高等教育セクターが時代を超えて成長していくとき、選抜性の高い公立の大学《ユニバーシティ》は、社会変革を幅広く受け入れる代理人としてさまざまな歴史的な役割を留めておく必要性があると言える。逆に言えば、営利民営化《プライバタリゼーション》の結果として生じる可能性があるのだが、私立大学と似通った存在になって取り込まれてしまわないようにすることが重要であると言える。

結語

アメリカは建国以降、大学《ユニバーシティ》をはじめとする教育の振興を民主主義的な実験の中核に位置付けてきた。一七九〇年、ジョージ・ワシントン大統領は議会へのメッセージの中で、「知識は、すべての国において幸福のための最も確かな基礎である」と述べた。アメリカの拡大解釈では、教育は社会的および階級的格差を永続させることも、それを打破することができるものだった。具体的に述べれば、カレッジや大学《ユニバーシティ》は単に知識を保存するだけでなく、新しい着想を生み出し、アメリカの経済的および民主主義的実験を拡大させるための大きな触媒となりうるものである。アメリカにおける公立の大学《ユニバーシティ》は、独立系の私立の高等教育機関の活気のあるネットワークとともに、そうした大学が持つ社会契約という考えに忠実であり続けてきた。そして、今や世界の多くの国々がこの考え方を受け入れている。

公立のカレッジや大学《ユニバーシティ》への進学《アクセス》および大学財政に大きな問題があることは、ほとんどの現代の有識者が認めるところである。アメリカでは、これまで述べたように、これらは国の政策課題としては、二番目三番目である。多くの欧州連合〔EU〕諸国では、ボローニャ協定の言葉を借りれば、「ヨーロッパにおける高等教育システムの国際的競争力を高める」ための協調した取組みが第一級の課題となっている。欧州連合〔EU〕諸国は、欧州連合〔EU〕を評価や位置付けを見直すために政策を議論し形成するための超国家的な会議体を設けた。アメリカ連邦政府は、K-12に対する支援以上に、高等教育への支援において、歴史的にも現代においてもより大きな役割を担ってきたのは間違いない。このような提案は、自由市場や小さな政府という現在の政治精神に反し、また息苦しい説明責任《アカウンタビリティ》の官僚主義社会《ブリュークラシー》につながる危険性があるが、国家戦略によってアメリカの高等教育をどのように強化できるかを考え直すこともできるのかもしれない。[74]

一般に、各州は、国家競争力の問題や社会的および経済的階層の拡大という大きな問題に対する幅広い理解や関心を有していないのが実情である。個々の州はそれぞれ、高等教育就学率の向上を求めたり、公立高等教育に対する追加財源の必要性は認識しているかもしれない。しかし、ほとんどの州では、第二次世界大戦後や一九六〇年代のような投資を行うことが（競合する必要性や、政治的な行詰り、収入を得るための法的制約などのために）財政的に不可能なのである。実際、この時期に、大学進学《アクセス》を大幅に拡大させた財源および政治的関与には、州と連邦との協調が必要不可欠で、そのどちらかが欠けても成立し得ない状況であった。これら政治的な時代とその政策アプローチをそのまま再現できはしないし、すべきではないだろう。しかし、営利民営化《プライバタリゼーション》や市場モデルという幻影では、アメリカの教育を十分に強くしたり、その指導的地位を維持するために必要な投資や政治的関与を生み出したりすることはおそらくないだろう。

あるいは、世界経済やアメリカの競争相手国の優先していることは、もしかすると、アメリカがかつて有していた高等教育の長所を徐々に蝕んでしまっているのかもしれない。たとえそうであったとしても、アメリカの政治家および高等教育の指導者による、経済発展や社会経済的活力という面において教育が重要な道筋であるという新たな決意をすることが最も重要である。アメリカが高等学校卒業率、高等教育への進学《アクセス》および学位取得率において、他の先進諸国との比較で低下傾向にあるということは、どのような意味を持つのだろうか。そしてそのことは社会経済的流動性にどのような結果を及ぼすのだろうか。新しい科学集団が成長し、理工系の学位の輩出が世界の新しい地域に移動することで、将来の経済活動はどのように形成されるのだろうか。これらの問いに対する答えは、将来のアメリカの経済の発展や政治的影響力にまで大いに影響を及ぼすことになるだろう。アメリカは、グローバル化し、競争が激化する世界に対する着想、閃き、そして実際的な感覚を得るために海を越え、他の大陸に目を向けなければならないのである。

訳者あとがき

本書は、Douglass, John Aubrey, 2007: *The Conditions for Admission: Access, Equity, and the Social Contract of Public Universities*, Stanford University Press. の全訳である。本書の「原著まえがき」でも書かれている通り、この本は、著者であるダグラス氏の主著でもある、カリフォルニア大学の創設とカリフォルニア州における高等教育の三分割システムを提起したマスタープランの成立を描いた Douglass, John, 2000: *The California Idea and American Higher Education: 1850 to the 1960 Master Plan*, Stanford University Press の姉妹本であり、著者であるダグラス氏が、カリフォルニア大学の執行部から依頼されたものであると書かれてある（原著まえがき、p.i）。

本書は、ニコラス・レーマン『ビッグテスト』（早川書房、二〇〇一）以来の、専門的なアメリカの大学入試に関する研究書の邦訳である。そのことから本書の意義について解説したい。まず第一に、本書は、アメリカにおける共通テストであるSATの設立を詳しく解説していく『ビッグテスト』とはまた違った観点を持ち、カリフォルニア大学に絞ってのアメリカにおける一大学の大学入試制度の変遷経緯に特化した著作である。中でも、アメリカで社会問題となった、アファーマティブ・アクションと大学入試の関係が、カリフォルニア大学の内側での議論も含めて、精緻に描かれていることが本書の最大の特徴であると言える。教育学におけるアファーマティブ・アクションの文脈としては、初めて人種隔離教育を違憲としたブラウン判決、強制バス通学で有名なスワン判決が挙げられよう。こうした事柄について教育学の分野で詳しく解説されたものとしては、葉山（一九九四）が挙げられる。翻訳書としては、ブラウン判決とその後について論じたパターソン（二〇一〇）が出版されている。また、法律学の分野でも、アファーマティブ・アクションに関する文献としては、川島（二〇一四）、吉田（二〇一五）、安井（二〇一六）と挙げられる一方で、バッキー判決であまりにも有名な、大学・大学院入試との関係については、マイケル・サンデル『これから「正義」の話をしよう――いまを生き延びるための哲学』（早川書房、二〇一一）の「第七章　アファーマティブ・アクションを巡る論争」で簡単に紹介されている以外は、日本語の専門書として手にとって読めるものがなく、教育学として、我が国の読者にこれまで詳しくは紹介されてこなかったのが現状であろう。その意味で、アファーマティブ・アクションが大学入試制度という問題にどう影響を与えたのか、を論じる本書は、我が国においても、類書を見ない優れた研究書と位置付けることが可能であり、十分に訳出する価値があるものと考えた。

第二に、あわよくば、我が国で理想とされがちな、入学担当者《アドミッションズ・オフィサー》による包括的審査《コンプリヘンシブ・レビュー》に基づく入学者受入れが、どう社会的に「構築」されてきたのか、ということが明確に書かれている点も本書の特徴であると言える。著者であるダグラス氏の専門分野である、カリフォルニア大学の設立から通史的に同大学の大学入試制度の変遷が追えるというのは、本書ならではの特色である。特にカリフォルニア大学が、土地無償払下げ大学《ランドグラウンド・ユニバーシティ》から立ち上がり、地元に貢献する中で、税金も投入され、社会的使命《ミッション》を課せられながら、一流の公立研究大学としての名声を築き上げる中で、人種割当枠が、当初は人種を排斥するものから、アファーマティブ・アクションでは人種を守る論理《ロジック》にも代わっていく展開、さらにはそれを幾重の層《ティアー》別にも分けて、どの人種にも合格可能性が保たれるように入学判定を行っていきながら、大学への進学《アクセス》を調整していく様は、時代のある部分だけを調べてもイメージしにくい部分であり、読者にとっては歴史的な視座を与えてくれるという意味で、本書は、我が国のアメリカの大学入試に関する理解を深めてくれる大変有益な研究書であると言える。

第三に、R・コリンズの『資格社会』（有信堂高文社、一九八四）にも通底するような、社会に存在するアクター同士の葛藤論の素材として鮮やかに描かれている点も本書の特徴であると言える。そもそも大学入試制度は社会的文脈と切り離しては論じることができない。ここでいう社会的文脈とは初中等教育までの教育制度の状況でもあり、アメリカのような多民族国家においては、大学入試制度は人種問題のなかで公平な社会実現のための必要な社会制度として、公正な大学進学《アクセス》が必要とされるということである。その根拠に人口割合に比例した学生の人種割合が常に焦点となってきたということである。ここにはアファーマティブ・アクションを巡る社会の対立があり、特にカリフォルニア州はその影響が強い地域として知られており、その改廃をめぐって影響を受けたのが、本書で紹介されている公立研究大学であるカリフォルニア大学の大学入試制度であった。大学入試制度は、それぞれのセグメントの利益と州の利益、受験生の利益が絡む、葛藤的な場であり、どこまでも政治的である。大学入試制度を巡る論争は、往々にして理想を語りがちだが、本書は大学入試制度が持つ本来の生々しさを伝えてくれる点で、我々の認識をいったん冷静な地点に呼び戻してくれる。その国の社会的な条件に応じて「社会的に構築されてきた」ものだという本書の視点で引き取れば、我が国でも話題になることの多い大学入試制度改革が外国礼賛によってのみで成し得るような容易ものではないことが、本書からの教訓として導き出せる。このことも、本書が我が国にとっても有益な知見を提供してくれる優れた研究書であることの証左であろう。

　また、本書を出版後、著者であるダグラス氏は、二〇一九年に論文を発表して、本書の事後談の一部を執筆している（Douglass、二〇一九）ことも併せて紹介したい。この論文は、二〇一四年に、反アファーマティブ・アクションの提唱者でもあるエドワード・ブラム氏が設立した非営利団体SFFA（Students for Fair Admission）が、入学者受入れにおいて、アジア系アメリカ人に対する差別があるとして、私立大学であるハーバード大学をボストンの連邦地裁に訴えた裁判（二〇一八年八月に、アメリカ合衆国連邦政府司法省がアジア系学生が不当に排除されているとの意見書を出し、二〇二〇年一一月にアメリカ合衆国連邦政府第一巡回区控訴裁判所は、ハーバード大学に差別がないと控訴を退けている）を契機に、ブラム氏と同様の主張を過去にしていた、J・J・ムーアズ氏（一九九八年にカリフォルニア大学の理事に就任し、二〇〇三年に理事会議長に就任した民間出身の人物）を取り上げ、彼を巡るカリフォルニア大学とアジア系学生の大学入試制度における議論の推移を追っている。ムーアズ氏とブラム氏の両者に共通している主張は、アジア系にとって、アファーマティブ・アクションでは有利になるはずの「個人情報」が翻ってバイアスになる、という訴えであり、両者とも大学にデータを請求し、自らの主張に有利な分析を発表して、大学側と応酬している点も共通している。ムーアズ氏は、バークレーに入学を拒否された六六二人の学生のうち四六％がアジア系であると述べ、アジア系の政治活動を活発化させる狙いもあったのではないかというダグラス氏の考察もなされているが、ＳＡＴの得点も高校のＧＰＡが低い学生も入学していたことから、本書でも第8章で言及された包括的審査《コンプリヘンシブ・レビュー》は、主観的な測定に基づいていると辛辣に告発した。なかでも、ムーアズ氏ら、アジア系やＳＡＴを高く評価する反アファーマティブ・アクションの立場の人々は、アウトリーチや「ＥＬＣパスウェイ」（Eligibility in the Local Context Pathway）などの効果が論点であるとし、彼らにとっては、それらが「共謀罪」（Charges of Conspiracy）にあたると見なしていた、というダグラス氏の分析も興味深い。そこでは、シュワルツネッガー知事時代に、本書でも第8章で言及のあるアウトリーチ活動について、二〇〇二年のカリフォルニア州の不況による大学予算の大幅削減から、ふんだんに予算が使われていたアウトリーチ活動がターゲットになっており、その効果を巡った論争であったことも示唆されている。ムアーズ氏自体が、アウトリーチ活動を直接的に非難することは避け、どちらかといえば有益だとした表向きの発言を引用しながら、ダグラス氏は、ムーアズ氏が主張した問題の本質は「ミスマッチ」であり、アウトリーチ活動によって、本来であればバークレーに行けない層にまで不当に進学意欲を高めてしまい、ＳＡＴ Ｉこそが究極の指標である、ということが彼の信念であったことを紹介している。だが、ダグラス氏も分析しているように、総長の交代時期や知事の交代時期に、ムーアズ氏が新聞に記事をリークしたり、データ分析書を発表したりしていることから、その行動は政治的であったことが推察される。公立大学は、より選抜性が高ければ高いほど、レガシー・アドミッション（私立大学が卒業生の両親を持つ高校生を優先して入学させること）のような手段も使えない制約がある中で、さまざまなレベルの利害関係者の調整を行わなければならない、根本的な矛盾を抱えているといった、ダグラス氏の指摘もまた興味深い。

加えて、より最近の状況を紹介すると、二〇二〇年五月にカリフォルニア大学は、新しい大学入試制度改革を発表している。その経緯は、木村（二〇二一）にまとめたので、それに詳しいが少し解説を加えておく。カリフォルニア大学の理事会は、二〇二〇年五月二一日に、SAT／ACTからの離脱を決議した。それに先立つ二〇二〇年二月三日には、標準テスト・タスクフォース（Standardized Testing Task Force : STTF）が、二二五頁にわたる、多数の計量分析の記載が盛り込まれた報告書を、J・ナポリターノ総長の諮問に対して上梓している。この経緯は、二〇一八年七月にJ・ナポリターノ総長が、評議会に対して、カリフォルニア大学の入学者受入れにおける標準テストに対する諮問を行ない、二〇一九年一月UCの学術カウンシルがタスクフォースを招集したことに始まる。その後、二〇二〇年二月から三月にかけて教員に対して意見公募手続きを行い、二〇二〇年四月に総会がJ・ナポリターノ総長に勧告、二〇二〇年五月にカリフォルニア大学理事会に持ち込まれ、上記の決議が行われた。ただ、上記の決議も、あくまで段階的な離脱であり、二〇二一年と二〇二二年には、標準テストの利用を全米で広がりつつある選択制（「テスト・オプショナル」と呼称されている）にし、二〇二三年と二〇二四年にはカリフォルニア州の居住者の入学決定には、SATおよびACTのスコアを使用しない（「テスト・ブラインド」と呼称されている）、とされている。二〇二五年までに、州内生徒は新しいテストの得点を提出し、州外の生徒や留学生は新しいテストの得点を提出するか大学が決定した方針《ポリシー》に従い、また二〇二五年まで新しいテストが開発できなくとも、州は完全に入試における標準テストを撤廃する、とされたのがこの間の経緯である。木村（二〇二一）で紹介しているように、こうした経緯を辿る過程で、多量の詳細な計量分析が試みられているが、テストが何を測っている（入学後の成績をどれほど予測して説明しているかの程度）かではなく、テストがどんな志願者を集めてきているのか、という議論が優勢となり、結論が決まったという点が興味深い。つまり、妥当性研究の終焉を迎えているのである。エビデンスである追跡調査の意味自体も、政治的に意思決定の中で、覆させられる状況は、DX時代にエビデンス・データを重く論じている我が国の状況を振り返っても、「エビデンス・データが政治化する」という意味で、興味深い推移であると言える。

そもそも、この翻訳プロジェクト自体は、二〇一九年春学期の九州大学大学院人間環境学府教育システム専攻における大学院講義「教育設計評価論」で、ダグラス氏の主著である *The California Idea and American Higher Education: 1850 to the 1960 Master Plan* を購読したあと、続く二〇一九年冬学期の大学院講義「教育テスト原論」で、読んだのがはじめである。著者のダグラス氏には、二〇一二年一一月一七日に東京駒場の大学入試センターで初めてお会いし、二〇一八年四月一三日のメールで翻訳の快諾を頂いた。二〇二〇年初頭からのコロナ禍の影響で大学業務が膨大に増えた影響があり、監訳者の作業が思うようなスピードで進まなかったことについては、率直に著者と訳者の皆様にお詫び申し上げたい。また著者には、訳出している際に疑問に思った箇所についての、監訳者のたび重なる質問にも懇切丁寧にご教示いただいた。暖かいメールでの励ましは大変励みになった。この場を借りて厚くお礼を申し上げたい。

なお、原稿については、この翻訳プロジェクトの意義に共感し、参加の意思を表明してくれた高等教育研究者や、二〇一九年度冬学期の大学院講義に参加し、かつ、この翻訳プロジェクトに参加の意思を表明してくれた九州大学大学院教育システム専攻の大学院生（当時）に、各章の担当者に翻訳をお願いした。各章については、事前に、専門用語の用語調整を行った上で各章の担当者が翻訳し、それを九州産業大学の中世古貴彦先生が細部にわたり修正を加え、その上で監訳者である木村拓也が全体を通した修正を加える形で進行した。監訳者が、訳者の訳稿に大幅に改訂を加えた箇所もある。もし、翻訳にミスがあるとしたら、それは監訳者の責任である。

最後に、admission(s) の訳語について書いておきたい。本文中では、admission(s) の訳語を文脈に応じて、主に「入学者受入れ」と訳し、文脈に応じて、合否判定場面を指すことが明らかな場合、「入学判定」とも訳し分けている。今後、我が国における高大接続に関する制度設計が、「選抜」制度の発想から、早晩「受入れ」制度に変化せざるを得ないという意図を込めて訳出したことを注記しておく。また、教育社会学で用いられる「アスピレーション」などの専門用語も、一般の読者の方にもすぐ理解していただけるよう、「熱意」にルビを振る形で訳出した。専門家の人には、いちいち煩わしいと思われるかもしれないが、アメリカの大学入試制度についての一般の読者の方への分かりやすさを優先させていただいた旨、ご了解賜れば幸いである。そのほかの専門用語についても、よほど市民権を得ているであろう用語（たとえば、「アファーマティブ・アクション」）以外は、監訳者の個人的な好みの範囲内ではあるが、なるべく漢字にルビを振る形で訳出をしている。

また、本書の出版の意義を理解していただき、出版の実現まで尽力いただいた九州大学出版会の奥野有希氏にお礼を申し上げたい。加えて、原稿を丹念に読んでいただいた上で、多数の注釈を加えていただき、進みの遅い監訳者に進捗状況確認のメールを頻繁に送っていただき、叱咤激励いただいた九州大学出版会の永山俊二氏には、この場を借りて、厚く御礼申し上げたい。

二〇二二年一月　木村拓也

引用・参考文献

Collins, R., 1979, *The Credential Society: an historical sociology of Education and Stratiffcation*, Academic Press＝ランドル・コリンズ、新堀通也訳、1984：『資格社会――教育と階層の歴史社会学』有信堂高文社。
Douglass, John. 2019：'Berkeley versus The SAT：A Regent, a Chancellor and a Debate on the Value of Standardized Testing in Admissions', UCB Center for Studies in Higher Education ed, *Research & Occasional Paper Series*, 3, pp.1-10.
葉山明、1994：『アメリカ民主主義と黒人問題――人種隔離教育をめぐって』東海大学出版会。
ジェイムズ・パターソン、籾岡宏成訳、2010：『ブラウン判決の遺産――アメリカ公民権運動と教育制度の歴史』慶應義塾大学出版会。

川島正樹、2014：『アファーマティブ・アクションの行方――過去と未来に向き合うアメリカ』名古屋大学出版会。

木村拓也、2021：「米国大学入学者選抜における大規模標準化テストＳＡＴ／ＡＣＴからの離脱決定の論理構造――カリフォルニア大学における標準化テスト・タスクフォース（STTF）報告書の分析」『九州教育学会紀要』四八号、pp.25-32.

Sandel, M. J. 2009：*Justice: What's the Right Thing to Do?*, Penguin＝マイケル・サンデル、鬼澤忍訳、2011：『これから「正義」の話をしよう――いまを生き延びるための哲学』早川書房。

Lemann, N.1999：*The Big Test: The Secret History of The American Meritocracy*, Farrar Straus & Giroux＝ニコラス・レーマン、久野温穏訳2001：『ビッグテスト――アメリカの大学入試制度 知的エリート階級がいかに作られたのか』早川書房。

安井倫子、2016:『語られなかったアメリカ市民権運動史――アファーマティブ・アクションという切り札』大阪大学出版会。

吉田仁美、2015:『平等権のパラドクス』ナカニシヤ出版。

2004 (Paris: OECD, 2004).

67 労働統計局などが，カレッジ卒業者の必要性をどう推計しているかについての分析は，以下を参照のこと。Bishop, *Is An Oversupply of College Graduates Coming?*: 6 -10.

68 同上.

69 National Center for Education Statistics, *Education Indicator: An International Perspective* (Washington, DC: U.S. Department of Education, 2004).

70 John W. Gardner, *Excellence: Can We Be Equal and Excellent Too?* (New York: Harper & Row, 1961).

71 このテーマに関する文献は増え続けているが，たとえば，下記の文献を参照のこと。G. Glaeser, R. La Porta, F. Lopez-de-Silanes, and A. Schleiger, "Do Institutions Cause Growth," National Bureau of Economic Research Working Paper No. W10568, 2004; D. Acemoglou, S. Johnson, and J. A. Robinson, "The Colonial Origins of Comparative Development: An Empirical Investigation," *American Economic Review*, 2001, 91: 1369-1401.

72 John Aubrey Douglass, "How All Globalization is Local: Countervailing Forces and their Influence on Higher Education Markets," *Higher Education Policy*, vol. 18, no. 4, Dec 2005: 445-73.

73 Ruppert, Closing the College Participation Gap.

74 John Aubrey Douglass, "Higher Education as a National Resource," *Change Magazine*, vol. 37, no. 5, Sep/Oct 2005; 30-38.

49 この研究と他の研究をうまく取りまとめたものとしては，以下を参照のこと。Elhanan Helpman, *The Mystery of Economic Growth* (Cambridge, MA: Belknap Press, 2004): 42. 大住圭介・池下研一郎・野田英雄・伊ヶ崎大理『経済成長のミステリー』，九州大学出版会，2009 年.

50 David Mitch, "The Rise of Mass Education and Its Contribution to Economic Growth in Europe, 1800-2000," fourth European Historical Economics Society Conference, Merton College, Oxford.

51 同上.

52 同上.

53 Golden and Katz, "The Returns to Skill in the United States Across the Twentieth Century."

54 OECD, *Education at a Glance 2005*, "OECD Briefing Notes for the United States."，経済協力開発機構『図表でみる教育 OECD インディケーター（2005 年版）』，明石書店，2005 年 .

55 *The Investment Payoff: A 50-State Analysis of the Public and Private Benefits of Higher Education* (Washington, DC: Institute for Higher Education Policy, 2005).

56 Sandy Baum and Kathleen Payea, Education Pays 2004: *The Benefits of Higher Education for Individuals and Society*, rev. ed. (Princeton, NJ: College Entrance Examination Board, 2005).

57 この表は，以下の文献を含むさまざまな資料から一部採録している。Howard Bowen, *Investment in Learning: The Individual and Social Value of American Higher Education* (San Francisco: Jossey-Bass, 1977); and *The Investment Payoff: A50-State Analysis of the Public and Private Benefits of Higher Education.*

58 *Higher Education for American Democracy, A Report of the President 's Commission on Higher Education*, Washington, DC., December 1947, vol. 1: 34.

59 Alison Wolf, "Education and Economic Performance: Simplistic Theories and Their Consequences," *Oxford Review of Economic Policy*, 20, no. 2 (2004): 315-33.

60 Alison Wolf, *Does Education Matter: Myths About Education and Economic Growth* (London: Penguin, 2002); see also Ewart Keep and Ken Mayhew, "The Economic and Distributional Implications of Current Policies on Higher Education," *Oxford Review of Economic Policy*, 20, no. 2 (Summer 2004); Ryan, "New Labour and Higher Education."

61 Wolf, "Education and Economic Performance," p. 316.
Wolf, "Education and Economic Performance," p. 316.

62 同上.

63 Joseph Kahn, "Rioting in China over Label on College Diplomas," *The New York Times*, June 22, 2006.

64 以下の本の中で，ディビッド・O. ラヴィーンは，このテーマについて論じている。David O. Lavine, *The American College and the Culture of Aspiration* (Ithaca, NY: Cornell University Press, 1986)

65 Department of Education and Skills, England, *The Future of Higher Education* (Norwich: HMSO, 2003): 68.

66 Organisation for Economic Co-operation and Development, *Education at a Glance*, August

30 Ruppert, *Closing the College Participation Gap*, p. 16.

31 David Ward, "That Old Familiar Feeling—With an Important Difference," *The Presidency*, Winter 2004.

32 U.S. Department of Education, *A Test of Leadership: Charting the Future of U.S. Higher Education, Report of the Secretary of Education's Commission on the Future of Higher Education* (Washington, DC: U.S. Department of Education, pre-publication September 2006).

33 Donald E. Heller, "Trends in Public Colleges and Universities," in Donald E. Heller (ed.), *The States and Public Higher Education Policy* (Baltimore, MD: Johns Hopkins University Press, 2001): 11-38.

34 同上.

35 Alexander W. Astin and Leticia Oseguera, "The Declining 'Equity' of American Higher Education," *The Review of Higher Education*, 27, no. 3 (Spring 2004): 321-41. を参照のこと。

36 Rupert Wilkinson, *Aiding Students, Buying Students: Financial Aid in America* (Nashville, TN: Vanderbilt University Press, 2005).

37 L. L. Leslie and P. T. Brinkman, "Student Price Response in Higher Education," *Journal of Higher Education*, 58, 181-204.

38 Tom J. Kane, "Rising Public College Tuition and College Entry: How Well Do Public Subsidies Promote Access to College?" Working Paper Series No. 5164 (Cambridge, MA: National Bureau of Economic Research, 1995).

39 Richard B. Freeman, *The Over-Educated American* (New York: Aca demic Press, 1976).

40 同上, p. 184.

41 同上, p. 188.

42 同上.

43 この広く大学から除外されてきた将来予測の例については，以下を参照のこと。Lyman A. Glenny, John R. Shea, Janet H. Ruyle, and Kathryn H. Freschi, *Presidents Confront Reality: From Edifice Complex to University Without Walls* (San Francisco: Jossey-Bass, 1977).

44 Richard Flacks, Greg Thomson, John Aubrey Douglass, and Kyra Caspary, *Learning and Academic Engagement in the Multiversity: Results of the First University of California Undergraduate Experience Survey* (Berkeley, CA: Center for Studies in Higher Education, July 2004).

45 John Bishop, *Is an Oversupply of College Graduates Coming?* National Center for Postsecondary Improvement, School of Education, Stanford University, 1997.

46 Gary Becker, *Investment in Human Capital* (New York: Columbia University Press, 1964); T. W. Schultz, Investment in Human Capital (New York: Free Press, 1971).

47 Alan Ryan, "New Labour and Higher Education," *Oxford Review of Education*, 31, no. 1 (March 2005): 87-100.

48 David Brooks, "Psst! 'Human Capital' " *The New York Times*, Op-Ed, November 13, 2005, p. 12.

11 Robert Fountain, Marcia Cosgrove, and Petra Abraham, "Keeping California's Edge: The Growing Demand for Highly Educated Workers" Campaign for College Opportunity, Oakland, California, April 2006.

12 OECD, *Education at a Glance 2005*, Indicator C6, p. 50, 経済協力開発機構『図表でみる教育 OECD インディケーター(2005 年版)』, 明石書店, 2005 年 .

13 European Higher Education Area: Joint Declaration of the European Ministers of Education, Bologna on June 19, 1999.

14 ヨーロッパにおける高等教育の大衆化とアメリカモデルの影響に関する比較について，以下を参照のこと。Ted Tapper and David Palfreyman (ed.), *Understanding Mass Higher Education: Comparative Perspectives on Access* (London: Routledge Falmer, 2005).

15 Organisation for Economic Co-operation and Development, *Education at a Glance* (Paris: OECD, August 2001).

16 Jack Cassidy, "Winners and Losers: The Truth About Free Trade," *The New Yorker*, August 2, 2004. より引用。

17 Committee on Prospering in the Global Economy of the 21st Century, National Academies, *Rising Above the Gathering Storm: Energizing and Employing America for a Brighter Economic Future* (Washington, DC: National Academics Press, 2006); この文献にある当初の推計値は修正されている。"The Disappearing Chinese Engineers," *Inside Higher Education*, June 13, 2006. を参照のこと。

18 National Academies, "Broad Federal Effort Urgently Needed to Creat New, High-Quality Jobs for All Americans in the 21st Century," press release October 12, 2005.

19 National Academies, *Rising Above the Gathering Storm.* を参照のこと。

20 Cassidy, "Winners and Losers."

21 National Sciences Foundation, *Science and Engineering Indicators 2006* (Washington DC: National Science Foundation, 2006).

22 Barry McGaw and Andreas Schleichler, "OECD Briefing Notes for the United States," *Education at a Glance 2005*.

23 Paul E. Barton, One-Third of a Nation: *Rising Dropout Rates and Declining Opportunities* (Princeton, NJ: Educational Testing Service, 2005).

24 U.S. Department of Education, National Center for Education Statistics, *Dropout Rates in the United States*: 2001; また, NCES, *Digest of Educational Statistics*: 2003, Table 102. を参照のこと。

25 Barton, One-Third of a Nation, p. 4.

26 Achieve, Inc., *The Expectations Gap: A 50-State Review of High School Graduation Requirements* (Washington, DC: Achieve, Inc., December 2004): 4.

27 Microsoft Chairman Bill Gates Before the National Governors' Educational Summit, March 17 2005.

28 Robert A. Jones, "Where the Boys Aren't: for Young Males, the Drift Away from Academic Achievement Is a Trend," *Cross Talk*, 13, no. 3 (Spring 2005): 6-8.

29 Claudia Goldin and Lawrence Katz, "The Returns to Skill in the United States Across the Twentieth Century," National Bureau of Economic Research, April 11, 1999.

39 Robert Berdahl, "How Public Are Public Universities in the United States?" Speech before the American Association of Universities, University of California, Berkeley, January 26, 2004.

40 Morton Keller and Phyllis Keller, *Making Harvard Modern: The Rise of America's University* (Cambridge: Oxford University Press, 2001).

41 Keith Widaman and John Douglass, "VIP Admissions at the University of California: A brief on Four Possible Options," Universitywide Academic Senate Office, October 23, 1997; "Policy Statement on Admissions Beyond the Scope of Established Admissions Criteria," University of California Academic Council Meeting, January 14, 1998.

42 Peter Schmidt, "Affirmative Action, Relatively Speaking at Many Selective Colleges, the Children of Employees Get an Edge in the Admissions Office," *Chronicle of Higher Education*, January 14, 2005.

43 American Council on Education, *Shifting Ground: Autonomy Accountability and Privatization of Public Higher Education* (Washington, DC: American Council on Education, 2004): 9.

第 11 章　衰退するアメリカの高等教育の優位性

1 Alexis de Tocqueville, *Democracy in America*, vol. 2 (New York: Vintage Books, 1945): 108. トクヴィル（松本礼二訳）『アメリカのデモクラシー　第 2 巻（上）（下）』岩波文庫，2008 年 .

2 A. H. Halsey, "The Changing Functions of Universities in Advanced Industrial Societies," *Harvard Educational Review*, 30, no. 2 (1960): 118-27.

3 Sir Eric Ashby, *Any Person, Any Study: An Essay on Higher Education in the United States* (New York: McGraw-Hill, 1971): 3.

4 同上，p. 5.

5 Organisation for Economic Co-operation and Development, *Education at a Glance: Briefing Notes United States* (Paris: OECD, September 16, 2003).

6 Sandra Ruppert, *Closing the College Participation Gap, Education Commission of the States*, 2003; William G. Tierney, State of College Admissions, National Association for College Admissions Counseling, January 2005.

7 Organisation for Economic Co-operation and Development, *Education at a Glance 2006* (Paris: OECD, 2006), p. 42, 50. 経済協力開発機構『図表でみる教育 OECD インディケーター（2006 年版）』，明石書店，2006 年 .

8 OECD, *Education at a Glance 2006*, p. 32. 経済協力開発機構『図表でみる教育 OECD インディケーター（2006 年版）』，明石書店，2006 年 .

9 Clifford Adelman, *Principal Indicators of Student Academic Histories in Post secondary Education: 1972-2000* (Washington, DC: Institute of Education Sciences, U.S. Department of Education, 2004): 20.

10 John Aubrey Douglass, "Investment Patterns in California Higher Education and Policy Options for a Possible Future," *CSHE Research and Occasional Papers Series*, CSHE 5.02, April 2002.

28 Mark Yudof, "Is the Public Research University Dead?" *Chronicle of Higher Education*, January 11, 2002, sect. B24.

29 Roger L. Geiger, *Knowledge & Money: Research Universities and the Paradox of the Marketplace* (Stanford, CA: Stanford University Press, 2004): 28-36 を参照。

30 American Council on Education, *Overview of Higher Education in the United States: Diversity, Access, and the Role of the Marketplace* (Washington, D.C.: American Council on Education, 2004) を参照。

31 公立大学には，コーネル大学（州立大学〔訳註：一部の学部はニューヨーク州によって運営されている〕），ミシガン州立大学，オハイオ州立大学，ペンシルバニア州立大学（カレッジステーション校），ニューヨーク州立大学（オールバニー校），テキサス大学（オースティン校），アラバマ大学，カリフォルニア大学（バークレー校），イリノイ大学（アーバナ・シャンペーン校），ミシガン大学（アナーバー校），ミネソタ大学（ツインシティ校），ミズーリ大学（コロンビア校），ウィスコンシン大学（マディソン校），バージニア大学を含み，私立大学には，コーネル大学（基金による専門職大学院），ベイラー大学，ブラウン大学，ハーバード大学，マサチューセッツ工科大学，ニューヨーク大学，スタンフォード大学，シカゴ大学，ペンシルベニア大学，南カリフォルニア大学，イェール大学を含む。この分析は，最初に David Ward and John Douglass, "The Perils and Promise of Variable Fees: Institutional and Public Policy Responses in the UK and US," *Perspectives: Policy and Practice in Higher Education* (UK) , 9, no.1 (2005): 29-35 で示された。

32 Ward and Douglass, "The Perils and Promise of Variable Fees."

33 David Ward and John Douglass, "Higher Education and the Specter of Variable Fees: Public Policy and Institutional Responses in the United States and United Kingdom, " *Higher Education Management* and Policy (OECD) , 18, no.1 (2006): 1-28.

34 バージニア大学のカリー・スクールの研究については，David L. Kirp, *Shakespeare, Einstein, and the Bottom Line: The Marketing of Higher Education* (Cambridge, MA: Harvard University Press, 2003) を参照。

35 Thomas J. Kane, "Assessing the American Financial Aid System: What We Know, What We Need to Know," in Maureen Devlin (ed.) , *Forum Futures 2001: Exploring the Future of Higher Education* (Cambridge, MA: Forum for the Future of Higher Education, 2001): 63-66; Bruce Johnstone and P. Shroff-Mehta, "Higher Education Finance and Accessibility: An International Comparative Examination of Tuition and Financial Assistance Policies," International Comparative Higher Education Finance and Accessibility Project (New York: University of Buffalo, 2001) を参照。

36 Michael Mumper, "The Paradox of College Prices: Five Stories with No Clear Lesson," in Donald E. Heller (ed.) , *The States and Public Higher Education Policy: Affordability, Access, and Accountability* (Baltimore, MD: Johns Hopkins University Press, 2001): 39-62.

37 Kirp, *Shakespeare, Einstein, and the Bottom Line*, p. 3.

38 Clark Kerr, *The Uses of the University* (Cambridge, MA: Harvard University Press, 1964): 49. クラーク・カー（箕輪成男・鈴木一郎訳）『大学経営と社会環境――大学の効用』玉川大学出版部，1994 年 .

General Information Survey(HEGIS) , "Fall Enrollment in Colleges and Universities," Surveys, 2000 を参照。

13 *Grutter v. Bolinger.*

14 Martin Trow, "The Public and Private Lives of Higher Education," Daedalus, 104, no.1 (Winter 1975): 113-27.

15 Richard Flacks, Gregg Thomson, John Douglass, and Kyra Caspary, *Learning and Academic Engagement in the Multiversity: Results of the First University of California Undergraduate Experience Survey* (Berkeley, CA: Center for Studies in Higher Education, 2004).

16 同上.

17 Alexander W. Astin and Leticia Oseguera, "The Declining 'Equity' of American Higher Education," *The Review of Higher Education*, 27, no.3 (Spring 2004): 321-41 を参照。また , Michael McPherson and M. O. Schapiro, *An Overview of Trends and Patterns in Participation and Financing in US Higher Education* (Paris: OECD, 1998) も参照。

18 State Higher Education Executive Officers (SHEEO) , *State Higher Education Finance: FY 2005* (Boulder, CO: SHEEO, 2006).

19 高等教育機関における経費《コスト》の上昇がなぜ物価《インフレ》上昇を上回っているかについては, Frank H. T. Rhodes, *The Creation of the Future: The Role of the American University* (Ithaca, NY: Cornell University Press, 2001): 136-61 を参照。

20 John Aubrey Douglass, "How All Globalization Is Local: Countervailing Forces and Their Influence on Higher Education Markets," *Higher Education Policy*, 18, no.4 (December 2005): 445-73.

21 Watson Scott Swail and Donald E. Heller, *Changes in Tuition Policies: Natural Policy Experiments in Five Countries*, Canada Millennium Scholarship Foundation, August 2004 を参照。

22 Michael S. McPherson and Morton O. Schapiro, *Reinforcing Stratification in American Higher Education: Some Disturbing Trends*, National Center for Postsecondary Improvement, Stanford University, 1999.

23 Linda A. Bell, "Uncertain Times: The Annual Report on the Economic Status of the Profession, 2000-2001," *Academe,* April-May, 2001, 26-35.

24 Steven Brint, "Can Public Research Universities Compete?" unpublished paper, Pennsylvania State University Sesquicentennial Celebration, February 25-26, 2005, p.4.

25 David Ward, "That Old Familiar Feeling—With an Important Difference," *The Presidency*, Winter 2004.

26 Katharine C. Lyall and Kathleen R. Sell, *The True Genius of America at Risk: Are We Losing Our Public Universities to de Facto Privatization?* (Portsmouth, NH: Praeger/Greenwood Press, 2006).

27 Norton Grubb, "The Anglo-American Approach to Vocationalism," Research Paper 51, Centre on Skills, Knowledge and Organizational Performance, Oxford and Warwick Universities, October 2004;.W. Norton Grubb and Marvin Lazerson, *The Education Gospel: The Economic Power of Schooling* (Cambridge, MA: Harvard University Press, 2004) も参照。

34 The College Board, "The College Board Announces a New SAT — World's Most Widely Used Admissions Test Will Emphasize College Success Skills, Writing Test to Be Introduced," press release, June 27, 2002.

35 "The Week," *National Review*, 54, no. 7 (April 22, 2002).

36 Lawrence H. Summers, "Every Child Getting Ahead: The Role of Education," speech before the College Board Forum, Chicago, November 1, 2004.

37 Juan E. Mestas, "We Can't Reduce Reality to a 1,600-Point Scale," *The Presidency*, Spring 2001, p. 23.

38 "Kids Are Taking the SAT Earlier and Earlier, but Is It a Good Thing?" CBS News Sacramento, http://cbsl3.com/ , May 27, 2002.

第10章　危機と機会

1 U.S. Supreme Court, Grutter v. Bolinger, June 2003.

2 同上，p.17

3 同上，オコナーによって引用された裁判事案には，*Wieman v. Updegraff,* 344 U.S. 183, 195(1952) (Frankfurter, J, concurring); *Sweezy v. New Hampshire,* 354 U.S. 234, 250 (1957); *Shelton v. Tucker,* 364 U.S. 479, 487(1960); *Keyishian v. Board of Regents of the University of the State of New York,*385 U.S. , at 603 などが含まれる。

4 *Sweezy v. New Hampshire.*

5 *Grutter v. Bolinger,* p.16.

6 オコナー判事は多数意見でこう述べている。「そうした多様性《ダイバーシティ》が教育的使命に不可欠であるというの教育的判断は，私たちが保留するものである。多様性《ダイバーシティ》が実際に教育的便益を生むという法科大学院《ロースクール》の評価は，回答者とその友人たちによって実証される。」*Grutter v. Bolinger,* p.17.

7 "Another Swing at Affirmative Action," *Inside Higher Ed*, June 6, 2006.

8 John Henry Newman, *The Idea of a University* (Notre Dame, IN: University of Notre Dame Press, 1852).

9 Anthony Lising Antonio, "When Does Race Matter in College Friendships? Exploring Men's Diverse and Homogeneous Friendship Groups" , *Review of Higher Education*, 27, no.4 (2003): 553-75; University Committee on Minority Issues, "Building a Multiracial, Multicultural University Community: Final Report of the University Committee on Minority Issues," Stanford University, 1989.

10 Mitchell J. Chang, D. Witt, J. Jones, and K. Hakuta (ed.) , *Compelling Interest: Examining the Evidence on Racial Dynamics in Colleges and Universities* (Stanford, CA: Stanford University Press, 2003); "Supplemental Expert Report of Patricia Y. Gurin." Grutter, et al. v. Bolinger, et al. (11 January 2001); Sylvia Hurtado, J. F. Milem, A. Clayton-Pederson, and W. A. Allen, "Enhancing Campus Climates for Racial/Ethnic Diversity: Educational Policy and Practice," *The Review of Higher Education*, 21, no.3 (1998): 279-302 を参照。

11 Hans P. Johnson, Laura Hill, and Mary Helm, *New Trends in Newborns: Fertility Rates and Patterns in California*, Public Policy Institute of California, August 2001.

12 U.S. Department of Education, National Center for Education Statistics, Higher Education

10 同上.
11 Richard Atkinson, "Standardized Tests and Access to American Universities," Robert H. Atwell Distinguished Lecture, eighty-third annual meeting of the American Council on Education, February 2001.
12 Richard C. Atkinson, "Rethinking the SAT," *The Presidency*, Spring 2001, pp. 21-27.
13 Kurt M. Landgraf, "Let's Focus on the Real Issue," *The Presidency*, Spring 2001.
14 Diana Jean Schemo, "Head of U. of California Seeks to End SAT Use in Admissions," *The New York Times*, February 17, 2001.
15 Jeffrey Brainard, "U. of California's President Proposes Dropping the SAT Requirement," *Academe Today*, February 19, 2001.
16 Robert Laird, "Two Faces of the College Board: The Drive for Financial Success Now Dominates Its Current Direction," *CrossTalk*, Spring 2004.
17 Ward Connerly, "Sensitivity vs. Standards," California Association of Scholars, Op-Ed, February 25, 2001.
18 同上.
19 Jack Citrin, "For True Diversity, Universities Should Consider a Lottery," *Sacramento Bee*, July 22, 2001
20 John Cloud, "Should the SAT Matter?" *Time Magazine*, March 4, 2001.
21 Peter Sacks, "SAT—A Failing Test," *Nation*, 272, no. 13 (April 2, 2001): 7.
22 Atkinson, "A California Perspective on the SAT."
23 Brainard, "U. of California's President Proposes Dropping the SAT Requirement."
24 Geiser and Studley, "UC and the SAT," p. 16.
25 W. Camara and G. Echternacht, *The SAT and High School Grades: Utility in Predicting Success in College* (Princeton, NJ: College Entrance Examination Board, 2001).
26 Geiser and Studley, "UC and the SAT," pp. 2, 8.
27 Rebecca Zwick, Terran Brown, and Jeffrey C. Sklar, "California and the SAT: A Reanalysis of University of California Admissions Data," Center for Studies in Higher Education, Research and Occasional Papers, June 2004を参照のこと。また，Rebecca Zwick, *Rethinking the SAT: The Future of Standardized Testing in University Admissions* (New York: Routledge Falmer, 2004). も参照のこと。
28 California Postsecondary Education Commission, "Examining Standardized Testing in the Context of University Admissions: A Panel Discussion," Sacramento: California Post-secondary Education Commission, August 2001.
29 同上.
30 2004年10月，カリフォルニア州中等後教育委員会（CPEC）の元局長（director），ウォーレン・フォックスとのインタビューによる。
31 Peter Schrag, "Atkinson's New-Model UC Reforms and Innovations," *Sacramento Bee*, April 10, 2002.
32 John Cloud, "Inside the New SAT," *Time Magazine*, October 27, 2003.
33 College Entrance Examination Board, *The New SAT and Your School* (Princeton, NJ: College Board, 2002).

51 Michelle Locke, "UC Regents Repeal Affirmative Action Ban," Associated Press, May 16, 2001.
52 Hardy, "UC Ends Race Ban Under Pressure."
53 Locke, "UC Regents Repeal Affirmative Action Ban."
54 The regents' new resolution rescinding SP-1 stated, "In keeping with longstanding Regents policy, The Regents reaffirm that the Academic Senate shall determine the conditions for admission to the University, subject to the approval of The Regents, as provided in Standing Order 105.2."
55 Hardy, "UC Ends Race Ban Under Pressure."
56 "First-Year Implementation of Comprehensive Review in Freshman Admissions: A Progress Report from the Board of Admissions and Relations with Schools," November 2002.
57 *Undergraduate Access to the University of California After the Elimination of Race-Conscious Policies*, University of California Office of the President, Student Academic Services, March 2003, pp. 35−39 (UCA).
58 同上, p.10.

第９章　第二の余波

1 Patricia Gandara and Julie Maxwell-Jolly, *Priming the Pump: Strategies for Increasing the Achievement of Underrepresented Minority Undergraduates* (Princeton, NJ: The College Board, December 1999): 9.
2 Latino Eligibility Task Force, *Latino Student Eligibility and Participation in the University of California*: " Ya Basta! " University of California, Chicano/ Latino Policy Project, Institute for the Study of Social Change, July 1997.
3 同上.
4 Keith F. Widaman, "Proposed Changes in UC Eligibility Criteria to Increase Educational Access for Students Across California," Assembly of the Academic Senate, Notice of Meeting, University of California, May 21, 1998 (University of California Archives, henceforth UCA).
5 J. Kowarsky, D. Clatfelter, and K. Widaman, "Predicting University Grade-Point Average in a Class of University of California Freshmen: An As sessment of the Validity of A-F GPA and Test Scores as Indicators of Future Academic Performance," University of California, Office of the President, 1998 (UCA); Keith Widaman, testimony before the Hearing of the California State Senate Select Subcommittee on Higher Education Admissions and Out reach, May 5, 1998 (UCA).
6 Minutes, University of California Board of Regents, May 15, 1998 (UCA).
7 Widaman, "Proposed Changes in UC Eligibility Criteria," p. 26.
8 Saul Geiser and Roger Studley, "UC and the SAT: Predictive Validity and Differential Impact of the SAT I and the SAT II at the University of California," University of California, Office of the President, October 24, 2001 (UCA). を参照のこと。
9 Richard Atkinson, "A California Perspective on the SAT," Conference

President, November 2002 (UCA).

31 Mary Ann Roser, "Groups Call UT's Efforts Lacking: Civil Rights Groups Want to Intervene in University's Appeal of *Hopwood* Case," *Austin American-Statesman*, June 9, 1998.

32 For a review of percentage plans, see U.S. Commission on Civil Rights, "Beyond Percentage Plans: Challenges of Equal Opportunity in Higher Education," Office of Civil Rights Evaluation, staff report, November 2002.

33 Ken Herman and Ralph K. M. Haurwitz, "Perry Wants Top 10 Percent Law Revised," *Austin American-Statesman*, May 26, 2004.

34 See John Aubrey Douglass, "Setting the Conditions of Admissions: The Role of University of California Faculty in Policymaking," University of California Academic Senate, February 1997 (UCA).

35 Richard Flacks and Rodolfo Alvarez, "Towards Fairness in UC Admissions," Center for Research on Chicano Studies, UCLA, November 1996.

36 同上.

37 "Eligibility of California's 1996 High School Graduates for Admission to the State's Public Universities: A Report of the California Postsecondary Education Commission," December 1997; Academic Assembly, University of California, "Report of the Board of Admissions and Relations with Schools," October 29, 1998.

38 Academic Assembly, University of California, "Report of the Board of Admissions and Relations with Schools," February 24, 1998.

39 同上.

40 同上.

41 Keith Widaman, testimony before the hearing of the California State Senate Select Subcommittee on Higher Education Admissions and Outreach, Sacramento, California, May 5, 1998.

42 Kenneth R. Weiss, "UC System Tries to Mask Applicants' Racial Identity," *Los Angeles Times*, November 18, 1998.

43 "Reject Proposition 54," *Sacramento Bee*, September 29, 2003.

44 Minutes, University of California Board of Regents, May 15, 1998 (UCA).

45 Report of the Task Force on Undergraduate Admissions Criteria, University of California Office of the President, December 1995 (UCA).

46 University of California Board of Regents, Policy Ensuring Equal Treatment—Admissions (SP-1), sect. 5, approved July 12, 1995 (UCA).

47 Rebecca Trounson, "UC Berkeley Urges Changes in Admissions," *Los Angeles Times*, May 24, 2001.

48 University of California Board of Regents, "Future Admissions, Employment, and Contracting Policies—Resolution Rescinding SP-1 and SP-2," May 16, 2001 (UCA).

49 Terri Hardy, "UC Ends Race Ban Under Pressure: Regents Also Say Students Won't Get in Solely on Academics," *Sacramento Bee*, May 17, 2001.

50 同上.

NJ: Educational Testing Service, 1995): 13.

15 Pat McDonough, J. Korn, and E. Yamasaki, "Access, Equity, and the Privatization of College Counseling," *The Review of Higher Education*, 20, no. 3 (1997): 297−317; National Center for Education Statistics, *Digest of Education Statistics* (Washington, DC: Department of Education, Office of Educational Research and Improvement, 1992).

16 California Department of Education, Educational Demographics Unit — CBEDS (October collection), 1998−1999.

17 College Entrance Examination Board, *Access to Excellence: A Report on the Future of the Advanced Placement Program* (New York: CEEB, 2001). を参照のこと。

18 Bob Laird, "Two Faces of the College Board: The Drive for Financial Success Now Dominates Its Current Direction," *Cross Talk*, 12, no. 2 (Spring 2004).

19 Saul Geiser and Veronica Santelcies, "The Role of Advanced Placement and Honors Courses in College Admissions," Center for Studies in Higher Education, University of California, Research and Occasional Papers, CSHE 3.04, June 2004.

20 California State University Institute for Education Reform, "The Advanced Placement Program: California's 1997−98 Experience," (Sacramento: California State University, 1999).

21 Ben Wildavsky, "Achievement Testing Gets Its Day in Court," *U.S. News and World Report*, September 27, 1999.

22 Report of the University of California Outreach Task Force for the Board of Regents of the University of California, *New Directions for Outreach*, University of California Office of the President, July 1997 (UCA); Kenneth R. Weiss, "UC Proposes Push to Ready Disadvantaged for College," *Los Angeles Times,* May 21, 1997.

23 John Aubrey Douglass, *The California Idea and American Higher Education* (Stanford, CA: Stanford University Press, 2000): 216−19. を参照のこと。

24 William Trombley, "California's Improved Financial Aid Program," *Cross Talk*, 8, no. 4 (Fall 2000).

25 Kellogg Commission on the Future of State and Land-Grant Universities, "Returning to Our Roots: Student Access," May 1998.

26 David A. Hawkins and Jessica Lautz, *State of College Admissions,* National Association for College Admissions Counseling, March 2005. を参照のこと。

27 Report of the University of California Outreach Task Force, New Directions for Outreach; see also California Postsecondary Education Commission, *Progress Report on the Effectiveness of Collaborative Student Academic Development Programs*. Sacramento: CPEC, Commission Report 96-11, December 1996.

28 Interview with author, May 22, 2001.

29 Strategic Review Panel on UC Educational Outreach to the President of the University of California, *Redefining Educational Outreach*, University of California Office of the President, February 2003 (UCA).

30 Board of Admissions and Relations with Schools, "First-Year Implementation of Comprehensive Review in Freshman Admissions," University of California, Office of the

44 Chavez, *The Color Bind*, p. 65.
45 President David Gardner to the University of California Chancellors, "Guidelines for Implementation of University Policy on Undergraduate Admissions and for Fall 1990 Term," July 5, 1988 (UCA).
46 Minutes, University of California Board of Regents, Regents adopt resolution "Policy Ensuring Equal Treatment — Admissions," July 12, 1995 (UCA).
47 Ken Chavez, "Jackson Marchers Protest 'Mockery'," *Sacramento Bee*, July 21, 1995.
48 Chavez, The Color Bind, p. 67. の中の引用。
49 同上，p. 76.
50 John Aubrey Douglass, "Shared Governance at the University of California," CSHE Research and Occasional Papers, CSHE1.98 (March 1998).
51 State Senator John Vasconcellos to the University of California Board of Regents, July 21, 1995 (UCA)

第８章　第一の余波

1 Andrew Hacker, "Goodbye to Affirmative Action?" *New York Review of Books*, July 11, 1996, pp. 21−29.
2 "A Noble Warrior's Next Fight," *New York Post*, June 29, 1998.
3 Jesse Douglas Allen-Taylor, "Conscious of Color," *Color Lines*, 6, no. 1 (Spring 2003).
4 Louis Freedberg, "After 20 Years, *Bakke* Ruling Back in the Spotlight: Foes of College Affirmative Action Want High Court to Overturn It," *San Francisco Chronicle*, June 27, 1998.
5 *Adarand Constructors, Inc. v. Peña,* 515 U. S., at 227.
6 For example, the U.S. Court of Appeals rejected an appeal against California's Proposition 209.
7 Ronald Dworkin, "Is Affirmative Action Doomed?" *New York Review of Books*, November 5, 1998, pp. 56−60.
8 Richard Atkinson, University of California Office of the President, media advisory, March 16, 1998 (University of California Archives, henceforth UCA).
9 Adam Cohen, "In California and Texas, Two Attempts to Maintain Campus Diversity Falter on Race," *The Nation*, 151, no. 15 (April 20 1998).
10 W. S. Swail and L. W. Perna, "Pre-college Outreach Programs: A National Perspective," in W. Tierney and L. Hagedorn (ed.), *Increasing Access to College: Extending Possibilities for All Students* (Albany: State University of New York Press, 2002).
11 University of California Office of the President, *The Schools and UC: A Guide to the University of California's Pre-Collegiate Programs* (Oakland: University of California, 1995) (UCA).
12 同上.
13 See John Aubrey Douglass, "A Reflection and Prospectus on California Higher Education: The Beginning of a New History," *California Policy Issues Annual*, March 2002.
14 Richard J. Coley, *Dreams Deferred: High School Dropouts in the United States* (Princeton,

Regents, July 20, 1995 (UCA).
17 同上.
18 Office of the Assistant Vice President, Student Academic Services, Office of the President, University of California, "The Use of Socio-Economic Status in Place of Ethnicity in Undergraduate Admissions: A Report on the Results of an Exploratory Computer Simulation," May 1995 (UCA).
19 State Senator Tom Campbell, press release, July 17, 1995.
20 Connerly to Burgener, June 30, 1995.
21 同上.
22 Minutes, University of California Board of Regents, July 20, 1995 (UCA).
23 Ward Connerly, news release, July 5, 1995.
24 Connerly, *Creating Equality*, p. 131.
25 Minutes, University of California Board of Regents, January 19, 1995 (UCA).
26 Minutes, University of California Academic Council Meeting, January 18, 1995 (UCA).
27 Minutes, University of California Academic Council Meeting, April 12, 1995 (UCA).
28 Walter W. Yuen, Chair, Universitywide Committee on Affirmative Action, to Daniel Simmons, Chair, University of California Academic Council, February 5, 1995 (UCA).
29 同上.
30 Minutes, University of California Academic Council Meeting, February 15, 1995 (UCA).
31 President Jack Peltason to the Regents, July 10, 1995 (UCA).
32 *Los Angeles Times*, July 20, 1995.
33 同上.
34 *The New York* Times, July 19, 1995.
35 理事らの議論については以下のものが詳しい。Regents Campbell, del Junco, Kolligian, and Lee to President Peltason, July 13, 1995, cited in Pusser, "The Contest over Affirmative Action at the University of California: Theory and Politics of Contemporary Higher Education Policy" (unpublished Ph.D. dissertation, Stanford University, 1999): 250. Along with Chavez's book *The Color Bind, Pusser's dissertation and later book, Burning Down the House: Politics, Governance, and Affirmative Action at the University of California* (Albany: State University of New York Press, 2004).
36 これは，1995年6月20日の会議で，理事らの前でジェシー・ジャクソン師（Jesse Jackson）の発言による。
37 1995年6月10日（UCAにて），カリフォルニア大学の総長，学長，副総長の発言。
38 Ed Gomez and the University of California Student Association to the University of California Board of Regents, July 17, 1995 (UCA).
39 Minutes, University of California Board of Regents, July 20, 1995 (UCA).
40 Chavez, *The Color Bind*, p. 64.
41 Minutes University of California Board of Regents, July 20, 1995 (UCA).
42 同上. Chavez, *The Color Bind*, p. 66.
43 Minutes, University of California Board of Regents, July 20, 1995 (UCA).

tation of University Policy on Undergraduate Admissions," University of California, July 5, 1988 (UCA).

54 同上.

55 Steve Brint and Jerome Karabel, *The Diverted Dream: Community Colleges and the Promise of Educational Opportunity in America, 1900-1985* (New York: Oxford University Press, 1989).

56 同上, p.25.

57 同上, p.29.

58 同上, p.41.

59 David Pierpont Gardner, "A Life in Higher Education: Fifteenth President of the University of California, 1983-1992," an oral history, Bancroft.

第７章　カリフォルニアのアファーマティブ・アクションを巡る攻防

1 California Constitution of 1879, art. IX, sect. 9.

2 William Bowen and Derek Bok, *The Shape of the River: Long-Term Consequences of Considering Race in College and University Admissions* (Princeton, NJ: Princeton University Press, 1998): 7.

3 Office of the Assistant Vice President, Student Academic Services, Office of the President, University of California, "Reports on Enrollment, 1990−1995." (University of California Archives, henceforth UCA).

4 David A. Hollinger, "Group Preferences, Cultural Diversity, and Social Democracy: Notes Toward a Theory of Affirmative Action," *Representations*, no. 55 (Summer 1995): 31−40.

5 Office of Outreach Services, University of California Systemwide Administration, "University of California Student Affirmative Action Plan," May 1978, p. 22 (UCA).

6 California Association of Scholars, press release, January 15, 1996.

7 Martin Trow, presentation before the Board of Regents of the University of California, January 18, 1996 (UCA).

8 Ward Connerly to Chairman Howard Leach, Board of Regents of the University of California, December 21, 1993 (UCA).

9 同上.

10 Ward Connerly to Clair W. Burgener, Chair of the University of California Board of Regents, June 30, 1995 (UCA).

11 Ward Connerly, *Creating Equality: My Fight Against Race Preferences* (San Francisco: Encounter Books, 2000): 126−28.

12 *Adarand Constructors, Inc. v. Peña*, June 12, 1995.

13 Minutes, University of California Board of Regents, January 19, 1995 (UCA).

14 同上.

15 John Aubrey Douglass, "Setting the Conditions of Admissions: The Role of University of California Faculty in Policymaking," University of California Academic Senate, February 1997 (UCA) を参照 .

16 Minutes, University of California Board of Regents, statement of President Peltason to the

(New Brunswick, NJ: Rutgers University press, 1992): 33-35
33 Report of the Asian American Task Force on University Admissions, p.6.
34 Michael Ire Heyman, Oral History, Regional Oral History Office, The Bancroft Library, University of California, 2003; see also Karabel Report, p.53.
35 Alan Krueger and Stacy Dale, "Estimating the Payoff to Attending a More Selective College: An Application of Selection on Observables and Unobservables," *Quarterly Journal of Economics*, 117, no.4 (November 2002).
36 Alexander W. Astin and Leticia Oseguera, "The Declining 'Equity' of American Higher Education," *The Review of Higher Education*, 27, no.3 (Spring 2004): 321-41; Ernest Pascarella and P.T. Terezini, *How College Affects Students* (San Francisco: Jossey-Bass, 1991) 参照のこと。
37 Gordon, "Many Top Students Are Losing UC Campus Bid."
38 同上.
39 Takagi, *The Retreat from Race*, pp.73-74 の文中で引用。
40 California State Auditor General, A Review of First Year Admissions at the University of California, Berkeley (Sacramento: State of California, October 1987).
41 筆者によるパトリック・ハヤシへのインタビューより，2004 年 4 月 4 日。
42 David Pierpont Gardner, "A Life in Higher Education: Fifteenth President of the University of California, 1983-1992," an oral history conducted in 1995 and 1996 by Ann Lage, Regional Oral History Office, The Bancroft Library, University of California, 1997, p.427.
43 Irene Chang, "Heyman Apologizes to Asians," *Daily Californian*, January 1, 1988.
44 同上.
45 Roy T. Brophy, Robert J. Campbell, George C. Deukmejian, Richard G. Heggie, Walter E. Hoadley, Meredith J. Khachigian, Howard H. Leach, Steven A. Merksamer, Dean A. Watkins, and Harold M. Williams, *The University of California Office of President and Its Constituencies, 1983-1995, Vol.3: Regents and State Government Officials*, University of California, Berkeley, Regional Oral History Office, 1997-1999. Online Archive of California https://ark.cdlib.org/ark:/13030/kt30000428 から入手可能。
46 Michael Manzagol, "Sins of Admissions," California Monthly, April 1988.
47 同上.
48 同上.
49 President David S. Saxon to the Chancellors, "University of California Guidelines on Fair and Equal Opportunities to Participate in Undergraduate and Graduate Programs," June 12, 1979 (UCA).
50 議事録，カリフォルニア大学理事会，1988 年 5 月 25 日（UCA)。
51 University of California Board of Regents, "University Policy on Undergraduate Admissions," May 25, 1988 (UCA).
52 Mark Wheelis, BOARS Chair, to Murray Schwartz, Academic Council Chair, on "Draft Guidelines for Implementation of University Policy on UC Admissions," June 14 1988 (UCA).
53 President David Gardner to Chancellors and Academic Council, "Guidelines for Implemen-

14 Berkeley Division of the Academic Senate, University of California," Freshman Admissions at Berkeley: A Policy for the 1990s and Beyond," May 19, 1980（これ以降，カラベル報告），p.2 (UCA).

15 Stephen A. Arditti, William B. Baker, Ronald W. Brady, William R. Frazer, and Cornelius L. Hopper, *The University of California Office of the President and Its Constituencies, 1983-1995. volume 1: The Office of the President*. University of California, Berkeley, Regional Oral History Office, 1997-1998.

16 University of California Systemwide Administration, Office of Outreach Service, "University of California Student Affirmative Action Plan," May 1978, p.17 (UCA)

17 Long-Range Academic Plan, University of California, Berkeley, 1980, p.4 (UCA)

18 Patrick Saburo Hayashi, "The Politics of University Admissions: A Case Study of the Evolution of Admissions Policies and Practices During the 1980s at the University of California, Berkeley" (unpublished Ph.D. dissertation, 1993), pp.55-58.

19 Karabel Report, pp.22-25

20 同上.

21 Academic Senate Committee on Undergraduate Admissions and Relations with Schools, "1990 Freshman Admissions to the College of Letters and Science, "University of California, Los Angeles (UCA).

22 Philip Curtis, Chair, UCLA Academic Senate Committee on Undergraduate Admissions and Relations with Schools, Statement Before the Regents, Minutes, University of California Board of Regents, July 10, 1990 (UCA).

23 Christopher Shea, "Under UCLA's Elaborate System Race Makes a Big Difference," *Chronicle of Higher Education*, February 1995; *UCLA Today*, March 10, 1995 も参照のこと。

24 Minutes, University of California Board of Regents, "Report on the Establishment of a New Admissions System," June 20, 1985 (UCA)

25 Larry Gordon, "Many Top Students Are Losing UC Campus Bid," *Los Angeles Times*, February 12, 1988.

26 Helen Henry, BOARS Chair, to Fred Speiss Academic Council Chair, April 4, 1990 (UCA).

27 BOARS Report to Academic Council, University of California, on the California Articulation Number System (CAN) and the New Admissions System, June 18, 1986 (UCA).

28 Karabel Report, p.29.

29 アジア系アメリカ人を少数マイノリティ指定から外す案は，1983 年に出された 5ヵ年計画の中に記されている。W.R.Ellis and F.J. Hernandez, *Five-Year Plan for Undergraduate Affirmative Action*, University of California, Berkeley, Office of Undergraduate Affairs, April 4, 1983 (UCA) 参照のこと。

30 Michael Manzagol, "Sins of Admissions," *California Monthly*, April 1988.

31 Report of the Asian American Task Force on University Admissions, San Francisco, June 1985, p.6.

32 Dana Y. Takagi, *The Retreat from Race: Asian-American Admissions and Racial Politics*

48 William B. Fretter to the University of California Academic Council, July 19, 1977 (UCA).

49 President David S. Saxon to the University of California Board of Regents, September 23, 1977 (UCA).

50 Minutes, University of California Board of Regents, October 1977 (UCA).

51 William B. Fretter, Chair, University of California Academic Council, to Academic Council Members, July 29, 1977 (UCA).

52 同上.

53 Minutes, University of California Board of Regents, June 1980 (UCA); Minutes, University of California Board of Regents, "Report on UC Admissions: Impact on the Current Undergraduate Admissions Policy," May 6, 1981 (UCA).

54 Minutes, University of California Board of Regents, June 1980 (UCA).

55 Karl S. Pister, "Student Affirmative Action — A Faculty Member's Perspective of Past Failures, Current Problems and Opportunities for Future Success," at the forth annual Fall Outreach Services Conference, UC Irvine, September 3, 1980 (UCA); William E. Broen Jr., BOARS Chair, to Donald C. Swain, Academic Vice President, University of California, February 10, 1981 (UCA).

第６章　あらゆる行為に対する反応

1 *Sweezy v. New Hampshire*, 354 U.S. 234, 235 (1957).

2 *Florida ex. Rel. Hawkins v. Board of Control*, 350 U.S. 413 (1956)

3 Alexander W. Astin, Bruce Fuller, and Kenneth C. Green (ed.), *Admitting and Assisting Students After Bakke* (San Francisco: Jossey-Bass, 1978): vii.

4 Terry Eastland and William J. Bennett, *Counting By Race: Equality from the Founding Fathers to Bakke and Weber* (New York: Basic Books, 1979): 178 の文中で引用。

5 同上.

6 Astin, Fuller, and Green (ed.), *Admitting and Assisting Students After Bakke*, p.2 の文中で引用。

7 Eastland and Bennett, *Counting by Race*, p.176 の文中で引用。

8 Ibid.

9 Astin, Fuller, Green(ed.), *Admitting and Assisting Students After Bakke*, p.75 の文中で引用。

10 Bruce Fuller, Patricia P. McNamara, and Kenneth C. Green, "Alternative Admissions Programs," in Astin Fuller, and Green (ed.), *Admitting and Assisting Students After Bakke*, pp. 1-27 を参照のこと。

11 Frank L. kidner, Vice President for Educational Relations, to the Chancellors, University of California, May 1971 (UC Archives, henceforth UCA).

12 President David S. Saxon to the Chancellors, "University of California Guideline on Fair and Equal Opportunities to Participate in Undergraduate and Graduate Programs," June 12, 1979 (UCA)

13 "University Policy on Undergraduate Admissions," カリフォルニア大学理事会によって採択，1988 年 5 月 25 日（UCA)。

1973.
22 同上.
23 同上.
24 同上. 合同委員会は，K. パトリシア・クロスの「優秀なクラスの学生を卒業させる最良の方法は，優秀なクラスの学生を入学させることである」という見解を引用した。K. Patricia Cross, "The New Learners," *Change*, 5 (February 1973): 31.
25 California State Legislature, "Report of the Joint Committee on the Master Plan for Higher Education," Sacramento, 1973.
26 ACR 150 and ACR 151 in 1974 by the California State Legislature. として可決した。
27 Student Affirmative Action Task Groups, "A Report to the President of the University of California," July 1975, p. 1 (UCA).
28 同上.
29 同上，p.14
30 Report of the Student Affirmative Action Task Groups, University of California, p. 13 (UCA).
31 同上.
32 Keith Sexton and J. Goldman, "Archival Experiments with College Admissions Policies," University of California Office of the President, 1975 (UCA).
33 "Report to the Legislature in Response to Item 349 of the 1974 Budget Conference Committee Supplemental Report: Student Affirmative Action at the University of California," January 1975 (UCA).
34 California Postsecondary Education Commission, "1982-83 Budget Report on Equal Educational Opportunity Programs," March 1982; Minutes, University of California Board of Regents, June 1980 (UCA).
35 Minutes, Assembly of the Academic Senate, University of California, June 2, 1977 (UCA).
36 "Final Report of the Task Force on Undergraduate Admissions," University of California, Office of the President, March 1977 (UCA).
37 同上，pp. 28-29.
38 同上.
39 同上，pp. 15-16.
40 同上.
41 William B. Fretter, presentation to the University of California Board of Regents, July 15, 1977 (UCA).
42 同上.
43 DeFunis v. Odegaard (1973) 507 P.2d 1169 (Wash. 1973), dismissed as moot, 416 U.S. 312 (1973), on remand, 529 P.2d 438 (Wash. 1974).
44 Regents of the University of California v. Bakke, 438 U.S. 265, 295 (1978).
45 Robert Michaelsen, Chair, Santa Barbara Division, to Wilson Riles, State Superintendent of Public Instruction, July 18, 1977 (California State Archives).
46 Minutes, Assembly of the University of California Academic Senate, June 2, 1977 (UCA).
47 Proposed Assembly Concurrent Resolution No. 28, March 14, 1977.

and Civil Rights Options for America (Chicago: University of Chicago Press, 2001): 55.

4 Record of the Assembly of the Academic Senate, 6, no. 1, November 18, 1968 (University of California Archives, henceforth UCA).

5 Record of the Assembly of the Academic Senate, 1, no. 2., January 10, 1964 (UCA).

6 University of California at Berkeley, Office of Admissions and Records, "History of the Admission Policy for Educational Opportunity," 1988 (UCA). を参照のこと。

7 "Socio-Economic Characteristics of Student Groups Relevant to the Question of Equality and Access," University of California, October 1967 (UCA); また，Student Affirmative Action Task Groups, "A Report to the President of the University of California," July 1975, pp. 28-29 (UCA). を参照のこと。

8 Meeting of the Assembly of the Academic Senate, Barrows Hall, Berkeley, May 22, 1967 (UCA).

9 H. W. Iverson, K. Lamb, and H. Reiber, "Broad Aspects of Admissions," to BOARS, University of California, March 16, 1966, in BOARS Minutes, March 18, 1966 (UCA).

10 Minutes, Academic Assembly, meeting on the Riverside campus, November 3, 1969 (UCA).

11 On March 4, 1967, BOARS approved the proposal that the university expand the special action category to an additional 2% of students to provide greater opportunities to "disadvantaged" students. On March 15, 1968, regents approved the change.

12 Coordinating Council for Higher Education, "The Flow of Students in California Higher Education," (Sacramento, CA: CCCHE, May 20, 1968): 37.

13 キドナー副総長が発表した 1971 年の「運営方針」の骨子は，1970 年 11 月 17 日に開催されたカリフォルニア大学評議会総会のミーティングに提出された「エンロールメント・ポリシーの基本原則」に関する評議会の大学委員会での決議を反映したものであった。

14 Frank L. Kidner, Vice President for Educational Relations, to Chancellors, University of California, May 1971 (UCA).

15 同上.

16 Frank Newman et al., Report on Higher Education (Washington, DC: U.S. Government Printing Office, 1971): 1.

17 Alexander W. Astin, "College Dropouts: A National Profile," ACE Research Reports, 7, no. 1 (February 1972).

18 Northeastern California Higher Education Study, "Council Report 72-77," Coordinating Council for Higher Education, Sacramento, December 1972.

19 Carnegie Commission on Higher Education, New Students and New Places (New York: McGraw-Hill, 1971): 97.

20 Clark Kerr, *The Uses of the University* (Cambridge, MA: Harvard University Press, 1964). クラーク・カー（箕輪成男・鈴木一郎訳）『大学経営と社会環境：大学の効用』玉川大学出版部，1994 年 .

21 Joint Committee for Review of the Master Plan for Higher Education, Report of the Joint Committee on the Master Plan for Higher Education, California Legislature, September

Needs of California Higher Education (Sacramento, CA: State Printing Office, 1948).
8 Douglass, *The California Idea and American Higher Education*, pp. 201-6.
9 Nicholas Lehman, *The Big Test: The Secret History of the American Meritocracy* (New York: Farrar, Straus and Giroux, 1999): 104.
10 David Royce Hubin, "The Scholastic Aptitude Test: Its Development and Introduction, 1900-1948" (unpublished Ph.D. dissertation, Uruvers1ty of Oregon, 1988): 120.
11 Richard Pearson, Oral History, conducted by Gary Saretzky, ETS Oral History Program, December 27, 1979.
12 *A Restudy of the Needs of California in Higher Education: Prepared for the Liaison Committee of the Regents of the University of California the California State Board of Education* (Sacramento: California State Department of Education, 1955).
13 California Coordinating Council for Higher Educat10n, "The Flow of Students in Higher Education," (Sacramento: CC CHE, May 20, 1968): 19-20.
14 *A Restudy of the Needs of California Higher Education*, p.108.
15 Richard W. Jennings, Alfred E. Longueil, et al., "Educational Problems Related to Size," report given at the Eleventh All-University Faculty Conference, April 27-29, 1956.
16 Minutes, Board of Admissions and Relations with Schools, University of California Academic Senate, July 1956 (UCA).
17 Minutes, Board of Admissions and Relations with Schools, University of California Academic Senate, May 10 and 11, 1957 (UCA).
18 同上.
19 BOARS Report, Representative Assembly, Meeting October 28, 1958, p.39 (UCA).
20 BOARS Report, Representative Assembly, Meeting October 23, 1961, p.10 (UCA).
21 BOARS Report, Representative Assembly, Meeting October 28, 1958, p.39 (UCA).
22 BOARS Minutes, December 8 and 9, 1961, p. 2 (UCA).
23 BOARS Report, Representative Assembly, Meeting May 22, 1962, p. 22 (UCA); Academic Senate, Representative Assembly, Northern Section, January 8, 1962 (UCA).
24 Minutes, Board of Admissions and Relations with Schools, January 11, 1963 (UCA).
25 Minutes, Board of Admissions and Relations with Schools, "University Eligibility and Rank in Class," May 20-21, 1963 (UCA).
26 Minutes, Board of Admissions and Relations with Schools, "Progress Report on the Fall 1963 Achievement Test Study," February 25-26, 1965, pp. 9-11 (UCA).
27 同上.
28 同上, p. 11.

第５章　対抗する二つの勢力

1 John David Skrentny, *The Ironies of Affirmative Action: Politics, Culture, and Justice in America* (Chicago: University of Chicago Press, 1996): 107.
2 同上, p. 108.
3 Hugh Davis Graham, "Affirmative Action for Immigrants? The Unintended Consequences of Reform," in John David Skrentny (ed.), *Color Lines: Affirmative Action, Immigration,*

33 Wollenberg, *All Deliberate Speed,* pp. 125-32 を見よ。

34 John Caughey and LaRee Caughey, *To Kill a Child's Spirit* (Itasca, IL: F. E. Peacock, 1973): 9-10; Wollenberg, *All Deliberate Speed*, pp. 134 and 157.

35 Daniel C. Gilman, President of the University of California, The Building of the University, an inaugural address delivered at Oakland, November 7, 1872 (University of California Archives, henceforth UCA).

36 Benjamin Ide Wheeler, ダートマス・カレッジで行われた講演, June 27, 1905, in *The Abundant Life* (Berkeley: University of California Press, 1926).

37 Benjamin Ide Wheeler, message to the Japanese Students of the University of California, published in the *Berkeley Lyceum*, June 1909, in *The Abundant Life* (Berkeley: University of California Press, 1926).

38 University of California Board of Regents' Special Meeting, "Tuition on Aliens and Non-Residents," January 4, 1921 (UCA).

39 Verne A. Stadtman (ed.), *The Centennial Record of the University of California* (Berkeley: University of California Printing Department, 1967): 300.

40 University of California Report of the President, 1926 (UCA).

41 Lucy Warf Stebbins, Report of the Dean of Women, July 1, 1926, in University of California Report of the President, 1926 (UCA).

42 バークレーにおけるアジア系アメリカ人の入学者についてのこの見積もりは，卒業アルバムの考察に基づいており，それは，学生の専攻や出身都市に関する情報も掲載されている。

43 University of California Academic Senate, Academic Council Minutes, September 18, 1963 (UCA).

44 University of California, Academic Council Minutes, December 11, 1963 (UCA).

第４章　マスタープラン，SAT，および進学需要のマネジメント

1 Edward L. Thorndike, "The Measurement of Educational Products," The School Review, 20, no. 5 (May 1912): 289-99.

2 交渉過程の詳細な分析については，以下を参照のこと。John A. Douglass, *The California Idea and American Higher Education* (Stanford, CA: Stanford University Press, 2000).

3 Master Plan Survey Team, California Master Plan for Higher Education,1960-1975, prepared for the Liaison Conl1111ttee of the State Board of Education and the Regents of the University of California, Sacramento, 1960, p. 67

4 以下を参照のこと。John A. Douglass, "How California Determined Admissions Pools: Lower and Upper Division Targets and the California Master Plan for Higher Education," *CSHE Research and Occasion Papers Series*, CSHE.2.01 (September 2001) .

5 同上，p. 63.

6 Report of the Committee on Educational Policy, Representative Assembly Minutes, January 10, 1961, p. 9 (University of California Archives, henceforth UCA).

7 George D. Strayer, Monroe E. Deutsch, and Aubrey A. Douglass, *A Report of Survey of the*

Harold Wechlser (ed.), *The History of Higher Education* (New York: Pearson, 2003): 523.

4 Marcia Graham Synnott, The Half Open Door (Westport, CT: Greenwood Press, 1979): 17; 次も参照のこと。Jerome Karabel, *The Chosen: The Hidden History of Admission and Exclusion at Harvard, Yale, and Princeton* (Boston: Houghton Mifflin, 2005).

5 同上，p.17.

6 Clyde Furst, "Tests of College Efficiency," *The School Review*, 20, no. 5 (May 1912): 320-34.

7 Synnott, *The Half Open Door,* p.21 より引用。

8 Levine, "Discrimination in College Admissions," p. 513 より引用。

9 同上.

10 Wechsler, *The Qualified Student*, p. 230 より引用。

11 Seymour Martin Lipset and David Riesman, *Education and Politics at Harvard* (New York: McGraw-Hill, 1975): 143.

12 Synnott, *The Half Open Door*, p. 21.

13 Wechsler, *The Qualified Student*, p. 230 より引用。

14 Alexander Meiklejohn, "What Does the College Hope to Be in the Next Hundred Years?" *Amherst Graduates' Quarterly* (August 1921): 337-38.

15 同上，p.219.

16 Record of the 1938 New York State Constitutional Convention, Albany, NY, 1939.

17 *Higher Education for American Democracy,* A Report of the President's Commission on Higher Education, vol. 1, Washington, DC, December 1947, p.34.

18 同上，p. 35.

19 Synnott, *The Half Open Door*, p. xix.

20 Levine, "Discrimination in College Admissions," p. 523.

21 Wechsler, *The Qualified Student,* pp. 255-65.

22 同上.

23 ブルックリンの検眼学の公立学校と医学学校は，ニューヨーク市立大学〔CUNY〕のネットワーク外で運営されていた。

24 Wechsler, *The Qualified Student,* p. 260.

25 筆者によるインタビュー，Albert Bowker, April 7, 2004.

26 Wechsler, *The Qualified Student,* p.260.

27 Minutes of Proceedings, CUNY Board of Higher Education, July 9, 1969.

28 The City University of New York, University Senate, "Report on Special Admissions Policy," February 12, 1969, 1.6-7, cited in Wechsler, *The Qualified Student*, p.287.

29 Minutes of Proceedings, CUNY Board of Higher Education, July 9, 1969.

30 Ward v. Flood, 48 Calif. 36 (1874); Charles M. Wollenberg, *All Deliberate Speed: Segregation and Exclusion in California Schools* (Berkeley: University of California Press, 1976) も見よ。

31 Irving G. Hendrick, *The Education of Non-Whites in California, 1849-1970* (San Francisco: R&E Research Associates, 1977): 41.

32 Irving G. Hendrick, *California Education* (San Francisco: Boyd & Fraser, 1980): 20-21.

ルニア大学理事会細則の中で大学評議会に付与された。細則105条は次のように定めた。「一般的な入学者受入れ全般か特別措置による入学者受入れかを問わず，学部生としての入学志願者を試験し，分類することは当該委員会の責務とする。また，大学評議会に速やかに報告するものとする。委員会は必要に応じて入学志願者の素質を確認するための追加的な試験《イグザミネーション》を課す権限を有する。また，委員会は軽微な不足点がある志願者の入学を例外的に許可する権限を有する」。

17 Minutes, Academic Council of the University of California, April 17, 1920 (UCA).

18 Oliver M. Washborn, Chairman of the University of California Academic Senate Committee on Schools, to the Academic Senate Board of Admissions, September 18, 1939 (UCA).

19 Minutes, Board of Admissions and Entrance Examinations, University of California, May 10, 1920 (UCA).

20 Herman A. Spindt, Principal, Kern County Union High School and Junior College, to Mr. B. M. Woods, Chair, Board of Admissions, November 11, 1928 (UCA); Report of the Committee of the High School Principals Association, "Accreditation of High Schools," *California Quarterly of Secondary Education* (June 1928): 395-403.

21 Oliver M. Washburn to the Academic Senate Special Committee on Admissions of the University of California, April 12, 1928 (UCA).

22 Clarence Paschell, Office of the Examiner of Schools, to the Academic Senate Special Committee on Admissions of the University of California, June 9, 1928 (UCA).

23 Minutes, Academic Senate Special Committee on Admisions of the University of California, November 17, 1928 (UCA).

24 Liaison Committee of the State Board of Education and the Regents of the University of California, *A Master Plan for Higher Education in California,* 1960-1975 (Sacramento: California State Department of Education, 1960): 70.

25 Wechsler, *The Qualified Student*, p. 240.

26 James Gray, *Open Wide the Door: The Story of the University of Minnesota* (New York: G. P. Putnam's Sons, 1958): 138-39.

27 Frank Aydelotte, "The American College of the Twentieth Century," in Robert Lincoln Kelley (ed.), The Effective College (New York: Association of American Colleges, 1928): 6; Seymour Martin Lipset and Reinhard Bendix, *Social Mobility in Industrial Society* (Berkeley: University of California Press, 1974).

28 Robert Gordon Sproul, Inaugural Address on Becoming President of the University of California, October 1930 (UCA).

29 Robert Gordon Sproul, speech before the Commonwealth Club of California, July 25, 1930.

30 Sproul, Inaugural Address, October 1930.

第３章　包摂，排除，そして人種の問題

1 Delegates to the 1849 Constitutional Convention, "Address to the People of California," quoted in *Constitution of 1849* (San Marino, CA: Huntington Library, 1949).

2 Ibid.

3 David O. Levine, "Discrimination in College Admissions," in Lester F. Goodchild and

Senate, University of California, November 17, 1928 (UCA).
38 同上，p. 5.
39 Verne A. Stadtman, *The University of California: 1868-1968* (New York: McGraw-Hill, 1970): 95.

第２章　高等教育システムの構築と大学進学の拡大

1 Cited in John Aubrey Douglass, *The California Idea and American Higher Education* (Stanford, CA: Stanford University Press, 2000): 119.
2 James McKeen Cattell, "A Statistical Study of American Men of Science," Science, 24 (1906): 739; Edwin E. Slosson, *The Great American Universities* (New York: Amos Press, 1910): 148-49.
3 Alexis F. Lange, "Our Adolescent School System," *University of California Chronicle,* no. 1 (1908): 2-14.
4 Alexis F. Lange, "The Junior College," circa. 1915 in the Lange Collection, University of California Archives (henceforth UCA).
5 同上.
6 Alexis F. Lange, "The Unification of Our School System," *Sierra Education News,* 5 (June 1909): 346.
7 "The Fresno Junior College," *The California Weekly*, July 15, 1910, p. 539; Merton E. Hill, "The Junior College Movement in California," *Junior College Journal*, 16, no. 6 (February 1946): 254.
8 Carnegie Foundation for the Advancement of Teaching, *Report of the California Commission for the Study of Educational Problems*, California State Printing Office Sacramento, 1932 p. 62. William Wallace Campbell, "The Junior Colleges in Their Relationship to the University," *California Quarterly of Secondary Education*, (January 1927): 117; David O. Levine, *The American College and the Culture of Aspiration*, 1915-1940 (Ithaca, NY: Cornell University Press, 1986): 174-75.
9 Douglass, *The California Idea and American Higher Education*, pp. 135-69.
10 John Aubrey Douglass, "A Tale of Two Universities of California: A Tour of Strategic Issues Past and Prospective," *Chronicle of the University of California*, no. 4 (Fall 2000).
11 Jesse B. Sears and Elwood Cubberley, *The Cost of Education in California,* (Washington DC: American Council on Education, 1924) p. 17; Verne A. Stadtman (ed.), *The Centennial Record of the University of California* (Berkeley: University of California Press, 1967): 3.
12 James Sutton, "Historical Sketch of the Policies of the University of California with Respect to the Admission of Freshmen," Minutes, Academic Senate Special Committee on Admissions of the University of California, November 17, 1928 (UCA).
13 See Douglass, *The California Idea and American Higher Education*.
14 "Announcement of the University of California: Academic Year 1923-24," University of California Bulletin, 5, no. 1 (UCA).
15 Harold S. Wechsler, *The Qualified Student* (New York: Wiley, 1977): 124-25
16 同上. これらの権限は 1920 年のいわゆる「バークレーの反乱」の前後でカリフォ

Delivered at the Commencement of the College of California, June 5, 1867," in *Pamphlets on the College of California*, Bancroft Library, Berkeley, p. 18 (UCA).

12 An Act to Create and Organize the University of California, California State Legislature, March 23, 1868, sect. 13.

13 同上.

14 同上，セクション 14.

15 Cited in Michael Bezilla, *Penn State: An Illustrated History* (University Park: Pennsylvania State University Press, 1985): 6.

16 *The Berkeleyan,* January 1874, p. 10 (UCA).

17 *The Occident,* October 2, 1891, p. 4 (UCA).

18 Biennial Report of the Regents of the University of California, for the Years 1873-1875, (Sacramento, 1875): 114.

19 次の文献を参照のこと。Douglass, *The California Idea and American Higher Education.*

20 Cited in William Warren Ferrier, *Origin and Development of the University of California* (Berkeley, CA: Sather Gate Book Shop, 1930): 322.

21 Andrew J. Moulder, Secretary, *Regents of the University of California Report of the Regents of the University of California, Relative to the Operations and Progress of the Institution* (Sacramento, CA: T. A. Springer, State Printer, 1872).

22 同上.

23 As quoted in Ferrier, *Origin and Development of the University of California,* p. 333.

24 Foltz v. Hoge (1879) 54 C 28.

25 James Bryce, *The American Commonwealth,* vol. 2 (London: Macmillan, 1891): 600-601.

26 同上 , p. 605.

27 同上.

28 Cited in Reuben Gold Thwaites, *History of the University of Wisconsin* (Madison: University of Wisconsin Press, 1900).

29 同上.

30 同上.

31 Charles H. Brown, "Penn State Centennial History," Penn State University Archives, 1953.

32 Act to Create and Organize the University of California, sect. 18.

33 Minutes, University of California Board of Regents, April 12, 1870, vol. 1, pp. 133-34; 1870-71 年度に合計で 88 人の学生がカリフォルニア大学の予備教育学校に入学し，そのうち 16 人はヒスパニック系の姓を持っていた。

34 次の文献を参照のこと。Herman Adolph Spindt, "A History of the University of California and the Public High Schools of California, 1872-1945" (unpublished Ph.D. dissertation, University of California-Berkeley, 1946).

35 Report of the President for the Board of Regents: 1881-1882 (UCA).

36 Minutes, University of California Board of Regents, May 23, 1884 (UCA). 理事会は「教授陣がその裁量により州内の別の場所で試験を実施することを許可した」。

37 "Historical Sketch of the Policies of the University of California with Respect to the Admission of Freshmen," Minutes, Special Committee on Admissions of the Academic

第 1 章　公立大学運動とカリフォルニア

1 "Inauguration of the New President, D. C. Gilman, Late of Yale College," *San Francisco Morning Call,* November 9, 1872.

2 同上.

3 Daniel C. Gilman, President of the University of California, "The Building of the University, an Inaugural Address Delivered at Oakland," November 7, 1872 (University of California Archives, henceforth UCA).

4 David Starr Jordon, "University Tendencies in America," *The Popular Science Monthly,* 63 (June-1903): 143-44; 次の文献も参照のこと。Edward McNall Burns, *David Starr Jordon: Prophet of Freedom* (Stanford, CA: Stanford University Press, 1953): 154-58.

5 Charles R. Van Hise, Commencement Address, University of Wisconsin, 1910.

6 高等教育史の研究者は，主として各教育機関の歴史，あるいはジェンダーや人種といった特定の問題を概観することに焦点を当ててきた。公立でも私立でも，社会経済的流動性と国家の経済発展におけるこうしたカレッジや大学《ユニバーシティ》の役割は，まだ完全には探求されていない。全般的な歴史に関しては，ジョン・テリンが次の文献で最新の年代記を著している。*A History of American Higher Education* (Baltimore, MD: Johns Hopkins University Press, 2004). 最近の著書の多くは，ある時代や，1800年代の小規模私立カレッジといったような一群の機関類型に焦点を当ててきた。次の文献を参照のこと。J. Bruce Leslie, *Gentleman and Community: The College in the 'Age of the University'* (State College: Pennsylvania State University Press, 1992); Julie A. Reuben, *The Making of the Modern University: Intellectual Transformation and the Marginalization of Morality* (Chicago: University of Chicago Press, 1996). 主として第二次大戦前に完遂された州による一連の調査の他には，どのように，そしてなぜ諸州が高等教育を育み，発展させたのかに関する比較的最近の研究は 3 つしかない。次の文献を参照のこと。John Aubrey Douglass, *The California Idea and American Higher Education* (Stanford, CA: University of Stanford Press, 2000); David G. Sansing, *Making Haste Slowly: The Troubled History of Higher Education in Mississippi* (Jackson: University Press of Mississippi, 1990); Richard M. Freeland, *Academy's Golden Age: Universities in Massachusetts, 1945-1970* (New York: Oxford University Press, 1992).

7 U.S. Department of Education, National Center for Educational Statistics, *Digest of Education Statistics*, 2005, Table 188; James L. Duderstadt and Farris W. Womack, *Beyond the Crossroads: The Future of the Public University in America* (Baltimore, MD: Johns Hopkins University Press, 2003).

8 G. Gaither (ed.), *The Multicampus System: Perspectives on Practice and Prospects* (Sterling, VA: Stylus Publishing, 1999): xix.

9 See Alexander W. Astin and Leticia Oseguera, "The Declining 'Equity' of American Higher Education," *The Review of Higher Education*, 27, no. 3 (Spring 2004): 321-41.

10 植民地カレッジの特徴と，その私的および公的な性格に関する議論は，次を参照のこと。Jurgen Herbst, *From Crisis to Crisis: American College Government 1636-1819* (Cambridge, MA: Harvard University Press, 1982).

11 Benjamin Silliman Jr., "The Truly Practical Man, Necessarily an Education Man: Oration

注

凡例と解説

1　カリフォルニア大学の創成期の歴史や20世紀中頃までの発展については，本書の原著者の著作である次の文献が詳しい。

Douglass, John A., 2000, *The California Idea and American Higher Education: 1850 to 1960 Master Plan*, Stanford: Stanford University Press.

2　キャンパスや施設等の詳細は，以下のカリフォルニア大学のウェブサイトを参照されたい。

https://www.universityofcalifornia.edu/uc-system/parts-of-uc〔2021年3月23日閲覧〕

なお，設立年は前身校等との関係があり複雑である。図0.1では主に次の文献によったが，マーセド校については公式ウェブサイトで最初に大学院の授業が始まったとされている2004年とした。

The Regents of the University of California, 1996, *The University of California: History and Achievement*, UC Printing Services.

3　カリフォルニア大学理事会と知事や議会との関係については，次の文献が参考になる。

中世古貴彦，2019,「憲法上独立な大学理事会は『社会の代表』か？――カリフォルニア大学理事会を例に――」広島大学高等教育研究開発センター『カリフォルニア大学バークレー校の経営と教育〔高等教育研究叢書149〕』11-19.

4　理事会の役職者の詳細については以下のカリフォルニア大学のウェブサイトで確認できる。

https://regents.universityofcalifornia.edu/governance/bylaws/bl23.html〔2021年3月24日閲覧〕

5　カリフォルニア大学のマルチ・キャンパス・システムの詳細については次の文献が詳しい。

清水彩子，2020a,「アメリカの大学を読み解く視点――カリフォルニア大学の構造――第1回　マルチキャンパス・システム」IDE大学協会『IDE現代の高等教育』621: 68-72.

6　カリフォルニア大学のシェアド・ガバナンスについては，福留〔2013〕や清水〔2020b〕が詳しい。

福留東士，2013,「アメリカの大学評議会と共同統治――カリフォルニア大学の事例――」広島大学高等教育開発センター『大学論集』44: 49-64.

清水彩子，2020b,「アメリカの大学を読み解く視点――カリフォルニア大学の構造――第2回　シェアード・ガバナンス」IDE大学協会『IDE現代の高等教育』622: 73-77.

ラ・ワ行

人名索引

事項索引

各章の分担

木村　拓也（きむら　たくや）
九州大学大学院人間環境学研究院　教授
独立行政法人 大学入試センター 研究開発部　教授（クロスアポイントメント）
…監訳者　第5章、第9章、第11章、訳者あとがき

中世古　貴彦（なかせこ　たかひこ）
九州産業大学基礎教育センター／大学改革推進本部（兼任）講師
…原著まえがき、凡例と解説、第1章、第2章

大森　万理子（おおもり　まりこ）
広島大学大学院人間社会科学研究科　助教
…第3章

西郡　大（にしごおり　だい）
佐賀大学アドミッションセンター　教授
…第4章

花井　渉（はない　わたる）
九州大学大学院人間環境学研究院　准教授
…第6章

福田　紗耶香（ふくだ　さやか）
長崎大学人文社会科学域多文化社会学系　助教
…第7章

草野　舞（くさの　まい）
尚絅大学短期大学部幼児教育学科　講師
…第8章

渡部　芳栄（わたなべ　よしえい）
岩手県立大学高等教育推進センター　准教授
…第10章

三好　登（みよし　のぼる）
広島大学高大接続・入学センター／大学院人間社会科学研究科（兼任）特任准教授
…第11章

〈著者紹介〉
ジョン・オーブリー・ダグラス（John Aubrey Douglass）
カリフォルニア大学バークレー校高等教育センター（CSHE）シニア・リサーチフェロー，研究教授（公共政策・高等教育）。
著書に *Neo-Nationalism and Universities*（Johns Hopkins University Press, 2021），*The California Idea and American Higher Education*（Stanford University Press, 2000）ほか。

〈監訳者紹介〉
木村拓也（きむら　たくや）
九州大学大学院人間環境学研究院（教育学部）教授（教育社会学）。
独立行政法人　大学入試センター研究開発部　教授（クロスアポイントメント）
編著書に『学習成果の可視化と内部質保証――日本型IRの課題』（山田礼子との共編，玉川大学出版部，2021），『シリーズ 日本の教育を問いなおす１――拡大する社会格差に挑む教育』（西村和雄・大森不二雄・倉元直樹との共編，東信堂，2010），『シリーズ 日本の教育を問いなおす２――混迷する評価の時代，教育評価を根底から問う』（西村和雄・大森不二雄・倉元直樹との共編，東信堂，2010）ほか。

衡平《こうへい》な大学入試《だいがくにゅうし》を求《もと》めて
カリフォルニア大学とアファーマティブ・アクション

2022年8月5日　初版発行

著　者　ジョン・A. ダグラス
監訳者　木村　拓也
発行者　清水　和裕
発行所　一般財団法人　九州大学出版会
〒814-0001 福岡市早良区百道浜3-8-34
九州大学産学官連携イノベーションプラザ305
電話　092-833-9150
URL　https://kup.or.jp/
印刷・製本／シナノ書籍印刷㈱

© Takuya KIMURA, 2022
ISBN978-4-7985-0335-6
Printed in Japan